이야기가 있는

현장의 사례관리(2판)

이준우 · 여지숙 · 신빛나 · 한종민 · 권예솔 ·
윤수현 · 박해원 · 홍성표 · 이건욱 · 이재혁 공저

SJ 신정

추천사

누군가의 삶에 들어가 고통은 덜고 희망을 더하는 일을 현장의 사회복지사들은 일상적으로 감당하고 있습니다. 이들이 마음을 모아 정성껏 알려주는 사례관리의 과정을 따라가다 보면 민감성과 통찰력이 커지고 지식과 실천지혜가 단단히 쌓일 것 같습니다. 어디서부터 무엇을 어떻게 시작할지 막막함을 느낄 사례관리자들에게 친절한 동반자가 되어줄 이 사례관리 실천서를 권해 봅니다.

홍선미(한신대학교 휴먼서비스대학 사회복지학과 교수)

광교종합사회복지관의 설립부터 현재까지 운영위원장으로써 광교종합사회복지관의 행보와 함께해온 저는 사례관리 책을 보는 내내 가슴이 뛰었습니다. 운영위원회를 할 때마다 사례관리에 대한 보고와 고민 그리고 성장 과정을 지켜보아 왔고, 계속 성장하고 있는 것을 느꼈는데 이렇게 교재로 정리되어 너무 반갑습니다. 사례관리에 대한 책이 많이 출판되고 있지만, 이 교재는 사회복지실천 현장을 날것 그대로 담아놓았다는 점에서 차별화될 수 있을 것 같습니다. 대학에서 예비사회복지사로서 사례관리를 학습하는 후배 사회복지사들이 좀 더 친근하고 흥미롭고 현실감 있게 학습하는 데 크게 도움이 될 것을 기대합니다.

임경선(백석예술대학교 보건복지학부 사회복지전공 교수)

사례관리론을 학생들에게 강의하는 입장에서, 저는 이론과 실제의 간극을 어떻게 줄여 가르칠 수 있을지 늘 고민을 했습니다. 반대편에서, 현장 사회복지사들은 자신의 실천이 이론과 맞는지에 대한 걱정을 하거나 조바심을 갖는 경우가 많아 보였습니다. 수많은 사례관리 책이 나왔지만, 양측의 고민에 대한 적절한 답을 제공하는 책을 발견하지 못해 저도 답답함을 느껴왔습니다. 그러나 이러한 고민을 해결할 실마리를 이 책에서 발견할 수 있게 되었습니다.

직원들의 소중한 실천 지혜를 혼자만의 것으로 숨겨두지 않고, 이를 이론에 견실히 녹여내어 사례관리 실천 과정을 이해할 수 있도록 해주신 광교종합사회복지관 구성원들과 이준우 교수님께 깊은 감사를 드립니다. 이 책을 통해 우리는 현장에서 작동하는 사례관리 실천의 Know-How를 익힐 수 있을 것이고, 그것이 작동되는 원리로서 Know-Why까지 이해할 수 있을 것이라 확신합니다.

이론과 실제가 제대로 만날 때, 우리는 어떻게 실천해야 하는지, 왜 그렇게 되어야 하는지 알 수 있기 때문입니다. 현장의 사례집을 넘어, 학계의 이론서를 넘어, 멋진 조화를 이루어낸 저자들의 성실함과 용기에 깊은 경의를 표합니다.

염태산(강서대학교 사회복지학과 교수)

이 책을 보면서 사례관리는 이론과 실천의 양날개에서 조화시켜 나가는 것임을 다시 한 번 실감하게 됩니다. 한 장 한 장 읽어내려갈 때마다 현장의 사회복지사들의 사례관리에 대한 뜨거운 열정과 헌신, 치열한 고민들 그리고 이준우 교수님의 탁월한 통찰력과 축척된 실천적 혜안들에 절로 고개가 끄덕여집니다. 특별히 이 책은 사례관리의 복잡한 이론들을 명쾌하게 정리하면서 현장의 다양한 사례들을 만나 최일선에서 서비스를 수행하는 사회복지사들의 사례관리 전 과정들을 경험적으로 생생하게 기술하고 있어 실천경험과 이론이 직접 연결되어 사회복지실천에 응용될 수 있다는 점이 강점입니다. 그리하여 사회복지를 배우는 많은 예비 사회복지학도와 현장의 사회복지사들에게 사례관리에 관한 갈급함을 많은 부분 채워주리라 믿습니다. 이런 이유에서 여러분들에게 이 책의 일독을 권합니다.

최희철(강남대학교 사회복지학부 교수)

광교종합사회복지관의 경험을 사회복지 동료들을 위해 공유해 주어서 감사합니다. 사례관리에 대한 학술적 정의가 존재하고, 현장에서도 다양한 정의와 방법으로 실천되고 있는데, 사례관리에 있어서 '당사자 중심'은 사회복지사가 처음부터 끝까지 가져가야 할 관점입니다. 이 책은 사례관리 실천에 있어서 당사자 중심의 관점으로 사회복지사가 알아야 할 명시적 지식(Explicit Knowledge)과 사회복지사들의 실천 경험인 암묵적 지식(Tacit Knowledge)이 잘 녹아 있는 실천서입니다.

전재일(신림종합사회복지관 부장)

프롤로그

사회복지실천 현장에서 협력과 연계에 의한 공유는 필수적인 활동이 되고 있습니다. 협력은 함께 일하는 것이고, 연계는 자원을 공유하는 것입니다. 이와 같은 협력과 연계가 핵심이 되는 접근이 사례관리입니다. 특히 사회적 취약계층을 대상으로 하는 위기개입 사례관리는 복지서비스 이용당사자가 주체성을 상실하지 않으면서 사회의 여러 자원들과 연결되고 관계하도록 지원하는 데에 초점을 모아야 합니다. 그러면서도 동시에 잠재적이며 비정규적인 지지망을 형성해 줌으로써 강력한 공동체성을 경험하도록 도와야 합니다. 이를 위해서는 사례관리를 수행하는 사회복지사의 리더십과 자원연계 능력, 변화를 향한 돌봄과 상담 등이 종합적으로 발휘되어 실제로 서비스 이용당사자의 깊은 필요를 만족스럽게 채우는 일이 현실화되어야 합니다.

바로 이것야말로 우리가 지향하는 사례관리입니다. 사례관리는 서비스 이용당사자 한 사람 한 사람의 상황을 파악하고 진정성 있게 전문적인 실천개입을 수행합니다. 꼭 필요한 욕구들을 충족할 수 있도록 효과적인 자원 연계를 합니다. 스스로 자립적인 모습을 갖도록 격려하고 용기를 북돋아줍니다. 우리가 꿈꾸고 실행하고픈 이와 같은 사례관리는 역동적입니다. 당사자가 자발적으로 '변화를 향해 변화를 시도하여 변화를 경험하면서 마침내 목표로 삼았던, 즉 성과로 설정했던 그 변화를 기어코 산출'해 냅니다. 그러면서도 그 과정에서 사례관리를 수행하는 사회복지사가 참 고생을 많이 했지만 실질적인 변화의 성취감과 기쁨은 서비스 이용당사자가 모두 누리도록 합니다. 자연스럽게 '지탱, 치유, 회복, 자립' 등이 서비스 이용당사자의 삶에서 나타나게 됩니다. 이것이 사례관리의 매력입니다.

이러한 사례관리에 관심을 가지고 있는 광교종합사회복지관의 사회복지사들이 자발적으로 모였습니다. 이 중에는 경력이 20년 이상인 사회복지사도 있고, 이제 만 1년이 된 사회복지사도 있습니다. 현재 사례관리자로 근무하고 있는 사회복지사도 있고, 사례관리자로 근무했던 사회복지사도 있지만, 직접 사례관리자로 배치되어 근무하지 않았던 사회복지사도 있습니다.

이렇게 다양한 경력과 경험을 가진 사회복지사들이 모였습니다. 그런데 각자 개인적인 편차는 있지만, 내 업무가 사례관리와 전혀 관계가 없는 사회복지사는 단 한 명도 없습니다. 사례관리의 효과성을 위해서는 협력하는 사회복지사가 각 영역에서 지원하는 것이 매우 중요하다는 것을 알고 있고, 앞으로 더 잘 실천하기 위해서 이 집필 과정에 참여하였습니다.

광교종합사회복지관 집필진은 대부분 사회복지학과 교수, 연구자들이 집필한 사례관리론으로 학습하여 사회복지 현장으로 나왔습니다. 광교종합사회복지관 집필진은 그분들보다 학문적으로는 부족한 부분이 많습니다. 하지만 매일 현장에서 근무하며 복지서비스 이용당사자들과 함께 일상을 살아가고 있고, 그래서 복지서비스 이용당사자의 고민, 사회복지실천가의 고민이 무엇인지를 구체적으로 알고 있습니다. 그래서 그 부분에 좀 더 관심을 기울여 보았습니다. 그러면서도 현장의 집필진에게 부족한 부분은 사회복지 연구자인 이준우 교수와 지속적인 연구 회합을 통해 보완하였습니다.

사회복지사들은 현장에 근무하면서 사례관리에 대한 정석은 존재할 수 없다는 것을 매일 매일 깨닫고 있습니다. 그렇지만 사회복지사가 고민하고 성찰하는 만큼 성장하고, 사회복지서비스의 질이 향상된다는 것은 명확하게 알아가고 있습니다. 그래서 광교종합사회복지관 집필진들은 사례관리를 잘 하고 있기 때문에 시작한 것이 아니라 더 잘 해 보기 위한 목적으로 이 책을 집필하게 되었습니다. 그 과정 속에서 광교종합사회복지관만의 사례관리 이야기가 되지 않도록 주변의 여러 사회복지사들에게 묻고, 듣고, 공유하는 과정을 거쳤습니다. 그 결과 집필진이 단지 글로 옮겼을 뿐, 이 속에는 광교종합사회복지관 집필진들 외에도 여러 사회복지사들의 고민과 조언이 포함되어 있습니다. "이야기가 있는 현장의 사례관리"라는 제목은 사회복지사들의 이야기, 당사자의 이야기를 담았다는 함축적인 의미를 갖고 있습니다.

집필진이 이렇게 여러분들께 도움을 받은 만큼, 이 책이 많은 사회복지사들과 예비 사회복지사들에게 진심으로 도움이 되었으면 좋겠습니다. 현장에서 근무하는 사회복지사들은 비슷한 고민을 했던 사회복지사들의 방법을 통해 새로운 아이디어를 갖게 되기를 바라고, 예비 사회복지사들은 현장에 발을 내딛기 전에 알아야 할 가치, 지식, 기술을 습득하게 되었으면 좋겠습니다.

그 결과, 오늘 우리가 발을 딛고 사는 이 세상에서 복지서비스 이용당사자들과 함께 살아가는 모든 사회복지사들이 지금보다 더 좋은 사례관리, 더 탁월한 사례관리, 더 훌륭한 사례관리를 수행할 수 있었으면 좋겠습니다. 그래서 이 책이 특정 사회복지시설의 사례관리 실천 사례집이 아닌 사례관리의 본질을 '이야기가 있는 현장의 사례관리'로 풀어낸 것으로 이해되고 인정받았으면 좋겠습니다. 사례관리를 처음 담당하는 신참 사회복지사들에게는 사례관리의 길라잡이 역할을 해주는 책이 되고, 고참 사회복지사들과 사회복지시설 경영자들에게는 사례관리의 핵심을 다시금 성찰하는 계기가 되었으면 좋겠습니다. 더불어 예비 사회복지사들에게는 사례관리를 흥미진진하게 알아가는 책이 되기를 소망합니다.

이준우 교수, 광교종합사회복지관 집필진 일동

2판 프롤로그

〈이야기가 있는 현장의 사례관리〉가 독자들로부터 풍성한 사랑을 받았다. 책이 많이 팔렸다. 그 수익이 고스란히 광교종합사회복지관으로 환원되는 기쁨을 종종 누렸다. 여기저기에서 이 책을 갖고 세미나와 특강을 해달라는 요청을 해왔다. 공저자들을 대표하여 지난 3년 동안 여러 사회복지재단 및 사회복지시설, 공공기관 등에서 사례관리 관련 강의를 하였다. 무엇보다도 사례관리가 수행되는 현장에서 이 책에 대한 뜨거운 반응들을 접하면서 책 내길 잘했다는 뿌듯한 마음을 누렸다. 감사하다.

사례관리 업무를 제대로 해보려는 사회복지사들이 찾아와 자문을 구하는 과정에서 이들 젊은 실천가들의 초롱초롱한 열정에 감동받아 덜컥 책을 내자고 하여, 마침내 출간된 이 책이 이토록 여러 독자들에게 선한 영향을 미칠 줄은 예상하지 못했었다. 특히 현장에서 실무를 감당하는 사회복지사들이 친절한 매뉴얼처럼 실제 사례관리 실천을 수행하는 데에 큰 도움이 되었다는 의견을 줄 때마다 큰 보람을 느꼈다.

그러다보니 이 책에 대한 책임감이 점점 더 커졌다. 더 좋은 책으로 개선해가야겠다는 의욕이 생겼다. 책을 꼼꼼하게 모니터링하고 또 시간이 지남에 따라 변화된 현장의 현실도 반영하는 등 부지런히 책의 내용을 수정하였다. 수정 보완이 대폭 이뤄졌다. 제2판이라기 보다는 사실상 전면 개정판이라고 해도 손색이 없을 정도로 책의 내용을 개정하였다. 수정과 보완이 이뤄진 내용들 중 사례관리의 개념과 주요 관점 및 중심 이론 부분의 경우 '우리나라의 찾아가는 보건복지서비스' 체계 내의 실제적인 통합사례관리 예시를 첨부하였다. 또한 오래된 예시들과 코로나19 관련 내용들은 모두 삭제하였다. 특히 '챕터 12 사례관리의 행정적 이해를 높이는 실습' 부분은 새롭게 추가하였다. 또한 tvN 드라마 '응답하라 1988' 성선우 가족의 모습을 사례관리파일로 구성하여 독자들이 사례관리 실천의 과정과 실제 내용을 보다 더 생생하게 이해할 수 있도록 하였다.

사례관리를 수행하는 과정에서 사회복지사는 복지당사자의 인생살이 가운데서 펼쳐지는 '얽힘'과 '풀림'의 생활 모습들을 자주 목격한다. 얽혀져서 가시처럼 아프게 하는 삶의 문제들을 풀어내고 풀리게 하는 '협력'과 '조화'에 기반한 '자원 연계'와 '서비스 제공 및 공급'을 사례관리를 통해 사회복지사는 실행한다. 때때로 복지당사자는 '이질성'을 띠는 것으로 비춰진다. 사회복지사는 이 '이질성'을 '다양성'으로 세상에 이해시키는 매개자의 역할을 과감하게 감당한다.

척박하고 삭막한 현대 자본주의 사회 속에서 돈 보다 못한 존재로 인간을 격하시키는 생활방식이 만연한 이때, 오늘도 우리 사회복지사들은 자신의 필요와 권리를 박탈당했다고 여기며 사는 사람들의 필요와 욕구를 사례관리라는 방법과 기술을 통해 채워주려고 애쓴다. 그런데 그 필요와 욕구를 충족시키기에는 인생은 너무 복잡하다. 실제로 인생은 '복잡함'의 연속이다. '복잡함'이 난제인 것은 '복잡함'이란 상대적인 개념이기 때문이다. 섬세한 예술적 미술 감각을 가진 화가와 비교했을 때, 그렇지 않은 사람의 미술 작품 관람 능력은 엄청나게 둔감할 것이다. 또한 미식가와 그렇지 않은 사람과 비교했을 때에도, 일반 사람의 미각은 마찬가지로 둔감하다. 사람마다 필요와 욕구의 수준과 범위는 다 다르다. 그래서 사례관리는 쉽지 않다. 다만 최선을 다해 사례관리를 수행할 뿐이다.

이번에 세상에 내놓는 이 책의 제2판도 완전하지 않을 것이다. 이후에 또 개정을 해야 할 것이다. 그럼에도 지금 이 시간 이 책의 내용이 독자들에게 최선으로 다가가길 바랄 뿐이다. 이번 2판도 여러 독자들의 사랑을 듬뿍 받길 소망한다.

2025년 2월 1일

강남대학교 연구실에서 저자들을 대표하여

이준우

차례

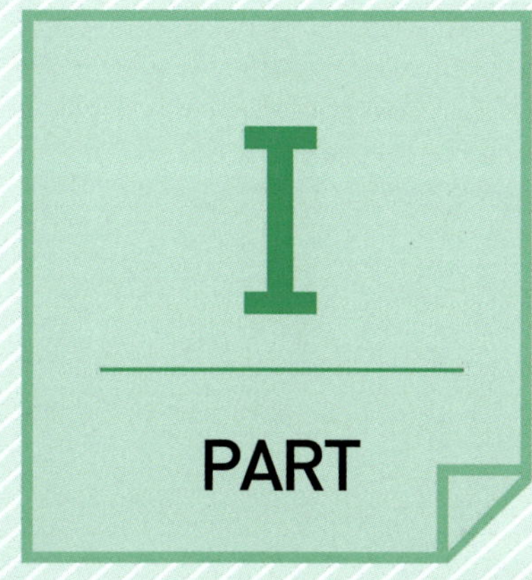

PART I

사례관리의 개관

Case Management

사례관리의 개념

01 사례관리의 등장 배경과 도입의 필요성
02 사례관리의 의미와 성격
03 사례관리의 목적과 개입 원칙

CHAPTER 01

사례관리의 개념

1. 사례관리의 등장 배경과 도입의 필요성

1) 사례관리의 등장 배경

사례관리는 우리나라 사회복지 전달체계에서 점차적으로 더욱 강조되고 있는 실천방법이라 할 수 있다. 경기도에서는 2008년 위기가정 해소를 위한 '무한돌봄사업'이 전격적으로 시작되었고, 서울시에서는 2015년부터 13개구 80개 동주민센터에서 '찾아가는 동주민센터' 사업을 시작하여 점차 서울 전역으로 확대하였다. 이 모든 제도는 사례관리가 기반이 된 제도이다. 뿐만 아니라 2018년 보건복지부 희망복지지원단사업의 '찾아가는 보건 · 복지사업'을 통해 사례관리사업이 전국으로 확대되었고, 2019년 '지역사회 통합돌봄', 일명 '커뮤니티케어' 선도 사업 수행에 8개 지자체가 선정되어 지역사회 중심의 커뮤니티케어가 시범 운영되었다. 위와 같이 특화된 '사례관리' 실천이 시행된 것을 보아서도 국가차원에서 사례관리에 대한 관심을 갖고 있는 것을 확인 할 수 있겠다.

그런데 사실 기존의 종합사회복지관, 장애인복지관, 노인복지관 등과 같은 지역사회 이용시설 형태의 사회복지 민간기관들은 물론 복지서비스 이용당사자[1)]들이 거주하는 사회복지시설 등에서도 사례관리는 필수적인 실천방법이었다. 뿐만 아니라 자활센터, 사회적기업 등과 같이 복지와 경영이 융합된 사회복지 영역에서도 사례관리는 널리 활용되고 있다.

또한 보건복지부의 사회복지시설 평가나 지방자치단체의 지도점검 등에서도 사례관리 관련 사업은 매우 중요한 성과측정 지표로 자리 잡았다. 이에 민·관 협력도 사례관리를 기반으로 점차 활성화되고 있으며, 이는 사회복지 현장에서 사례관리의 영향력이 지속될 것임을 시사한다.

하지만 이러한 변화에도 막상 사례관리를 담당하는 실천가들은 사례관리의 본질을 이해하기보다는 짜여진 절차나 매뉴얼, 사회복지시설 평가지표에 따라 행정적 형태로 갇혀서 실천해 나가는 경우가 많다. 또한 다양한 사회복지 현장에서 사례관리가 활용되고 있다는 보편성에 비해서, 어떻게 하는 것이 잘하는 것인가에 대해서는 여전히 자신감이 낮은 모습도 보여준다. 이렇게 사례관리가 보편화 되고 있음에도 불구하고 어려운 이유는 무엇일까? 그 이유를 생각해 보면서 해결 방법을 찾아가는 것이 사회복지 현장에서 치열하게 살아가는 사례관리자들의 목표이자 숙제라고 사료된다.

이제부터 사례관리가 도대체 무엇이고, 무엇을 학습해야 하며, 궁극적으로 사회복지실천에서 어떻게 활용되어야 것인가에 대해서 생각해 보고자 한다.

사례관리가 무엇인지 이해하는 첫 단계로 사례관리의 도입 배경과 그 필요성을 파악해 보는 것부터 시작을 해 보겠다.

제2차 세계대전 이후 1950년대부터 서구의 선진 자본주의 국가들은 괄목할 만한 경제성장으로 복지국가(요람에서 무덤까지)의 면모를 갖추어 갔다. 점차 풍요로운 사회가 형성되어 가면서 국가의 사회복지 비용 또한 꾸준히 증가시켜 왔다. 그러나 1973년을 전후한 오일쇼크 이후 경제 불황 하에 인플레이션이 나

1) 이 책에서는 복지대상자라는 용어보다는 '복지서비스 이용당사자' 혹은 '복지 당사자'로 기술하였다. 서비스 의뢰인(클라이언트), 서비스 이용자라는 용어도 사용될 수 있지만 복지서비스를 주체적으로 활용하는 당사자라는 점을 강조하기 위해서 다소 긴 단어지만 '복지서비스 이용당사자'로 사용하였다. 그러나 긴 단어로 인해 가독성이 낮아 질 수 있는 부분에서는'복지 당사자'로 축약해서 기술하기도 하였다.

타나는 이른바 스태그플레이션[2) 현상으로 서구 자본주의 국가의 경제는 침체되었다. 완전고용의 시대는 끝나고 대규모 실업이 발생하였으며 선진 복지국가들은 위기에 직면하게 되었다(Mishra, 1984: 20).

이러한 위기에서 신자유주의 사상[3)]이 대두하게 되었고, 영국은 사회복지 예산을 삭감하고 사회복지서비스의 효율성 진작을 통해 가정생활을 지원하는 복지정책을 추구하는 등 복지국가의 후퇴 현상이 나타나기 시작했다. 미국에서도 1980년대 이후 복지 예산의 삭감 및 사회복지에서의 보수적인 경향이 두드러지게 되었다. 자연히 신자유주의적 흐름에서는 자유 시장 경제의 복권과 강력한 국가의 구축이 도모되는 정치적 성향이 힘을 얻을 수밖에 없었다. 따라서 시장의 자유로운 흐름을 위해 시장에 대한 최소한의 규제, 작은 정부를 통한 강력한 국가를 만들어 나가는 기조가 형성되었다.

사회복지에 있어서도 민영화와 민간영역 기관의 역할이 강조되었다. 또한 사회복지서비스의 효율화와 지역사회보호에 있어서 개인과 가족, 공동체의 책임의식 등에 대한 관심이 급증하였다. 나아가 극빈층에 대한 사회안전망에 한정 된 국가 지원을 포함하여 전반적으로 사회복지에 대해서 보수적 경향을 갖게 되었다. 이는 궁극적으로 사회적 비용을 어떻게든 효율적으로 사용해서 감소 된 복지비용의 효과를 극대화하자는 것으로, 결국 사례관리의 등장은 이 당시의 신자유주의적 흐름과 관련이 있다.

목슬리(Moxley, 1989)가 사례관리의 등장 배경으로 제시한 여섯 가지 요인은 이상에서 기술한 신자유적인 경향을 반영한 매우 타당한 주장이라고 본다. 동

2) 불황(stagnation)과 인플레이션(inflation)의 합성어로서 불황과 물가 상승이 동시에 진행되는 상황을 뜻한다. 자본주의 경제에서는 호황기에는 물가가 상승하고, 불황기에는 물가가 하락하는 것이 일반적이나 1970년대의 오일쇼크 이후 불황과 인플레이션이 동시에 발생했다. 높은 실업률과 불황, 인플레이션이 공존하는 상황을 스태그플레이션이라 한다.

3) 신자유주의자들은 스태그플레이션의 극복을 위해서는 케인즈주의 경제사회정책 – 인플레이션은 경제를 활성화시키고, 경제 활성화는 실업률을 낮춘다 – 을 포기하고 화폐 공급을 억제하여 경제의 자율성을 회복시키는 방법밖에 없다고 보았다(원석조, 2001: 157).

시에 목슬리의 견해는 우리나라에서 사례관리가 도입된 배경을 설명하는 것에도 크게 유용하다. 그 내용은 다음과 같다.

(1) 탈시설화의 영향

탈시설화란 사례관리의 필요성이 강조된 가장 중요한 배경으로서 복지서비스 이용당사자가 가족과 지역사회와 분리되어 대규모 수용시설이나 병원 입원시설을 이용하던 시설보호의 방식에서 벗어나 다시 가족과 지역사회로 돌아오는 것을 의미 한다(김만두 역, 1993). 실례로 인도주의 운동의 영향을 받아 제정된 정신건강(보건)정책 입안으로, 미국에서는 1950년대 중반 이후 정신장애인들을 병원이나 시설이 아닌 지역사회 내에서 치료하고 관리하는 탈시설화 정책을 시행하였다. 이는 정신장애인을 시작으로 대부분의 장애 영역으로 확산되었으며, 특히 발달장애인이 탈시설화의 주요 대상이 되었다.

그러나 자기 스스로 관리가 거의 불가능한 중증의 만성 정신장애인들과 중증 장애인들은 복잡하게 얽혀 있는 복지서비스 체계에 접근하는 데 어려움을 겪었다. 실제로 탈시설화는 다양한 당사자들의 욕구에 대하여 각기 다른 여러 기관에서 지원이 이루어지기에 서비스가 단편화되고 분산되었으며, 당사자들의 욕구에 대응하는 다양한 사회자원의 이용 체계가 확립되어 있지 않았다. 더불어, 기존 시설에서 제공받던 최소한의 서비스마저도, 받기 어려운 사례가 빈번해졌으며, 탈시설화의 대상이 정작 지역사회에 통합 할 수 있는 여건의 확보나 충분한 지원이 되지 못하는 부작용이 크게 나타났다(이준우, 2012).

또한 장기간의 시설보호로 인한 무기력과 동기 부족, 가족의 보호 부담으로 인한 보호 기피와 그로 인하여 지역사회 보호기관의 부담이 증가되는 등의 단점이 나타났다. 탈시설화는 반드시 필요하고 성공적으로 실현되어야 하는 가치임에는 틀림이 없었으나 탈시설화에 따른 지역사회 중심의 질 높은 사회복지서비스가 제공되기 위한 정책적이며 제도적인 대책은 크게 부족하였다. 그러다 보니 탈시설화의 대상인 정신장애인들과 중증장애인들의 저항이 나타나

사자에게 공공과 민간의 급여서비스, 자원 등을 통합적으로 지원하는 사례관리는 중요한 서비스 전달의 대응 방안으로 급부상하게 되었다.

(3) 복합적인 욕구를 가진 대상의 증가

급속한 사회 환경의 변화에 따라 심각한 정신건강의 문제, 경제적인 문제, 가족 간의 갈등과 해체 등으로 도움을 필요로 하는 대상이 급증하게 되었다. 이렇게 취약한 대상층의 증가는 안전, 건강, 일상생활 유지, 가족관계, 사회적 관계, 경제, 교육, 직업, 생활환경 등의 욕구 영역 중에서 최소한 2~3개 이상의 서비스를 필요로 하는 복합적인 욕구를 가진 대상층이 많아지고 있음을 의미한다. 이들 사회적 취약계층은 단편적인 경제적 지원이나 의료서비스로는 해결하기 어려운 다양한 욕구를 가지고 있다(이준우, 2009).

이와 같이 복합적인 욕구를 가진 사람들은 자신들의 욕구를 충족시켜 줄 수 있는 서비스 전달체계가 확립되지 못한다면 지역사회에서 다양한 욕구를 충족시키는 것이 곤란해 질 것이다. 그런데 실제로 기존의 사회적 취약계층에 대한 사회복지서비스는 이들의 욕구에 적절하게 대처하지 못했었다. 따라서 이들이 지역사회에서 살아가는 것을 가능케 하는 수단으로서 이들에게 필요한 복지서비스들을 조직화하고 통합하여 상호연계되는 서비스 전달체계인 사례관리가 필요하게 되었다.

(4) 기존 서비스의 분산성

1960년대와 1970년대는 미국의 사회복지서비스가 급속히 증대되었던 시기였다. 이러한 확장의 결과로써 서비스의 전반적인 이용 가능성은 증대되었지만 서비스 전달체계는 오히려 훨씬 더 복잡하게 되었고, 서로 조정되지 않아 중복이 되기도 했다. 그 당시에는 미국만이 아니라 서구 선진국 대부분의 나라에서 사회복지서비스는 범주별로 분류되고 서비스 공급 주체가 다원화되어 있었다. 서비스 공급 주체는 지방정부, 민간 조직 등으로 나누어지고, 서비스는 연령 집단별, 기능 집단별, 혹은 문제 영역별로 나누어져 있었다. 이렇게 각 체계 및 자원 간에 통합이 이루어지지 못하게 되는 경우, 서비스의 혼선이 발생하게 되고, 서비스의 공급 주체가 연계되고 조직화되어 있지 않기 때문에 복지서비스 이용당사자의 욕구가 충족되기 어렵고 문제해결은 형식화되거나 방치되기 쉬워진다. 따라서 서비스 공급자들이 서비스의 편파성과 범주적인 분류에서 벗어나 상호작용할 수 있는 서비스 전달체계인 사례관리가 필요하게 되었다.

실제로 여러 영역에 걸쳐 있는 다양한 서비스를 조정한다는 것은 쉬운 일이 아니었다. 사실 복지서비스 이용당사자의 다양한 욕구가 하나의 통합된 체계 속에서 명료화되고, 수행되기란 현실적으로 매우 어렵다. 그럼에도 사례관리는 단편적으로 널리 분산되어 있는 서비스들을 조정하고 통합된 체계로 묶어내어서 효과적이면서도 효율적으로 적절하게 복지서비스 이용당사자에게 제공되게끔 하는 것에 매우 유용하였다(이준우, 2009).

한편 우리나라의 경우, 여전히 다양한 서비스들이 연계되는 데 여러 한계들이 존재하고 있다. 즉, 서비스가 연결되는 제도적 체계가 여전히 미흡한 것이다. 여기에는 크게 '복지서비스 이용당사자와 서비스 공급이 연결되는 제도적 구조가 허술하다'는 측면과 '복지서비스 이용당사자의 욕구를 파악하고, 서비스를 연결하는 기준을 설정하여 실제적으로 집행하는 훈련된 인력이 부족하다'는 측면, 이 두 가지 측면을 지적할 수 있다. 이에 공공영역과 민간영역에서 모두 사례관리를 수행하는 인력을 확대 · 양성하는데 노력을 기울이고 있지만, 순환보직이 되는 공공영역이나 이직이 자주 발생하는 민간영역, 모두 한계점이 많은 것이 현실이다.

(5) 사회적 지원체계와 지지망의 중요성에 대한 인식 증가

사회적 지원체계와 지원망에 대한 관심은 복지국가 위기론과 함께 복지 다원주의가 등장하면서 나타났다. 요보호 대상 인구의 증가와 함께 나타난 서구의 선진 자본주의 국가의 재정적 위기는 요보호 수용 대상에 대한 책임을 민간

부문으로 이양하면서 국가의 재정위기를 극복하고자 하였으며, 공적 서비스를 비공식적 서비스로 대체하고자 하는 움직임으로 활발하게 일어나기 시작했다. 그 결과 복합적이고 만성적인 욕구를 가진 대상층들은 지역사회 내의 서비스 자원 이용의 어려움을 겪게 되었고, 이러한 변화는 가족, 친척, 친구, 일상적 조력자 등의 비공식적인 사회적 지원체계와 지지망에 대한 중요성 및 관심의 증가로 나타나게 되었다. 그러나 공적인 서비스와 비공식적인 사회적 지원체계와 지지망을 통합하는 장치가 거의 없는 상황에서 이러한 상이한 체계들을 통합하고 조정해야 할 '사례관리'라는 현실적인 필요가 강하게 대두되었다.

이미 오늘날의 현대사회는 다양한 지지체계와 지지망을 활용하지 않고서는 생존하기조차 어려운 구조로 이루어져 있다. 이에 따라 복지서비스 이용당사자들도 가족, 친척, 친구, 일상적 조력자들로부터 실질적인 도움, 안내, 정서적 지지를 제공받는다. 하지만 때로는 이들의 지지와 지원이 오히려 문제해결에 부정적인 영향을 미칠 수도 있다. 즉 사회적 지지와 공식적 서비스를 통합하는 장치가 필요한 것이다(이준우, 2009). 이런 상황에서 통합과 조정을 효과적으로 수행할 수 있는 사례관리는 더욱 강하게 요구되고 있다.

(6) 비용의 효과성에 대한 인식 증가

1970년대 서구의 선진 자본주의 국가의 재정위기는 정부의 공공지출 규모에 대한 우려를 낳았으며 공공지출의 삭감을 통한 정부 역할의 축소를 가져왔다. 이에 각국은 국가의 지출 규모를 줄이기 위해 보건정책과 사회적 서비스 정책의 방향을 전환해야 하는 시점에 놓이게 되었으며, 그 결과 지역사회보호가 공식적인 정책과제로 대두되었다.

사회적 서비스에 대해서는 어느 시대, 어느 국가를 막론하고 자원의 부족 문제와 그로 인한 서비스의 효과성에 대한 문제 제기가 항상 중요한 쟁점으로 부각되어 왔다. 사회복지서비스에 있어서 비용의 효과성에 대한 인식의 증가는 결핍 된 자원 내에서 서비스의 효과를 최대화하려는 측면과 서비스 전달에 소요되는 비용을 억제함을 의미한다. 이는 사회복지에 대한 국가 부담의 일부를 민간 부문으로 이양할 수 있는 공식적 근거를 마련해 주었고, 사회복지서비스의 효과성과 책임성에 기초하여 서비스의 중복을 모니터링(점검)하였으며, 서비스 계획을 관리, 서비스 전달의 효과성을 최대화할 수 있는 사례관리가 필요하게끔 하였다.

더욱이 제한된 자원 내에서 서비스 전달의 효과를 최대화해야 하는 대인서비스의 궁극적 목적을 동시에 가능하면 최소한의 비용으로 자원의 무한정한 투입을 억제하려는 공공 영역에서의 경영학적 관심과 평가가 중요시되었다. 이에 따라 서비스 간에 중복을 피하고 비용효과를 높이는 전문기술이 필요하였으며 이는 사례관리의 확산에 크게 일조하였다.

2) 사례관리 도입의 필요성 및 우리나라 사례관리의 현실

오늘날 의학의 발달과 생활수준의 향상으로 평균 수명은 연장되었고, 저출산의 문제는 장기간 해결되지 못하고 있다. 그 결과, 우리나라는 2017년 이미 고령사회에 진입하였으며, 2025년에는 노인인구가 20% 이상이 되는 초고령 사회가 될 것으로 예상된다. 그만큼 전체 인구 중 노인인구가 차지하는 비중이 급격하게 높아지고 있다는 것에 사회적 관심이 증가되고 있다. 그렇지만 과거와 같은 가족중심 부양체계는 점점 약화되고 있어 늘어나는 노인 돌봄은 점점 더 큰 사회적 이슈가 되고 있다.

또한 사회의 산업화와 도시화, 가족 가치의 변화로 인한 가족해체 증가로 인해 구조적·기능적 결손가족이 늘어 가고, 학대, 유기, 방임되는 아동들도 늘어나는 추세에 있다. 뿐만 아니라 급속한 사회·경제적 변화에 따른 경쟁의 심화로 사회 각 계층에서 큰 스트레스를 겪고 있으며 우울증, 자살과 이혼, 각종 중독 등 정신건강의 문제가 심각해지고 있다.

이에 따라 장기적으로 보호가 필요한 다양하고 복합적인 욕구를 가진 사람들이 많아질 수밖에 없는데, 우리나라의 경우 국가에 의한 복지서비스의 확대가 서구 선진국에 비해 강력한 제도를 통해 정착되지 않았기에 지역사회 차원의 실질적인 서비스는 여전히 미흡한 수준이다(이준우, 2011).

절대적인 빈곤 상황에 놓여 있는 사람들도 여전히 많다. 기존의 단편적이고 연속적이지 못한 서비스는 이러한 사람들의 어려움을 극복하는데 한계가 있다. 한편 지역주민들의 복지 욕구는 날로 크게 높아지고 있는 실정이다. 예산은 부족하고 주민들의 복지 욕구는 커지는 상황 속에서 효과적이고 효율적인 사회복지서비스를 제공하기 위해 복지서비스 이용당사자들의 욕구에 기초하여 개별화된 서비스가 이루어지는 사례관리를 적극 도입할 필요성이 크게 대두되었다.

우리나라에서 사례관리는 1990년대에 이르러 민간 영역에서, 보다 구체적으로 말하면 주로 사회복지, 간호, 의료 등의 전문 분야에서 관심을 받기 시작하였다. 특히 사회복지의 경우 앞서 언급한 대로 1990년대는 사회복지의 방향이 지역사회복지 중심으로 전환되고, 재가복지서비스에 대한 확장이 이루어졌던 시기였는데 이 시기에 사례관리는 재가복지서비스 제공을 위한 핵심적인 방법으로 자리 잡게 되었다(정순둘, 2005).

1995년 정신보건(건강)법의 제정으로 사례관리가 필수 사업의 하나로 지정되면서 정신보건사업에도 사례관리가 본격적으로 확산되는 계기가 되었다. 이후 중앙부처 및 지자체 등 공공 부문에서도 사례관리의 중요성을 인식하고 이를 확충하기 위한 노력을 기울였다. 그 결과, 사례관리는 이제 공공 부문에서 고유한 복지업무로 공식화되었다. 사회복지사업법 개정을 통해 2005년 시 · 군 · 구청장의 책임 아래 보호 대상자별 보호 계획을 작성하도록 하여 사례관리의 시행을 의무화하였고, 2006년 주민생활지원 서비스 전달체계의 개편으로 시 · 군 · 구청 아래 주민생활지원국을, 동사무소 아래 주민생활지원팀을 설치하여 2~3인의 사회복지전담공무원이 사례관리 업무를 중점적으로 실시하도록 하였다(홍현미라 외, 2010).

특히 경기도의 경우 2010년 4월 '원-스톱(one-stop) 맞춤형 서비스'를 위한 무한돌봄센터를 개소하였으며, 그 이후 경기도 내 시 · 군, 민간 네트워크팀을 구성하여 공무원과 민간 사례관리 전문가들이 협업하고 있다. 또한 2012년에는 보건복지부가 전 시 · 군 · 구에 경기도의 무한돌봄센터를 모델로 하여 희망복지지원단을 발족하여 전국적으로 위기개입 사례관리를 추진해 나가고 있다. 현재 중앙정부의 희망복지지원단 모델과 경기도의 무한돌봄센터 모델은 공공부문의 사회복지의 주 대상이면서 모든 대상을 포괄할 수 있는 빈곤 · 취약계층 대상의 대표적인 사례관리 모델이라고 할 수 있다.

이처럼 사례관리 도입에 대한 관심과 필요성은 민간 영역에서 출발하여 공공 영역에 까지 그 중요성이 확대되어 점점 더 강조되고 있으나 여전히 사례관리의 개념을 둘러싼 혼돈, 사례관리자의 인식개선과 역량강화, 사례관리 기관의 조직구조와 재정 여건의 정비, 사례관리를 둘러싼 행정 절차와 제도의 보완 등 다양한 문제가 지속적으로 제기되고 있다.

그 중에서도 특별히 해결해야 할 과제가 '민 · 관협력'이고, 지역 내 '자원공유 · 연계'이다. 사례관리는 다양하고 복합적인 어려움을 가진 사람들의 욕구를 충족시킬 수 있는 적절한 사회적 자원들이 충분하게 존재해야 성공적인 실천이 가능한 분야이다. 그런데 현재 우리나라의 사회복지서비스 상황은 복지서비스 이용당사자들의 욕구는 복잡하고 다양해지고 있지만 활용할 수 있는 공식 · 비공식 자원이 충분하지도 않을 뿐 아니라, 공공과 민간의 자원이 유기적으로 연계되기보다는 분절되어 있어 이를 개선해 나가야 하는 큰 과제를 안고 있다.

사실 공공과 민간의 협력만 잘 이루어진다면, 부족한 자원의 문제를 적지 않게 해결할 수 있다. 공공영역과 민간영역이 가지고 있는 특성과 강점이 매우 다르 듯, 일을 처리하는 방식도 다르고 확보하고 있는 자원의 양과 내역에서도 큰 차이가 있다. 그런데 이러한 것이 상호 간에 적극적으로 공유되거나 소통해 나가는 체계가 마련되어 있지 않기 때문에 민간영역과 공공영역이 상호 간에 시너지를 기대하기 보다는 누수와 중복의 문제를 해결하지 못하는 것이다.

특별히 자원은 확보량도 중요하나 적시에 활용 될 수 있도록 하는 것이 더욱 중요한데 어디에 무엇이 얼마나 있는지를 확인하기 어렵기 때문에 적시성이 늘 아쉬운 상황이었다. 그런데 이러한 문제는 공공영역의 사례관리자와 민간영역의 사례관리자가 모두 인식하고 있기에 지자체마다의 다소 편차는 있지만 최근 들어서는 이와 관련된 개선 방안들이 적극적으로 논의되고 있다.

매년 보건복지부에서 발행하는 찾아가는 보건복지서비스 업무 안내(2024)에도 민간영역과 공공영역이 협업을 통해 사례관리를 해 나가는 '공동사례관리'에 대한 내용이 직접 명시되어 있는 것을 보아도 민관협력에 대한 관심을 확인할 수 있다.

가. 개념

○ 공동사례관리 정의

– 두 개 이상 기관이 협의에 의해 한 대상자(혹은 대상가구)를 공동으로 사례관리 하는 협업체계로, 주 사례관리자와 공동사례관리자로 구분하여 역할 분담

※ [참고] 공동사례관리 수행 협의

- 공동사례관리 수행 여부 및 공동사례관리자 선정은 통합사례회의에서 기관 간 협의를 통해 결정

○ 공동사례관리 기준

– 타 기관과의 협업을 통해 더 넓은 범위의 자원을 활용해야 한다고 판단된 경우로, 초기상담과 대상자정보조회를 통해 파악된 정보를 바탕으로 기준을 판단

※ [참고] 공동사례관리기관 선정 시 참고 기준

- 현재 혹은 이전 사례관리 수행 기관
- 대상자의 거주지 소속 지자체, 거주지 근거리의 복지시설
- 대상자 및 대상가구 구성원 유형(노인, 장애인) 특성 등

나. 수행주체

○ 민간(시설 등)과 공공(시군구, 읍면동)의 사례관리팀장/사례관리자로, 공동사례 관리자를 수행하기로 협의한 담당자

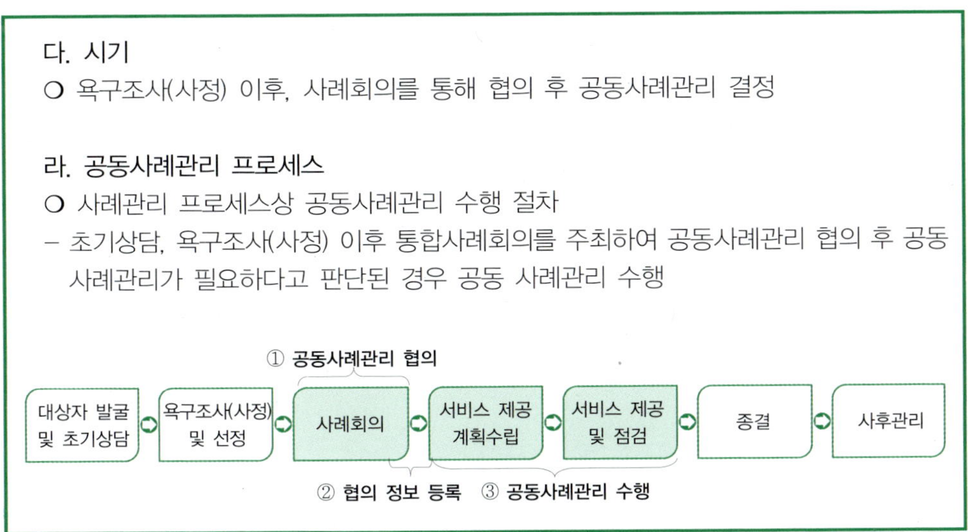

다. 시기

❍ 욕구조사(사정) 이후, 사례회의를 통해 협의 후 공동사례관리 결정

라. 공동사례관리 프로세스

❍ 사례관리 프로세스상 공동사례관리 수행 절차

– 초기상담, 욕구조사(사정) 이후 통합사례회의를 주최하여 공동사례관리 협의 후 공동사례관리가 필요하다고 판단된 경우 공동 사례관리 수행

출처: 보건복지부(2024). 찾아가는 보건복지서비스 업무 안내. p. 137.

2. 사례관리의 의미와 성격

1) 사례관리의 의미

사람을 돕는 방법의 하나로서 사례관리(case management)는 오랜 역사를 가지고 있다. 사례관리는 사회복지 전문직에 있어 새로운 것은 아니다(Moore, 1992; Kirst- Ashman & Hull, 1993). 그런데 이게 무슨 말인가? 앞에서는 계속해서 사례관리의 등장 배경과 도입에 대한 많은 설명을 해 놓고서는 이제 와서 새로운 것이 아니라고 하는 이유가 무엇인가? 아마 앞뒤가 안 맞는다고 생각 할 수 있을 것이다. 하지만 여기에서 말하는 '새로운 것이 아니다'라는 의미는 우리가 '사례관리'라는 용어를 사용하지 않았으나 사례관리의 내용과 원리, 방법 등과 같은 사례관리적인 요소들이 과거 사회복지실천을 통해서도 나타나고 있음을 말하는 것이다.

실제로 1863년에 설립된 미국 매사추세츠의 자선위원회에서는 공공 부문의 인간서비스를 조정하였는데, 이는 지금의 일반 사회복지사들(generalist social workers)의 실천 형태라고 할 수 있다. 사례관리적인 요소들이 제법 포함되어 있는 비교적 통합적인 개입실천이었던 것이다. 이후 사례관리적인 요소들은 리치몬드(Richimond) 시대 이래로 사회복지실천의 전통적인 성격 속에 포함되었고(Jonson & Rubin, 1983; O'Connor, 1988), 인보관 운동과 자선조직협회에서도 이미 그 사례관리적인 요소들의 기원을 찾아 볼 수 있다(Rubin, 1987; Vourlekis & Green, 1992).

뉴욕의 자선조직협회에서 일했던 실천가들이 빈곤 상태를 벗어나도록 처음으로 개인의 가정을 방문하여 지원하는 형태를 취할 때 사례관리적인 요소들이 있었다면, 시카고의 인보관에서 일했던 실천가들은 비록 미미한 수준이었지만 도움이 필요한 개인과 가족들을 돕는 것 이외에도 빈민, 약자, 이민자의 가족과 아동을 지원하기 위해 새롭고 혁신적인 방법으로 주택, 공공 보건, 고용 창출 등의 사회적인 문제해결에도 관심을 두었다. 당시 이들이 사용했던 실천방법은 단지 '사례관리'라고 부르지 않았을 뿐 도움이 필요한 영역을 확인하여 그들을 도울 수 있는 개인적 자원과 지역사회 자원을 연결하는 것과 같이 오늘날 보편화된 사례관리방법론에 상당히 근접한 개입실천방법을 비록 부분적이기는 하지만 실질적으로 사용하였던 것이다.

이러한 역사적인 토대 위에서 1980년대 이후 미국을 비롯한 선진 복지국가에서는 앞서도 언급한 바와 같이 사례관리적인 요소가 포함되어 있는 사회복지실천방법을 '사례관리'라고 구체적으로 명명하여 정신장애인을 비롯하여 노인, 아동, 장애인과 같은 다양한 대인서비스 영역에서 보다 효과적이고 효율적인 사회복지서비스를 제공하고자 본격적으로 사례관리를 사용하기 시작하였던 것이다(Rothman, 1991).

멀리 외국의 사례를 들지 않더라도 앞서 기술했던 바와 같이, 우리나라에서도 1956년 설립된 현 이화여자대학교 사회복지관이 1975년에 이미 취약계층에 대한 가정방문을 통해 자원을 연계하고 지역사회구성원의 역량을 강화하는 재가복지사업의 뿌리가 되는 사업을 수행하고 있었던 기록들을 찾을 수 있다. 이렇게 사례관리를 활용할 수밖에 없는 이유는 사회가 점차 변화하고 다원화되면서 그동안 전통적인 사회복지실천방법으로 여겨지던 '개별 사회사업, 집단 사회사업, 지역사회조직사업'과 같은 일명 3대 방법론이라고 불렸던 파편화된 접근으로는 다양하고 복합적인 문제를 가진 복지서비스 이용당사자들에게 더 이상 효과적이고 효율적인 서비스를 제공할 수 없었기 때문이었다.

지난 30여 년 동안 '사례관리'라는 용어는 서비스 전달과정과 방법, 서비스 제공자들의 일련의 역할을 설명하는 것뿐만 아니라 최근에는 다양한 서비스들을 체계적으로 전달하기 위한 새로운 서비스 전달체계로도 광범위하게 활용되고 있다. 그리하여 사례관리 접근법은 정신건강, 노인, 장애인, 만성 질환자 그리고 복합적인 문제들을 가지고 있거나 위기 상황에 처한 수많은 사람들에게 다양하게 적용되고 있다. 특히 과거 정확한 정보만이 정확한 치료로 이어진다는 병리적 접근에 집중하여, 심도 있는 문제 파악과 진단을 중심으로 한 임상적 개입이 가장 적합하다고 주장한 사회복지사들의 미시적 접근이 큰 한계에 직면했다. 반면 사회환경과 정책 개혁을 사회복지의 가장 중요한 책무로 강조해 온 다른 사회복지사들이 조사와 분석에 집중할 때, 사례관리는 이미 지역사회 내의 다양한 자원들을 효과적으로 활용하여 도움을 필요로 하는 복지서비스 이용당사자들에게 즉각적인 서비스를 제공하는 실질적인 역할을 수행하였다.

이처럼 사례관리는 사회복지현장의 미시적인 측면을 확장하고, 거시적인 측면은 현실화하는 것에도 적지않은 기여를 하였다.

2) 핵심 개념

사례관리에 대한 용어는 '사례'라는 용어와 '관리'라는 용어의 합성어이다. '사례'는 한 개체를 의미하지만 사회복지 분야에서는 특정한 문제나 욕구를 가진 복지서비스 이용당사자 또는 복지서비스 이용당사자 체계를 의미하며, 복지서비스 이용당사자에게 보호를 제공하는데 초점을 두는 임상적 측면에서 유래되었다. 또한 '관리'는 조직 및 제도적인 행정적 측면에서 유래되었으며, 지속적인 관심을 전제로 하는 경향을 의미한다.

오코너(O'Connor, 1988)에 의하면, 사례관리는 크게 '사례관리 실천'과 '사례관리 체계'로 구분된다. 여기서 '사례관리 실천'은 사례계획의 수행에 기여하는 직접적인 실천 활동을 의미하며, '사례관리 체계'는 실무 분야의 행정적 구조, 기관 간의 관계망 그리고 공식적·비공식적 지역사회의 자원을 의미한다. 그는 사례관리를 서비스 제공이나 누락을 막고 효율적인 서비스를 제공하기 위해 서비스 제공자들 간의 협력과 행정적 측면을 강조하는 간접적 개입의 특성과 복지서비스 이용당사자와의 전문적인 관계 속에서 지속적인 보호와 직접적인 상담 및 치료를 제공하는 임상적인 측면을 강조하는 직접적 개입의 특성을 모두 포함하는 것이 바람직함을 제안하고 있다. 이를 정리하면 [그림 1-1]과 같다.

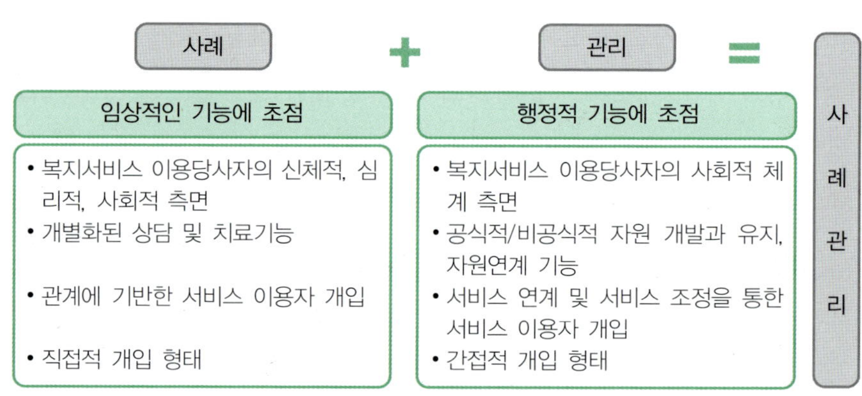

[그림 1-1] 사례관리의 개념

출처: 이준우 · 최희철 (2020). p. 38.

한편, 사례관리라는 용어는 보호관리(care management), 관리보호(managed care), 케어 매니지먼트(care management), 서비스 조정(service coordination), 보호 조정

(care coordination) 등의 다양한 용어로도 혼용되고 있다(Netting, 1992; 이근홍, 1998). 또한 사례관리를 미시적 차원의 치료적 개입방법으로 규정하거나 거시적 차원의 지역사회 자원 조정방법으로 규정하기도 한다(Moore, 1990). 그러나 1990년 〈사회사업 백과사전(Encyclopedia of social work)〉의 제18판(보충판)에 종래의 '케이스워크(case work)'라는 항목 대신 '사례관리' 항목이 새롭게 등장한 것은 사례관리가 단순히 조정 기능을 중심으로 한 간접서비스가 아니라 복지서비스 이용당사자에 대한 대면서비스 등 직접서비스까지 모두 아우르는 통합적 모델임을 제시해 준다.

사례관리를 일관되게 정의하기란 쉽지 않으나, 다음과 같은 특징을 가진 실천방법으로 정리할 수 있다. 첫째, 장애나 만성적 문제 또는 심각한 사회적 기능 손상으로 복합적이고 다양한 욕구를 가진 지역사회 내 복지서비스 이용당사자를 대상으로 한다. 둘째, 이들의 공식적 · 비공식적 자원 및 서비스체계가 상호작용할 수 있는 구조를 구축하여 자원 활용 능력을 강화하고, 서비스망과의 상호작용을 증진시킨다. 셋째, 이를 통해 사회적 기능 향상과 욕구를 최대한 충족시키며, 서비스 전달 과정 및 결과에 대한 점검과 욕구 변화에 따른 재사정을 지속적으로 수행한다. 넷째, 자원망 개발과 자원망 간의 상호작용 체계를 변화시켜 당사자의 지역사회 내 독립적인 생활을 강화하는 것을 궁극적인 목표로 한다.

요약해 보면 사례관리는 사회복지실천과 행정이 병행되고, 직접적인 서비스와 간접적인 서비스가 동시에 나타나고, 미시적이면서도 거시적인 활동도 병행해야 할 말큼 그 개념을 간단하게 정리하기가 쉽지는 않다.

이렇게 포괄적인 의미를 담고 있어 쉽게 정리하기 어려운 사례관리를 학자들은 어떻게 정의했는지 살펴보고자 한다. 그리고 이 학자들의 견해를 통해 사례관리의 개념을 좀 더 깊이 있게 이해해 보고자 한다.

인탈지아타(Intalgiata, 1982)는 "사례관리는 복지서비스 이용당사자가 필요로 하는 어떠한 서비스라도 효과적이고 효율적인 방법으로 조정하여 제공하는 과

찾아가는 보건복지서비스 업무안내는 매년 보건복지부에서 발행하는 업무지침으로 우리나라 사회복지현장에서는 업무의 중요한 기준이 된다. 이 찾아가는 보건복지서비스 업무안내에서 구체적으로 통합사례관리를 정의하고, 업무방향을 명시한 것은 그만큼 국가차원에서도 사례관리에 대한 관심을 기울이고 있다는 것을 확인시켜 준다.

이상의 내용을 종합하여 정리하면 〈표 1-1〉과 같다.

▌표 1-1▐ 학자에 따른 사례관리의 정의

학자	사례관리 개념
인탈지아타 (Intalgiata, 1982)	• 복지서비스 이용당사자가 필요로 하는 어떠한 서비스라도 효과적이고 효율적인 방법으로 조정하여 제공하는 과정 혹은 방법
존슨과 루빈 (Johnson & Rubin, 1983)	• 복지서비스 이용당사자의 복잡한 서비스 전달체계를 연결시켜 그들로 하여금 적절한 서비스를 받을 수 있도록 책임지는 활동
목슬리 (Moxley, 1989)	• 복합적인 욕구를 가진 사람들의 기능을 향상시키고 그들의 복지를 위해 공식적, 비공식적 자원과 활동의 관계망을 조직, 조정, 유지하는 활동
로스만 (Rothman, 1991)	• 지역사회 내의 복지서비스 이용당사자들에게 개별화된 조언, 상담, 치료를 수행하는 것과 그들을 지역사회기관 및 비공식적인 체계망을 통해 필요한 서비스와 자원을 연계시켜주는 통합적 실천방법
커머 (Kumar, 2000)	• 복지서비스 이용당사자의 욕구에 대한 사정, 계획, 조정, 전달과 모니터링을 통하여 서비스 통합을 달성하기 위한 전문적인 실천과정
권진숙과 박지영 (2009)	• 생태체계적 관점을 기반으로 만성적이고 복합적인 문제를 가진 개인 및 가족과 함께 일하면서, 그들과 자원제공자들의 기능을 향상시키고, 이를 통해 환경 속에서 자신에게 필요한 서비스와 자원을 스스로 획득하고 사회적 기능을 원활히 수행할 수 있도록 돕는 통합적인 접근방법
미국사회복지사협회 (NASW, 2013)	• 복지서비스 이용당사자를 위하여 여러기관의 실천가와 의료기관의 실천가가 서비스를 계획하고 실행, 옹호, 모니터링 하는 과정. 여러 실천가들의 전문 팀워크를 통해 주어진 서비스를 제공하기 위해 노력하고 서비스의 범위를 확장
영국사례관리자협회 (CMSUK, 2018)	• 사례관리란 개인의 건강, 사회보호, 교육과 고용 욕구를 충족시키기 위해 요구되는 옵션과 서비스들을 사정 · 계획 · 실행 · 조정 · 점검 · 평가하는 협력적인 과정 • 이러한 과정은 의사소통과 가용할 수 있는 자원들을 사용하여 비용효과적인 성과의 질을 증진

찾아가는 보건복지서비스 업무안내 (보건복지부, 2024)	• 통합사례관리 정의 • 읍면동 단위에서 복합적인 욕구를 가진 대상자의 욕구를 파악하여, 다양한 지역사회 자원을 연계하고 문제해결에 나설 수 있도록 지원 **기존** • 기존 파악된 자원 제공 • 지역 내 기관과 미연계로 개별적 사례관리 + **추가** • 다양한 지역사회 자원 활용 • 읍면동 통합사례관리를 통한 게이트키퍼 기능 강화

출처: 보건복지부(2024). 찾아가는 보건복지서비스 업무안내. p. 114; 이준우 · 최희철(2020). 사례관리론. p. 40; 권진숙 외 5인 공저(2019). 사례관리전문가교육 실무자 기초과정. p. 22.를 인용하여 재구성.

위 내용을 바탕으로 사례관리를 정의해 보면, 사례관리란 "다양하고 복합적인 욕구를 가진 복지서비스 이용당사자(와 그 가족 포함)에게 지역사회 자원을 연결 · 조정하여 지역사회보호의 연속성을 확보하고, 현재의 당면 과제[4] 해결을 위한 개별화된 개입계획을 수립하여 통합적 지원을 함으로써 복지 당사자가 가지고 있는 지식, 기술, 능력을 증진하며, 이를 통해 궁극적으로 복지 당사자 스스로 주변의 자원을 활용하여 욕구를 해결할 수 있도록 역량을 강화해 나가도록 하는 개별 맞춤형 사회복지실천 방법"이라 할 수 있다. 이를 보다 더 함축적으로 요약하면, "다양하고 복합적인 욕구를 가진 복지서비스 이용당사자에게 지역사회자원을 연계 · 조정하는 사회복지실천 기술을 활용하여, 반드시 그들과 함께 그들이 원하는 복지서비스를 통합적이면서 효율 · 효과적으로 제공받을 수 있도록 보장하는 개별 맞춤형 사회복지실천 방법"이라고 정의할 수 있겠다. 결국 사례관리는 복지 당사자의 욕구를 일시적 혹은 단편적으로 충족시켜 왔던 전통적인 사회복지실천의 한계를 벗어나, 사례관리자가 복지 당사자와

4) 이 책에서는 '문제'라는 단어보다는 주로 '당면 과제'라고 기술하였다. 사례관리에서 강점 관점이 중요하다고 해서 현재 상황에 닥친 문제해결을 간과해서는 안 된다. 하지만 '문제'라는 용어를 사용할 경우 복지서비스 이용당사자를 자칫 '문제 덩어리'로 인식할 수 있기 때문에 문제라는 용어를 가급적 피하였다. 문제를 대신하여 현재 복지 당사자가 해결해 나가야 하는 과제, 즉 현재 당면한 과제로서 전환시켰다. 사례관리의 과정은 복지 당사자가 당면 과제를 해결할 수 있도록 지원하고, 이를 통해 복지 당사자는 과제를 해결할 수 있는 역량을 강화해 나간다. 이러한 인식은 사회복지실천 현장에서 매우 강조되고 있는 부분이다.

파트너십을 형성하고 복지 당사자의 참여를 독려함으로써 모든 실천과정에서 복지 당사자의 잠재력과 자율성이 충분히 기능하도록 돕는 사회복지실천인 것이다.

3) 사례관리와 전통적인 사회복지실천 방법의 차이점

사례관리가 필요한 경우 예시

기초생활수급자 가정의 김가나 할머니는 알코올중독에 빠진 아들과 지적장애 며느리 그리고 초등학교에 다니는 손자와 어린이집을 다니고 있는 손녀와 함께 생활하고 있다. 할머니는 부모 역할을 감당하기 어려운 아들 부부를 대신하여 손자와 손녀를 열심히 양육하고 있지만, 건강이 점차 나빠져 하루하루가 너무 힘이 든다.

이 사례를 토대로 김 할머니 가족 대상의 '사례관리' 필요성을 생각해 보자. 읽어보면 숨이 턱 막히지만, 사실 이와 같은 사례는 지역사회복지기관에서 사례관리를 할 때 생각보다 많이 접하게 되는 가족유형이다. 사실 가상의 사례이지만, 사례관리자라고 하면 나도 비슷한 가정을 사례관리 하고 있다고 이야기할 정도이다. 이와 같은 사례의 특징은 가족구성원 모두 복지서비스가 필요하나 각자에게 필요한 복지서비스의 내용과 지원방법은 모두 상이하다는 것이다. 어디에서부터 어떤 지원을 어떻게 해야 할지를 결정하기가 쉽지 않다. 사례관리가 잘 진행된다면 가족들이 함께 지역사회에서 살 수 있지만, 사례관리가 되지 않는다면 온 가족이 노인요양시설, 정신병원, 장애인거주시설, 아동양육시설로 흩어져야 한다. 그렇다면 이런 경우에 사례관리는 어떻게 진행해야 할까?

먼저 사례관리자는 김가나 할머니 가정에 방문하여 이 가족에 대한 초기상담(접수 및 초기상담)을 진행하고 욕구 · 강점 · 자원 · 한계점을 조사 · 분석한 후(사정), 가족과 함께 지원계획을 세워(서비스 계약 및 계획) 공식적 서비스를 제공해 줄 수 있는 여러 기관을 연계하여 서비스를 제공한다(개입, 공식적 자원연계).

또한 사례관리자는 각 서비스 기관의 사회복지사들과 사례회의를 통해 서비스를 조정· 통합하는 과정을 거친다(통합사례회의). 더불어 지역사회 내 이들을 지원할 수 있는 이웃들을 찾아보고 이웃들을 연결해 주면서 비공식 자원들을 탐색하고 확대하여 이 가족들이 자원을 확대하면서 활용할 수 있도록 한다(비공식적 자원연계).

그 후 이 가족에게 연결된 공식적·비공식적 서비스 및 자원들이 제대로 기능하고 있고, 이들과 김가나 할머니 가족의 상호작용이 충분히 이루어지고 있는지, 가족의 욕구가 충분히 충족되고 있는지를 확인하고(점검과 평가), 복지욕구가 충족되지 못했다면 다시 상황을 파악하여 재계획(재사정)을 통해 서비스를 조정해 나간다.

향후에는 사례관리자 없이도 가족들이 자립해서 생활할 수 있도록 지지해 주면서 사례관리를 마무리한다(종결). 그러나 바로 사례관리를 종료하는 것이 아니라 일정 기간을 두고 잘 살고 계신지 확인(사후관리)하는 것까지 관심을 기울인다.

이와 같이 복합적인 욕구와 당면과제를 가지고 있는 사례는 전통적인 사회복지실천인 서비스 중심의 단편적인 복지서비스 만으로는 어려움을 해결할 수 없다. 일단, 당면 과제를 가진 개인별(알코올 중독자, 발달장애인, 보호가 필요한 아동, 건강이 쇠약해진 노인) 개입은 효율성 및 효과성이 낮을 것이다. 이러한 경우는 개인 단위가 아닌 가구 단위로 복지 당사자와 가족에 대하여 필요한 서비스들을 통합하여 제공하는 사례중심의 서비스가 필요함을 말해준다. 이것이 바로 사례관리 방식이다. 즉, [그림 1-2]와 같이 개별 수준의 사회복지실천은 복지 당사자가 필요한 서비스를 각각 찾아다녀야 했지만, 사례관리는 각각의 서비스를 통합적으로 모아준다.

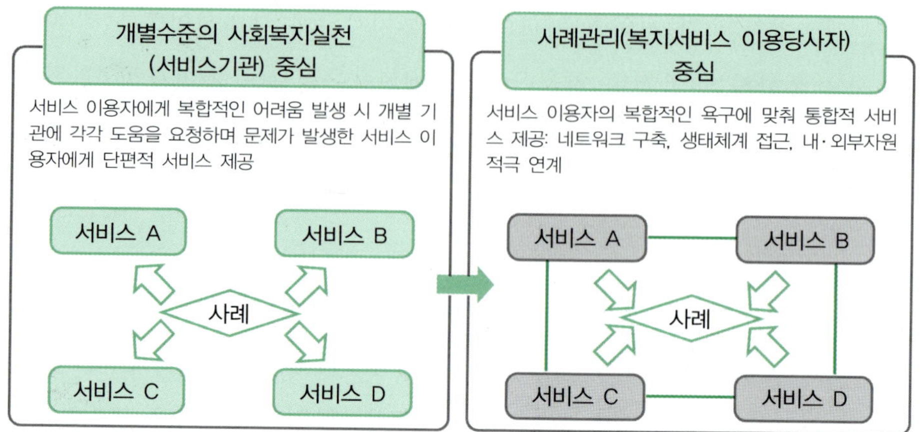

[그림 1-2] 서비스기관 중심과 사례관리(복지서비스 이용당사자) 중심의 비교

출처: 이준우 · 최희철 (2020). p. 42.

이처럼 사례관리는 사회복지의 전통적인 실천방법, 특히 그중에서도 개별 수준의 사회복지실천과 유사한 점이 있으면서도 다음과 같은 분명한 차이점을 가지고 있다.

첫째, 사례관리는 기존의 서비스에 복지 당사자를 맞추는 것이 아니다. 반대로 복지 당사자의 욕구에 필요한 서비스를 연계하여 제공하는 방식이다. 이는 복지 당사자의 욕구에 맞춘 서비스를 제공하기 위하여 필요한 서비스를 연계하는 것을 넘어 개발하는 것까지 포함하는 것을 의미한다. 반면 개별 수준의 사회복지실천에서는 개별기관에서 실시하고 있는 서비스를 복지 당사자가 찾아다니며 제공받는 방식으로 사례관리와는 큰 차이가 있다.

둘째, 사례관리는 복지 당사자에게 필요한 서비스를 제공해야 하므로 서비스 제공 기관 간의 연계 · 협력이 중요하나, 개별 수준의 사회복지실천에서는 기관 간의 연계는 크게 중요하지 않게 된다.

셋째, 사례관리는 서비스 제공에 따른 성과분석이 가능하므로 거시적으로 서비스 중복과 복지사각지대 문제에 대응해 나간다. 그러나 개별 수준의 사회복지실천에서는 각각의 서비스 분절되어 있는 만큼 서비스 중복과 복지사각지대가 발생할 가능성이 있다.

넷째, 사례관리는 대상 자체가 복합적이고 장기적이며 다양한 욕구와 당면과제를 가진 개인과 가족인 반면, 전통적인 사회복지 실천에서는 단기적으로 사회적응에 특정한 문제를 가진 개인에 초점을 맞추어 개입을 시도한다.

다섯째, 사례관리는 복합적인 욕구를 가진 복지 당사자의 욕구 충족과 사회적 기능 향상을 위해 필요한 사회자원을 연결하고 조정하여 보호하는 과정이다. 반면 개별 수준의 사회복지실천은 스스로 해결하기 힘든 문제를 가진 개인에게 행해지는 개별적 · 의도적인 문제해결 과정이다(권진숙 · 박지영, 2009).

여섯째, 사례관리는 서비스의 목적이 복지 당사자에 대하여 적극적인 지역사회보호를 강조하는 반면, 개별 수준의 사회복지실천에서는 복지 당사자의 문제해결을 통한 인격의 성장과 사회적 기능의 회복을 강조한다(이근홍, 2006; 정순둘, 2005). 즉, 사례관리는 개인을 넘어 지역사회 차원의 개입까지 시도하지만, 개별 수준의 사회복지실천은 개인의 성장과 변화에 관심을 두는 것이다.

다음의 〈표 1-2〉는 개별사회사업과 사례관리를 비교하여 정리한 것이다.

▌표 1-2▐ 사례관리의 핵심내용

	사례관리 (복지서비스 이용당사자 중심의 서비스)
개념	• 복합적인 욕구를 가진 개인과 가족의 욕구 충족을 위해 사회자원을 개발 · 연결 · 조정 · 확대하는 통합적인 사회복지서비스
목적	• '개인'의 인격성장과 사회적 기능의 회복을 넘어, '개인과 가족'의 적극적인 지역사회 보호
대상	• 다양하고 복합적인 욕구를 가진 개인과 가족
서비스 제공 방식	• 개인과 가족에게 필요한 서비스를 파악하고, 필요한 서비스 및 자원을 연계하여 제공하는 방식
기관 연계	• 다양한 서비스제공 기관 간의 연계가 중요
개별 사회사업의 한계점 극복	• 거시적으로 서비스 중복과 복지사각지대 감소에 적극적 대응 • 산발적인 서비스 제공으로 성과분석이 어려운 개별사회사업과 달리, 서비스 제공에 따른 성과분석 · 자원활용의 효율성 및 효과성 측정이 가능

3. 사례관리의 목적과 개입 원칙

1) 목적

사례관리는 일정 기간 동안, 필요하다면 일생을 통하여 복지서비스 이용당사자의 욕구에 대응하여 모든 영역의 복지서비스가 제공되도록 보장한다. 기존의 전통적인 사회복지실천의 형태로 사회복지서비스 제공이 이루어진다면 복지서비스 이용당사자들의 복합적인 문제와 앞으로 발생하는 문제를 지속적으로 해결하는 데 한계를 드러낼 것이다. 가장 심각한 한계는 문제의 예방과 적극적인 대처보다는, 눈덩이처럼 불어나며 연속적으로 발생되는 문제의 사후조치나 임시방편적 대응을 해내기에도 바쁘다는 것이다.

사회가 변화함에 따라 복지서비스 이용당사자들의 인식이나 사회복지 정책들도 많이 달라지기 때문에 복지서비스 이용당사자들은 새로운 욕구와 기대가 생겨나기 마련이다. 또한 한 가지 문제가 해결되면 또 다른 문제가 드러난다. 그러므로 복지서비스 이용당사자의 욕구 변화를 고려하여 지속적인 서비스가 이루어지도록 할 필요가 있다. 그런 면에서 사례관리의 가치는 충분하다.

목슬리(1989)는 이러한 사례관리의 궁극적인 목적을 다음과 같이 세 가지로 정리하였다.

첫째, 서비스와 자원들을 이용하고 접근하는 데 있어서 가능한 한 복지서비스 이용당사자 자신의 생활기술을 증진시키도록 하는 것이다.

둘째, 복지서비스 이용당사자의 기능을 증진시키기 위해 사회적 지지망과 관련된 대인서비스 제공자들의 능력을 발전시키는 것이다.

셋째, 가능한 한 가장 효율적인 방법으로 서비스 및 자원이 전달되도록 하며 동시에 서비스의 효과성을 증진시키도록 하는 것이다.

2) 개입원칙

사례관리를 진행할 때는 그 목적을 달성하기 위해서 서비스의 개별화, 서비스 제공의 포괄성, 복지서비스 이용당사자의 자율성 보장, 서비스의 지속성, 서비스의 연계성을 원칙으로 두고 있다. 그 내용을 살펴보면 다음과 같다.

(1) 서비스의 개별화

첫 번째 원칙은 각 복지서비스 이용당사자마다 독특한 신체적 · 정신적 · 사회적 환경에 따라 특별히 각 복지서비스 이용당사자의 욕구를 충족시키기 위해 개별적으로 개발 또는 고안되는 것을 말한다(Lamb, 1980; Leavitt, 1982: 17-41). 예를 들어, 복지서비스 이용당사자인 두 사람이 비록 임상적 진단에 있어서나 나이, 성별, 사회경제적 수준에서 비슷하다 할지라도 그들에 관한 지원 계획은 각각 다를 수 있다는 것이다. 따라서 지원 계획은 복지서비스 이용당사자 한 사람 한 사람마다 주의 깊게 수립되어야 하며 변화하는 복지서비스 이용당사자의 상황에 따라 수정되어야 한다.

(2) 서비스 제공의 포괄성

두 번째 원칙은 복지서비스 이용당사자의 다양한 욕구를 충족시키기 위해 지역사회에서 기능하는데 필요한 광범위한 서비스를 연결하고 조정 · 점검하는 것이다. 이때의 서비스는 복지서비스 이용당사자의 삶의 모든 영역(안전, 건강, 일상생활 유지, 가족관계, 사회적 관계, 경제, 교육, 직업, 주거 등)을 포괄적으로 다루는 것을 의미한다. 사례관리자는 복지서비스 이용당사자들에게 적합한 서비스를 제공하기 위해 현존하는 지역사회의 자원뿐만 아니라 잠재적인 자원까지도 충분히 파악하고 이를 활용할 수 있어야 한다.

(3) 복지서비스 이용당사자의 자기결정권 보장

세 번째 원칙은 복지서비스 이용당사자 선택의 자유를 최대한 존중하는 차원에서 서비스가 결정되고 제공될 수 있도록 하는 것이다. 이는 사회복지실천에 있어서 오랫동안 견지되어 온 원칙으로, 복지서비스 이용당사자가 자신의 보호에 관한 의사결정에 가능한 한 많이 참여하도록 하며 더불어 자율적으로 사회적 기능을 수행할 수 있는 권리가 있다는 자기결정의 극대화를 의미한다.

(4) 서비스의 지속성

네 번째 원칙은 복지서비스 이용당사자에게 서비스를 필요로 하는 한 계속 접촉해서 서비스를 장기적 또는 지속적으로 제공하는 것이다. 즉 1회의 단편적인 서비스 제공이 아니라 복지서비스 이용당사자가 자신의 생활환경에서 잘 적응할 수 있도록 지속적으로 지원해야 한다는 것을 의미한다. 이는 대다수의 복지서비스 이용당사자들이 빨리 회복되지 않는 만성적인 어려움을 가지고 있고, 완전하게 회복되기란 어려우며 무한정으로 서비스를 필요로 한다는 가정하에 적용되는 것이다(Bachrach, 1981: 1449-1456). 그럼에도 불구하고 장기적이라는 것은 만성적으로 의존하도록 하는 것과는 구분되어야 한다. 이것은 지리적으로 접근 가능하다는 전제 하에, 복지서비스 이용당사자가 현재 있는 곳에서 지속적으로 사례관리자와 복지서비스 이용당사자의 관계를 유지해야 한다는 것이다.

(5) 서비스의 연계성

마지막 원칙은 복잡하고 분리되어 있는 서비스 전달체계를 연결한다는 것이다. 예를 들어 복지서비스 이용당사자에게 필요한 서비스가 여러 기관에 분산되어 있을 때, 적절한 서비스를 받을 수 있도록 다른 기관으로 복지서비스 이용당사자를 의뢰함으로써 서비스가 분산되지 않도록 하는 것이다. 이때 사례관리자는 다른 서비스 전달체계 간의 중개자 혹은 권익옹호자의 역할을 하게 된다.

Case Management

사례관리의 구성요소

CHAPTER 02

사례관리의 구성요소

사례관리의 구성요소에 대해서는 학자들 간에 조금씩 다른 견해를 나타내고 있으나 대체로 복지서비스 이용당사자, 사례관리자, 서비스체계, 사회적 자원, 사회관계망, 사례관리 기관, 사례관리 과정 등이 거론되고 있다(白澤政和, 1992; Rothman & Sager, 1998; 장인협 · 우국희, 2001; 정순둘, 2005; 이종복 외, 2007; Summers, 2009; 양정남 외, 2009).

이제부터 이 구성요소들을 하나씩 구체적으로 살펴보고자 한다. 이 중에 서비스체계나 사회적 관계망은 사회적 자원에 포함하여 설명할 것이고, 사례관리 과정은 내용이 입체적이고 광범위하여 2부에서 사례와 함께 별도로 다루도록 하겠다.

1. 복지서비스 이용당사자

사례관리에 있어 복지서비스 이용당사자는 대부분 다양하고 복합적인 당면 과제를 가지고 있어 하나 이상의 사회적 자원을 필요로 하지만, 자원의 종류와 이용 방법에 대해서는 잘 모르거나 스스로 해결할 수 없는 사람들을 말한다. 복합적인 당면과제를 가진 대상이란 '빈곤, 가족 해체, 비행, 일탈, 장애, 노화, 학대, 폭력 및 성폭력, 신체적 건강 및 정신적 건강 등과 같은 문제에 노출된 사람'으로, 이들이 경험하는 문제와 욕구의 수준에 따라 위험도를 나누어 구분한다. 그 기준은 사례관리 기관마다 차이가 있지만 이 책에서는 가장 보편적인 구분인 '긴급', '집중', '단순' 사례로 분류하여 기술하였다.

'긴급 사례관리 대상'이란 복합적인 욕구와 당면과제를 가지고 있으며, 상황이 긴박하여 다양한 자원의 긴급한 지원을 요구하는 복지 당사자와 가족을 말한다. 위기지원 대상, 긴급지원 대상으로 표현되기도 한다.

'집중 사례관리 대상'은 복합적인 욕구와 당면과제를 가지고 있으며 문제 상황의 심각성이 높아 통합적 접근을 요구하는 복지 당사자와 가족을 뜻한다. 집중 사례관리 대상은 긴급한 개입을 요하지는 않지만 각각의 문제들이 또 다른 문제를 파생시키는 위험이 지속적으로 발생되어 과제 해결의 어려움을 겪게 되는 경우가 많다. 고난도(高難度) 사례관리 대상으로 표현되기도 한다. 한편, 최근 우리나라의 사례관리는 민관협력을 통한 통합사례관리가 강조되어, 보건복지부에서 발행하는 '찾아가는 보건복지서비스 안내(보건복지부, 2024)'에는 고난도 사례는 시군구 통합사례관리 의뢰군(공공)으로, 집중사례는 민간사례관리 기관 의뢰군으로 구분하여 표기하고 있다. 이에 동일하게 보건복지부에서 발행하는 '희망복지지원단 업무 안내(보건복지부, 2024)에도 공공영역에서의 고난도 사례에 대한 지원방법과 방향이 제시되어 있다.

'단순 사례관리 대상'이란 당면과제나 욕구 수준의 심각성이 상대적으로 낮으며, 당사자 가정 내에서 해결 능력을 가지고 있지만 해결 방법을 잘 알지 못하는 복지 당사자와 그 가족을 의미한다. 이러한 경우 서비스 기관에 의뢰만 해 주어도 당면과제에 큰 도움을 줄 수 있다.

특별히 복지서비스 이용당사자가 사회적 자원에 접근하고 활용할 때, 개인이 직접 자원에 접근하여 활용할 수 있는 경우도 있지만 사회복지 기관을 통해서만 접근(신청)이 가능한 경우가 적지 않기 때문에, 의뢰와 자원 신청을 해 주는 것은 사례관리자의 역할이라 볼 수 있다.

지금까지의 내용은 다음의 〈표 2-1〉과 같이 정리해 볼 수 있다.

▌표 2-1▐ 사례관리가 필요한 복지서비스 이용당사자 판정 기준

구분	내용
긴급 사례관리 (위기지원, 긴급지원 등)	• 당면과제들이 심각하고 다양한 자원의 긴급지원이 필요하다고 판단된 경우 ① 복지 당사자, 가족 혹은 의뢰자의 판단으로 긴급지원이 요청된 경우 ② 의식주 관련 긴급 상황이 발생했을 경우 ③ 폭력(아동학대, 성폭력, 자살 등) 발생 또는 위험성이 높다고 판단된 경우 ④ 갑작스러운 사고(사망 등)로 경제적 및 사회적 위기상황에 직면한 경우 ⑤ 집중사례관리에 해당되나, 현재 지역 내 연계자원이 부족하여 지원 시점이 지연되면 상황이 더욱 심각해질 가능성이 있다고 판단된 경우
집중 사례관리 (고난도 사례관리)	• 당면과제와 욕구의 심각성이 높아 통합적 접근의 지원이 필요한 경우 ① 경제적 상황이 가족의 생계에 직접적인 영향을 끼치고 있으나 이를 개선하기 위한 적절한 대안이 거의 없는 경우 ② 복지 당사자 혹은 가족을 위해 의료적 진단과 개입이 요구되나 현 시점에서 자원 연결이 불가능한 경우 ③ 복지 당사자 혹은 가족이 심각한 의료적 문제, 물질중독문제(알코올, 마약중독 등), 행태중독문제(오락, 게임, 도박중독 등), 정신질환문제(조현병, 우울증 등)가 있으나 치료를 위한 적절한 지원체계가 연결되어 있지 못한 경우 ④ 복지 당사자 혹은 가족원이 가족폭력(성 학대를 포함하여 방임, 학대 등)에 연루되어 있거나 학대 가능성이 있으나 현 상황에서 가족원의 안전문제 해결을 위해 관련 기관의 충분한 협력을 얻을 수 없는 경우 ⑤ 복지 당사자 혹은 가족원이 법적체계와 직접 연결되어 있는 경우(예 보호관찰 대상자, 수감자 등) ⑥ 기타 복지 당사자, 가족 혹은 의뢰자에 의해 집중적 개입이 요청된 경우 ※ 2024년 찾아가는 보건복지서비스 업무 안내에서는 '집중 사례'와 '고난도 사례'를 구분하여 제시 ① 고난도 사례 - 초기상담 시 주요문제에 '안전(학대, 폭력, 방임 등)'과 '정신건강'의 두 가지 영역이 모두 포함된 경우 - 긴급지원만으로는 해결이 어려운 복합적인 문제를 지닌 경우 - 지역사회 내 자원이 부족하거나 협력체계가 미흡한 경우 등 개별 읍면동에서 해결하기 어려운 복합적 위기가구에 공식적 기관 및 제도연계를 통한 지원 ② 집중사례 - 정서적 관여 관계망 강화, 지역사회 안착 등 장기간 개입이 필요한 사례에 대한 지원 - 민간 사례관리기관에서 관리

단순 사례관리	• 긴급 및 집중 사례관리 기준에 해당되지 않는 사례로 개별기관에서의 지원 혹은 각 기간의 서비스연계로 과제 해결이 가능한 경우 • 복지 당사자가 당면과제 해결을 위한 능력을 가지고 있지만 정보가 부족한 경우 • 기타 정보 제공만으로 당면과제 해결이 가능한 경우 • 기타 의뢰가 필요한 경우

출처: 최희철 외 (2009). p. 37; 이준우 · 최희철 (2020). p. 50; 보건복지부(2024). p 161에서 재인용된 것을 재구성.

여기서 관심을 가져야 할 부분은 복합적인 욕구와 당면과제가 무엇인지 정의하는 것이다. 사례관리자들이 갖는 많은 오류는 당면과제와 욕구의 양적 가짓수로 사례 구분을 하는 것이다. 당면과제의 종류가 많다고 해서 집중사례관리가 되고, 적다고 해서 단순사례관리가 되는 것은 아니다. 당면과제들의 종류는 적지만 과제들 간에 얽혀 있거나 자원이 부족할 경우 또한 가족구성원들이 스스로 해결할 능력이 부족할 때 집중 사례관리가 된다. 반대로 당면과제들의 종류는 많지만 다양한 서비스기관만 연계해 주면 가족 구성원들이 충분히 자원을 활용하여 지역사회 내에서 살아갈 수 있다면 단순 사례관리로 구분하였다가 일반 서비스 이용자로 전환되는 것이 더 적절할 것이다.

또한 중요한 것은, 현재 당면과제의 양이 많다고 해서 굳이 사례관리를 해야 하는 것도 아니라는 것이다. 사례관리의 목표는 가족구성원들이 역량을 강화하여 지역사회 내에서 자립해서 살아가도록 하는 것이기 때문에 무분별한 사례관리를 활용하기보다는 가족들이 스스로 가족과 지역의 자원을 활용할 수 있는지를 판단하는 것이 중요하다. 즉, 사례관리가 필요한 경우인지 서비스 이용자(혹은 잠재적 사례관리 대상)인지 판단하는 과정이 있어야 한다. 이에 긴급지원이나 위기지원이 아닌 경우는 사례관리가 필요한 대상자인지 판단하는 절차와 시간을 갖는 것도 매우 중요하다.

다시 한번 강조하자면, 사회복지 현장에서 사례관리가 전통적 사회복지실천에 비해서는 특효약이 될 수는 있지만 만병통치약은 아니며, 잘못 활용할 경우 복지서비스에 대한 과도한 '의존'이라는 새로운 이슈가 발생될 수 있다는 것도 유념해야 한다.

2. 사회적 자원

1) 사회적 자원의 개념과 필요성

복지서비스 이용당사자의 욕구를 충족시키는 사회적 자원은 인적 · 물적 서비스를 제공하고 지원하는 다양한 차원의 공급 주체를 말한다. 사회적 자원에는 가족 · 친척 · 동료 · 이웃 · 자원봉사자 등의 비공식적인 부분과 행정가 · 행정기관 · 공공복지시설 · 법인 등의 공식적인 부분이 있다(白澤政和, 1992). 사회적 자원의 개발과 활용은 복지서비스 이용당사자의 당면과제를 해결하기 위한 인력과 재원 등을 확보하여, 서비스 제공의 효과성과 효율성을 증진시킨다는 측면에서 매우 중요한 의미를 지닌다. 그 이유는 복지서비스 이용당사자의 욕구를 충족시키고 당면과제 해결을 통해 복지를 증진시키기 위한 사례관리의 효과성은 환경으로부터 얼마나 충분한 사회적 자원을 동원하고 활용하느냐에 달려 있기 때문이다. 그래서 사례관리에 있어서 자원은 복지서비스 이용당사자의 복잡하고 다양한 욕구를 충족시키고 사회적 기능을 향상시키는 데 결정적 역할을 하는 핵심적 요소로서 인식되고 있다(이애련 외, 2009).

실제로 사례관리자들이 업무 수행과정에서 매우 어려워하는 것 중에 하나가 바로 자원동원 기술이다. 사례관리자는 언제 어디서나 지역사회 내의 다양한 기관들을 탐색하고 각 기관들의 기능과 자원이 무엇인지를 구체적으로 알고 있는 것이 중요하다. 그런데 예비 사회복지사들이 사회복지실천 현장에 입문하기 전에 습득하는 상담 기술이나 사례기록 등과는 달리, '자원동원 및 연계' 기술은 사전에 습득이 어려울 수밖에 없다. 이는 현장에서 부딪쳐가며 배워야 하기 때문이다. 비단 경력이 낮은 사회복지사뿐 아니라 경력이 많은 사회복지사도 이직 등으로 현재 근무하는 지역사회에 대한 이해가 낮거나 기관의 조직개편으로 사례관리를 다시 시작하는 경우, 자원 개발 및 동원 기술은 원점에서 다시 출발해야 하는 기술이라고 할 수 있다. 그래서 자원동원 및 연계 기술습득은 기존의 경력이 도움이 되기는 하겠지만 결국은 현재 시점에서 계속해서 배우고 향상시켜 나가야 하는 기술이라고 할 수 있다.

2부 사례관리 과정에서 다시 구체적으로 제시하겠지만, 자원동원 및 연계를 활발하게 수행하기 위해서 사례관리자는 수시로 지역자원들을 목록화해야 할 뿐만 아니라 다양한 네트워크 모임을 통해 자원동원 기술을 증진시켜 나갈 필요가 있다. 특별히 최근 특화된 분야의 다양한 지역사회기관들이 늘어나고 있고, 기관 명칭을 독특하게[1] 짓는 경우가 많아졌기 때문에 사례관리자는 지역자원을 상시 확인할 뿐 아니라 알고 있는 자원을 사례관리자들 간에 적극적으로 공유하는 것이 매우 필요하다. 더불어 지역주민들을 통해 알게 되는 비공식적 자원은 기대 이상으로 활용 가치가 매우 높다. 이에 대해서도 2부 사례관리 과정에서 다시 다루도록 하겠다.

한편 이러한 자원 동원의 필요성을 구체적으로 살펴보면 다음과 같다(홍선미 외, 2010).

첫째, 지역사회에는 복지서비스 이용당사자의 복합적인 욕구를 충족시키기 위해 활용할 수 있는 서비스의 종류, 양, 질이 충분하지 못하다는 점이다. 따라서 이러한 자원의 한계성을 극복하고, 보다 양질의 서비스를 제공하기 위해서는 현재 자원의 효율적인 활용뿐만 아니라 잠재적 자원을 적극적으로 개발하여 사례관리 서비스 제공을 위한 자원의 총량을 확대하는 노력이 요구된다.

둘째, 복지서비스 이용당사자의 욕구가 다양화 · 고도화되면서 특화된 서비스를 필요로 하는 복지서비스 이용당사자들이 증가하고 있는 점을 들 수 있다. 이들의 욕구를 충족시키기 위해서는 새로운 서비스가 개발되어야 하며 이에

---

1) 최근 들어서는 장애인복지관이나 노인복지관 중에도 '복지관'이라는 단어를 삽입하지 않는 기관들이 늘어나고 있고, 순수 우리말 혹은 영어 등을 사용하는 다양한 기관들이 늘어나면서 지역주민들뿐만 아니라 사회복지사들도 여러 사회복지기관의 목적 사업을 모르는 경우가 빈번히 발생하고 있다.

따라 자원 개발의 필요성이 더욱 커지고 있다.

셋째, 지역사회 내에서 복지서비스 이용당사자에게 적시에 적절한 자원과 서비스가 제공될 수 있도록 하기 위함이라고 할 수 있다. 개인적 · 지역적 · 국가적 수준의 지원과 관련된 제반 자원들을 총체적으로 개발하고 각 자원들 간의 역할 분담과 연계, 조정 및 관리를 위한 체계적 서비스망의 구축이 이루어져야 할 필요성은 너무나 당연하다.

2) 사회적 자원의 유형

사회적 자원은 다양하게 분류될 수 있으나 이 책에서는 자원의 공급 주체, 자원의 특성, 자원의 내용 관점에 따라 분류하여 살펴보고자 한다.

(1) 자원의 공급 주체에 따른 분류

자원을 공급 주체에 따라 분류하면 크게 공식적 사회자원과 비공식적 사회자원으로 유형화할 수 있으며(Pincus & Minahan, 1973; Siporin, 1987; 양정남 외, 2009), 또한 공공자원과 민간자원으로 분류할 수 있다(Gronbjerg, 1992).

먼저 '공식적 사회자원'은 국가 및 지방자치단체가 주체가 되어 제공하는 급여와 서비스로서, 제도적으로 지역주민의 정형화된 욕구에 대처하는 자원이다. '비공식적 사회자원'은 공공 이외의 자원으로 친척 · 친구 · 이웃, 그리고 자원봉사자들로부터 제공된다. 비공식적 사회자원은 엄격한 규칙과 제한성이 없어 공식적 사회자원보다 개별적인 욕구를 충족하기에 훨씬 적합한 자원이라고 할 수 있다.

한편 그론베르그(Gronbjerg, 1992)는 사회적 자원을 재원의 형태로 '공공자원'과 '민간자원'으로 분류하고 공공자원을 정부보조금으로, 민간자원을 후원금, 이용료로 세분화하였다. 즉, 공공자원은 정부가 지원해 주는 자원으로서 보조금의 형태를 띠고 있으며, 민간자원은 개인 · 기업 · 기관들로부터 확보하는 후원금 및 기관이 서비스를 통해 직접 확보하는 이용료 등으로 보았다.

(2) 자원의 특성에 따른 분류

자원의 특성이라는 관점에서 이광재(2003)는 복지서비스 이용당사자를 중심으로 '내부적 자원체계'와 '외부적 자원체계'로 분류하였다.

'내부적 자원체계'란 복지서비스 이용당사자 자신 및 가족들이 가지고 있는 자원을 의미한다. 내부적 자원체계를 다시 세분화하면, 개인적 자원체계와 가족적 자원체계로 유형화할 수 있다. 개인적 자원체계는 지식, 정보, 기술, 신뢰성, 건강, 능력, 가치, 철학 등으로 개인이 소유하고 있는 자원 등을 의미한다. 가족적 자원체계는 복지서비스 이용당사자의 가족들이 가지고 있는 정서적 지지능력, 의사소통 능력 등의 비가시적 자원을 의미한다.

반면 '외부적 자원체계'란 복지서비스 이용당사자의 자원체계를 제외한 사회환경적으로 내재화되어 있는 자원체계를 의미하며, 이는 복지서비스 이용당사자 또는 그 가족이 합리적인 질적 생활을 유지하도록 도와주는 재화나 서비스를 제공하는 사람 혹은 조직을 말한다. 외부적 자원은 내부적 자원에 비하여 가시적인 자원이라 할 수 있다. 외부적 자원체계를 세분화하면, 비공식적 · 공식적 · 사회적 · 자원봉사 자원체계로 분류할 수 있다.

(3) 자원의 내용에 따른 분류

자원의 분류체계 중 가장 일반적인 방법이 자원 내용에 따른 분류이다. 자원의 내용에 따라 자원은 여러 학자들에 의해 다양하게 분류되고 있으나, 가장 공통적으로 많이 분류되고 있는 것은 '인적자원'과 '물적자원', 그리고 '제도적 자원'이라고 할 수 있다.

첫째, '인적자원'은 사람의 노동력을 다른 물자와 마찬가지로 생산자원의 하나로 정의한 것으로, 협의의 의미로는 사회복지실천 활동을 수행하는 인력으로 규정할 수 있으며, 광의의 의미로는 지역사회 내에 존재하는 다양하게 많은 사람들의 구성이며 집합체라 할 수 있다. 일반적으로 사람과 관계하는 사회복지 서비스 영역에서는 사회복지서비스 전달이 사람 간에 이루어지기 때문에 인적 자원의 중요성이 강조될 수밖에 없다.

인적자원을 공식적 인적자원, 비공식 인적자원으로 구분해 볼 수도 있다. 이 때 공식적 자원은 사회복지서비스 수행기관의 직원(사회복지사를 포함 한 기관인력)을 뜻하며, 비공식 자원은 사회복지 프로그램 수행에 있어 중요한 협조체계인 후원자와 자원봉사자, 가족, 친인척, 친구, 이웃을 내포하며, 더 나아가 지역사회 주민을 말한다. 이 모든 인적자원이 중요하지만 복지서비스 이용당사자가 지역사회 내에서 살아가기 위해서는 비공식적 인적자원, 특별히 같은 지역사회 내에 거주하고 있는 비공식적 인적자원의 중요성이 강조되고 있다. 최근 들어서는 이들을 '둘레사람[2)]'이라고도 표현하고 있다.

사실 복지서비스 이용당사자가 지역사회에서 건강하게 살아가기 위해서는 공식적인 인적 자원이나 복지서비스에 의존하기보다는 둘레사람들과 어우러져야 안정적인 지역사회 내 생활이 가능하다. 오히려 사회가 복잡해지고, 사회문제가 확대 될수록 국가는 복지정책을 통해 기계화된 복지서비스 전달체계를 갖추게 될 수 있는데, 이는 효율적이긴 하나 오히려 한 사람 한 사람의 상황은 살피기 어려워 복지사각지대가 발생될 우려가 나타난다. 따라서 든든한 국가의 복지정책도 중요하지만 가까운 이웃과 공생하며 살아가는 것은 더 강하고 촘촘한 안전망이 될 수 있다. 이 책에서는 이 둘레사람을 '좋은 이웃'으로 표현하고자 한다. 사실 인적자원, 둘레사람 모두 맞는 표현이지만, 이웃과 더불어 살아가는 삶을 추구하는 사회복지실천의 이념에 비추어 본다면, 좋은 이웃이란

2) 한덕연(2015)은 복지요결을 통해 둘레사람을 좁게는 가족, 친척, 친구, 동료, 이웃을 가리키고, 넓게는 복지 수단에 관련된 사람까지 아우른다고 설명하였다. 그런데 복지요결은 엄밀하게는 '둘레사람'을 좁게 쓰는 편이라, 복지 수단에 관련된 사람까지 아우를 때는 주로 '지역사회'라고 표현하였다. 또한 사회사업은 당사자와 환경 사이를 좋게 하는 일로서, 당사자와 환경 사이 그 생태를 좋게 하는 일, 곧 당사자와 둘레 사람이 잘 어울리고 당사자와 지역사회 복지 수단이 잘 맞게 하는 일로서 생태관점을 설명하였다.

표현이 더 와닿는 듯하여 이와 같이 표기하였다. 어렵고 힘든 상황 가운데 있는 한 사람을 고립상태로 홀로 두지 않고, 그 주변에 좋은 이웃들이 가까이 있도록 하는 것이 사례관리라고 보기 때문이다. 그 좋은 이웃들은 공식적 기관에서 일하는 사회복지사나 공무원이 될 수도 있고, 옆집에 살고 있는 이웃집 형, 누나, 친구와 같은 평범한 이웃이 될 수도 있다.

둘째, '물적 자원'이란 그 존재 형태가 물질적, 즉 가시적 자원으로서 복지서비스 이용당사자에게 전달되는 현금이나 현물을 의미한다. 이러한 물적 자원을 제공하는 공급주체를 살펴보면, 공공영역 · 기업 및 민간단체 등을 통한 민간영역 · 제3섹터의 영역 등으로 분류할 수 있다. 사실 물적 자원은 복지서비스 이용당사자에게 직접적인 도움이 되기 때문에 사회복지 현장에서는 이를 확보하기 위한 적극적인 노력을 할 수밖에 없다.

셋째, '제도적 자원'이란 사회적으로 바람직할 것으로 판단되는 가치, 관습 등이 제도화되어 사회성을 가짐으로써 법률 · 제도 등으로 규정되는 자원을 의미한다. 자원 개발자인 사례관리자의 입장에서 제도적 자원은 공식적 자원의 체계 속에서 받아들여지고 있는 자원으로 볼 수 있다.

제도적 자원에 대한 대표적인 예로는 사회복지사업법, 긴급복지지원법 등이 있으며, 더 나아가 기부 문화와 관련되어 있는 기부금품의 모집 및 사용에 관련 법률인 사회복지공동모금회법, 재해구호법, 그외 기부금 관련 법 등을 들 수 있다. 통상적으로 사례관리자는 국민기초생활보장법이나 긴급복지지원법 등을 통해서 공공의 제도를 통한 물질적 자원을 확보할 수 있기 때문에 사회복지사업의 법 · 제도 등에 대한 이해는 매우 중요하다. 이러한 자원은 가시적 자원확보라는 측면에서 강점을 가지며, 장기적으로 복지 당사자가 국가의 복지안전망 안으로 유입되게 하는 계기를 마련하기 때문이다. 하지만 제도적 지원이 일시적 자원확보로 그치는 경우도 있음에 유의할 필요가 있다.

더불어 사회공동모금회법, 기부금품 모집 및 사용과 관한 법, 각종 조세제도 등의 이해가 중요한 것은 자원을 조성하기 위한 환경을 이해하는 데 큰 영향을 미친다. 따라서 사례관리자들은 제도적 자원을 확보해 나가기 위해서 상담기법 등 대인관계 기술을 익히는 것만큼 다양한 사회복지관련 법과 제도를 지속적으로 탐색하고 학습하여야 한다.

지금까지 살펴본 자원의 공급 주체, 자원의 특성, 자원의 내용 관점에 따라 분류한 내용을 도식화 하면 다음 그림과 같다.

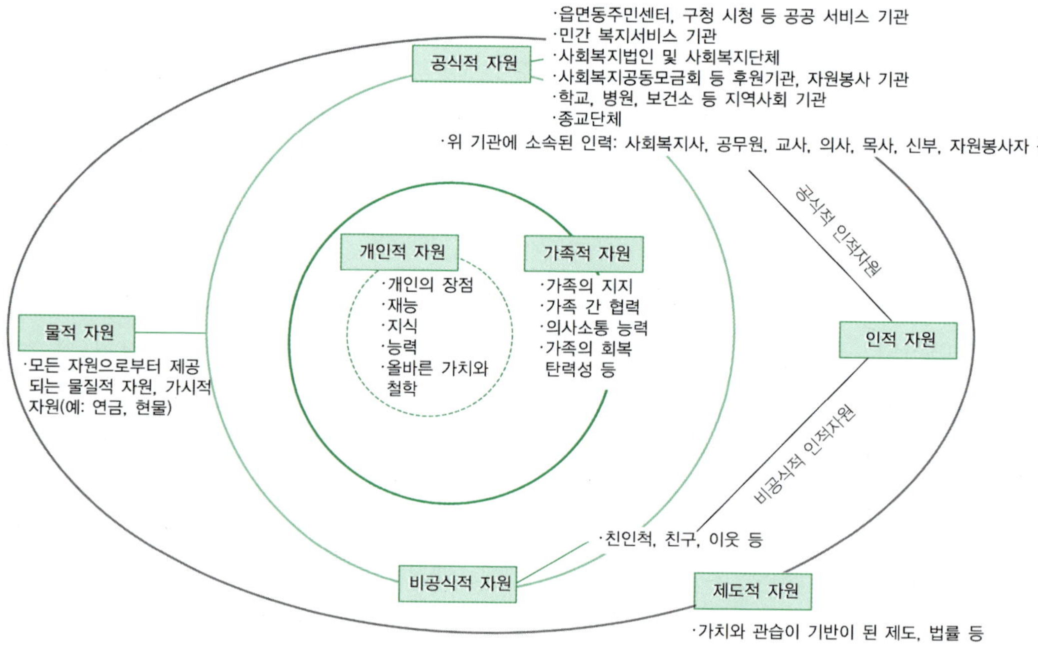

[그림 2-1] 자원의 분류

3. 사례관리자

1) 사례관리자의 직무

사례관리자는 사례관리의 가장 중요한 구성요소로서 앞에서 언급한 두 가지 구성요소, 즉 복지서비스 이용당사자와 사회적 자원을 체계적이고 효과적인 방법으로 연계하는 역할을 수행한다. 즉, 사례관리자는 복지서비스 이용당사자가 수동적인 수혜 대상자로서의 역할에 머무르지 않고, 자신의 당면과제를 해결해 나갈 수 있는 해결사로서 사례관리 과정에 참여하고 이를 통해 자신에게 필요한 사회적 자원을 직접 활용하고 접근할 수 있는 능력을 함양하도록 지원하는 역할을 하게 된다.

사례관리 실천과정에 참여하는 대상은 복지서비스 이용당사자만이 아니다. 당사자의 가족이나 친구 등 복지 당사자에게 의미 있는 사람과 집단, 조직, 더 나아가 그들에게 서비스를 제공하고 있는 다양한 분야의 전문가들도 사례관리자에게는 중요한 파트너라고 할 수 있다. 그러므로 사례관리자는 복지서비스 이용당사자에게 도움을 제공하는 과정에서 복지 당사자뿐 아니라 그들을 둘러싼 환경체계를 재구성하고 역량을 강화해 나감으로써, 주변 사람들이 환경으로서의 지지적인 기능을 최대한 발휘할 수 있도록 도와야 한다.

한편 사례관리자의 직무에 대해서 벌쉐와 호레이시(Bertsche & Horejsi, 1980)는 사례관리자의 직무에 대한 포괄적인 목록을 〈표 2-2〉와 같이 제시하고 있다. 그 내용을 살펴보면, 사례관리자는 지원, 사정, 계획, 중개, 조정, 모니터링, 평가, 지도 감독, 행정, 옹호, 상담, 문제해결, 자원 개발, 지역사회조직 등의 업무를 수행한다고 볼 수 있다.

| 표 2-2 | 사례관리자의 직무

항목	직무내용
1	서비스 수급 자격요건을 사정하기 위해 복지서비스 이용당사자와 가족에 대한 초기면접을 한다.
2	복지서비스 이용당사자, 가족, 그리고 타 기관으로부터의 적절하고 유용한 자료의 수집과 그 자료를 근거로 복지서비스 이용당사자와 가족에 대한 심리사회적 사정을 한다.
3	목표를 세우고 통합적인 서비스 계획을 세우기에 적합한 전문가, 프로그램 대표, 복지서비스 이용당사자, 가족, 의미 있는 사람들이 함께 논의하고 결정을 내릴 수 있도록 모임을 만들고 지도한다.
4	계획에 앞서 점검하고 목표의 방향과 조정 내용을 유지하면서, 행동체계 내에서는 정확한 정보가 흐를 수 있도록 관리한다.
5	서비스 전달과정에서 예기치 않게 발생하는 문제를 신속하게 확인하고 복지서비스 이용당사자를 대신하여 문제를 해결하고 복지서비스 이용당사자와 가족을 보호한다.
6	서비스 제공자와의 사이에서 발생하는 위기와 갈등상황에 있는 복지서비스 이용당사자와 가족에게 정보와 상담을 제공하여 도와준다.
7	복지서비스 이용당사자와 가족을 위해 지속적인 정서적 지지를 제공하여 그들이 스스로 문제에 잘 대처할 뿐만 아니라, 보다 더 전문적이고 복합적인 서비스도 활용할 수 있도록 돕는다.
8	복지서비스 이용당사자의 예후에 관한 기록을 남겨 관련된 모든 사람들의 계획도 지켜질 수 있도록 해야 한다.
9	복지서비스 이용당사자와 가족, 전문가, 프로그램 그리고 비공식적 자원 간의 연계자가 되어 모든 개입계획을 포함하여 복지서비스 이용당사자가 선호하는 내용이 알려지고, 필요한 서비스가 확보되고 있다는 것을 알 수 있도록 돕는다.
10	프로그램들 사이의 연계자가 되어 자연스럽게 정보가 흐르고 하위체계 간의 갈등을 최소화하기 위한 서비스를 제공한다.
11	복지서비스 이용당사자를 위한 현재와 미래의 자원을 동원하기 위해 공식적·비공식적 자원과 신뢰관계를 형성하고 유지한다.
12	복지서비스 이용당사자와 서비스 전달체계의 효과성에 영향을 미치는 정책을 개발하고 수정하는 지위에 올라가기 위해 조직 내에서 좋은 직원으로, 효과적인 업무를 수행한다.
13	서비스를 의사결정할 위치에 있는 사람들에 대한 존경과 지원을 확보하고 유지하며, 복지서비스 이용당사자를 대신하여 참여하는 다른 개인과 기관을 격려하고, 필요시 그들을 활용할 수 있도록 한다.

출처: 권진숙 역 (2004). pp. 33-35 재인용.

사례관리자는 자신의 직무와 책임에 대한 분명한 이해를 갖고 역할에 임하는 것이 중요하다. 이때 사례관리자는 한 사람의 사례관리자 개인이 될 수도 있고 전문가로 이루어진 하나의 팀으로 기능할 수도 있는데, 이것은 중요한 이슈로 고려되어야 한다.

이 두 가지를 비교해 보면, 개별 사례관리자가 가지는 장점은 명확한 책임성과 팀 회의가 줄어듦으로 인한 효율적인 시간 활용이 가능하고, 과업 할당이 명확하며, 복지서비스 이용당사자와 보다 전문적인 친밀성을 높일 수 있다는 점을 들 수 있다. 반면 팀 접근이 가지는 장점은 사례관리자의 소진을 예방하고, 서비스의 연속성을 높이며, 다양한 인력 활용으로 보다 창조적인 서비스 개발이 용이하다고 볼 수 있다(홍선미 · 하경희, 2009). 선행연구 결과에서 팀 접근과 개별 사례관리자 중 어떤 것이 더욱 효과적인가에 대해서는 일관된 결과를 나타내지 못하고 있으며 아직 논란의 여지는 있으나 인력의 활용 및 지원, 서비스 계획에 있어서는 팀 접근이 더욱 유용하다는 데에는 어느 정도 합의가 이루어지고 있다(Rapp & Goscha, 2004).

2) 사례관리자의 역할

초창기 사례관리자의 역할은 직접적인 서비스 제공자가 아닌, 다양한 서비스 프로그램들을 조정하는 역할을 담당하는 것으로 시작되었다. 그러나 사례관리자가 복지서비스 이용당사자를 직접적으로 만나지 않고는 이들을 사정하고, 서비스를 연계시키는 데에 한계가 있다는 것을 알게 되었고, 이에 복지서비스 이용당사자의 욕구에 맞는 서비스를 끝까지 책임지고 제공하는 역할까지 확대되었다(김통원 외, 1998).

한편, 목슬리(1989)에 의하면 사례관리자의 역할은 크게 직접 서비스의 역할과 간접 서비스의 역할로 나누어진다. 직접 서비스의 역할은 실행자, 교육자, 상담자, 안내자, 협력자, 진행자, 정보제공자, 지지자를 말한다. 반면 간접 서비스의 역할은 중개자, 연계자, 조정자, 옹호자, 사회적 지지망 구축자, 기술적 지원과 자문 제공자를 말한다.

그런데 실제적으로는 사례관리자가 직접적인 역할과 간접적인 역할을 나누어 실행하는 것이 아니라 상황에 따라 유연하게 혼합하여 사용하기 때문에 구분이라는 것은 큰 의미가 없을 수 있다. 다만, 사례관리자가 포괄적 서비스 제공을 하다 보면, 어디까지의 역할을 해야 할 것인가에 대해서는 많은 혼란을 겪을 수 있기 때문에 사례관리자의 역할에 대해서는 정리해 볼 필요성이 있겠다.

(1) 직접 서비스의 역할

사례관리자의 직접 서비스 기능은 임상가로서의 역할이 강조된 것이다. 이 역할은 복지서비스 이용당사자가 자신의 욕구를 충족시킬 수 있는 능력을 강화하도록 지원하여 사례관리의 효과성을 증진시킬 수 있도록 한다. 이를 구체적으로 살펴보면 다음과 같다.

① 실행자

실행자로서의 사례관리자는 복지서비스 이용당사자를 위해 많은 방향성을 제시해야 한다. 이 역할은 주로 위기상황에 있는 복지서비스 이용당사자에게나 혹은 기능이 매우 제한되어 당사자 스스로 문제 극복이 어려울 때 제한적으로 사용하게 되는데, 위기 시 심리적 지지를 제공하는 역할을 적극적으로 수행한다. 경청, 감정이입을 위한 표현, 환기, 명료화, 조언 등이 실행자의 역할로서 활용하는 기술이다.

② 교육자, 상담자

교육자로서의 사례관리자는 단순히 물고기를 잡아주는 것보다는 물고기 잡는 기술을 교육하는 것에 초점을 맞춘다. 이러한 교육과정의 단계는 다음과 같다. 첫째, 면접기술이나 구직기술과 같이 현재 일상생활에 필요한 기술을 명확하게 가르치며, 둘째, 사례관리자 자신이 복지서비스 이용당사자가 원하는 역할 모델이 되며, 셋째, 반복연습을 통해 역할연습을 훈련하고 실패했을 경우라도 염려하지 않도록 돕는다. 넷째, 물질적 강화, 사회적 강화, 자기 강화 등의 피드백을 제공하여 복지서비스 이용당사자의 능력을 강화시키며, 다섯째, 실제 삶의 상황에서도 복지서비스 이용당사자가 잘 적응하고 필요로 하는 사회적 기능을 원활히 수행하도록 지원한다.

③ 안내자, 협력자

안내자, 협력자로서의 사례관리자는 복지서비스 이용당사자와 만나고, 서비스와 지원을 위한 결정에 함께 협조하여 추진해 나가며, 사회적 관계의 구성원들을 위한 보상이나 실질적 지원을 위해 전문가나 사회 구성원과의 지속적인 만남을 유지하는 역할을 수행한다. 이러한 역할이 중요한 이유는 복지서비스 이용당사자의 과제해결 기술을 발전시키도록 도우며, 함께 일하는 사례관리자의 모습을 직접 보여줌으로써 긍정적 모델링을 할 수 있도록 하기 때문이다.

④ 진행자

진행자로서의 사례관리자는 복지서비스 이용당사자 자신이 스스로 도울 수 있는 기본적 능력을 갖추고 있을 때, 복지서비스 이용당사자에게 도움이 될 수 있는 적절한 서비스 선택 과정을 돕고 지지한다. 이때에는 사례관리자가 전체 과정을 같이 할 수도 있고 전문지식을 전달할 수도 있다. 이러한 역할은 복지서비스 이용당사자가 높은 수준의 자기 지향을 수행할 수 있을 만큼 준비가 되어 있어야 가능하다고 할 수 있다. 이 같은 수준의 역할을 하는 사례관리자는 대부분 복지서비스 이용당사자가 정기적인 만남을 필요로 하지 않을 만큼 상황이 안정된 경우이다. 단순사례 혹은 2주~1개월 간격으로 사후관리를 할 때의 사례관리자의 역할이라고 볼 수 있다.

⑤ 정보 제공자

정보 제공자로서의 사례관리자는 다양하면서도 전문적인 정보를 많이 가지고 있어야 하며 이를 복지서비스 이용당사자에게 전달해 주는 역할을 수행하여야 한다. 이 역할을 위해서 사례관리자는 지역사회에서 복지서비스 이용당사자가 이용 가능한 대인서비스, 복지지원 체계, 지역사회 참여기회 등에 대한 전문적 지식을 필요로 한다. 정보제공자의 역할은 향후 복지서비스 이용당사자가 스스로 정보를 취득할 수 있도록 능력을 갖추게끔 하는 것이 바람직하다.

⑥ 지지자

지지자로서의 사례관리자 역할은 직접 서비스 역할 중 매우 중요하다. 특히 복지서비스 이용당사자가 자기옹호를 할 수 있을 때 이 역할을 수행한다. 복지서비스 이용당사자가 일정 수준의 지식, 기술, 자기인식 능력을 갖추고 사례관리자에게 의존하지 않고 스스로를 옹호해 나갈 때 사례관리자는 그 힘을 유지하고 강화할 수 있도록 지지한다.

(2) 간접 서비스의 역할

사례관리자가 사용할 수 있는 간접적 서비스 역할은 행정가의 역할이 강조된 것이다. 이때 사례관리자는 중개자, 연계자, 조정자, 권리옹호, 사회적 지지망 구축자, 기술적 지원과 자문 제공자 등의 역할을 한다. 간접이라는 단어가 주는 어감으로 직접 서비스 역할보다 중요성이 낮게 보여질 수 있으나 사례관리에 있어서 간접 서비스의 역할은 매우 중요하다.

① 중개자

중개자로서 사례관리자는 복지서비스 이용당사자를 지역의 기관 및 자원에 연계함으로 서비스 지원 계획을 실행하는 역할을 수행한다. 사례관리자가 서비스 지원 계획에서 정해진 서비스 공급이 가능한 기관과 지역사회 자원을 선택·연계하는 중개를 할 때 사례관리의 효과성은 증진된다. 중개자 역할을 하기 위해서는 서비스의 이용 가능성, 적절성, 수용성, 접근성, 서비스 수급자의 자격 기준, 서비스의 질, 서비스 공급량의 역량, 서비스 공급자의 동기, 기관이 공급하는 서비스의 범위에 대한 지식 등 자원에 대한 상세한 정보 획득이 필요하다.

② 연계자

연계자로서의 사례관리자는 복지서비스 이용당사자를 지원함에 있어서 장애요소를 제거하고 당면과제 해결을 위해 필요한 서비스와 연계시키는 역할을 수행한다. 대표적인 방법으로 복지서비스 이용당사자의 중요한 정보와 함께 사례관리를 위해 협력이 필요한 기관에 의뢰서비스를 통해 이루어진다.

③ 조정자

조정자로서의 사례관리자는 복지서비스 이용당사자의 입장에서 서비스를 조정하는 역할을 수행하며, 그 목적은 복지서비스 이용당사자의 욕구를 충족시키기 위해 서비스가 조화롭게 실행되도록 하는 것이다. 사례관리자는 서비스 조정과정에서 정보교환과 모니터링, 네트워킹의 기술을 사용한다. 조정자로서 사례관리자는 서비스 목표를 달성하기 위한 기구를 조직하고 유지함으로써 복지서비스 이용당사자를 위한 사회적 지지망을 강화한다.

④ 옹호자

옹호자로서의 사례관리자는 사회적 약자의 입장에 놓여 있는 복지서비스 이용당사자의 욕구를 지역사회 내 여러 주체(단체, 기관 등)에 전달하는 역할을 수행하는 것을 말한다. 필요시, 복지서비스 이용자의 역할을 대행한다. 옹호 전략의 목표는 복지서비스 이용당사자의 지원을 거부하는 기관과 대결하여 협상하고 복지서비스 이용당사자를 지원할 수 있는 동기를 가지게 하는 것이다.

이때 사용하는 옹호 전략 사용의 수준은 다음과 같다. 첫째, 직접 담당자에게 항의하거나, 둘째, 거부당하는 목적에 대항할 수 있는 전문적 지식을 활용하고, 셋째, 담당자의 상사에게 항의한다. 넷째, 공식적 민원신고를 이용하거나,

다섯째, 외부 권위에 항의하며, 여섯째, 법적 대응을 하는 순서로 발전시켜 나간다. 이때 주의할 사항은 가능한 한 낮은 수준의 전략부터 사용해야 하며, 상황적으로 대항하는 기관의 담당자와는 지속적으로 좋은 관계를 형성하고 유지해 나가기 위해 노력해야 하는 것이다. 대항하는 기관의 담당자는 적(敵)이 아니라 향후 복지서비스 이용당사자가 지역사회에서 건강하게 살아갈 때 협력해야 하는 인적자원이기 때문이다.

⑤ 사회적 지지망 구축자

사회적 지지망 구축자로서의 사례관리자는 가족, 친구, 이웃 등 비공식적 지원자로 구성되는 사회적 지지망을 구축하여 공식적인 서비스 공급체계에서 얻을 수 없거나 달성할 수 없는 자원을 공급할 수 있다. 사회적 지지망 구축자는 사회적 지지망의 구성원들을 위한 교육과 그들을 위한 2차적 지원(사회적 관계망을 형성할 수 있는 지원: 스트레스 관리, 야유회, 여가모임, 주민모임 등), 대안적 지원체계의 확립 등의 방법을 모색한다.

⑥ 기술적 지원과 자문 제공자

사례관리자는 복지서비스 이용당사자에 대한 서비스의 질을 높이기 위해 새로운 지식, 정보, 전망을 다양한 휴먼서비스 기관에 소개하는 등, 기술적 지원과 자문의 역할을 수행한다. 사례관리자는 본인이 소속된 기관이 아닌 타 기관의 요청에 반응하고, 타 기관 실무자 및 대표와 만나며, 복지서비스 이용당사자의 욕구와 특성을 타 기관에 교육한다. 더 나아가 복지서비스 전달 상의 문제해결을 위한 접근방법을 개발하며, 복지서비스 이용당자에게 삶의 질을 높이기 위해서 연계기관 간의 협력 방안을 적극적으로 모색해 나간다. 이를 통해 사례관리자는 본인이 소속된 기관뿐 아니라 타 기관이 복지서비스 이용당사자의 욕구에 대응하는 역량을 높이도록 하는 데 도움을 줄 수 있다.

3) 사례관리자의 자격요건

'누가 사례관리자가 될 것인가' 하는 문제는 매우 중요하다. 효과적인 사례관리를 위해서라면 필연적으로 다학문적인 접근이 요구되며, 그 특성상 하나의 전문직이 사례관리를 독점할 수는 없다(Murer & Brick, 1997: 160). 따라서 사회복지학, 심리학, 간호학, 교육학, 보건학 등의 다양한 학문 영역에서 사례관리를 가르치고, 현장에서 실천되기도 한다.

영국의 경우 케어매니저(care manager)는 복지서비스 이용당사자에게 상담, 조언 및 사회적 지지, 서비스의 연계와 조정을 수행하며, 사회복지사나 간호사 중에서 선발하여 재가복지서비스의 보조 인력에 대한 통제, 사례관리에 대한 예산관리 업무도 병행하여 수행하도록 하였다(양정남 외, 2009).

일본의 경우는 2005년부터 국가자격 시험을 통해 개호지원전문원(케어매니저, care manager)를 양성하고 있으며(장인협 · 우국희, 2001), 케어매니저의 역할을 수행하는 전문직으로서는 간호사가 가장 많고, 그 다음이 개호복지사와 사회복지사가 있다. 그 외 보건사, 이학요법사, 작업요법사, 의사, 영양사, 약제사 등이 있다(박용억 외, 2005).

미국은 사례관리자의 4분의 3이 사회복지사이며 나머지 4분의 1은 간호사, 작업치료사, 물리치료사, 의사, 재활상담가 등이 담당하고 있다. 캐나다의 브리티시컬럼비아(British Columbia) 주에서 활동 중인 사례관리자는 지역방문 간호사가 압도적으로 많은 반면, 같은 캐나다에서도 마니토바(Manitoba) 주의 경우에는 사회복지사와 지역방문 간호사가 한 팀을 이루어 사례관리를 실시하고 있다(白澤政和, 1992).

우리나라의 경우는 사회복지 분야 외에 간호학 등에서도 사례관리를 활용하고 있지만 대다수 사회복지사들이 사례관리자로 활동하고 있다. 특별히 통합돌봄체계를 구축해 나가자는 국가정책에 맞추어 사례관리에 다양한 영역의 전문가가 협력체계를 이루어 가고 있지만 중심 역할은 공공영역과 민간영역의 사회복지사들이다.

사례관리자가 되기 위한 자격요건을 살펴보면, 우리나라는 사회복지사 1급 자격증을 취득한 후 사회복지실천 경력이 2년 이상이거나 사회복지사 2급 자격증을 취득한 후 4년 이상이 되어야 하며, 사례관리와 관련된 교육과 훈련을 받은 자 이어야 한다고 규정하고 있다(한국사례관리학회 사례관리표준지침 홈페이지 게시, 2017: 윤철수 · 김연수, 2016).

그러나 실제로 이직률이 높고 인력이 부족한 사회복지 현장에서 이 요건에 맞는 경력직 사회복지사들로 전담팀을 꾸리는 것은 다소 한계가 있다. 따라서 위 요건을 최대한 충족하도록 노력하되, 기관 내 슈퍼비전 체계를 구축하여 신입 사회복지사에게도 사례관리 업무를 일부 수행 해 나가도록 하고 있다. 분명한 것은 사례관리 업무는 일정 부분의 경력, 지속적인 교육과 훈련, 슈퍼비전이 반드시 필요하다는 것이다.

이러한 것의 중요성은 우리나라 대표적인 민간 사례관리기관인 종합사회복지관[3]의 시설 평가지표를 통해서도 확인해 볼 수 있다. 시설 평가지표는 그 시설을 운영하는 기준점이 때문에 평가지표에 명시되어 있다는 것은 사회복지현장에서 반드시 준수해야 하는 규칙으로 인식하면 된다. 아래 표는 보건복지부(전국), 경기도, 서울시[4] 종합사회복지관 사례관리 인력관련 항목의 시설 평가지표이다.

세 지표를 살펴보면, 약간의 차이는 있지만 사례관리자의 전문성와 역량을 평가함에 있어 사례관리자의 정기적인 교육뿐만 아니라, 전문성을 갖춘(경력) 슈퍼바이저를 확보하여 슈퍼비전 체계를 갖추고 있는지를 평가하고 있다. 그

3) 사회복지관은 사회복지 사업법 제34조의5(2021.12.21. 공포, 2022.6.22. 시행) 및 같은 법 시행규칙에 따라 사례관리기능, 서비스제공기능 지역조직화기능을 수행하여야 한다.

4) 사회복지사업법 제43조의2(시설의 평가)에 따라 보건복지부장관과 시·도지사는 보건복지부령으로 정하는 바에 따라 시설을 정기적으로 평가하고 있다. 이에, 사회복지시설의 종류 중 하나인 사회복지관은 3년 주기로 시설평가를 받고 있다. 평가의 지표는 전국단위의 보건복지부 지표, 서울형 지표, 경기도형 지표로 나누어져 있다.

만큼 사례관리의 자격요건에는 전문성을 담보로 하고 있고, 이 전문성은 현재 시점뿐 아니라 지속적 역량증진을 필요로 함을 보여주는 것이라 할 수 있다.

▌표 2-3▌ 사회복지관의 사례관리 인력관련 보건복지부(전국) 시설 평가지표

평가 항목	C1-2. 사례관리 인력의 전문성
평가 목표	사례관리 사업의 효과적인 수행을 위해 전문 인력을 사업에 배치하여, 사업의 과정 및 성과가 체계적이고 효과적으로 진행될 수 있도록 한다.
평가 내용	사례관리를 위한 인력의 전문성은 어떠한가? ① 사례관리자는 사례관리 전문가교육과정을 포함하여 연 16시간 이상을 이수하였다. ② 사례관리자는 충분한 경력을 가지고 있는 내부 슈퍼바이저와 외부슈바이저를 통해 정기적인 슈퍼비전을 각각 받고 있다(보건복지부) ③ 사례관리자는 연 1회 이상 사례관리 사례를 공개 발표하고 있거나 사례집을 발간하였다. ④ 사례관리자는 클라이언트의 생명과 인권에 대한 존중, 자기결정권, 비밀보장을 실천하고 있다.
배점 기준	우수(4점) : 5개 항목이 해당된다. 양호(3점) : 4개 항목이 해당된다. 보통(2점) : 3개 항목이 해당된다. 미흡(1점) : 2개 이하 항목이 해당된다.
평가 방법	□ C1-2-② 사례관리자가 내 · 외부 슈퍼바이저를 통해 정기적인 슈퍼비전을 받고 있는지 확인 ○ 인정범위 - 충분한 경력을 가진 슈퍼바이저를 통해 각각 내부 슈퍼비전과 외부 슈퍼비전을 정기적으로 받고 있는 경우만 인정 • 2021, 2022년은 내부나 외부 슈퍼비전을 정기적으로 받고 있는지 확인되면 인정 • 2023년부터는 내부슈퍼비전과 외부슈퍼비전을 각각 정기적으로 받고 있는지 확인되어야 인정 * 정기적인 슈퍼비전이란 내부는 월 1회 이상, 외부는 연 2회 이상의 슈퍼비전을 의미 - 충분한 경력을 가진 내부 슈퍼바이저란 사례관리 주 경력 2년을 포함하여 사회복지관 경력 5년 이상인 자를 의미하며, 단순 지시사항, 업무내용, 회의안건 중심 등은 인정하지 않음 ○ 평가자료 : 사례관리 슈퍼비전 기록지 및 관련 공문

출처: 보건복지부 중앙사회서비스원(2024). 2024년 보건복지부 사회복지시설 평가 사회복지관 평가지침. pp. 93-94.

▎표 2-4▎ 사회복지관의 사례관리 인력관련 경기도 시설 평가지표

평가 항목	C1-2. 사례관리 인력의 전문성
평가 목표	사례관리 사업의 효과적인 수행을 위해 전문 인력을 사업에 배치하여, 사업의 과정 및 성과가 체계적이고 효과적으로 진행될 수 있도록 한다.
평가 내용	사례관리를 위한 인력의 전문성은 어떠한가? ① 사례관리자는 사례관리 전문가교육과정을 포함하여 연 16시간 이상을 이수하였다. ② 사례관리자는 내·외부 슈퍼바이저를 통해 정기적인 슈퍼비전을 받고 있다. ③ 사례관리자는 연 1회 이상 사례관리 사례를 공개 발표하고 있거나 사례집을 발간하였다. ④ 사례관리자는 클라이언트의 생명과 인권에 대한 존중, 자기결정권, 비밀보장을 실천하고 있다. ⑤ 사례관리자는 서비스의 공급확장과 접근개선을 위해 클라이언트의 환경에 개입하고 있다. ⑥ 사례관리 슈퍼바이저는 슈퍼바이저로서 충분한 경력을 가지고 있다.
배점 기준	우수(4점) : 5개 항목이 해당된다. 양호(3점) : 4개 항목이 해당된다. 보통(2점) : 3개 항목이 해당된다. 미흡(1점) : 2개 이하 항목이 해당된다.
평가 방법	□ C1-2-② 사례관리자가 내·외부 슈퍼바이저를 통해 정기적인 슈퍼비전을 받고 있는지 확인 ○ 인정범위 - 정기적인 슈퍼비전이란 내부의 경우 월 1회 이상, 외부의 경우 연 2회 이상의 슈퍼비전을 의미하며, 내·외부 슈퍼바이저는 내부 슈퍼바이저 또는 외부 슈퍼바이저 하나만 해당해도 점수 부여 - 소진 예방을 위한 지지·격려, 교육적 격려 슈퍼비전 인정 - 외부 사례관리 포럼, 모임 등 인정(단, 해당시설의 사례 내용이 없을 경우 미인정) ※ 내부 슈퍼바이저는 사례관리 주 경력 2년 포함하여 사회복지관 경력 5년 이상인 자 ※ 2023년부터는 내부 슈퍼비전과 외부 슈퍼비전을 각각 정기적으로 받고 있는지 확인되어야 인정 ○ 미인정항목 : 단순 지시사항, 업무 내용, 회의 안건 중심 등은 미인정 ○ 평가자료 : 사례관리 슈퍼비전 기록지 및 관련 공문 □ C1-2-⑥ 사례관리 슈퍼바이저로서 충분한 경력을 가지고 있는 자인지 확인 ○ 인정범위 : 사례관리 슈퍼바이저의 충분한 경력이란 사례관리 주 경력 2년을 포함하여 사회복지관 경력 5년 이상인 경우 점수 부여. 관장, 최고중간관리자의 경우 충분한 경력을 가진 것으로 인정 ○ 평가자료 : 인사기록카드, 주요 경력증명서 등

출처: 경기복지재단(2024). 2024년도 경기도형 사회복지시설 사회복지관 평가지표. pp. 80-81.

표 2-5 사회복지관의 사례관리 인력관련 서울시 시설 평가지표

평가지표	사례관리 지원체계
평가목적	이용자의 문제해결을 위한 담당자의 전문성 증진 및 자원발굴과 이를 연계하는 지원체계가 갖추어져 있는지를 평가 함.
세부 평가 내용	사례관리 지원체계는 적절한가? ① 사례발굴을 위한 노력을 하고 있다. ② 사례관리 인력에 대한 슈퍼비전을 이루어지고 있다. ③ 사례관리 관련 네트워크 활동에 참여하고 있다. ④ 지역사회 기관과 자원연계가 필요한 사례에 대해 적절한 대응을 하고 있다.
평가척도 및 적용기준	충실: 세부평가 내용이 모든 항목을 충족하며 세부 평가내용이 충실 함. 보통: 세부평가 내용이 모든 항목을 충족하며 세부 평가내용이 보통임 보완: 세부평가 내용이 일부 항목을 충족하며 세부 평가내용이 보완필요 함.
평가 방법	※ 본 지표는 인터뷰를 통해 관련 내용을 확인하여 최종 평가함 □ 19-① : 사례발굴 노력 - 관련문서 : 홈페이지, 기관브로셔, 이용자발굴을 위한 네트워크 공문, 기관내부 관련 기안, 발굴을 위한 출장일지, 초기접수기록지, 사례회의록, 초기면접지 등 - 인정범위 : 사례관리 매뉴얼에 따라 사례발굴이 수시로 이루어지고 있는지 확인함. □ 19-② : 사례관리 인력의 전문성 - 관련문서 : 사례관리 슈퍼비전 기록지 등 - 인정범위 : 사례관리 매뉴얼에 따른 정기적 슈퍼비전을 받고 있는지 확인함 □ 19-③ : 사례관리 관련 네트워크 참여 - 관련문서 : 사례관리 파일, 관련 기록지, 통합사례회의록 등 - 인정범위 : 이용자의 욕구에 초점을 두고 지역사회 네트워킹을 활용해 기관간 연계 및 조정에 적극적으로 참여하는 실천을 의미함. 통합사례회의는 민-민, 민-관 등 외부유관기관과 사례조정, case conference 등의 목적으로 진행한 회의를 말함. 복지관에서 주최한 회의가 아니더라도 참여한 실적이 있다면 인정하며, 회의에 참여하여 기관의 사례관리 대상자에 대한 서비스 조정 및 연계 제공 관련 공문, 출장(외근)기록부, 회의자료 및 회의기록서 등 근거가 있을시 인정함 □ 19-④ : 사례관리 연계 및 의뢰 - 관련문서 : 내·외부 의뢰공문 등의 자료 - 인정범위 : 제출한 사례 또는 자원연계가 이루어진 사례에서 이용자의 목표달성에 적합한 자원을 연계하였는지 서비스 계획과 과정기록에서 확인될 경우 인정함 : 이용자의 욕구와 문제에 맞추어 필요한 자원을 개발하여 이를 연계하고 있는지 평가함 : 이용자의 사례관리 계획에 부합하는 자원개발 정도를 위한 노력이 있고, 이용자에게 실제적인 지원 여부(현금, 물품, 서비스 지원 등)가 기록되어 있는지를 확인함 : 사례관리 목표에 의거한 자원개입이 이루어지고 있는지 확인함
관련근거 및 자료	사례관리 슈퍼비전 기록지, 사례관리 파일, 관련 기록지, 통합사례회의록, 내·외부 의뢰공문 등
참고	사례관리란 욕구사정, 계획, 서비스 제공, 사례회의 등의 절차와 과정을 거쳐야 하며, 사례관리 시스템에 따른 사례관리만 인정함. 사업진행과 관련하여 작성된 대상자의 간단한 대상자 등록정보, 1회성 지원 기록, 단순 이용자 관리 등은 사례관리로 인정하지 않음

출처: 서울시복지재단(2024). 2024년 서울시 사회복지관 평가안내 자료집. pp. 69-70.

그런데 사례관리자의 자격요건에는 경력을 갖춘 전문성도 필요하나, 사실 더 중요한 것은 윤리적인 실천가로서의 자격요건이다. 사례관리자는 예상보다 더 많이 복지서비스 이용당사자와 그 가족의 개인정보를 많이 알고 있다. 이에 윤리적인 실천가로서의 자세를 확립하는 것은 매우 중요하다. 이에 한국 사례관리학회의 사례관리 표준 지침에는 실천지침 1에 사례관리 개념을 설명 한 후, 실천지침 2에서 바로 '가치와 윤리'에 대해서 명시하고 있다.

표준 실천지침 2. 가치와 윤리

사례관리자는 사회복지전문가로서 사회복지 가치를 준수하고 사회복지사 윤리강령을 따라야 한다. 특히, 클라이언트의 생명과 인권에 대한 존중, 자기결정권, 비밀보장 등의 가치를 반영해야 한다(한국사례관리학회, 2016).

4) 사례관리자의 교육 · 훈련

앞서 살펴보았듯이 사례관리자는 사회복지 현장에서 다양한 역할을 수행하기에 전문성을 확보 할 수 있는 자격요건을 갖추어야 한다. 더불어 사례관리자는 전문성을 유지하고 향상시킬 수 있는 교육과 훈련을 필요로 한다. 사회가 다양하고 복잡해짐에 따라 단편적인 욕구보다는 복합적인 욕구를 가진 복지서비스 이용당사자가 늘어나고 있고, 그렇기에 이러한 복합적인 욕구에 대응하기 위한 교육 · 훈련이 필요한 영역도 확대되고 있다. 사실상 사람이 살아가는 사회 속에서 벌어지는 모든 사회문제가 복지욕구를 생성하기 때문에 사례관리자의 교육 · 훈련의 역영은 규정지을 수 없을 만큼 광범위해질 수 있으나, 그럼에도 불구하고 특별해 강조되는 세 가지는 다음과 같다.

첫째, 사례관리 활동을 이끄는 중심 가치인 당사자 참여, 자기결정, 비밀보장, 정상화 등에 대한 교육이다.

둘째, 정신장애, 약물남용 등 정신건강 관련 문제의 원인, 정의, 결과, 제한점 등에 대한 지식, 의료조치 및 법적 권한, 지역사회 내 특정 서비스의 이용 가능성, 장기보호 영역에 대한 기본 정보교육이다.

셋째, 복지서비스 이용당사자와 관계를 형성하는 기술, 실제적 문제해결 기술, 위기상황에 개입하는 기술, 효과적으로 복지서비스 이용당사자를 옹호하는 기술, 자원을 연계하는 기술 등 사례관리 과정과 관련된 기술교육이다(장인협 · 우국희, 2001).

이와 같은 내용을 좀더 구체적으로 살펴보면, 사례관리의 전문성을 향상시키기 위해서는 첫 번째 가치, 지식, 기술에 대한 지속적인 교육훈련이 필요함이 강조되고 있는데, 그 중에서도 가장 강조되는 부분이 바로 당자사의 참여, 자기결정, 비밀보장, 정상화에 대한 '가치'에 대한 교육이라는 것이다. 지식과 기술은 사례관리를 업무를 수행 해 나가면서 계속 쌓아 올릴 수 있지만, 가치와 관련된 것은 사례관리자가 특별히 민감한 자세를 가지고 있지 않으면 오히려 경력에 비례하여 역행 할 가능성도 배제 할 수 없다. 특별히 가치는 지식과 기술에 비하면 가시적인 전문성으로 검증하기 어려워 간과하기 쉬우나, 사례관리자가 복지서비스 이용당사자를 대면하는 모든 순간에 직 · 간접적인 영향을 크게 미치기 때문에 그 중요성을 강조하지 않을 수 없다.

이 가치에 대한 교육은 사례관리자들의 인식에 많은 변화를 이끌어 내었다. 단적으로, 복지서비스 이용당사자를 지칭하는 단어가 많이 변화한 것을 통해서 이를 알 수 있게 한다. 기존에 사회복지현장에서 흔하게 사용하던 사례관리대상자, 수혜자, 영세민, 편부모, 혼혈아를 비롯하여 자선, 구호, 원조 등은 사례관리자들 간에 이미 다소 불편한 단어가 되었다. 복지서비스 이용당사자에 대해서 불쌍한, 불우한, 처절한 등의 수식어를 사용하지 않게 된 것도 인권중심 관점에서 바람직 변화라고 볼 수 있겠다.

사례관리 과정에서 전문가 역시 사례관리자가 아니라 당사자라는 관점으로 변화되었다. 복지서비스 이용당사자는 그들 삶의 전문가이며 따라서 사례관리자는 당사자의 의견을 최대한 존중하는 자세를 가져야 한다고 인식되고 있다.

이를 통해 사례관리자는 사례관리 실천기술의 전문성을 높여가야 하는 전문가이지, 누군가의 삶의 전문가가 되어서는 안 된다는 경각심을 갖게 되었다.

두 번째 정신건강에 대한 교육·훈련의 필요가 강조되고 있는 것이다. '2021년 정신건강실태조사' 결과에 따르면, 최근 우리나라 정신장애 평생 유병률은 남자 32.7%, 여자 22.9%이며, 만 18세 이상 만 79세는 전체 27.8%로, 성인 4명 중 1명이 평생 한 번 이상 정신건강 문제를 경험하고 있다고 보고 한다. 성인의 10.7%는 평생 한 번 이상 심각하게 자살을 생각하며, 2.5%는 자살을 계획하고, 1.7%는 자살을 시도하였고 또한, 자살생각자의 56.8%, 자살계획자의 83.3%, 자살시도자의 71.3%가 한 번 이상 정신장애를 경험하였으나, 정신장애가 있는 것으로 진단된 사람 중에서 평생 동안 정신건강서비스를 이용한 적이 있는 비율은 12.1%에 지나지 않는다고 한다(배유진 외, 2024). 그 만큼 정신건강의 어려움을 겪는 사람들이 지역사회 내 많이 존재한다는 것이다. 이에 정신건강 분야의 전문 의료기관이나 정신건강복지센터와 같이 정신건강의 이슈를 다루는 특정한 전문분야가 별도로 존재 함에도 불구하고, 지역사회 내 공공·민간기관의 사례관리자들은 이미 지역사회 안에서 정신건강의 어려움을 겪고 있는 복지서비스 이용당사자를 적지 않게 만나고 이들을 지원하고 있다. 그런데 앞서 설명한 바와 같이 정신건강 분야는 사회복지학문의 필수이수 교과목이 아니기 때문에 사례관리자들이 실천과정에서 많은 어려움을 호소하기도 한다. 특별히 정신건강의 문제를 가지고 있는 경우 경제적(취업의 어려움, 직업적응, 고용불안 등), 사회적(대인관계, 가족관계 등)의 문제를 동반하는 고난도 사례관리가 될 수 있어 특별히 사례관리자들에게 정신건강과 관련된 이슈의 교육·훈련이 뒷받침되어야 한다.

셋째, 사례관리 과정과 관련된 기술에 대한 교육이 필요한 이유는 무엇보다 사례관리가 가지고 있는 '다양성과 매뉴얼화 할 수 없는 특성' 때문이다. 사회복지학문에 입문하게 되면 복지서비스 이용당사자와 관계를 형성하는 기술, 실제적 문제해결 기술, 위기상황에 개입하는 기술, 효과적으로 복지서비스 이용당사자를 옹호하는 기술, 자원을 연계하는 기술 등은 모든 교과목에서 전방위적으로 배우게 된다. 그럼에도 불구하고 사례관리자에게 이러한 것이 특별히 강조되는 이유는 사례관리는 모든 상황이 개별화 되어 각 사람과 각 상황마다 다르게 진행되기 때문에 프로그램이나 서비스와 같이 과정을 표준화 해 나가는 것이 쉽지가 않다. 물론, 사회복지현장에서 사례관리 매뉴얼이 많이 보급되어 있지만 이는 형태가 없는 사례관리 서비스가 방향을 잃지 않도록 하는 최소한의 기준점이 되는 정도이지 매뉴얼대로만 사례관리가 진행이 된다면 그것은 이미 사례관리가 필요한 복지 당사자가 아니었을 수도 있다. 이 시점에 설명하고자 하는 것은, 사례관리자는 다양한 사회복지실천기술을 배우고 익히며 사례관리과정을 학습해 나가면서, 각 사례에 맞게 사례관리과정을 사례관리 당사자와 함께 창의적으로 만들어 나가는 기술을 갖추어야 한다는 것이다. 즉, 사례관리 과정을 단순히 학습하는 것을 넘어, 그 학습을 바탕으로 창의적인 사례관리 과정을 개발해 나가는 기술을 익혀 나가야 한다는 것이다.

4. 사례관리 기관

사례관리자가 복지서비스 이용당사자의 수준에서 서비스를 조정하고 통합하는 역할을 수행하는 사람이라면, 체계 및 조직 수준에서의 서비스 조정과 연계를 책임지는 주체는 사례관리 기관이다. 사례관리 기관은 그 지역 내의 서비스 통합을 일차적으로 책임지기 때문에 상당한 서비스 조정 권한이 부여되어 있다. 이러한 권한에 기반을 두어 그 기관은 복지서비스 이용당사자의 욕구를 사정하고, 기관 간의 연계를 협상하며, 필요한 모든 서비스를 제공하기 위해 기관 간의 합의를 이끌어 낼 뿐만 아니라 새로운 서비스 요소를 개발하게 된다.

사례관리 기관은 매우 다양화되고 있다. 앞서 설명하였듯 사례관리만 전담으로 하는 사회복지기관도 있고, 종합사회복지관 · 장애인복지관 · 노인복지관 등과 같은 지역사회 이용시설도 사례관리 기관으로서 그 역할을 하고 있다. 그 외에도 각 기능과 역할에 따라 사례관리가 일차적 목적 사업이 아니더라도 사례관리를 수행하고 있는 기관은 매우 다양하다. 탈시설화 이후, 지역사회 기반의 서비스 전달체계에 다양한 기관들이 포함됨에 따라 이들 서비스 공급기관들을 조정, 관리할 핵심기관의 필요성이 증대되었다.

그런데 최근 들어서는 일을 하는 방식이 많이 다른 공공 영역과 민간 영역이 협력하여 사례관리를 추진하는 경우도 증가하고 있어 각 기관 간의 서비스를 연계 · 통합하고 역할 분담하는 작업은 매우 중요한 이슈가 되고 있다. 이는 이 책의 서비스 개입과정에서 다시 다루겠지만, 각 기관이 협력으로 사례관리가 진행되는 경우는 통합사례회의를 통해 각 기관의 역할이 구체화 되어야 한다. 이러한 것이 명확해지지 않으면, 많은 기관이 참여해도 사례관리의 효과성을 보이지 못할 뿐만 아니라 서비스의 중복과 누수의 문제가 발생 될 위험까지 초래 할 수 있다. 따라서 사례관리기관 간의 소통은 사례관리 과정에서 성패를 좌우하기도 한다.

지금까지 사례관리 과정에서 사례관리 기관이 필요에 따라 기관 간에 협력하는 방식을 살펴보았다. 그런데 이것과 병행하여 각 기관은 내부적으로 사례관리를 활성화하기 위해서 기관의 명확한 정체성을 설정, 조직 구성 및 업무편성, 전산화를 통한 기록 업무의 경감을 고려할 필요가 하겠다(교남소망의집, 2004; 이준우, 2009). 이 세 가지는 사례관리자가 업무를 수행하면서 늘 고민해야 사항과 맞아 있는 만큼 사례관리기관에서는 반드시 검토해야 할 사항이라고 본다. 이제 이것들을 한 가지씩 나누어 생각해 보고자 한다.

첫째, 사회복지 기관의 정체성을 명확히 설정하는 것이다. 가령 거주시설의 경우 해당 기관의 기능과 역할에 대하여 단지 먹고, 자고, 입는 기본적인 서비스를 집중적으로 제공할 것인지, 아니면 복지서비스 이용당사자의 긍정적 변화와 치료, 재활과 자립, 사회적 지지망과 연계망 등을 지원하는 지원적 서비스를 제공할 것인지에 대한 방향이 제시되어야 한다. 기관의 목적과 정체성이 명확하지 않으면 기관에서 일하는 사례관리자는 어떠한 방향으로 사례관리를 해 나가야 할지 계속 혼선을 겪을 수밖에 없다.

둘째, 기관 내 조직 구성 및 업무 편성이다. 기관에서 사례관리를 진행하기 위해서는 사례관리자가 배치되고 명확하게 사례관리가 주 업무로 편성이 되어야 한다. 사례관리자는 기본적으로 복지서비스 이용당사자를 면접하고 욕구를 확인한다. 또한 사정을 통해 적절한 서비스와 자원을 찾아내어 지원방법을 계획하며, 복지서비스 이용당사자와 자원을 연결하고, 목표 달성이나 바람직한 결과를 위해 과정을 점검하는 책임을 진다. 사회복지 기관에서의 사례관리자는 일반적으로 재가복지 영역이나 지역사회복지 영역에 주로 소속 된 사회복지사들로 구성된다. 이들 사회복지사는 간접 서비스(조정자, 대변자, 안내 및 협조자 등)의 기능과 직접 서비스(상담자, 이행자, 교육자 등) 기능을 모두 담당하게 된다. 그런데 사회복지 기관 내 사례관리 담당 부서에서는 초기 접수 과정에서부터 종결까지 일련의 과정을 진행할 수 있는 총괄적인 사례관리자를 배치하고, 나머지 인력을 서비스 진행과정의 수행 인력으로 활용하는 것이 바람직할 것이다. 이렇게 체계적으로 업무를 진행해 가지 않으면 직원들의 정체성 혼란과 함께 업무 과중으로 이어져 적절한 서비스의 계획 및 진행, 평가를 가로막는 요인으로 작용하여 업무의 비효율성을 초래할 수 있다. 사회복지 기관 내 배치될 수 있는 인력이 한계가 있기 때문에 사례관리 업무만을 전담하는 사회복지사를 배치하는 것이 기관 운영의 현실과 맞지 않을 수 있지만, 사례관리 전담직원 배치의 필요성은 현장에서 매우 강조되고 있다.

셋째, 전산화를 통한 기록 업무를 경감시켜 나가는 것이다. 복지서비스 이용당사자 개개인에 대한 사례관리를 진행하기 위해서는 엄청난 양의 기록물이 생산되고 보관되어야 한다. 특별히 사회복지 기관에서 장기 서비스를 받고 있는 복지서비스 이용당사자의 경우, 매년 '사정 - 계획수립 - 서비스진행 - 재평가'

등이 반복적으로 기록되기 때문에 몇 년이 지나면 복지서비스 이용당사자의 개인별 파일이 포화상태에 이르게 된다. 이런 경우 사례관리 파일을 관리하는 것도 또 하나의 과업이 된다. 따라서 이러한 기록과 기록물 관리 업무의 부담을 경감시키는 노력이 적극적으로 필요한데 그 대표적인 방법이 전산화이다. 이에 사례관리에서 수행되는 기록 업무가 대부분 전산화되었는데 그 예로 이전에는 수작업이었던 가계도와 생태도도 컴퓨터프로그램을 활용하여 작성하고, 기록물도 전자결재시스템을 활용하여 상급자에게 보고하고 자료를 축적하고 있어 업무의 효율성은 높이고 기록물 손실의 위험을 낮추는 효과를 동시에 이루어 가고 있다. 사례관리 업무는 복지서비스 이용당사자와 대면하여 진행되는 업무도 있지만 행정관리 업무가 반드시 동반되기 때문에 사례관리기관에서는 효율적인 행정처리시스템을 마련해 나가는 것도 상시 고민해야 할 것이다.

한편, 사례관리 기관에서 사용되는 사례관리 매뉴얼이나 양식이 과연 필요한지에 대한 이슈가 종종 제기되고도 있다. 사람과 사람을 돕는 일이 정답이 없듯이 매뉴얼을 만든다는 것 자체가 불가능하고 바람직하지 않다는 입장의 의견은 충분히 납득이 되는 사항이다. 하지만 사례관리 매뉴얼의 목적은 정답을 정해놓자는 것이 아니라 사례관리 기관의 목적과 방향을 명확하게 설정하기 위한 것이다. 이로써 각 기관의 사례관리 매뉴얼은 충분히 활용가치가 있다. 사회복지사들 중에 사례관리는 어려운 업무로 인식되고 있다. 그 이유 중에 하나가 정답이 없다는 것 때문이다. 예시를 보고 수행 함에도 한계가 있다. 그래서 사례관리를 처음 수행하는 사회복지사는 어디서부터 어떻게 해야 할지 막막하고, 잘 하고 있는 것인지 늘 염려하게 된다. 이때 사례관리 매뉴얼은 좋은 길잡이가 될 수 있다. 사례관리자는 매뉴얼을 보면서 본인이 속한 기관의 방향성에 맞추어 사례관리를 해 나갈 수 있게 된다. 따라서 사례관리 기관의 매뉴얼이 있는지 없는지 보다 더욱 중요한 것은, 그 매뉴얼이 현재 수행 기관의 정체성과 특성을 잘 반영하고 있는지의 여부이다. 따라서 다소 시간이 걸리더라도 사례관리 기관에서 매뉴얼을 처음 작성해 나갈 때에는 기관의 목적과 방향을 검토해 가면서 작업할 필요가 있겠고, 경우에 따라 타 기관의 조언을 받아 매뉴얼을 갖추었다면 기관의 운영 방향에 따라 점차적으로 개정해 나가는 노력을 해야 한다. 가장 중요한 것은 외부에 보여주는 식의 매뉴얼보다는 내부적으로 기관의 필요에 의해 만들어진 매뉴얼일 때 현장의 실무자들에게는 활용도가 높아진다는 것이다.

사례관리 양식에 대해서도 과도한 행정 절차로 에너지를 소진할 필요는 분명 없겠지만 매뉴얼과 마찬가지로 사례관리 기관의 특성에 따라 활용하는 것이 중요하다. 최근에는 각 기관이 협력하여 사례를 의뢰하거나 자원을 연계하는 경우가 많은데 이런 경우는 양식이 중요한 역할을 한다. 업무를 수행하는 스타일이 제각각 다른 민·관이 협력할 때에는 말 할 필요도 없다. 사실 모든 기관이 사례관리라는 본질을 따라 수행하고, 따라서 기본적인 절차는 크게 다르지 않으나 자세히 살펴보면 기관마다 세부 절차와 활용 양식이 다름을 알 수 있다. 여기서 부터가 타 기관을 이해하는 첫 걸음이 된다. 어느 기관 양식이 가장 갖추어져 있는지가 중요한 것이 아니라 그 양식들을 살펴보면 각 기관에서 중요하게 다루는 항목이 다르고 정리하는 방식이 다른 것을 알 수 있다. 그런데 그 양식의 항목과 내용이 그 사례관리 기관의 방향성인 경우가 많다.

결국 양식은 종류의 많고 적음이나 분량의 길고 짧음이 중요한 것이 아니라 그 기관의 특성을 잘 반영하여 업무가 잘 정리될 수 있도록 하는 본연의 목적을 충실히 하는 것이 중요하겠다. 최근에는 각 지역에서 협력하는 기관들이 함께 양식을 공유하고 수정 작업을 병행하는 경우도 많아졌다. 사례관리가 한 개별 기관에 국한되어 진행되는 것이 아니기에, 협력기관이 함께 양식을 통일해 나간다는 것은 사례관리 과정에서 하나의 언어체계를 갖는 과정과 같이 소통이 잘 이루어지게 하는데 큰 도움이 될 수 있다.

양식 구비에 대해서 조금 더 첨언하자면, 사례관리전문가나 중간관리자보다는 그 양식을 가장 많이 사용하는 실무자들이 그 필요 양식을 가장 잘 구비해 나갈 수 있다고 본다. 실무자가 사례관리를 직접 수행하면서 양식에 담아야 할 항목과 내용들을 제일 많이 알고 있기 때문이다. 다만, 중요한 것들이 목적에 맞게 구성되고 배열되는 것은 슈퍼비전을 받을 필요가 있겠다. 적절한 기간을 두고 양식을 변경해 나가는 것은 필요하나, 미흡한 양식으로 업무의 효율성을 떨어뜨리거나 계속해서 양식을 개정하는 작업에만 몰두한다면 그 만큼 업무 소진을 불러일으키기 때문이다. 결론적으로 사례관리 양식을 활용하는 것은 '관리' 측면에서 기관 내, 더 나아가 기관 간의 유기적인 연계와 통합적인 업무 효율성과 효과성을 높일 수 있는 것에 큰 영향을 미친다는 것이다.

Case Management

사례관리의 주요 관점과 중심 이론

CHAPTER 03

사례관리의 주요 관점과 중심 이론

이 책은 사회복지 현장을 기반으로, 사회복지 현장의 전문가들과 사례관리에 대한 숙제를 풀어나가는 것에 관심을 두고 있다. 모든 사회복지실천이 그러하듯 바람직한 사례관리 실천은 이론과 실천의 접목이다. 이론을 기반으로 실천하고, 실천을 잘 하기 위해서 이론을 학습한다. 따라서 사례관리자들은 사회복지실천의 적용점을 높여가기 위해서 이론을 간과하지 않아야 할 것이며, 그러나 많은 학습으로 인해 실천으로 이어지기까지 너무 오랜 시간이 걸리지 않아야 할 필요도 분명히 있다.

특별히 사례관리는 정형화된 실천방법이 존재하는 것이 아니기 때문에 각 사례마다 학습해야 하는 이론들 역시 포괄적이고 방대할 수밖에 없다. 그런데 사회적 상황과 이에 따른 사회복지 정책도 새롭게 제시되고 있어 그 실천모델도 다양하게 개발되고 있다. 이에 따라 사례관리 실천을 잘 하기 위한 학습량 또한 계속해서 증가할 수밖에 없을 것이다. 현재 현장의 사례관리자들은 이러한 학습의 필요성을 인정하고 타 직무의 사회복지사들보다 많은 의무 교육시간은 물론 필요에 따른 별도 학습시간도 할애하고 있다. 사례관리 업무가 많다는 핑계로 학습을 소홀히 하고 경력과 경험치를 가지고 활동하는 것보다는 매우 바람직한 자세라고 볼 수 있다.

그런데 신입 사례관리자들은 이러한 학습량과 범위에 대한 염려를 하는 경우가 적지 않다. 또한 학습이 미흡하기 때문에 사례관리 실천에 대한 첫 걸음을 내딛는데 두려움을 갖는 경우도 많다. 하지만 그 이론들을 모두 학습 한 후 실천으로 나아가는 것이 아니라 시작 전부터 반드시 학습해야 할 이론들 외에는 사례관리를 해 나가면서 지속적으로 학습을 해 나가는 것이기 때문에 염려와 두려움보다는 복지서비스 이용당사자와 어떻게 협력해 나갈 것인가를 더 깊이 고민하는 것이 바람직할 것이다.

이 책은 사례관리 실천에 필요한 많은 이론을 다루지는 않았다. 학습해야 할 이론은 분명히 많지만, 그 중에 빈번하게 활용될 뿐만 아니라 사례관리를 시작하기 전부터 반드시 알아야 할 이론과 모델[1)]을 중심으로 구성하였다. 그리고 실천과정에서 직접적으로 활용되는 이론은 실천과정의 내용을 다룰 때 함께 살펴볼 것이다.

물론 사례관리를 시작하기 전부터 반드시 알아야 할 이론과 모델이라고 명시된 것은 없다. 하지만 사례관리의 개념과 사례관리자의 역할을 생각해 보면, 다음의 네 가지는 왜 반드시 알아야 하는지 쉽게 와닿을 것이다. 무엇보다도 사례관리자의 역할을 아주 간단히 정리하면 다음과 같다.

첫째, 사회복지의 기본 이념과 철학(강점 관점 이론)을 기반으로 복지서비스 이용당사자와 그를 둘러싼 환경을 사정하여(생태체계 관점 이론), 둘째, 지역사회 자원을 연계·조정·확장하며(네트워크 이론), 셋째, 복지서비스 이용당사자의 다양한 욕구를 만족시킬 수 있도록 직간접적 서비스를 제공한다. 넷째, 상황에 따라서는 사례관리 과정을 민감하면서도 긴박하게 개입(위기개입 모델)해야 하는 경우도 있다. 네 가지 이론과 모델을 하나씩 살펴보는데, 강조하고 싶은 것은 이 이론을 외우려고 하는 순간 사례관리는 매우 어려워진다. 분명히

---

1) 사례관리 실천모델은 사례관리의 전반적 틀을 이해하는데 유용하기는 하나, 모델과 연관된 이론들을 이해하기 위해서는 또다시 관련된 이론들을 병행해서 학습해야 하므로 내용이 방대해질 수 있다. 이 책에서는 사례관리 실천과정을 강조해서 다루고자 하므로 전체 분량을 고려하여 실천 현장에서 실제 활용되는 모델을 중심으로 살펴보았다.

내용은 딱딱하고 어렵지만 의미하는 바가 무엇인지, 이 내용이 왜 사례관리에서 중요한지를 중심적으로 살펴보기를 권한다.

1. 강점 관점

강점 관점(strength perspective)은 복지서비스 이용당사자와 그 가족의 독특하고 다양한 특성을 인정하고 존중해 주며, 강점에 초점을 두고 모든 자원을 최대한 활용하여 역량을 실현해 나가도록 돕는 것이다. 다시 말해, 문제의 발생 원인에 집중하기보다는 해결점 발견과 강점 강화에 초점을 맞추며, 복지서비스 이용당사자와 가족의 변화를 이끌어내는 중요한 자원으로서 모든 사람은 강점을 가지고 있다는 철학에 기초한다. 따라서 강점 관점에 기초한 실천을 위해서는 개인과 가족, 그리고 지역사회를 문제가 아닌 다른 시각으로 바라볼 수 있어야 하며, 개인, 가족 또는 지역사회에 존재하거나 둘러싸고 있는 자원을 긍정적으로 인식하는 것이 요구된다.

강점 관점의 기본 원리는 모든 개인, 집단, 가족과 지역사회는 강점을 가지고 있다는 사실이다(Saleebey, 1997). 그래서 복지서비스 이용당사자와 가족의 문제가 무엇인지에 대해 집중하는 대신, 복지서비스 이용당사자들의 강점이 무엇이고, 그들이 가족구성원에 속해 있음으로 인해서 가족에게 가져다줄 장점은 무엇인지 등 그 가족의 강점을 발견할 수 있도록 돕는 일에 초점을 둔다. 또한 복지서비스 이용당사자와 가족들의 강점은 변화를 만들어 내고, 에너지를 발생시키며, 지속시키는 자원이기 때문에 그들 스스로가 자신의 체계 안에서 그리고 환경적 맥락에서 효과적으로 기능하고 이용 가능한 자원을 끌어낼 수 있도록 전문가는 역할을 해야 하는 것이다. 구체적으로 강점 관점을 기반으로 한 실천의 원리를 살펴보면 다음과 같다(Rapp, 1993).

첫째, 강점은 모든 인간에게 있으며, 이에 초점을 두고 활용해야 한다. 인간은 다양한 상황들을 경험하면서 각자 나름대로 상황을 극복하기 위한 고유한 지식을 가지고 있다. 따라서 인간이 다양한 상황 속에서 어떻게 살아 남았는지에 대해 관심을 갖고, 존중해야 한다. 아울러 복지서비스 이용당사자가 경험한 위기상황은 해가 될 수도 있지만 동시에 도전과 기회의 원천이 될 수도 있다.

둘째, 인간은 자신을 위한 선택을 결정할 능력이 있으므로 강점 관점을 기반으로 한 실천과정에서는 복지서비스 이용당사자가 원하는 것에 초점을 맞추어야 한다. 전문가 지향적인 문제해결 방식과 다르게 강점 관점에서는 복지서비스 이용당사자의 준거틀을 수용하고, 그 틀 내에 목표를 형성하고 성취하기 위해 도움이 될 만한 모든 자원을 활용해야 한다.

셋째, 전문가와 복지서비스 이용당사자가 서로 협력할 때, 가장 효과적인 실천이 이루어질 수 있다. 복지서비스 이용당사자의 지식과 경험은 실천과정에서 중요한 자원이 된다. 전문가는 이를 존중해 주고, 주위에 존재하고 있지만 우리가 생각하지 못한 자원을 연결시키는 역할을 수행함으로써 복지서비스 이용당사자가 중심이 되어 형성된 목표가 수립될 수 있도록 파트너의 입장에서 실천해야 한다.

넷째, 복지서비스 이용당사자를 둘러싼 모든 환경은 잠재적 자원이다. 복지서비스 이용당사자의 욕구에 맞춘 서비스를 지향하는 강점 관점의 시각에서 볼 때, 지역사회는 잠재적 자원과 가능성의 원천이라고 할 수 있다. 따라서 이를 발굴해 내고 서로를 위해 활용될 수 있도록 지원할 때 지역사회와 그 구성원들이 보다 건강해 질 수 있다.

다섯째, 인간은 배우고, 성장하며, 변화할 수 있는 능력을 가진 존재이다. 과거에는 복지서비스 이용당사자가 당면한 문제가 개인 스스로의 노력만으로 변화할 수 없고, 전문가 지향적인 사정과 서비스 전달, 처방된 치료에 의존하는 경향이 있었다. 그러나 강점 관점에서는 복지서비스 이용당사자가 각자 고유의 강점과 능력을 갖고 있으며, 성장 가능하고, 배움으로써 변화할 수 있는 존재라고 본다. 그리고 인간발달 이론에 대한 사회복지적 관점에서도 복지서비스 이용당사자는 변화 가능성과 잠재적인 능력을 가진 존재로 본다.

한편, 사례관리는 복지서비스 이용당사자의 필요(need)를 일시적 혹은 단편적으로 충족시켜 왔던 전통적인 사회복지실천의 한계를 벗어나, 사례관리자가 복지서비스 이용당사자와 파트너십을 형성하고 복지서비스 이용당사자의 참여를 독려함으로써 모든 실천과정에서 복지서비스 이용당사자의 잠재력과 자율성이 충분히 기능하도록 돕는 과정이라고 많은 학자들에 의해 정의되고 있다. 따라서 사례관리자는 복지서비스 이용당사자가 수동적인 서비스 대상자로서의 역할에 머무르지 않고, 자신의 문제를 해결해 나갈 수 있는 문제해결자로서 사례관리 과정에 참여하고 이를 통해 자신에게 필요한 서비스와 자원을 직접 이용하고 접근할 수 있는 능력을 함양하도록 도와야 한다. 바로 여기에서 사례관리가 강점관점에 기반하여 수행되어야 한다는 것이다.

강점관점과 더불어 생각해 보아야 할 것은 복지서비스 이용당사자와 그 가족, 지역사회의 역량강화 즉 임파워먼트(empowerment)이다. 사례관리 실천과정의 참여자는 복지서비스 이용당사자만이 아니다. 당사자의 가족이나 친구 등 복지서비스 이용당사자에게 의미 있는 사람과 집단, 조직, 더 나아가 그들에게 서비스를 제공하고 있는 다양한 분야의 전문가들도 사례관리자에게 중요한 파트너라고 할 수 있다. 그러므로 사례관리자는 복지서비스 이용당사자에게 도움을 제공하는 과정에서 복지서비스 이용당사자뿐 아니라 그들을 둘러싼 환경체계를 재구성하고 임파워먼트함으로써 환경이 환경으로서의 지지적인 기능을 최대한 발휘할 수 있도록 돕는다(Saleebey, 2002).

이렇게 복지서비스 이용당사자의 사회망과 환경체계의 역량을 강화함으로써 사례관리자는 사례관리의 효과성을 지속하고, 복지서비스 이용당사자의 변화에 대응하며, 환경체계의 유지와 안정성을 확보할 수 있다. 사례관리자는 복지서비스 이용당사자뿐만 아니라 자신에게 주어진 시간, 에너지, 다양한 형태의 자원들을 효율적으로 활용해야 하고, 그 결과가 복지서비스 이용당사자에게 효과적으로 유지될 수 있도록 관리해야 한다. 이런 맥락에서 사례관리자는 자원과 관련해서는 경영자 혹은 지도자의 태도를 견지하면서 관리능력을 최대화하는 전문가라고 볼 수 있다. 여기에서 사례관리의 중요한 개념이 적용되는 것은 한 사람의 복지서비스 이용당사자를 위하여 여러 전문가들이 동시에 다학제팀으로 참여하여 다 함께 대안 전략을 이끌고, 이를 통해서 복지서비스 이용당사자가 자신이 가지고 있는 실제적 능력을 직장, 학교, 일상생활 및 여가활동에 그대로 반영시키는 것이라 하겠다.

이제부터는 강점 관점을 기반으로 한 사례관리 전개과정을 다음과 같이 살펴보고자 한다(설진화, 2009 재인용).

첫째, 지원관계 확립이다. 복지서비스 이용당사자가 도움을 요청하는 접수를 함으로써 지원관계가 형성된다. 이후 지원관계는 당면과제 해결을 향해 보다 구체적이고 전문적으로 확립되어야 한다.

둘째, 강점사정이다. 면접을 통해 복지서비스 이용당사자의 재능, 열망, 자신감 및 환경에서 주어지는 기회 등 강점을 사정한다. 이때에는 현재의 상태, 희망과 열정, 자원 등으로 나누어서 사정할 수 있다. 특히 '문제중심'으로 사정하고, 진단하는 방식이 아니라 당사자로 하여금 당면과제의 '해결'을 향한 소망과 비전을 발견하도록 강점을 찾는 사정이 되어야 한다.

셋째, 계획 수립이다. 강점을 사정한 결과를 중심으로 개입 계획을 수립한다. 이때 주로 복지서비스 이용당사자가 자신의 강점을 발견하고, 도전과 변화의 기회를 제공하는 것을 목표로 한다. 복지서비스 이용당사자에게 주어진 기회는 삶의 비전을 성취해 나가는 힘이 된다.

넷째, 자원연결과 권리옹호이다. 사례관리자는 복지서비스 이용당사자가 속해 있는 환경 속에서 유용한 자원을 개발하고 연결하여 복지서비스 이용당사자의 강점이 강화될 수 있도록 해야 한다. 복지서비스 이용당사자의 강점은 지역사회의 협력적 분위기를 바탕으로 더욱 강화될 수 있으므로, 전문적인 단체나 기관의 도움을 받아 복지서비스 이용당사자의 권리가 옹호될 수 있도록 하는 것이 바람직하다.

다섯째, 모니터링이다. 사례관리자는 강점 관점에서 진행된 계획이 잘 이루어지고 있는지를 모니터링 해야 한다. 만일 계획대로 서비스 진행이 되고 있지 않다면, 사정과 분석을 다시 실시해야 하며 복지서비스 이용당사자가 자신의 강점을 최대한 발휘하고 체감할 수 있도록 개입방향이 수정되어야 한다.

여섯째, 일상적인 상호관계로 변화하는 것이다. 사례관리자는 복지서비스 이용당사자와 지원관계로 시작하였지만 개입이 시작되면서 상호협력적인 관계로 발전하고 유지하게 된다. 개입이 진행되어 목표가 달성되고 나면, 전문적인 지원관계에서 일상적이고 일반적인 상호관계로 변화되어야 한다(이준우 · 최희철, 2020).

이야기가 있는 현장의 사례관리 실천이론

사회복지학의 대부분의 이론은 실제 현장에서의 적용점을 구체적으로 고민해 보았을 때, 그 이론을 이해하는 정도가 크게 증가한다.

이에, 지금까지 살펴본 지금까지 살펴본 강점관점을 정리하는 목적으로 실제 사회복지현장에서 강점관점을 어떻게 적용하고 있는지 이야기 나누어 보고자 한다.

먼저 이 책의 11장(복지서비스 이용당사자의 참여가 이끌어 내는 사례관리의 효과성)에 나온 실천사례를 정독하여 읽어 보길 바란다.

그리고 이 책을 읽고 있는 귀하가 현장의 사회복지사라면 현재 본인이 담당하고 있는 사례에서 복지서비스 이용당사자와 그 가족의 강점을 활용한 사례를 구체적으로 정리해 볼 것을 권한다. 이미, 이 사례를 살펴보면서 각자 떠오르는 사례가 있을 것이다. 그 사례개입 과정을 되짚어 보면서 강점관점을 정리해 보면 이론과 실천의 맞닿는 것을 체감하게 될 것이다.

혹시 귀하가 예비사회복지사라면, 11장의 사례를 읽어 본 후 자신의 강점을 정리하고 내 삶에 적용시켜 본 경험을 정리해 볼 것을 권한다. 강점관점은 사회복지실천이론 중에 매우 강조되는 만큼, 비교적 익숙한 이론이다. 그런데 저자가 현장에서 초임사회복지사나 예비사회복지사를 만나서 물어본 결과, 예상 외로 많은 사회복지사들이 강점관점을 이론과 철학으로는 충분히 이해하고 있으나 이 이론을 자신의 삶에 조차 적용하지 못하는 경우가 적지 않았다. 앞으로 귀하는 사회복지현장에서 강점관점을 적극적으로 적용하게 될 것이다. 그 전에 자신에게 적용하는 실천을 해 본다면, 예비사회복지사로서 매우 좋은 훈련이 될 것이다.

2. 생태체계 관점

생태체계 관점은 일반체계 이론의 기본 요소에 생태학적 관점이 결합 된 것으로 인간과 그를 둘러싸고 있는 다양한 체계 간의 상호작용을 이해하는 접근방법이다. 이 관점을 이해하기 위해서는 체계와 생태학의 의미를 이해하는 것에서 출발해야 한다(이팔환 외 공역, 1999).

먼저 체계 관점의 기본 전제는 인간을 포함한 모든 것들은 하나의 체계로 볼 수 있다는 것이다. 그리고 각 체계는 여러 하위체계들로 구성되는데, 하나의 체계를 구성하는 하위체계들은 서로 관련되어 있고 상호 의존적이다. 실제로 각각의 체계는 매우 복잡하고 다양한 방식으로 상호작용을 하며 투입(input)과 활동(activity), 산출(output) 및 피드백(feedback)의 과정을 이행하는데, 체계 관점은 이렇게 개인과 가족, 지역사회, 더 나아가 좀 더 큰 사회환경과의 상호작용을 어떻게 이해해야 할 것인지를 알려준다. 그리고 이러한 체계 간에 기능하는 과정을 이해함으로써 사례관리를 통해 어떻게 각 체계를 변화시켜 나가야 하는지 알 수 있도록 한다. 따라서 체계 관점에 근거한 사회복지실천은 전체로서의 개인뿐 아니라 가족, 지역사회의 상호작용에 대한 포괄적인 이해를 통해 더 나은 기능 향상을 위한 효과적인 방법을 모색할 수 있다(권진숙 · 박지영, 2009).

생태 관점의 생태학은 본래 유기체와 환경 간의 관계를 연구하는 학문으로, 환경과 유기체가 역동적인 평형상태를 유지하면서 성장하는 것에 관심을 두고 있다. 이것을 인간 행동에 적용할 경우 인간과 인간의 주변 환경 간의 상호작용, 상호 의존성, 역동적 교류와 적응에 초점을 둔다(엄명용 외, 2014).

생태 관점은 기본적으로 체계 관점과 맥을 같이 하고 있고 그 강조점은 개인과 개인을 둘러싸고 있는 환경이 서로 상호작용하고 있다는 데 초점을 두고 있다. 체계 이론에서는 단순히 체계 내부의 구조와 조직, 그리고 체계의 경계선에 치중된 단선적인 관계에 초점을 두고 있는 반면, 생태 관점에서는 개인을 둘러싸고 있는 환경들을 개인과의 직접적인 상호작용의 정도에 따라 위계적으로 구분하고, 나아가 개인과 여러 환경들 간의 위계적인 상호작용에 초점을 두고 있다.

따라서 생태체계 관점은 복지서비스 이용당사자 개인을 하나의 체계로, 또한 개인의 환경을 하나의 체계로서 파악하고, 생태학적으로 인간과 환경 간의 적응과 상호작용을 바라봄으로써 통합된다(이준우, 2009). 생태체계 관점은 다양한 부분 사이에 그리고 인간과 환경의 공유 영역에서 일어나는 상호작용과 상호교류를 강조함으로써, '환경 속의 인간(person in environment)'에 대한 견해를 강조한다(이팔환 외 공역, 1999).

사례관리에 있어서 생태체계 관점이 중요한 이유는 복지서비스 이용당사자의 욕구나 당면과제에 대해 개인에 초점을 두고 개입하는 것이 아니라 당사자와 그 환경을 사정하여 개입하기 때문이다. 따라서 사례관리에서 가장 일반적으로 활용되는 도구가 바로 생태도(eco-map)이다. 생태도는 동일한 삶의 공간 내에 존재하는 상호 관련 있는 체계들을 찾아내어 그 체계들 간에 영향을 주고받는 양상을 그림으로 묘사하는 실천 도구이다(엄명용 외, 2014). 이는 당사자 개인과 환경 간의 단순한 관계분석에서 더 나아가, 개인을 둘러싸고 있는 환경들과 그 상호작용의 정도를 위계적으로 분석한다. 이에 따라 생태체계 관점에 기반하여 사례관리를 실천할 때 사례관리자는 복지서비스 이용당사자의 필요와 욕구를 개인 수준의 미시적 차원에서부터 지역사회에 이르는 거시적 차원까지 다양한 체계 수준에서 살펴보게 된다.

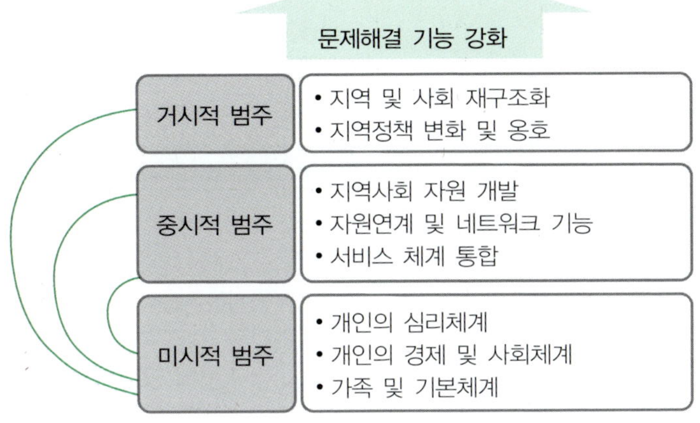

[그림 3-1] 생태체계 관점에서의 사례관리 실천 범주

출처: 권진숙 · 박지영 (2009). p. 43.

사회복지실천에서 생태체계 관점은 매우 유용한 이론으로써 사회복지 학문의 여러 분야에서 강조되고 있기 때문에 여기에서는 핵심적인 내용을 중심으로 정리해 보았다. 이 정도의 설명에서도 생태체계 관점이 '환경 속의 인간'에 관심을 두고 있고, 사례관리 과정에서는 '개인과 개인을 둘러싼 환경에 대한 사정과 개입이 이루어진다'는 측면에서 유용하다는 것이 인지되었을 것이다. 특별히 생태체계 관점이 사례관리에서 강조되어야 하는 것은 '적합성(Goodness-of-Fit)'과 '역기능에 대한 관점'을 이해하는 데 매우 중요하기 때문이다.

생태체계 관점은 행동을 상황에서의 적응이라는 용어로 설명해 준다. 모든 개인과 사회체계는 그들이 살고 있는 세상의 자원과 요구에 적합해지는 방향으로 진화한다. "특정 행동은 우리가 직면한 상황에 역량을 가지고 반응하고자 하는 시도라고 이해될 수 있다(Miley et al,, 2007 재인용; 이원숙, 2014)." 따라서 생태체계 관점에서 볼 때 '부적응적(maladaptive)', '역기능적(dysfunctional)'이라는 용어는 적합하지 않다. 예를 들어 슬럼지역의 동네 놀이터에 총을 들고 가는 10세 아동도 폭력으로 가득 찬 지역사회의 위협적 환경의 맥락에서는 이해될 수 있다. 이런 행동들은 용납될 수 없고, 부정적인 결과를 가져오기는 하지만 모든 행동은 맥락을 고려하면 이해가 되는 것이다(Miley et al., 2007 재인용; 이원숙, 2014).

이야기가 있는 현장의 사례관리 실천이론

생태체계 이론을 현장에서 직접적으로 적용하는 실천방법이 생태도를 그려 보는 것이다. 아래 [그림 3-2]와 같이 생태도는 복지서비스 이용당사자와 그 가족을 둘러싼 자원들을 확인할 수 있을 뿐 아니라, 어떻게 상호작용하는지를 살펴볼 수 있도록 한다. 이 책의 '8장 사례관리 실행과 자원 개발·확대·관리'를 보면 개입 전후의 생태도를 비교해 볼 수 있다. 사례관리자는 개입 후 복지 당사자 주변에 많은 자원이 확보될 수 있도록 지원함은 물론 그 자원과 활발하여 상호작용할 수 있도록 촉진하는 노력을 한다.

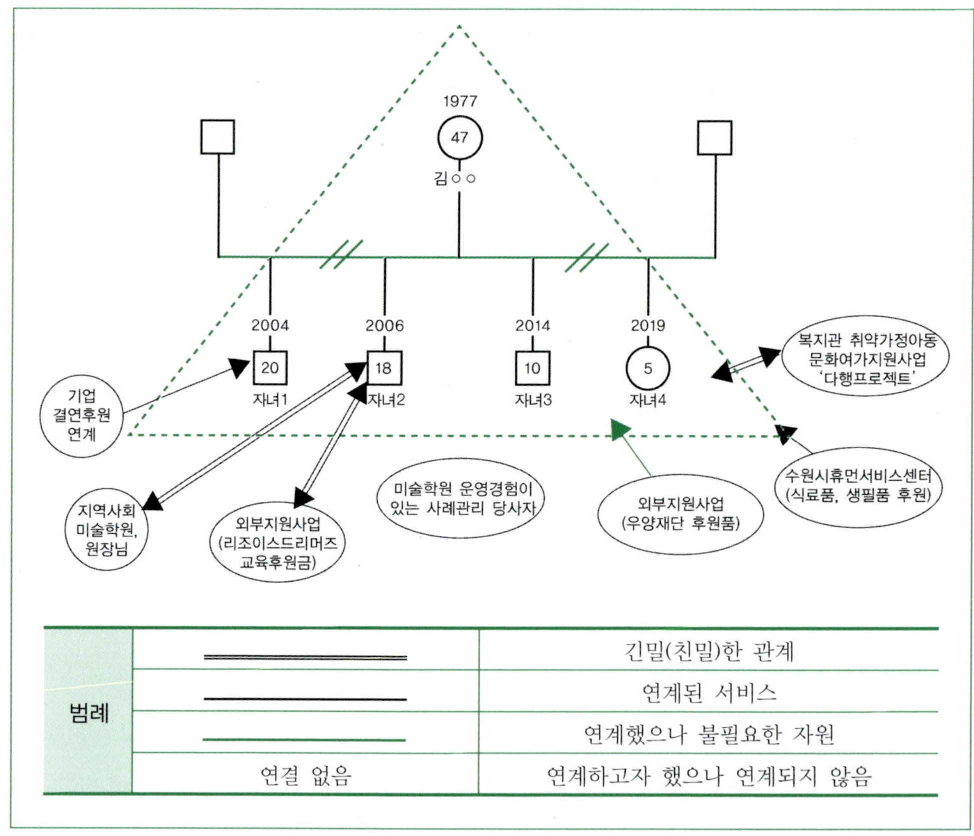

범례		
		긴밀(친밀)한 관계
		연계된 서비스
		연계했으나 불필요한 자원
	연결 없음	연계하고자 했으나 연계되지 않음

[그림 3-2] 생태체계 이론을 기반으로 한 생태도 그려보기

3. 네트워크 이론

네트워크(network)는 한마디로 관계의 묶음이다. 이것은 특정한 규칙에 의해 합쳐지고 마치 살아 있는 유기체와 같은 행동 양상을 보인다. 더욱이 가만히 있지 않고 끊임없이 계속해서 변화한다.

이러한 네트워크(network)의 개념은 매우 다양하게 사용되고 있다. 사회복지 분야에서도 네트워크는 '사회적 관계망', '조직 간 관계', '서비스 연계망', '기관 간 연계', '조직 간 협력', '지역사회 관계망'으로 사용되고 있다. 이러한 개념적인 정의를 종합해 보면 네트워크란, '자원, 기술, 사회관계, 지식, 신뢰 등을 서로 공유할 수 있는 사람들 또는 단체의 공식적 · 비공식적 관계의 망(net)으로 유대(tie) 또는 연계(linkage)'라고 이해할 수 있다(이준영, 2007).

또한 지역사회에서 네트워크는 미시적으로는 사람들 사이의 응집력을 만드는 것이며 지역사회 공동의 유기적 협력체를 만드는 것이고, 거시적으로는 공동체와 사회연대의 문화를 지역사회에 정착 및 확장시키는 역할을 한다. 그렇기 때문에 소통에 기반하여 주민만나기, 타 조직 실무자 만나기, 조직 내 상급자 만나기, 자원봉사자 만나기 등 만남이 핵심이 된다(우수명, 2014).

위와 같은 내용을 살펴보았을 때, 사례관리에서 네트워크는 유기체가 서로 연계망을 형성하여 자원의 효율성, 확장성, 효과성을 높여가는 측면을 생각하면서 학습해야 하는 이론이라는 점을 짐작하게 한다. 즉, 자원을 효율적 · 확장적 · 효과적으로 다뤄야 하는 사례관리자들에게 네트워크 이론을 이해하는 것은 구체적인 실천방법과 행동전략을 수립하는데 실제적인 도움이 된다. 또한 사례관리는 궁극적으로 복지서비스 이용당사자가 지역사회 내에서 적극적으로 네트워크를 형성하여 자립적으로 살아 갈 수 있도록 지원하는 목적도 갖고 있기 때문에 사례관리자가 네트워크 이론을 학습하고 네트워크 기술을 향상시키는 것은 복지서비스 이용당사자를 지원하는 데 매우 필요한 훈련과정이라고 볼 수 있겠다.

현대 사회복지에서 네트워크가 관심을 끄는 것은 부족한 자원을 다른 기관과의 협력을 통해 극복하려고 하는 노력이 필요하기 때문이다. 하나의 사회복지 기관이 다양한 욕구를 가진 복지서비스 이용당사자들의 욕구를 충족시킬 수 없으므로 사회복지 현장에서는 기관 간 네트워크를 통해 정보, 재원, 인력 등을 교환함으로써 문제를 해결하고자 노력하고 있다.

특별히 사례관리에서 네트워크의 목적은 복지서비스 이용당사자에게 적절하고 포괄적이며 지속적인 서비스를 제공함으로써, 사회복지서비스 지원의 책임성을 완수하려는 것에 있다. 또한 복지서비스 이용당사자의 복합적인 욕구는 지역사회 차원에서 다양한 기관이나 시설, 단체의 참여와 협력을 통해서 더욱 효과적으로 충족될 수 있기에 매우 필요하고도 중요하다.

더불어 사례관리에서 네트워크가 필요한 이유는 지역사회 내 기관들이 복지서비스를 제공함에 있어서 제한되어 있는 자원의 중복과 갈등은 최소화하고, 자원 간의 시너지를 확장해 나감으로써 서비스 지원의 효과성을 극대화할 수 있기 때문이다. 뿐만 아니라, 사례관리의 첫발인 사례발견에 있어서도 '복지사각지대 축소'라는 사회복지현장의 공동의 목표를 좀 더 효과적으로 접근할 수 있도록 한다. 이는 단순히 신규 사례를 발견하는 것을 넘어, 여러 기관의 협력을 통해 복지자원이 부족한 지역이나 물리적으로 복지서비스가 맞닿기 어려운 지역에서도 서비스 단절이 발생되지 않도록 하는 방안들을 적극적으로 모색할 수 있도록 한다. 복합적인 어려움을 겪고 있는 고난도 사례에 대해서도 다양한 사회복지기관이 각 기관의 전문성을 활용하여 해결방안을 함께 논의하고 개입전략을 수립하여, 사례가 아무리 고난도 일지라도 적극적으로 대응해 나갈 수 있도록 한다.

그런데 네트워크는 사회복지기관 간에만 이루어지는 것이 아니라, 지역사회 내에 거주하고 있는 개인, 집단, 조직들에 의해서도 그들의 욕구나 지역 내의 어떤 문제를 해결하기 위해서 상호작용하고 교환관계를 형성하는 사회적 배열을 재구성하거나 최적화하는 강력한 행동으로서 형성되기도 한다. 이와 같은 사회적 교환관계에는 내재 된 자본이 존재한다. 아울러 그와 같은 자본은 구성원 일부가 아닌 모두에게 공유된다. 바로 이것이 사회자본이다.

네트워크 이론을 이해하는 과정에서는 이 사회교환과 사회자본에 대해서도 살펴 볼 필요가 있어 이를 간략하게 살펴보도록 하겠다.

1) 사회자본 이론

사회자본이란 흔히 사회의 일반 구성원에게 공동으로 속하거나 두루 관계되는 '공공(公共)적 성격'의 자본을 의미한다. 사회자본은 사회구성원 모두에게 제공되며, 무상이나 약간의 대가로 이용할 수 있다. 네트워크에서 사회자본은 사회적 관계를 통해 만들어지며 사회적 생산성을 담보하는 비실체적인 자본의 형태로 규정되며 중시되고 있다. 여기서 사회적 관계는 사회 속에서 제도적·비제도적으로 맺어진 관계망으로 해석된다.

사회자본의 구성요소로는 사회관계망(social network), 신뢰(trustworthness), 호혜성(reciprocity)을 들 수 있다(Coleman, 1988; 홍현미라, 2006 재인용).

네트워크에서 중요시되는 사회자본인 신뢰에는 세 가지 유형이 있는데(Coleman, 1988; 홍현미라, 2006 재인용), 첫째, 친근하고 사적인 관계에서의 신뢰, 둘째, 알지 못하는 사람과의 관계에서의 신뢰, 그리고 셋째는 제도에 대한 신뢰 등이다. 제도에 대한 신뢰와 호혜관계는 공식적인 거버넌스 제도 및 시장에 대한 신뢰에 초점을 두고, 규칙의 공존성과 절차, 쟁점의 해결이나 자원 배분 등에 의해 형성되는 신뢰와 호혜관계를 말한다(이준영, 2007 재인용). 사람들은 다른 사람들에게 영향을 미치기 위한 수단으로서 네트워크를 이용하는 것이기 때문에 이를 사회자본으로 볼 수 있으며, 사회자본, 네트워크, 신뢰의 관계를 어느 한 시점에서 종결되는 정태적(static) 관계가 아니라 시간의 흐름을 반영하면서 서로 영향을 주고받는 동태적(dynamic) 관계로 이해해야 할 것이다.

2) 사회교환 이론

네트워크에서 사회적 교환이란 상호 간의 신뢰에 근거하여 혜택을 받은 자는 이에 대한 보답의 의무감을 느끼고, 혜택을 제공한 자는 상대방이 언젠가는 그만한 대가를 지불 할 것이라는 기대감을 형성하는 관계를 말한다. 이러한 교환 관계는 지위, 자존감, 감정이입 등의 심리적·사회적 자원이 포함된다. 이와 같은 사회교환의 과정에 의해서 네트워크는 형성·유지되고 발전된다. 즉, 한 조직이 네트워크에 참여하고 있는 다른 조직의 영역을 인식하였을 때 연계가 발생하며, 조직들은 인식된 영역을 상호 간에 교환하게 된다. 바로 여기에서 사회적 교환의 가치, 장소, 대상, 조건 등이 중요한 이슈로 대두된다.

결국 사회적 교환은 교환의 장에서 이루어지며 교환의 장은 원하는 자원과 상품을 교환하기 위해서 다양한 관점에서 서로에게 영향을 주는 둘 이상의 참가자로 구성되는 하나의 시장에서 이루어진다. 사회적 교환의 가치는 경제적 보상뿐만 아니라 기관의 만족이나 가치, 사명감의 충족, 사회적 기여, 증진된 사회적 지위 등 무형의 가치도 포함된다. 따라서 인적·물적 자원을 포함하는 상담, 지역조직서비스, 재원, 정보, 아이디어, 정치적 영향력, 의지, 의미, 힘, 복지서비스 이용당사자 등을 포함하는 유형 또는 무형의 자원들이 교환의 가치를 가진다.

사회적 교환의 가치는 경제적 보상으로만 측정되는 것이 아니라 네트워크를 형성하거나 네트워크를 유리하게 발전시키기 위해 필요한 교환을 의미하기 때문에 실제로는 측정하기가 어렵다. 즉 사회교환 이론은 서로 영역이 다른 개인이나 조직이 서로에게 필요로 하는 것을 상대방과의 교환을 통해 획득하려고 네트워크를 형성한다는 것이다. 그리고 두 참가자 간에 교환되는 것이 서로 균형을 이루지 못하면 네트워크가 유지되지 못한다는 점을 알려 준다(이준우·최희철, 2020).

지금까지 네트워크 이론을 설명하였는데, 마무리 하면서 실천현장의 적용점을 고민해 본다면 네트워크를 위해서는 '소통'을 위한 끊임없는 노력이 필요하다는 것이다.

네트워크 과정에서는 관계 간의 잡음(noise)이 생길 수 있다. 서로 간에 다른 가치관, 관점, 다른 이해관계, 조직이나 외부적 요구의 차이, 다른 기대치나 권력싸움 등에 의해서도 잡음이 발생할 수 있다. 그렇게 때문에 상호 이해와 존중에 기반한 소통의 문화를 어떻게 만들어 갈 것인지 늘 고민해야 한다(우수명 외, 2017; 우수명, 2024).

네트워크이론을 학습하는 이유는 앞서도 설명하였지만, 마무리 단계에서 다시 한번 강조하고 싶은 것은 네트워크를 형성하는 것도 중요하나 네트워크 과정에서 나타나는 어려움을 극복하기 위한 대응 전략도 반드시 고민해야 한다는 것이다. 모든 유기체는 각자의 필요에 따라 네트워크를 형성하고 또 이를 유지시키는 힘을 가지고 있지만, 이 네트워크가 단단하고 건강하게 유지되기 위해서는 각자의 기대 수준과 갈등 요인도 살펴가며 적극적으로 소통을 해 나가는 노력이 필요하다는 것을 간과해서는 안 될 것이다.

이야기가 있는 현장의 사례관리 실천이론

네트워크 이론은 사례관리 실천현장에서 많이 활용되고 있는 이론이다. 네트워크 이론의 이해를 돕기 위해 집필진들이 근무하고 경기도 수원의 실천 사례를 소개하고자 한다.

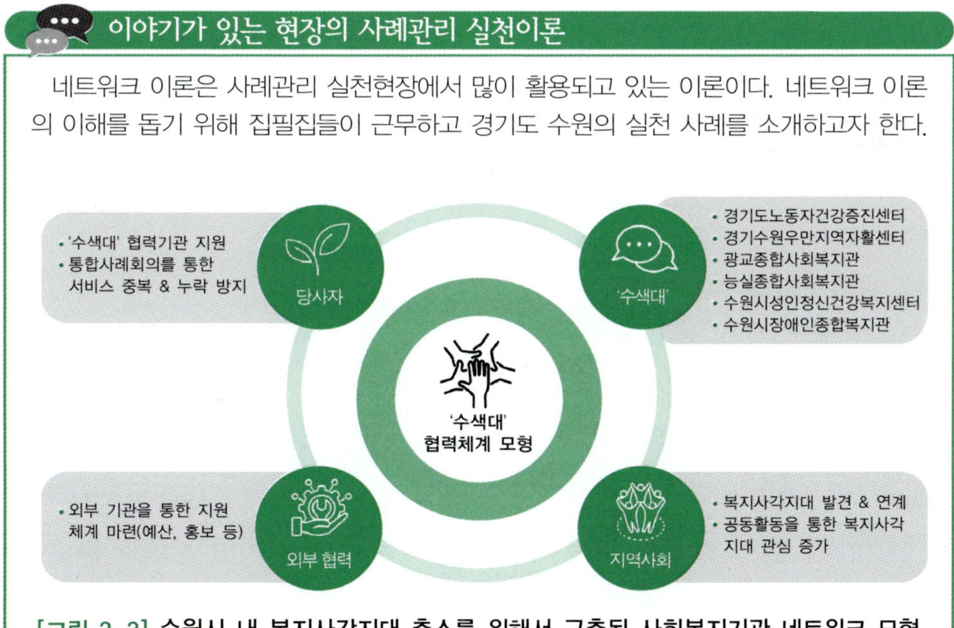

[그림 3-3] 수원시 내 복지사각지대 축소를 위해서 구축된 사회복지기관 네트워크 모형

사례관리 당사자의 복합적인 욕구를 하나의 기관에서 모두 해결하기란 쉽지 않으며, 제공할 수 있는 서비스도 제한적일 수밖에 없다. 또한, 기관별 중복된 서비스가 제공되더라도 이를 확인하는 과정에서 사례관리 당사자의 진술에만 의존하는 경우가 많아 정확한 서비스 연계에도 어려움이 발생할 수 있다. 이러한 문제를 해결하기 위해 사회복지 현장에서는 기관 간 네트워크를 강조하고 있다.

이에 집필진이 근무하고 있는 광교종합사회복지관에서는 이러한 필요성을 바탕으로 '수원시 색다른 대응 프로젝트(이하 수색대)'를 통해 사회복지 영역별 전문기관과 협력 네트워크를 구축하였다. 지역주민뿐만 아니라 노동자, 정신건강 당사자, 장애인, 자활 참여자까지 다양한 당사자에 대한 사례관리 개입을 위한 논의를 주로 진행하며, 서로 만나기 어려운 기관들이 정기적으로 모여 복지사각지대 축소를 목표로 활동하고 있다. '수색대'는 2019년 사례관리 실무자의 욕구와 필요에 의해 자발적으로 만들어졌다는 점에서 의미가 크다. 주요 활동으로는 복지사각지대 발견 캠페인, 통합사례회의, 전문 교육 등이 있으며, 이는 사례관리자와 복지사각지대 주민 모두에게 실질적인 도움을 제공하고 있다. 특히, 통합사례회의는 사례관리 당사자에게는 중복자원을 방지하고 필요한 정보를 공유하며, 당사자가 직접 찾아가지 않아도 적절한 서비스를 효율적으로 제공받을 수 있는데 이점이 있었다. 또한, 신입 사례관리자에게는 선배 사례관리자와의 통합사례회의를 통해 개입 방향성 설정과 정보 습득에도 도움이 되었다. 이러한 기간 관의 네트워크를 살펴보면, 기관 간에 신뢰라는 사회자본이 바탕이 되어, 기관 간의 각기 필요(이득)에 따라 실제적인 사회교환도 이루어지는 것을 볼 수 있다.

4. 위기개입 이론

1) 위기개입의 주요 내용

위기개입 이론과 이 이론을 단기 개입실천에 적용시키고자 하는 시도는 1960년대 이후 커다란 관심의 대상이 되어왔다. 위기개입 모델과 실제는 린더만(Lindermann, 1944)의 '극심한 슬픔 반응에 관한 연구'와 카플란(Caplan, 1964)과 동료 학자가 수행한 예방정신의학 연구 프로그램 등에 기초해서 1950~1960년대에 걸쳐 급격한 속도로 성장하였다.

자연재해나 갑작스러운 생활상의 사건, 발달과정에서 경험하는 스트레스 등으로 인해 극심한 고통의 감정을 일시적으로 경험하고 그 충격으로 유발되는 스트레스로 일상생활 수행에 어려움이 발생하는 경우, 이에 대처할 능력과 자원이 부족하여 문제가 생기는 사람들에 대한 관심으로부터 나온 것이 위기개입 모델이다. 따라서 위기개입 모델의 목적은 극심한 스트레스 상황에서 즉각적으로 필요한 서비스의 지원과 극심한 고통 이후에 발생할 수 있는 심각한 심리적 붕괴 현상의 예방에 있다(양옥경 외, 2002). 또한 위기개입은 단적으로 말해 인간의 정상적인 기능을 와해시키는 연속적인 사건들을 차단하기 위한 활동이라고 할 수 있다(이준우 외, 2006).

위기개입 모델은 특히 정신건강 분야의 여러 서비스에서 폭넓게 활용되어 왔으며, 최근 우리나라 사회복지실천 현장에서는 사회복지실천의 전 영역에서 광범위하게 각광받고 있다(이준우 외, 2006). 위기개입 모델은 기존 모델들을 절충한 통합적인 형태를 갖고 있으나 이론적 측면에서는 정신역동적 관점에서 나오는 자아심리학의 기본 요소들을 사용하고 있다. 따라서 외적 사건들에 대한 정서적 반응은 무엇이며, 어떻게 그 반응들을 합리적으로 통제해야 할 것인지에 초점을 두고 있다(서진환 외, 2001).

또한 위기개입 모델에서 강조되는 중요한 사실은 '위기에 대해 사람들이 어떠한 정서적 반응을 보이는가?' 하는 것과 '매일 부딪치는 문제를 다루어 나갈 수 있는 능력에 변화가 일어나고, 그 변화된 능력이 오랫동안 지속되어야 한다'는 것에 있다.

이러한 위기개입 모델은 위기개념과 단기개념을 포함한다. 즉, 위기개입은 위급한 상황에서의 즉각적인 대처라는 의미를 갖고 있는 것이다. 따라서 사회복지실천 현장에서 위기개입 모델에 기초한 사례관리는 개인이나 가족의 기능이 개인적 손상 혹은 비극으로 인해 갑작스럽고 심각하게 영향을 받았을 경우 적용된다. 이 모델은 그 위기를 불러일으킨 사건 직후 4주에서 6주 동안 활용되며 특히 개인적 위기로 인해 정상적으로 기능을 못하는 사람에게 제공되는 집중적이며 시간 제한적인 개입의 중요성을 강조한다(이준우 외, 2006).

위기개입의 사례관리 개입원칙은 다음과 같이 요약할 수 있다(이준우 · 최희철, 2020).

첫째, 복지서비스 이용당사자가 최소한 위기 이전의 기능 수준으로 회복하도록 돕는 것이다.

둘째, 직접적으로 위기상황과 관련된 구체적인 문제에 초점을 두며, 현재 지향적이어야 한다.

셋째, 다른 모델들에 비해 상대적으로 단기접근이다. 위기개입 기간은 4~6주 정도로 진행된다.

넷째, 구체적이고 관찰이 가능한 문제가 위기개입의 표적이다. 과거를 탐색하는데 비중을 두지 않고, 과거를 탐색 할 경우 현재 위기와 직접 관련이 있는 것에 한정한다.

다섯째, 가장 적절한 최선의 개입 전략을 세워야 한다. 단순히 차선책으로 접근해서는 안 된다. 위기개입은 여러 접근방법 중 최적의 개입전략으로 진행되는 것이 중요하다.

여섯째, 위기개입을 수행하는 사례관리자는 다른 어떠한 실천접근 보다 적극적이고 직접적인 역할을 한다. 위기개입 모델에 기초한 일반적인 사례관리 과정은 '사정 → 계획 → 개입 → 위기대비 계획'으로 설명할 수 있다(서진환 외, 2001). 위기개입은 빠르게 접근하지만 각 단계별 과업을 지키며 개입전략을 수립한다. 하지만 각 단계에서 시간을 오래 끌지 않아야 한다. 각 단계별로 관심을 가져야 할 사항을 구체적으로 살펴보면 〈표 3-1〉과 같다.

표 3-1 위기개입 단계별 관심을 기울여야 할 사항

진행단계	관심을 기울여야 할 내용
사정단계	• 복지서비스 이용당사자가 왜 오늘 도움을 받으러 왔는지 고려한다. 위기의 문제로 사회복지사를 찾아 왔을 때는 보통 위기 발생 후 2주 정도 망설이다가 찾아오기 때문에 빨리 이를 파악해야 한다. • 복지서비스 이용당사자가 현재 위기와 선행사건을 어떻게 인식하는지 고려해야 한다. • 복지서비스 이용당사자가 주위의 도움을 받을 만한지, 자원이 있는지, 그리고 지지 수준과 질은 어느 정도인지 고려해야 한다. • 복지서비스 이용당사자가 과거에 비슷한 문제를 겪은 적이 있는지, 있다면 어떻게 대처했는지 검토한다. • 위기개입에서 반드시 고려해야 할 자살, 타살의 위험에 대해 질문해야 한다.
계획단계	• 위기로 인해 복지서비스 이용당사자의 기능이 어느 정도 손상되었는지 등을 평가한다. • 일상생활 수행 능력은 어느 정도 회복 될 수 있을 것 인지 등을 평가한다. • 복지서비스 이용당사자 주변 자원들은 어떻게 반응하고 있는지 등을 평가한다. • 복지서비스 이용당사자는 어떤 도움을 받을 수 있는지 등을 평가한다. • 현실 가능한 대안들을 고려하고 이들의 장단점을 파악하여 무엇을 수행 할 것인지 행동 계획을 세운다.
개입	• 복지서비스 이용당사자가 자신이 처한 위기에 대해 지적으로 이해할 수 있도록 돕는다. • 복지서비스 이용당사자가 표현하기 힘들어하는 감정을 표현하도록 돕는다. • 복지서비스 이용당사자의 대처기제를 탐색한다. • 복지서비스 이용당사자가 자신의 사회적 지지체계를 형성하거나 다시 형성할 수 있도록 돕는다.
위기대비 계획	• 복지서비스 이용당사자가 미래에 발생할 수 있는 다른 위기에도 대처할 수 있도록 돕는다. • 위기개입의 마지막 단계에서 복지서비스 이용당사자가 위기를 다루는 과정에서 무엇을 배웠는지 정리한다.

2) 긴급지원에 유용한 위기개입 6단계 모델

위기개입에 대한 이해를 돕기 위해 제임스와 길리랜드(James & Gilliland, 2001)가 제안한 위기개입 6단계 모델[2)]을 살펴보고자 한다. 이 모델은 앞서 설명한

2) 이 장에서 인용한 위기개입 6단계 모델의 주요 내용들은 한인영 등(2001)이 번역하여 국내에 소개한 것을 장수미 등(2006)이 일목요연하게 정리한 것을 재수정·보완하여 사용하였다. 또한 이준우 등(2020)에도 수록된 내용이다.

일반적인 위기개입 모델에 근거하고 있으면서 가정폭력 및 학대, 성폭력, 자살 충동 등과 같은 매우 긴박하면서도 심각한 위기상황에 보다 더 효과적인 모델로, 매우 실제적인 위기개입 실천모델이라 하겠다. 동시에 위기개입 6단계 모델은 사례관리자가 사례관리 개입과정에서도 크게 유용한 모델이라고 할 수 있다(장수미 외, 2006).

(1) 사정

위기개입 6단계 모델은 사정과 개입으로 이루어진다. 우선 사정을 위해 사회복지사는 복지서비스 이용당사자에 대해 충분한 검사를 하거나 깊이 있는 정보를 얻을 수 있는 시간이 부족하다. 따라서 DSM-5의 진단기준이나 자기보고 형식의 측정도구를 사용하여 사정하기는 어렵다. 그래서 6단계 모델에서는 위기분류 사정양식(Triage assessment form: TAF)을 주로 사용한다. '위기분류 사정양식'은 긴박한 위기상황에서 복지서비스 이용당사자의 정서, 행동, 인지적 영역의 현재 기능을 빠르게 파악할 수 있도록 만들어진 도구이다(한인영 외, 2001: 50-53).

정서 영역에서는 복지서비스 이용당사자가 현재 보이는 정서적 반응이 상황을 부인하거나 회피를 하는지, 정상적인 것인지, 충동적 상태 혹은 충격적 상태를 나타내는지 전반적으로 살펴본다. 이때 '분노/적의, 두려움/불안, 슬픔/침울' 등과 같은 다양한 정서의 출현 여부를 파악한다. 행동 영역에서는 복지서비스 이용당사자의 행동양상이 접근적인지, 회피적인지, 무력해져서 비유동적 상태인지를 사정한다. 인지적 영역에서는 음식·주거와 같은 물리적 측면, 자아개념·정체감 등과 같은 심리적 측면, 가족·친구와 같은 사회적 측면, 가치·신념체계와 같은 영적 측면에서 어떻게 손상 정도를 인지하는지를 살펴본다.

위기개입을 하는 사회복지사는 세 영역에서의 복지서비스 이용당사자 상태를 제시한 전형적 반응 양식에 따라 분류하고, 복지서비스 이용당사자의 현재 기능 수준을 수치화한다. 1~10점으로 구분하여 1점: 손상 없음, 2~3점: 극소의 손상, 4~5점: 경미한 손상, 6~7점: 중등도의 손상, 8~9점: 현저한 손상, 10점: 심각한 손상으로 분류한다. 세 영역을 합하면 3점에서 30점까지 점수가 산출된다. 이때 점수가 높을수록 복지서비스 이용당사자가 불평형 및 비유동적 상태에 있음을 의미한다. 평형, 유동성의 정도에 대한 사정은 위기개입을 하는 사회복지사의 개입활동 정도를 결정해 주기 때문에 중요하다. 만약 복지서비스 이용당사자의 상태를 수치화할 수 있는 도구를 빠르게 활용하기 어렵다면, 현재 당사자의 정서 · 행동 · 인지적 측면을 확인할 수 있는 총체적인 방법을 동원해 사정해 볼 수 있을 것이다. 사정 후 사례관리자는 개입의 정도를 결정하는데 복지서비스 이용당사자가 비유동적 상태에 있을수록 지시적 개입이 필요하며, 유동적 상태에 있을수록 비지시적 개입을 하도록 한다.

(2) 개입

위기개입 6단계 모델에서는 전 과정에 걸쳐 복지서비스 이용당사자의 대처능력, 대인적 위협, 유동성 혹은 비유동성의 측면에서 복지서비스 이용당사자의 현재와 과거의 상황적 위기를 평가하고, 위기 개입 전문가가 취해야 할 행동 유형을 판단하는 사정이 전략적으로 이루어지는데, 이는 유동적이고 역동적인 활동이다. 이 사정 내용에 따라 사회복지사는 다음의 6단계의 개입을 실시한다(James & Gilliland, 2005).

1단계 '당면과제를 정의'하는 단계

- 1단계는 복지서비스 이용당사자의 관점에서 문제를 정의하고 이해하는 것이 중요하다. 위기개입을 하는 사회복지사는 위기상황에서 당황하는 복지서비스 이용당사자의 문제를 재빨리 파악하기 위해서 감정이입, 진실, 수용, 긍정적 관심을 제공하는 경청기술을 적극적으로 사용하는 것이 좋다.

2단계 '복지서비스 이용당사자의 안전을 확보'하는 단계

- 안전이란 자신과 타인에게 신체적 · 심리적 위험을 최소화하는 것이다. 그런데 복지서비스이용당사자의 안전을 두 번째 단계로 보았지만, 안전은 위기개입 전 과정에서 우선적으로 고려해야 할 사항이므로 이 단계를 유연성 있게 적용해야 한다.

3단계 '지지하기' 단계

- 위기개입을 하는 사회복지사는 복지서비스 이용당사자에게 '당신에게 진정한 관심을 가진 사람이 여기 있다' 는 사실을 확신시켜, 복지서비스 이용당사자가 위기개입을 하는 사회복지사를 무조건적이며 긍정적으로 수용할 수 있도록 해야 한다. 이 단계에서는 위기개입을 하는 사회복지사의 경청하는 자세가 매우 강조된다.

4단계 '대안을 탐색'하는 단계

- 위기에 처한 복지서비스 이용당사자는 실제로 선택의 여지가 없다고 믿는다. 또한 비유동적 상태에서는 최선의 선택이 무엇인지 알기 어려우므로 이 단계에서 복지서비스 이용당사자에게 적절하고 가능한 선택이 무엇인지 폭넓게 찾아보는 것이 필요하다.
- 위기개입을 하는 사회복지사는 복지서비스 이용당사자에게 많은 대안이 있음을 인식시키기 위해 상황적지지자(예전부터 복지서비스 이용당사자를 잘 아는 사람으로 도움을 제공할 수 있는 사람), 대처기제(복지서비스 이용당사자가 위기를 극복하는 데 사용할 수 있는 행동적 · 환경적 자원), 긍정적 사고패턴(복지서비스 이용당사자가 스트레스와 불안을 경감시키도록 하는 사고방식. 이는 문제를 보는 관점을 바꾸도록 함)을 찾아낸다. 위기개입을 하는 사회복지사는 이 세 가지를 찾아냄으로써 무기력하게 느끼는 복지서비스 이용당사자에게 도움을 줄 수 있다.

5단계 '계획 세우기' 단계

- 계획세우기 단계에서는 즉각적으로 복지서비스 이용당사자에게 지지해 줄 수 있는 사람과 집단, 의뢰자원을 명확히 한다. 더불어 복지서비스 이용당사자에게 즉각 사용할 수 있도록 대처기제를 제시해야 한다.
- 중요한 것은 복지서비스 이용당사자가 계획된 사항을 자신의 것으로 느낄 수 있도록 복지서비스 이용당사자와 협력하여 계획하는 것이 중요하다. 복지서비스 이용당사자가 해야 할 일을 지원자가 결정하는 경우가 많기 때문에 복지서비스 이용당사자가 자율성을 갖고 위기개입을 하는 사회복지사에게 너무 의존하지 않도록 한다.

6단계 '참여시키기' 단계

- 계획세우기 단계가 효과적으로 수행되면 '참여시키기' 단계는 쉬워진다. 이 단계에서는 복지서비스 이용당사자에게 계획한 내용을 요약해 보게 하는 것으로 복지서비스 이용당사자가 위기 이전의 평형을 되찾을 수 있도록 행동 수행에 참여하게 하는 것이다.

출처: James & Gilliland(2001).

이야기가 있는 현장의 사례관리 실천이론

20**년 1월, 사회복지사와 평소 지역주민으로 친밀하게 관계하던 OO동 아파트 부녀회장으로부터 "2달 전에 아파트 30*호에 불이 크게 났었는데, 전기도 끊긴 그 집에 청년이 혼자 살고 있는 것 같다."는 전화를 받았다.

사회복지사는 즉시 초기상담을 위해 가정방문하였으며 청년과 대면상담을 진행하였다. 청년을 둘러싼 환경의 위기도 파악(주거 환경이 화재로 전소되었으며 깨진 유리창과 파손된 현관문, 집안 내 전기, 수도, 가스 모두 단절되었으며, 한 겨울을 난방 없이 지내고 있었음)과 함께 당면한 과제(가족돌봄 필요, 정신적 건강 회복, 의식주 해결 등)에 대해 기초사정을 실시하였다.

여러 가지 복합적인 어려움이 있는 가정이었으나, 무엇보다 의식주에 해당하는 기초생활영역이 가장 긴급한 상태로 판단되어 당일 사례회의를 진행하여 긴급 사례관리 당사자로 선정하였다. 그리고 단기 사례관리개입으로 긴급 후원품(식료품, 생필품 등)지원과 임시보호 주거시설 입소 의뢰, 방화사건 법률지원 진행하였다. 자세한 내용은 아래 QR코드를 활용하여 이론을 학습하는데 활용해 보기 바란다.

▶ 수원시 휴먼서비스센터 유튜브 채널 〈2018년 수원시 휴먼서비스센터 우수사례공모전 최우수작〉 https://youtu.be/cZtNv9pEY1w?si=sC3eiJ90mscJ4w3p

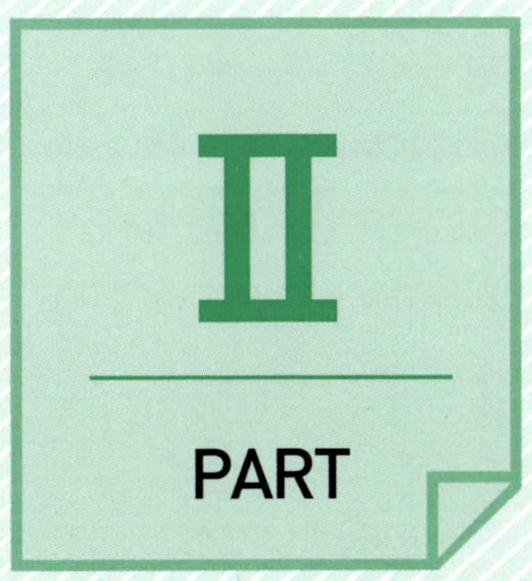

Ⅱ PART

사례관리 실천과정의 이해

PART Ⅱ를 학습하기 전, 읽어보세요.

PART Ⅱ는 사례관리 실천과정에 대해서 [사례발견과 접수]–[초기면접]–[사정]–[서비스 계획과 계약]–[사례관리 실행과 자원 개발 · 확대 · 관리]–[사례회의와 조정 · 점검 · 재사정[1]]–[사례관리 평가·종결·사후관리]의 절차에 따라 나누어 살펴보고자 한다.

이 책에서는 내용의 이해를 돕기 위해 tvN에서 방영된 '응답하라 1988'에 나오는 성선우 학생의 가정을 예시로 들어 연속적으로 설명한다. 이 드라마를 보지 않았어도 충분히 이해할 수 있을 것이다. 성선우 가족의 사례관리 과정에 대한 자세한 설명과 양식의 이해를 높이기 위해서는 챕터 12를 참고하면 된다.

다만, 여러분이 조금 더 흥미를 갖고 학습하기를 원한다면 이 드라마를 시청해 볼 것을 추천한다. 물론 사례관리는 재미나 흥미를 가지고 접근해서는 안 된다. 하지만 사례관리는 우리 이웃들이 일상을 회복하도록 지원하는 것으로, 지나치게 심각하고 걱정스러운 시각으로만 개입하는 것도 바람직하지 않다. 우리의 이웃은 '응답하라 1988'에 나오는 김선영 님(성선우 母)이나 성선우 학생과 같이 힘든 여건 속에서도 각자의 강점을 통해 현재의 어려움을 잘 이겨낼 수 있는 힘을 가지고 있는 사람들이다.

---

1) 사례회의는 사례관리 전 과정에서 이루어지기 때문에 [실행] 후 단계나 [조정 및 점검]의 단계로 이해해서는 안 된다. 이 책에서는 사례회의 내용을 강조하기 위해 [조정 · 점검· 재사정]의 단계에서 기술하였다.

Case Management

사례발견과 접수

CHAPTER

04

사례발견과 접수

1. 사례발견

1) 사례발견의 중요성

#복지사각지대 #국가적_차원의_관심 #사회변화에_따른_다양한_사회문제_발생 #다양한_어려움_호소 #여러 기관이 협력하여 사례발견

사례발견[2)]은 복지사각지대 문제를 해결하는 중요한 과정으로, 그 중요성은 우리 사회에서 발생한 여러 비극적인 사건들을 통해 뚜렷하게 드러난다. 2014년 발생한 '송파 세 모녀' 사건은 사회적 이슈로 큰 주목을 받았고, 이 사건 이후 우리 사회는 사회보장제도 개선 등 복지사각지대 발견을 위해 다양한 노력을 기울였다. 그러나 2022년 '수원 세 모녀' 사건과 같은 비극이 반복되면서, 복

---

2) 이 책에서는 '사례발굴'이라는 용어보다는 '사례발견'으로 기술하였다. 세상에 알려지지 않는 것들을 찾아낸다는 의미의 '발굴'도 잘못된 용어는 아니다. 하지만 사례는 한 개인과 가정의 삶을 구성하는 단위가 되기 때문에 무생물 자원을 캐낼 때도 자주 사용하는 '발굴'이라는 용어보다는 '발견'을 사용하였다.

지사각지대 발견의 필요성이 여전히 존재함을 확인할 수 있었다. 이는 복지사각지대 문제 해결을 위한 다방면의 개선 노력이 지속적으로 요구됨을 시사하는 사례라 할 수 있다.

현재 우리나라 대부분의 복지서비스는 '신청주의'를 원칙으로 운영되고 있다. 그러나 복지 정보에 대한 접근성이 낮은 복지 당사자들은 종종 자신이 누릴 수 있는 복지제도를 지원받지 못하는 경우가 많다. 이러한 상황은 복지사각지대 문제를 더욱 심화시키는 요인으로 작용한다.

이러한 문제점을 타파하고자 정부에서는 점차 신청주의에서 발굴주의로의 정책 전환을 추진하고 있다. 2017년 서울시의 '찾아가는 동주민센터' 시행, 2019년 '커뮤니티케어 제도'의 추진, 2020년 제정된 '고독사 예방 및 관리에 관한 법률(이하 고독사예방법)' 등은 신청주의에서 발굴주의로의 제도적 개선의 사례들로, 정부의 복지사각지대 문제 해결을 위한 의지와 노력을 보여준다.

제도적 개선과 더불어 민간 복지 영역에서도 복지사각지대를 축소하기 위한 노력이 점차 강화되고 있다. 그럼에도 불구하고, 소외된 이웃들의 소식이 끊임없이 들려오고 있으며, 이는 복지사각지대 문제 해결에 대한 지속적인 관심과 노력이 필요함을 시사한다. 그렇기 때문에 우리는 사례발견의 중요성과 함께, 사례관리의 필요성에 더욱 주목해야 한다.

특히 주목해야할 점은, 사회가 다변화됨에 따라 위기가정의 형태도 다양화되고 있다는 것이다. 이에 따라 사례발견은 단순히 경제적 어려움을 겪는 취약계층 가정을 찾아내는 것에 그쳐서는 안 된다. 복지사각지대에 놓인 다양한 가정들을 찾아내기 위한 노력은 더욱 포괄적이고 다각적인 접근이 요구된다.

이처럼 복지사각지대에 대한 사례를 발견하는 것은 사회복지 현장의 계속되는 숙제이다. 과거처럼 어려움이 있는 사람들이 자발적으로 찾아와 도움을 요청하는 방식으로는 문제가 해결되기 어렵다. 따라서 복지사각지대 문제를 해결하기 위해서는 국가적 차원에서의 관심과 함께, 공공기관과 민간기관이 협력하여 적극적으로 사례를 발굴하고 지원하는 체계적인 접근이 필요하다.

┃표 4-1┃ 사례관리 과정 중 사례발견과 접수

사례발견과 접수	초기면접	사정	계획 수립과 계약	실행	조정 및 점검, 재사정	평가	종결과 사후관리
사례회의							

2) 사례발견의 개념과 종류

#사례관리의_첫_단계 #자발적_방문 #의뢰 #이웃에_의한 #사회복지사에_의한

사례발견은 사례관리의 첫 번째 단계로, 지역사회 내에서 어려움을 겪고 있는 잠재적 복지서비스 이용당사자를 찾아내어 사회복지 기관과 연결하는 과정이다. 쉽게 말해, 사례발견은 어려움을 겪고 있는 개인이 사회복지사와 만나는 첫 번째 단계로 볼 수 있다. 이 과정은 정형화된 방법이 존재하지 않지만, 크게 다음과 같이 네 가지로 정리해 볼 수 있겠다.

(1) 자발적 의뢰

복지서비스 이용당사자가 공공영역의 행정복지센터(동주민센터)나 민간 복지기관에 자발적으로 어려움을 호소하는 경우를 말한다. 이는 당사자가 스스로 복지서비스를 요청하는 형태로, 직접 기관을 방문하거나 전화, 온라인 신청 등을 통해 의뢰하는 모든 경우를 포함한다.

자발적 의뢰는 복지 당사자가 자신의 욕구를 적극적으로 표출하기 때문에 문제 해결이 비교적 쉬울 수 있다. 그러나 경우에 따라 자발적 방문자가 선별적 복지서비스의 대상이 아니거나, 대상에 해당되더라도 과도한 복지서비스를 요구하는 경우가 발생할 수 있다. 따라서 사례관리자는 서비스 제공의 기준점을 명확하게 설명해야 하며, 서비스 제공의 적격성 여부를 면밀하게 검토해야 한다.

(2) 외부기관에 의한 의뢰

외부기관에 의한 의뢰는 복지서비스 이용당사자를 적절한 '기관 · 자원 · 전문가'와 연결하여 필요한 서비스를 제공받도록 돕는 과정을 말한다. 의뢰 과정은 단순한 연계뿐만 아니라, 서비스가 원활히 제공되었는지 확인하는 절차까지 포함된다. 기관 간의 소통이 원활할수록 지역 내 복지사각지대는 줄어들 수 있다.

잠재적 복지서비스 이용당사자[3)]가 복지기관을 방문했을 때, 도움을 받을 수 있는 적합한 기관을 찾지 못한다면 거절감을 느끼고 도움 요청을 포기할 가능성이 높다. 이러한 경우, 사회복지사는 단순히 지원 불가를 안내하는 데 그치지 않고, 당사자가 적합한 기관으로 연결될 수 있도록 적극적으로 의뢰해야 한다. 의뢰는 전화나 구체적인 안내로 이루어질 수 있으나, 기관 간 업무 누수를 방지하기 위해 공식적인 의뢰서를 작성하는 것이 바람직하다.

또한, 의뢰는 복지서비스 이용당사자의 자원을 확대하는 데에도 활용된다. 당사자가 적절한 기관에 서비스를 요청하더라도, 다른 기관의 서비스 병행이 필요한 경우 의뢰서를 통해 추가적인 연계를 진행할 수 있다. 이러한 과정은 복지서비스의 효율성과 포괄성을 높이는 데 기여한다.

예시 4-1

사례관리 과정의 이해를 돕기 위해 tvN 드라마 '응답하라 1988'에 나온 성선우 학생 상황에 가정을 더하여 설명하고자 한다.

현재 고등학교 2학년인 성선우 학생은 학교사회복지사를 찾아와 상담을 요청했다. 선우는 최근 가정 내 경제적 어려움으로 고민이 많아 보이며, 경제적 어려움을 겪고 있는 가정이 도움을 받을 수 있는 곳이 있는지 문의했다. 또한, 어머니에 대한 염려로 인해 공부에 집중하지 못하고, 아들로서 할 수 있는 일이 공부밖에 없어서 답답하고 속상하다고 토로했다.

학교사회복지사는 선우와의 상담을 통해 대략적인 가족사항, 경제상황, 어려움이 발생한 배경 등을 확인했다. 그러나 두 가지 문제가 발생했다. 첫 번째, 대부분의 미성년

---

3) 현재 어려움을 해결하기 위해서 복지서비스를 필요로 하나, 아직 도움을 받지 못한 사람

자녀는 구체적으로 본인 가정 내 경제 상황을 명확하게 파악하고 있지 못하기 때문에 결국 어머니를 만나 재상담을 해야 한다는 것이다(※ 주의 사항: 학생은 어머니께 본인이 등록금 걱정을 한다는 것을 밝히고 싶어 하지 않음. 이로 인해 어머니께 연락하는 것을 거부할 수 있음. 학생의 비밀을 보장해 주면서 학생을 설득하는 사회복지사의 역량이 필요함. 어머니와 직접 상담을 하기 전까지는 미성년자는 복지서비스 지원이 어려움). 두 번째, 경제적인 상황을 파악했어도 학교 차원에서는 성선우 가정의 경제적 어려움을 직접적으로 해결하기 어렵다는 것이다. 이 경우 학교사회복지사는 취약계층 가정을 지원하는 지역사회 기관(예: 공공기관, 종합사회복지관 등)으로 도움을 요청하거나, 어머니가 직접 해당 기관을 방문하도록 안내해야 한다. 이러한 과정에서 '의뢰'는 연계 절차를 원활히 하는 중요한 도구가 된다.

학교사회복지사는 어머니와 연락하여 의뢰에 대한 동의를 받은 후, 복지기관으로 발송할 의뢰서를 작성한다. 복지기관은 의뢰서를 접수한 뒤, 당사자에게 연락하여 초기상담 일정을 약속한다.

▶ 성선우 학생 가정이 복지기관에 연계되기까지의 진행과정

학교사회복지사와 학생상담 → 선우 어머니(보호자) 상담[4] → 타 기관 의뢰 동의 → 의뢰서 작성 → 지역사회 내 복지기관으로 의뢰서 발송 → 복지기관 의뢰서 접수 및 선우 어머니 연락 → 초기상담 일정 약속

4) 이 시점에서는 학교사회복지사가 어머니와 상담할 때 경제적 사정을 세밀하게 조사할 필요는 없다. 어머니가 경제적 취약계층이 맞는지 확인하고, 의뢰서 작성이 가능할 정도로만 면담을 진행하면 된다. 이는 학교사회복지사가 경제적 지원을 직접 제공하는 기관에 소속된 것이 아니며, 어머니가 의뢰받은 기관에서 경제적 상황에 대한 심층 면담이 이루어질 예정이기 때문이다. 또한, 어머니가 민감하거나 말하기 어려운 상황을 각 기관에서 반복적으로 설명하도록 요구하는 것은 비효율적이며 당사자에게 불필요한 심리적 부담을 줄 수 있다. 따라서 초기 상담에서는 필요한 정보만 수집하여 의뢰 과정의 효율성을 높이고, 복지 당사자 중심으로 실천하는 것이 중요하다.

표 4-2 서비스 의뢰서 양식과 작성방법

<table>
<tr><td colspan="4">서비스 의뢰서
(개인 정보가 기록된 문서입니다. 반드시 비공개 처리 부탁드립니다)</td></tr>
<tr><td>의뢰기관
(수신기관)</td><td>의뢰받는 수신 기관 기재</td><td>의뢰일자</td><td>년. 월. 일.(요일) 시간 기재</td></tr>
<tr><td>이름/성별</td><td>이름/ 성별 기재</td><td>생년월일</td><td>년. 월. 일. 기재</td></tr>
<tr><td>주소</td><td>복지서비스 의뢰 당사자의 주소 기재</td><td>전화번호</td><td>복지서비스 의뢰 당사자
(미성년의 경우 보호자 전화번호 함께 기재)</td></tr>
<tr><td>사례 요약</td><td colspan="3">* 의뢰하고자 하는 당사자 사례를 요약하여 기술
* 〈가족사항〉, 〈주거사항〉, 〈경제적 사항〉, 〈당사자 당면과제 및 욕구〉 등 기입
* 복지서비스 이용 적합성을 판단(접수)할 수 있도록 하는 기본 자료 기입

※ 별도로 주의해야 할 사항! 당사자에게 동의 받지 않는 민감정보 등은 기재하지 않음(정신건강상태, 문제행동, 지역사회 부적응 등).</td></tr>
<tr><td>의뢰
서비스
내용 및
담당자
소견</td><td colspan="3">* 복지서비스 의뢰 당사자에 대한 의뢰자의 소견 기입
* 담당자의 주관적 추측과 당사자의 언급에 의거하지 않은 예측하지 않도록 주의</td></tr>
<tr><td colspan="4">이용자에게 전문적 복지서비스 제공을 위하여
귀 기관으로 서비스를 의뢰하오니 협조를 부탁드립니다.

○○고등학교 학교사회복지실 (02-123-4567)

의뢰자: OOO (인)</td></tr>
</table>

*기관의 특성에 따라 양식은 상이할 수 있음

기관 간에 의뢰서를 주고받을 때는 개인 정보 관리에 특별히 주의해야 한다. 의뢰서는 개인 정보를 포함한 문서이므로, 문서 수발신 과정에서 개인 정보가 노출될 위험이 있다. 따라서 팩스 전송보다는 문서에 암호를 걸어 이메일로 발송하는 방법이 더 안전하고 적절하다.

또한 의뢰서에 너무 구체적인 개인의 행동적 특성이나 확인되지 않는 추측에 근거한 정보를 포함시키는 것은 바람직하지 않다. 의뢰자는 수신기관에게 최대한 많은 정보를 제공해야 한다는 착각에 빠져 불필요한 정보까지 기재하는 실수를 범할 수 있다. 이 경우, 오히려 수신기관에서 당사자에 대한 오해와 편견을 가질 수 있으므로 신중하게 작성해야 한다.

더불어 의뢰서 양식이나 의뢰서를 주고받는 방식에서 기관마다 차이가 있을 수 있다. 따라서 의뢰서를 주고받을 때 중요한 점은 의뢰를 받는 기관과 의뢰를 하는 기관 모두가 당사자에게 최선의 복지서비스를 제공할 수 있도록 협력하는 자세를 유지하는 것이다. 기관 간 협력과 신뢰를 바탕으로 당사자가 실질적인 지원을 받을 수 있도록 하는 것이 궁극적인 목표임을 명심해야 한다.

(3) 이웃에 의한 의뢰

사례관리에서 여러 가지로 중요한 역할을 하는 요소 중 하나는 바로 주변 이웃들이다. 이웃들은 사례발견에서 매우 중요한 역할을 한다. 잠재적 복지서비스 이용당사자가 자신이 처한 어려움에 대해 자발적으로 기관에 도움을 요청하는 경우도 있지만, 당사자를 대신하여 이웃이 도움을 요청하는 경우도 적지 않다.

우리나라 긴급복지지원법의 제7조3항에 명시된 '긴급복지지원 신고의무자'에는 지역에 대한 이해가 깊고, 지역 내 어려운 사람들을 잘 파악하고 있는 사람들인 이통장, 우체국 직원, 새마을지도자 및 부녀회장을 포함하고 있다. 비단 긴급복지지원 신고의무자가 아니더라도 사회복지사가 사례를 발견하고 적절한 서비스를 제공하는 데에는 주변 이웃들 모두가 중요한 수행자가 된다.

민간복지영역에서는 2018년 한국사회복지협의회의 '좋은 이웃들' 사업, 2022~2025년 경기도사회복지공동모금회의 '이웃의 재발견-온이웃발굴단'사업 등이 지역사회 이웃이 복지사각지대 해소에 중요한 역할을 할 수 있도록 돕는 복지사각지대 발견 시스템을 구축하는 데 기여한 예이다.

결국, 보다 적극적인 사례발견을 위해 사례관리자들은 평소에 이웃들과 지속적으로 소통하고 관계를 다져나가야 한다. 이러한 이웃들은 사례발견에 일시적인 도움을 주는 것에 그치지 않고, 복지서비스 이용당사자가 지역 내에서 지속적으로 건강하게 살아갈 수 있도록 돕는 중요한 안전망 역할을 할 것이다.

이야기가 있는 현장의 사례

▶ 이웃에 의한 의뢰

유동인구가 많은 전통시장에서 진행된 한 사례발견 캠페인은 지역주민과 시장 이용객들을 대상으로 진행되었다.

이 날, 한 주민의 참여로 복지사각지대에 놓인 이웃의 사례가 의뢰되었다. 이 주민은 복지서비스 의뢰 당사자와 세입자·집주인 관계에 있었으며, 수개월째 밀리고 있는 집세를 대신 일부 부담하며 도움을 제공하고 있었다고 하였다. 해당 주민의 의뢰로 복지관에서는 즉시 의뢰 당사자인 세입자 가정을 방문하여 초기상담을 진행하였고, 공공과 민간의 긴급지원서비스를 받을 수 있도록 하였다.

위 사례는 지역사회 내 이웃이 복지사각지대 발굴에 있어 중요한 안전망 역할을 실제적으로 수행한 사례이다.

(4) 사회복지사에 의한 발견

대부분의 사회복지사들은 본인이 소속된 기관 내 이용자를 중심으로 복지서비스를 제공한다. 그러나 탈시설화 이후, 지역사회 내의 다양한 서비스체계의 통합과 조정을 통해 더 많은 당사자들이 복지혜택을 받을 수 있게 되면서, 잠재적인 복지서비스 이용당사자들이 서비스 체계에 포함될 수 있도록 돕는 아웃리치와 같은 사례관리 기법이 강조되고 있다(이준우·최희철, 2020).

아웃리치는 사례관리자가 기관 밖으로 복지서비스 이용당사자를 찾아 나서는 것을 말한다. 즉, 복지서비스 이용당사자를 찾아서 당사자가 기관의 서비스 체계로 들어오도록 독려하는 것이다. 곧, 서비스가 필요한 잠재적인 당사자를 찾아내고 서비스의 제공과 급여를 알려주며 이용 가능한 서비스와 자원을 활용할 수 있도록 지원하는 방법이다(Toseland, 1981).

이처럼 아웃리치는 잠재적 복지서비스 이용당사자로 하여금 서비스에 대한 접근성을 높이기 위해서 활용되는 방법이다. 아웃리치는 자신의 욕구를 충족시킬 수 있는 복지서비스나 자원의 정보가 없는 경우, 혹은 그러한 것들을 자발적으로 구하려는 동기가 부족한 경우, 스스로 복지자원을 찾아다니기 어려운 경우의 사람들에게 도움이 될 수 있다. 특별히 노인이나 장애인 등과 같이 서비스를 가장 필요로 하지만, 스티그마(stigma)와 문제 확대 및 노출로 인한 두려움, 무력감 등으로 스스로 복지기관과 접촉하지 않는 당사자를 찾아 나서는 경우에 매우 활용도가 높다. 사례관리자가 아웃리치를 통해 복지서비스 이용당사자에게 다가가려면, 지역사회의 인구사회학적인 특성과 욕구를 사전에 파악하고 있어야 하며 가정방문, 지역사회 탐색, 주민 만나기, 캠페인 등을 통해 이들에게 다가가야 한다(이준우 · 최희철, 2020).

특별히 강조하고 싶은 것은 사회복지사들은 강한 사명감을 갖고 복지사각지대 해소를 위해 아웃리치와 사례발견을 적극적으로 수행해야 한다는 것이다.

지난 2020년 12월 기초생활수급자인 60대 여성이 숨진 지 약 5개월 만에 발견된 사건이 있었다. 발달장애인 아들은 어머니의 사망을 세상에 알리지 못하고 노숙을 하며 지냈다. 이 안타까운 사건은 지하철역 앞에서 구걸하는 발달장애인 아들을 눈여겨본 한 사회복지사에 의해 세상에 알려지게 되었다. 사회복지사에 의한 사례발견이 복지사각지대에 놓인 사람들의 삶을 변화시킬 수 있음을 보여주는 사례이다.

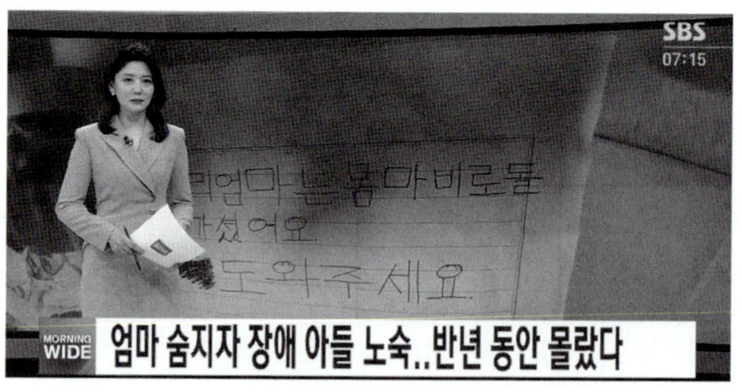

[그림 4-1] 복지사각지대 발달장애인의 실태

출처: sbs모닝와이드 (2020.12.15). 뉴스화면 캡처

이와 같은 사건은 복지사각지대 문제의 심각성을 다시 한번 드러내는 계기가 되었다. 송파구 세 모녀 사건(2014), 탈북 모자 아사 사건(2019), 수원 세 모녀 사건(2020)과 함께 복지제도의 복잡성에 따라 복지제도를 활용하지 못하는 사람들이 증가할 수 있다는 점에서 사회복지사들의 지속적인 관심과 사례발견 활동의 중요성이 강조된다.

3) 사례발견의 실천 기술과 이론

#지역조직화 #주변_환경과의_조화 #캠페인 #다양한_방법시도 #온택트

사례발견을 위한 사회복지 실천 기술은 미시적 기술과 거시적 기술로 나눌 수 있다. 미시적 사회복지 실천 기술은 복지서비스가 필요한 잠재적 당사자와 직접적인 상호작용을 통해 그들의 상황을 파악하고, 그에 따른 행정적 절차를 수행하는 기술을 말한다. 여기에는 상담, 의뢰서 작성, 접수, 발송과 같은 구체적인 행정처리 기술이 포함된다. 사례관리자는 이를 통해 당사자의 욕구를 정확히 이해하고, 필요한 서비스와 자원을 연계하는 데 중요한 역할을 한다.

거시적 사회복지 실천 기술은 지역사회 내에서 사회복지사와 사회복지기관의 역할을 알리고, 지역주민과의 지속적인 소통을 통해 잠재적 복지서비스 이용당사자를 찾아가는 기술이다. 이를 통해 지역 내 복지사각지대에 있는 사람들을 발견하고, 이들에게 필요한 서비스와 자원을 제공하는 것이 목표이다. 사회복지사는 지역사회와의 관계를 적극적으로 구축하고, 이를 통해 더 많은 사람들이 복지 서비스에 접근할 수 있도록 도와야 한다.

이 책에서는 특히 거시적 관점에서 두 가지 기술을 강조하고자 한다. 이러한 기술은 복지서비스의 접근성을 높이고, 지역사회 내 복지사각지대를 해소하는 데 중요한 역할을 한다.

(1) 지역조직화 기술

지역조직화 기술은 사례발견에서 중요한 역할을 하는 기술로, 사례관리와 긴밀하게 연결되어 있다. 사회복지실천 기술이 대부분 연관성을 가지고 있듯이 지역조직화 기능과 사례관리 기능도 연관성이 매우 높다.[5] 임상을 중시하는 '상담' 위주의 실천을 강조했던 과거와는 달리, 최근 사회복지 현장에서는 당사자 주변의 사회적 관계를 연결하고 중재하는 '조직화' 기반의 실천이 강조되고 있다.

사례관리와 지역조직화는 상호 보완적인 관계에 있으며, 사례발견을 위한 구체적인 지역조직화 실천 방법으로는 사례관리자가 사례발견을 위해 지역을 탐색하고 초기면접이 가능한 전문 자원봉사자를 양성하는 '사례관리 전문 자원봉사단 활동', 지역 내 중요한 허브 역할을 하는 통·반장과 주민자치위원회와 협력하여 사례발견 활동을 하는 '통·반장과 주민자치위원회 모임' 등이 있다. 특히, 통·반장은 앞서서도 언급하였듯 지역사회의 중심에서 활동하는 인물로, 복지사각지대의 사례발견에 직접적인 역할을 하는 사람들이다.

(2) 사례발견을 위한 캠페인

지역에서 실시하는 사례발견 캠페인은 지역주민들의 참여와 관심을 유도하는 직·간접적 프로그램으로서 지역공동체 의식 함양에도 기여할 수 있다. 구체적인 방법의 예시로 어려운 이웃을 찾기 위한 사례발견을 주제로 거리 캠페인 등을 시도해 보는 것이다. 물론 무심하게 지나치는 사람도 적지 않을 것이다. 하지만 이를 통해 우리 지역주민의 특성과 분위기를 파악해 볼 수 있다. 무관심한 주민들의 태도를 통해서 현 지역사회를 변화시키기 위한 추가적인 목표와 방법을 생각해 볼 수도 있다. 관심을 보이는 주민들에게는 체험을 통해

5) 보건복지부 사회복지관 운영지침에 따라 현재 우리나라 사회복지관은 사례관리 기능·지역조직화 기능·서비스제공 기능의 3대 기능을 중심으로 운영되고 있으며, 이 세 가지 기능은 서로 밀접하게 연관되어 있다.

간단한 경험 기회를 부여하여 사례발견에 대한 중요성과 시민의식을 향상시킬 수도 있다.

캠페인의 장점은 다양한 방법으로 수행할 수 있다는 것이다. 오프라인으로는 공공 및 민간 기관들이 수행하는 다양한 행사에 참여하는 방법이 있고, 온택트(Ontact) 캠페인 방법으로도 시대 상황과 참여자 특성에 맞게 시도해 볼 수 있겠다. 특별히 우리 지역에 관심이 많은 주민들과 함께 사례발견 캠페인을 기획해 본다면, 그 의미와 파급력은 더욱 높아질 것이다. 위 내용을 정리하면 〈표 4-3〉과 같다.

표 4-3 캠페인의 유형

구분	캠페인 유형	세부활동 방법
직접적 접근	거리 캠페인	지역의 주요 장소에서 주민들에게 사례발견의 중요성을 알리는 캠페인(예: 현수막, 전단지 등)
	가정 방문	취약계층 밀집 지역 가정 방문
	주민 모임 및 행사	지역사회 모임, 행사 참여를 통한 캠페인(예: 통·반장 회의 참여, 행사 부스)
간접적 접근	온택트(Ontact) 캠페인	소셜 미디어, 커뮤니티 웹사이트 등 온라인 캠페인
	공공기관 및 민간기관 협력	지역 내 복지기관, 공공기관과 협력하여 진행하는 캠페인
	홍보	지역신문, 라디오, SNS 등을 통한 캠페인

2. 접수

1) 접수의 개념

#적격성_심사(screening) #복지서비스_이용당사자로_등록하는_첫_과정

접수는 사례발견 이후, 잠재적 복지서비스 이용당사자의 욕구를 대략적으로 파악하고, 적격성 여부(screening)를 확인하는 절차이며 복지서비스 이용당사자로 등록하는 첫 번째 과정이다.

이 과정은 복지서비스 이용 여부와 적합성을 판단하기 위한 초기 단계로, 이후 초기면접(상담)에서 보다 면밀한 적격성 심사로 이어진다. 초기면접에서는 최종적으로 복지서비스 이용당사자로서의 등록 여부와 사례관리의 필요성이 확정되기 때문에, 접수 단계에서의 적격성 심사는 초기면접으로의 진행 여부를 판단하는데 초점을 맞춘다.

따라서 접수 단계에서는 불필요한 개인 정보를 과도하게 수집할 필요가 없다. 아웃리치, 의뢰, 자발적 방문 등을 통해 잠재적 복지서비스 이용당사자와의 초기 접촉이 이루어지면, 사회복지사는 당사자의 기본적인 정보를 수집하게 된다. 이때 수집하는 정보는 반드시 필수적인 부분으로 한정되어야 하며, 초기면접이 진행될 필요성이 있는지를 판단하는 데 필요한 최소한의 정보만을 확보하는 것이 중요하다(이준우 · 최희철, 2020).

2) 접수 단계의 적격성 심사

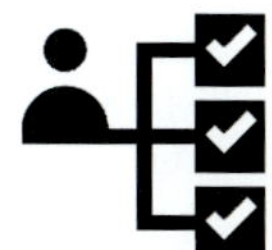

#적격성_여부_판단_후_당사자_피드백 #서비스_제외_대상자_안내

접수 단계에서의 적격성 심사는 기관의 특성에 따라 다르게 실시된다. 이는 기관의 운영주체, 서비스 내용, 서비스 제공방법, 참여자 선정방법 등에 따라 차이가 발생한다. 공공기관과 민간기관은 각기 다른 접수 방법을 적용하며, 민간기관 내에서도 각 기관의 운영 특성에 따라 접수 방법이 다양하기 때문에, 정형화된 방법을 설명하는 것은 다소 한계가 있다. 그럼에도 불구하고 중요한 것은 접수 과정에서 어떻게 적격성 여부를 판단하는지 보다는, 해당 결과를 잠재적 복지서비스 이용당사자에게 어떻게 전달하는지가 핵심이 되어야 한다는 것이다.

적격성 심사(screening)는 서비스 제공의 적합성을 결정하는 것이다. 이는 부적절한 의뢰나 서비스가 필요하지 않은 사람을 사전에 검토함으로써, 실제 서비스가 필요한 복지 당사자에게 적절한 서비스를 제공되도록 하기 위한 것이다. 이 과정을 통해 확정된 결과는 최대한 빠르게 복지 당사자에게 안내하는 것이 바람직하다. 이는 복지 당사자가 향후 서비스 이용 여부를 명확히 이해할 수 있도록 하기 위함이다. 기관의 특성에 따라 접수 양식을 작성하거나, 직원의 안내 차원에서 간단하게 이루어지는 경우가 있지만, 후자의 경우에는 당사자에게 피드백을 지연하거나 모호하게 전달할 위험이 있으므로 주의가 필요하다.

또한 적격성 심사는 반드시 객관적인 기준에 따라 이루어져야 하며, 모든 직원들은 그 기준을 숙지하고 있어야 한다. 특별히 서비스 제외 대상이 될 경우, 모든 직원이 동일한 기준에서 제외 사유를 명확히 설명하여 복지 당사자가 이해할 수 있도록 해야 하여 안내 과정에서 오해가 발생하지 않도록 신중을 기해야 한다.

현장의 사례관리자가 강조하고 싶은 이야기

▶기관 간 협력의 중요성

사례를 타 기관으로 의뢰하거나 이관할 때 가장 중요한 것은 기관 간 협력이다. 사례 발견과 접수는 기관 간 협력이 시작되는 첫 단계로, 의뢰서를 주고받으며 행정적 소통이 이루어진다. 이를 통해 서로 다른 기관들이 협력 관계를 맺게 되며, 협력을 통해 당사자에게 최적의 복지서비스를 제공하는 체계가 구축된다.

그러나 각 기관은 서비스 제공 방식, 업무 처리 절차, 중요하게 여기는 관점 등이 다를 수 있다. 이러한 차이는 업무 협력 과정에서 자연스럽게 드러나게 되며, 단순히 사례를 주고받는 형식적인 관계를 넘어, 당사자를 위한 협력체계를 구축하기 위한 노력이 필요하다. 이는 의뢰받는 기관과 의뢰하는 기관이 상호 존중과 신뢰를 바탕으로 협력의 틀을 강화하는 데 주안점을 두어야 함을 의미한다.

기관 간 의뢰 과정에서 반드시 고려해야 할 중요한 요소는 당사자에 대한 선입견을 주고받지 않도록 주의하는 것이다. 의뢰하는 기관은 의뢰받는 기관이 원활하게 서비스를 제공할 수 있도록 당사자에 관한 사전 정보를 제공해야 한다. 다만 이 과정에서 의뢰서를 작성할 때는 객관적인 정보를 제공하고, 주관적인 해석이나 평가는 최소화해야 한다. 특히, 의뢰받는 기관은 의뢰서의 내용을 신뢰하되, 선입견을 형성할 만한 사항에 대해서는 반드시 객관적인 시각에서 재검토 하는 노력을 기울여야 한다.

또한 사례 의뢰는 단순히 업무를 넘기는 것이 아니라, 당사자를 중심으로 한 협력적 네트워크를 구축하는 과정이다. 따라서 명확한 의사소통 체계를 확립하고, 공유 목표 설정, 피드백 제공 및 수렴 과정을 체계적으로 구축할 필요가 있다. 이러한 과정을 통해 각 기관은 상호 신뢰를 바탕으로 보다 효과적인 당사자 지원 기반을 마련할 수 있을 것이다.

Case Management

초기면접

CHAPTER

05

초기면접

1. 초기면접의 개념

#사정_전_단계 #사례관리_적격 여부_판단 #포괄적_욕구파악

사례관리과정에서 초기면접(intake)은 본격적인 사정(assessment)의 전 단계라고 볼 수 있다. 복지서비스 이용 당사자(클라이언트)[1]와 친밀감, 신뢰 관계를 형성하고 당사자와 그 가족이 당면한 상황, 필요 욕구를 포괄적으로 파악하여 사례관리가 필요한 당사자로 등록할 것인지 적격 여부를 심사하기 위한 정보를 수집하는 과정을 말한다.

표 5-1 사례관리 과정 중 초기면접

사례발견과 접수	초기면접	사정	계획 수립과 계약	실행	조정 및 점검, 재사정	평가	종결과 사후관리
사례회의							

1) 이 책에서는 복지서비스를 주체적으로 활용하는 당사자라는 점을 강조하기 위해 복지대상자라는 용어보다는 '복지서비스 이용당사자' 혹은 '복지 당사자, 사례관리 당사자'로 기술하였다.

사례관리자가 타 기관으로부터 의뢰·사례발견 등 다양한 경로를 통해 사례를 접수하고 나면, 당면한 과제로 인해 사례관리가 필요한 복지 당사자인지, 어떤 복지서비스를 지원하여 복합적 욕구를 충족할 수 있을지 등을 판단하기 위한 기관 내·외 사례회의를 진행한다. 이러한 적격 여부 판단을 위한 전문가 회의에서는 복지 당사자의 강점, 복지기관이 보유한 자원의 현황, 서비스의 적절성 등을 객관적으로 논의해야 하므로 복지 당사자의 당면과제와 복합적 욕구에 대한 정보가 중요하다. 따라서 이러한 정보를 파악하기 위해 사례관리자는 초기면접을 실시한다.

때로는 초기면접과 사정을 나누지 않고 진행하기도 한다. 복지서비스 이용당사자가 처한 상황이 위급하거나 욕구 충족이 긴급한 경우에는 초기면접과 사정의 구분 없이 통합적으로 실시하여 신속한 서비스 제공 및 자원연계를 통해 사례관리를 진행해야 하기 때문이다.

2. 초기면접의 목적과 특성

#당사자_존중 #관계_형성 #신뢰_관계 #전문적_관계 #포괄적_욕구파악 #복지정보_전달

초기면접은 복지서비스 이용당사자의 당면과제와 복합적 욕구를 파악하여 사례관리에 적격한 당사자인지를 판단하는 것이 궁극적인 목적이다. 또한, 긴급하게 사례관리가 필요한 상황인지 복지 당사자가 처한 상황의 위급성을 판단하는 것도 중요하다. 다만 복지 당사자가 처한 상황이나 욕구가 위급하지 않고 복지 당사자가 자력으로 이를 충족할 수 있다고 판단되는 경우, 사례관리 당사자로 선정하지 않고 필요한 복지정보를 제공하는데 이 역시 초기면접을 통해 이루어진다.

초기면접은 사례관리의 첫 걸음으로 사례관리자와 사례관리 당사자의 관계 형성이 매우 중요하다. 사례관리 당사자와 신뢰 관계를 형성하고 친밀감을 가지는 것은 사례관리 전반을 이끌어가는 토대가 된다. 사례관리 당사자로 선정되지 않더라도 초기면접을 시행한 복지기관 혹은 사례관리자는 사례관리 당사자의 중요한 사회적 관계망이 되기도 한다. 이때 중요한 역할을 하는 것이 바로 사례관리 당사자와 초기면접을 한 사례관리자, 초기면접을 시행한 기관이 맺고 있는 관계라고 할 수 있다.

초기면접의 목적

① (사례관리 당사자 선정 여부와 관계없이) 복지 당사자와 신뢰 관계, 전문적 관계, 친밀감 형성
② 사례관리 적격 여부 판단을 위한 정보 수집
③ 긴급 · 위기 사례인지 판단
④ 복지 당사자의 당면과제와 욕구 충족에 필요한 복지정보 전달

초기면접은 우연한 만남과 일상적인 대화가 아닌, 목적과 방향성을 가진 사례관리의 한 과정이므로 당사자의 욕구 충족이라는 목적달성을 위한 상호합의가 필요하다. 또한, 사례관리자와 당사자 모두에게 부여된 역할이 있다는 것을 인식하여 전문적인 관계가 될 수 있도록 의식하고 상호작용을 해야 한다. 이는 초기면접이 개인적이고 사적인 차원에서 진행되는 것이 아니라 의도적이고 공식적인 과정임을 당사자가 인지할 수 있도록 하는 것이다.[2)]

초기면접은 복지 당사자와 사례관리자의 의사소통을 통해 진행되지만, 일상적인 '대화'와는 다르게 전문적인 관계를 바탕으로 분명한 목적을 가지고 진행되어야 한다. 때문에 사례관리자는 위에서 언급한 초기면접의 목적과 특성을 이해하고 초기면접에 임해야 할 것이다.

2) Compton & Galaway(1994). 사회복지면담의 특성. p. 274.

복지 당사자가 긴급한 위기상황에 처한 것이 아니라면, 〈표 5-2〉와 같은 과정을 거쳐 초기면접을 집행할 수 있다.

❙표 5-2❙ 초기면접의 과정

초기면접 과정	과업	세부사항
면접 전	초기면접에 임하는 태도 점검	• 당사자 존중 • 관계 형성(rapport)
	초기면접 준비	• 물리적 환경 점검 • 사전정보 파악 • 서류 준비
면접실행	초기면접 진행	• 인사 • 포괄적 욕구 파악 • 복지정보 제공 • 마무리
면접 후	초기면접 기록지 작성	• 상담 내용 • 관찰 사항 • 사례관리자 종합의견
	사례관리 적격 여부 판단	• 전문가 회의
	사례관리 당사자에게 안내	• 사례관리 당사자 선정 • 사례관리 당사자 미선정

3. 초기면접의 진행과정

#태도_점검 #면접_준비 #면접_진행 #면접기록지_작성
#사례관리_적격 여부_판단 #당사자에게_안내

초기면접은 〈표 5-2〉와 같은 과정을 거쳐 진행되며 이는 상황에 따라 유동적일 수 있다. 상기한 것과 같이, 사례관리자는 초기면접을 준비하고 실시하는 모든 과정에서 복지서비스 이용당사자와의 관계를 고려하고 당사자를 존중하며 당사자가 참여할 수 있도록 노력해야 한다. 초기면접은 당사자의 삶에 중요한 변화를 만들어가는 첫걸음일 뿐만 아니라, 초기면접을 통해 형성된 당사자와 사례관리자의 관계가 사례관리의 전 과정에 지대한 영향을 미치기 때문이다.

1) 초기면접에 임하는 사례관리자의 태도

#면접에_앞서 #태도_먼저_점검 #당사자_존중 #친밀감과_신뢰감 #관계_형성 #rapport

초기면접에서 가장 중요한 것은 복지 당사자와 라포(rapport)를 형성하는 것이다. 이는 친밀감과 신뢰 관계 형성으로 풀이할 수 있는데, 당사자와 처음 형성된 관계는 이후 사례관리의 전 과정에 영향을 미칠 수 있기에 매우 중요한 요소이며 신중해야 한다. 사례관리 적격 여부 판단에 주요한 정보들은 당사자에게는 민감하고 예민한 정보이며 지극히 개인적인 정보일 가능성이 커, 적절한 친밀감과 신뢰감이 없이 초기면접이 진행된다면 당사자가 위축되거나 반감이 있을 수 있다. 따라서 사례관리자는 여러 가지 실천기술을 바탕으로 사례관리자가 당사자에게 든든한 지원자가 되고 함께 삶을 변화시켜나갈 동반자가 되어줄 수 있다는 신뢰를 제공하며 당사자에 대한 존중을 표현할 필요가 있다. 초기면접에서 파악하는 정보들이 단편적일지라도 복지서비스 이용당사자의 삶의 한 부분이며 중요한 맥락이 있는 서사라는 점을 인지하여 민감하게 수용해야 할 것이다.

카두신(kadushin, 2014)은 라포 형성과 관계 형성을 위한 기술을 아래와 같이 제시했다. 이는 초기면접뿐만 아니라, 사례관리가 진행되는 동안 사례관리자가 가져야 할 주된 태도를 잘 나타내고 있다.

라포 형성과 관계 형성을 위한 기술

① 당사자의 자기결정권을 존중한다.
② 당사자가 당면한 과제에 집중하며 따뜻하고 신뢰할 수 있는 분위기를 조성한다.
③ 당사자의 개별성에 대해 존중한다.
④ 당사자 개인을 수용하는 태도를 보인다.
⑤ 공감과 이해를 표현한다.
⑥ 진실성과 믿음을 표현한다.
⑦ 비밀을 보장할 정보와 그렇지 않은 정보에 대한 전문적으로 판단한다.

사례관리자는 위의 상기한 기술에 대해 숙지하되, 라포 형성을 위해 서두르지 않는 것이 중요하다. 사례관리자는 관계를 쌓기 위해 복지 당사자에게 모든 것을 해주거나, 대화가 지나치게 사적이고 개인적인 방향으로 흘러가지 않도록 유의해야 한다. 라포 형성에 중요한 것은 사례관리자와 복지 당사자의 원활한 의사소통과 신뢰 관계를 만들어가는 것이다. 또한, 초기면접은 의도적이며 분명한 목적을 가진 과업으로서 수행되어야 한다. 친밀감을 형성하고 신뢰를 보여주되 '묻고 확인할 것이 있다'는 목적을 드러내어 사회복지사와 당사자는 전문적인 관계임을 명확히 해야 하는 과정으로 이해해야 한다.

초기면접 시에는 비에스텍(Biestek, 1957)이 '개별사업관계'에서 정립한 사회복지사와 당사자 간의 전문적 관계를 가능케 하는 관계의 7대 원칙을 염두에 두고 관계에 임하는 것이 바람직하다. 아래 '관계의 7대 원칙'은 비단 사례관리, 초기면접뿐만 아니라 사회복지사가 당사자와 관계하는 모든 과정에서 적용할 수 있는 원칙이다.

사회복지사와 당사자 간의 전문적 관계를 가능케 하는 관계의 7대 원칙[3)]

① 개별화: 모든 당사자는 개별적 욕구를 가진 존재로 보아야 한다. 모든 당사자는 각기 다르며 각 당사자의 감정, 사고, 행동, 독특한 생활양식, 경험 등은 존중되어야 할 권리가 있다. 이는 당사자 개개인의 문제가 개별적으로 사정되어야 하며 당사자가 처한 상황에 따라 각각 개입이 이루어져야 함을 뜻한다.

② 비밀보장: 사회복지사는 당사자가 전문적 관계에서 노출한 비밀스러운 정보를 전문적 실천 목적 외의 목적으로 타인에게 알려서는 안 된다. 이는 사회복지실천에서 가장 기본적인 원칙이며 사회복지사의 윤리적 의무이다. 하지만 당사자가 제공하는 정보가 자신 혹은 타인의 생명 유지 등과 직접적인 관계가 있을 시에는 예외로 할 수 있다.

③ 비심판적인 태도: 당면과제나 욕구의 원인이 당사자에게 있다는 것을 심판하지 않으며 당사자의 개인적 특성 및 가치관을 비난하지 않는다.

④ 수용: 인간의 존엄성과 당사자의 장점과 약점, 바람직한 성격과 그렇지 못한 성격, 긍정적인 감정과 부정적인 감정, 잠재적인 능력 등을 있는 그대로 인정하고 존중해 주는 것이다. 수용은 한 인간으로서 당사자의 가치, 현실, 감정을 있는 그대로 받아들이는 것이지만 당사자의 일탈적인 태도나 부도덕하고 반사회적인 행동까지 허용하는 것은 아니다.

⑤ 의도적 감정표현: 당사자가 자신의 감정, 특히 부정적인 감정을 자유롭게 표현하도록 하는 것이다. 사회복지사는 당사자가 표현하는 감정에 의도적으로 귀 기울이고 이를 비난하거나 실망시키지 않아야 하며 필요한 경우에는 당사자가 감정을 자유롭게 표현할 수 있도록 자극하고 격려해 주어야 한다.

⑥ 자기결정: 사회복지실천의 개입과정에서 당사자가 자신의 삶에 대해 스스로 결정할 수 있는 권리와 욕구가 있다는 원리에 바탕을 둔 것이다. 당사자의 결정과정에서 사회복지사는 정보나 조언을 줄 수는 있지만 최종 결정은 당사자가 하도록 해야 한다.

⑦ 통제된 정서적 관여: 사회복지사는 당사자의 감정에 대해 의도적이고 적절한 반응을 해야 함을 의미한다. 또한 사회복지사가 당사자의 감정에 대해 민감성을 가지고 이해해야 함을 의미한다.

초기면접은 사례관리 당사자를 만나는 첫 시작으로 관계 형성부터 사례관리 적격 여부 판단에 필요한 정보 파악까지 다양한 기술이 필요한 과정이므로 경력직 사례관리자가 수행하는 것이 좋다. 하지만 현장의 복지기관에서는 신입 사례관리자라 하더라도 별도의 교육 훈련을 받은 뒤 바로 투입되는 경우가 많

3) 이준우 외(2011). 전문 사회복지사를 위한 사회복지용어사전의 내용을 수정 보완하여 정리하였다.

을 것이다. 신입 사례관리자로 초기면접을 수행한다면 복지 당사자와 매끄러운 상담이 진행되지 않을 수 있다는 부담감을 느낄 수 있다. 이때에는 초기면접에 경력이 있는 사례관리자와 함께 방문하여 상담 과정을 습득하는 것도 도움이 될 것이다. 또한, 사회복지 전문가로 당사자를 만난다는 것을 인식하고, 당사자와 어떤 대화를 나눌 것인지 미리 정리해보며 주도적으로 초기면접을 이끌어갈 수 있도록 노력해야 한다.

2) 초기면접 준비

(1) 물리적 환경

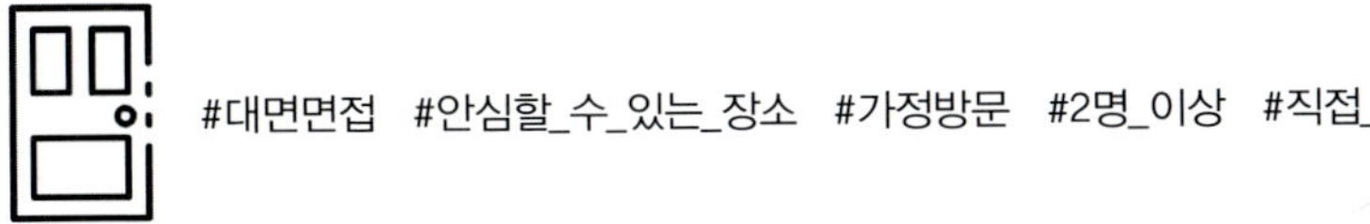

초기면접은 일반적으로 대면 면접을 통해 이루어진다. 대면 면접을 진행하기 위해서는 복지 당사자 및 주변인(가족, 친인척, 이웃 등)의 동의를 통한 일정 조율이 필요하며 복지 당사자가 처음 만나는 사례관리자에게 본인의 개인사, 욕구 등을 터놓고 이야기할 수 있는 '안심할 수 있는 장소', 즉 물리적 공간이 필요하다. 복지 당사자가 '안심할 수 있는 장소'는 당사자 개인의 성향이나 복지기관의 상황에 따라 다를 수 있다. 하지만 대체적으로는 '불특정 다수에게 공개적으로 노출되지 않는 공간, 조용한 공간, 시간 제약에 쫓기지 않는 공간, 방문만으로 사람들의 이목을 끌지 않는 공간'을 탐색하는 것이 좋다.

초기면접을 위해 '안심할 수 있는 장소'를 물색하고 있다면, 복지 당사자의 가정을 방문하기를 권한다. 복지 당사자의 가정을 직접 방문하여 진행하는 초기면접은 여러모로 기초사정에 유리하다. 복지 당사자가 드러내는 표현만으로 확인하기 어려운 부분을 파악하는 데에 큰 도움이 되기 때문이다. 복지 당사자의 거주지 상태나 위생 상태, 당사자의 취향, 당사자의 이웃 및 지역사회 등을 직접적으로 관찰하고 파악할 수 있다. 복지 당사자의 가정을 방문하여 초기면접을 진행하는 이유는 사회복지실천현장에서 '현장조사'를 실시하는 이유와도 일맥상통한다고 볼 수 있다.

동시에 가정방문은 사회복지사의 주관적인 판단이 개입될 위험도 존재하기 때문에 유의해야 한다. 복지 당사자의 가정을 방문해보니 집에서 냄새가 나고 집이 매우 어질러져 있었다고 가정해보자. 사례관리자는 당사자가 게으르거나, 청소에 무관심하고 깔끔하지 않은 성격이라고 추측할 수도 있다. 하지만 복지 당사자가 손에 물건을 쥐기 어려운 신체적인 질병으로 인해 청소하지 못하여 사례관리자의 방문을 부담스러워하고 있었다는 것을 사정 단계에서 발견할 수도 있다.

따라서 주관적 판단을 배제하고 세심하게 관찰하되 복지 당사자가 관찰로 인한 불쾌감을 느끼지 않도록 주의한다면 복지 당사자 가정은 당사자가 놓인 물리적 환경 요인을 사례관리자가 직접 파악할 수 있는 가장 좋은 장소가 될 것이다.

인력이 허용된다면 사례관리자 혼자보다는 2명이 복지 당사자의 가정을 함께 방문하는 것도 고려해 볼 만하다. 2명 이상의 사례관리자가 방문한다면 복지 당사자의 가정에서 위기상황이나 돌발상황에 대처하기가 수월해진다. 또한, 상기한 것과 같이 복지 당사자의 가정을 방문하여 관찰, 초기면접을 진행하며 발생할 수 있는 '사례관리자의 주관적 판단, 선입견 개입'에 대비할 수 있는 장치로 활용할 수 있다.

그러나 복지 당사자가 사례관리자와의 만남에 부담을 느끼거나, 불신이 있는 경우 등 다양한 이유로 대면 면접 혹은 가정방문을 거부할 수 있다. 반대로 복지 당사자가 사례관리자의 신변을 위협할 가능성이 있거나, 당사자의 심리가 극도로 불안정한 경우 등 다양한 위험요소로 인해 복지기관이나 사례관리자가 대면 만남을 시도하기 어려운 상황도 있다.

이러한 경우 초기면접 일정을 뒤로 미루는 것이 쉬운 해결책으로 여겨질 수 있지만, 사례관리는 복지 당사자의 '상황적' 욕구와 '당면한' 과제에 대응해야 하는 '적시성'이 중요한 과정이기 때문에 전화나 화상을 통한 면접 등으로 대체하여 적기를 놓치지 않도록 하는 방법도 고려할 수 있다. 하지만 대면하지 않는 경우에는 복지 당사자의 표정이나 태도 등의 비언어적 표현, 당사자의 위생상태 등 복지 당사자가 표현하지 않는 부분에 있어서 직접 관찰하고 판단하기 어렵기 때문에 더욱 신중할 필요가 있다.

(2) 사전정보 파악

#초기면접_전_정보탐색 #주관적_판단_주의 #선입견_주의
#사전정보_없어도_괜찮아요

초기면접을 준비할 때 복지서비스 이용당사자의 개인적 특성, 당면과제와 상황에 대한 파악이 중요하며, 이는 의뢰 경로에 따라 다르게 확인해 볼 수 있다.

먼저, 동행정복지센터나 타 기관에서 의뢰되었다면 '서비스의뢰서'를 통해 복지 당사자의 욕구나 당면과제, 객관적인 정보 파악에 유리하다. 또한, 의뢰기관에서 사례관리 당사자와 오랜 기간 관계를 맺고 있었다면 깊이 있는 정보탐색이 가능하며 당사자와 첫 만남에 관계가 있는 직원과 동행하여 복지 당사자의 부담을 낮추며 초기면접을 시작할 수 있다. 예를 들어 사람을 만나는 데 거부감이 있거나, 관계를 쌓는 데 많은 시간이 소요되는 복지 당사자가 의뢰되었다고 가정해 보자. 사례관리자는 의뢰한 기관 담당자에게 타 기관에 의뢰하는 것을 당사자의 동의를 얻었는지 우선 확인해야 하며, 사례관리자가 혼자 방문하여 초기면접하기보다는 이미 좋은 관계를 유지하고 있는 타 기관 담당자의 도움을 받아 함께 상담하는 것을 권한다. 복지 당사자는 처음 본 사례관리자의 만남에 대한 거부감도 줄이고, 편안한 분위기에서 상담이 이루어질 수 있다는 장점이 있다. 이때 유의해야 할 것은 많은 복지기관에서 한꺼번에 방문하였다면 복지 당사자가 복지기관 사례관리자, 복지기관의 역할에 대해 혼돈을 느낄 수 있어 이를 사전에 명확히 안내해야 한다.

최근 지역사회복지가 강조되며 지역사회, 지역주민으로부터 의뢰되는 경우가 증가하고 있다. 지역주민은 복지 당사자의 상황을 잘 알고 있어 사전정보 파악에 유리하나, 의뢰한 지역주민의 주관적 생각이나 의견이 담길 수 있어 복지 당사자에 대한 편견이나 선입견을 유발할 수 있기에 유의해야 한다. 예를 들어 지역주민을 통해 "집 안이 너무 어질러져 있고, 청소하지 않아 냄새가 집 밖으로 새어 나와요. 거동이 어려운 장애인 아들과 80대 할머니가 함께 살고 있던데 가끔 동네에서 할머니를 보고 인사를 해도 대답도 않고, 동네 사람들 모두 그 할머니를 알지만 대화하는 사람은 없더라구요. 비위생적인 집에서 밥은 어떻게 먹고 생활하는지 걱정입니다."라는 의뢰를 접수했다고 가정해보자. 사례관리자는 이미 '비위생적인 환경, 거동이 어려운 장애인 아들과 80대 노인이 함께 거주 중이며 이웃과 관계 없음'이라는 복지 당사자의 당면과제와 상황을 파악하고 있는 것이다. 그렇다면 사례관리자는 주요하게 파악하고자 하는 욕구와 당면과제 등에 대해 포괄적인 예상 질문을 만들어 초기면접을 준비할 수 있다. 혹은 복지 당사자가 가지고 있을 것으로 예상되는 욕구(비위생적 환경, 경제적 상황 등)를 충족할 수 있는 복지기관 내·외부자원, 공적자원 등을 미리 조사하여 초기면접에 임할 수도 있다.

이처럼 복지 당사자의 사전정보를 파악하고 초기면접에 임하는 것이 초기사정에 유리하게 보일 수 있다. 하지만 사전정보는 전달하는 사람(의뢰자)의 주관적 생각이나 의견이 담길 수 있고 이는 당사자에 대한 편견이나 선입견을 유발할 수 있기에 유의해야 한다. 위의 예시로 돌아가 보자. '이웃관계 없음'이라는 정보를 보고 사례관리자는 '의뢰된 당사자는 청력이 좋지 않거나 언어 표현이 어렵고 무뚝뚝한 성격, 혹은 주위 사람들과 잘 어울리지 못하는 성격일지 몰라.'라고 생각할 수 있다. 하지만 실제로는 다른 자녀들과 친척들이 바로 옆 동네에 살아 매일같이 왕래하며 가깝게 지내고 있어 이웃들과는 굳이 왕래하려 하지 않는 상황일 수도 있다. 복지 당사자의 의사결정능력이 약하다고 판단되는 경우, 편견과 선입견에 노출되기 쉬워 사례관리자는 복지 당사자를 존중하는 자세를 바탕으로 선입견과 편견에 더욱 민감할 필요가 있다.

복지 당사자가 본인의 어려움을 토로하고자 스스로 복지기관을 방문하거나, 도움을 요청하며 전화를 걸어오는 등 마땅한 사전정보가 없이 사례 접수와 초기면접이 동시에 이루어지는 경우도 있다. 이와 같은 경우에는 접수와 초기면접을 구분하여 분리하기보다는 당사자가 어떤 이유로 복지기관을 찾게 되었는지 복지 당사자의 이야기에 귀를 기울이며 초기면접에 집중하는 것이 우선이다. 갑작스러운 당사자의 방문이나 연락으로 사례관리자가 시간을 내기 어려운 경우라면 당사자에게 "오늘은 예정된 일정이 있어 긴 이야기가 어렵지만 시간을 내주시면 좋겠습니다."라는 메시지를 주어 복지기관이나 사례관리자로부터 냉대를 받았다는 기분을 느끼지 않고 자연스럽게 초기면접을 약속할 수 있도록 해야 할 것이다.

(3) 서류 준비

#개인정보 수집 · 이용, 제3자 제공 동의서 #초기면접_기록지 #준비는_미리미리

복지 당사자의 동의를 통해 면접 일정과 장소를 조율하였다면 '개인정보 수집 · 이용, 제3자 제공 동의서'와 '초기면접지' 등 복지기관에 따라 필요한 서류를 미리 준비해두는 것이 중요하다. 근래에는 개인정보가 수집되고 유출되는 경로가 다양하고, 중대한 범죄로 이어질 가능성이 높아 엄격한 법과 처벌이 적용되기 때문에 특히나 주의할 필요가 있다. 당사자의 개인정보 수집 및 이용과 관련하여 '개인정보보호법'을 참고하는 것이 좋다.

개인정보 수집 · 이용, 제3자 제공 동의서에는 수집하고 활용하는 개인정보의 범위와 이용목적, 개인정보 보유기간, 제3자 제공 여부, 민감정보 및 고유식별정보 이용범위, 동의 여부 확인, 동의 거부에 따른 불이익, 관련 법령 등이 포함될 수 있으며 각 개인정보의 제공과 이용, 제3자 제공 등에 동의하는지 여부 확인 등이 주된 내용이라 할 수 있다. 개인정보 수집 · 이용, 제3자 제공 동의서는 행정안전부 가이드라인을 참고하여 제작할 수 있으며 각 기관마다 수집하고 이용하는 정보 등에 따라 상이할 수 있다.

특히 신입 사례관리자의 경우, 초기면접 시에 개인정보 수집 · 이용, 제3자동의서를 챙기지 않아 당사자 가정을 재방문하는 경우가 종종 있다. 이는 번거로운 일이기도 하지만, 전문가로서의 신뢰를 잃을 수 있다는 점에서 유의해야 하는 사항이다.

초기면접을 시작하기 전 체크해야 할 사항

- ☐ 일정, 시간, 장소를 확인하고, 당사자에게 안내연락 드리기
- ☐ 필요서류 (개인정보 수집·이용, 제3자 제공 동의서, 초기면접지 등) 확인하기
- ☐ 사전정보(서비스 의뢰서 등)를 숙지하고 초기면접 질문리스트 정리하기
- ☐ 필요시, 선배 사례관리자와 동행을 요청하거나 슈퍼비전 받기
- ☐ 기관소개 리플렛, 명함 등 당사자가 신뢰할 수 있는 자료 챙기기

3) 면접 진행

(1) 인사

#자기소개 #충분한_안내 #당사자의_동의 #시작은_평범한_대화로

복지서비스 이용당사자와 초기면접 시 사례관리자는 제일 먼저 자신과 소속기관, 초기면접의 목적과 소요시간에 대해 안내해야 한다. 이는 처음 만나는 관계에서 당연한 시작으로, 복지 당사자와 눈을 맞추고 밝게 인사하여 긍정적인 인상을 주는 것이 좋다. 또한, 목적과 소요시간을 고지하여 첫 만남에서 복

지 당사자에게 필요 이상의 정보를 얻고 장시간 초기면접이 되지 않도록 유의해야 한다.

소개가 끝났다고 해서 바로 초기면접을 시작하기보다 복지 당사자와 가벼운 대화를 나누며 조금 더 편안한 분위기를 만드는 것이 좋다. '날씨가 좀 추워졌죠?, 점심 식사는 하셨어요?, 오늘 예쁜 옷을 입으셨네요.' 등 비공식적이며 일상적인 '대화'를 시작으로 초기면접의 포문을 여는 것은 사례관리자가 단순히 '조사'를 위해 방문한 것이 아니라는 느낌을 줄 수 있으며 경직된 분위기를 풀 수 있는 방법이다.

경직된 분위기가 조금 풀렸다면 초기면접 이후의 행정적 절차에 대해 안내한다. 오늘의 만남 이후 사례관리 과정이 어떻게 진행될 것이며 복지 당사자와 사례관리자가 어떤 역할을 수행하는지 인식할 수 있도록 하는 것이다. 복지 당사자가 초기면접 이후의 과정에 대해 적절하게 안내받지 못했다면 해당 복지기관과 이용 과정에 대해 오해를 가지게 될 수도 있다. 이를테면 "엊그제 복지사라는 사람이 왔길래, 이래저래 아픈 사정 다 이야기했건만 왜 아직까지 도시락 한 번 갖다 주지 않느냐."라는 전화를 받게 될 수 있는 것이다. 따라서 사례관리자는 초기면접의 목적과 사례관리의 과정, 사례관리자의 역할, 당사자의 역할 등을 충분히 안내하는 것이 중요하다. 자기소개와 면접 목적을 밝히고 역할을 정립하는 일은 사례관리자가 복지 당사자의 가족사항이나 경제적 상황, 질병 등 예민하고 개인적인 사안에 대해 질문하는 것에 당위성을 부여하여 초기면접을 수월하게 하는 도구로 작용할 수 있다.

인사와 행정적 절차 안내가 끝났다면 당사자가 확인하고 서명한 개인정보 수집·이용, 제3자 제공 동의서를 수령해야 한다. 사례관리자는 전문적인 사례관리와 서비스 제공을 위해 기관 내·외 전문가들과 당사자의 민감한 개인정보들을 공유할 수 있다는 사실을 복지 당사자가 인지할 수 있도록 분명하게 안내해야 한다. 동시에 사례관리자가 복지 당사자에 대해 알게 된 사적이고 민감한 정보들은 서비스 제공과 연계 외에는 절대 비밀로 유지될 것임을 안내하여 복지 당사자가 안심하고 초기면접에 임할 수 있도록 해야 할 것이다.

복지 당사자가 개인정보 수집 및 이용에 대해 거부하는 경우도 적지 않게 발생할 수 있다. 이때에는 복지 당사자에게 사례관리 서비스 이용의 제한이 있을 수 있음을 안내해야 한다. 단, 복지 당사자의 상황이 자신 혹은 타인의 생명 유지에 밀접한 연관이 있거나, 사회의 안전을 위협하는 경우 등 법적으로 정보공개가 필요한 상황에는 예외로 둘 수 있다. 그런데 예외상황이 아님에도 복지 당사자가 지속해서 개인정보를 밝히지 않을 때도 있다. 이러한 때에도 사례관리자는 당사자가 필요한 복지정보를 제공하거나, 타 복지기관을 연계하여 윤리적으로 사례관리자가 해야 할 노력을 충분히 해야 한다. 더불어 복지 당사자가 거주하는 지역의 비공식 자원을 연계하는 등 지역사회 보호체계를 통해 지역 안에서 안전하게 생활할 수 있도록 돕는 것도 방법이 될 수 있다. 사실 복지 당사자가 개인정보 수집 및 이용에 대한 동의를 하지 않을 경우, 아무리 어려움을 호소한다고 해도 사례관리로 이어지기는 쉽지 않다. 그런데 어떤 이유 때문인지 알 수는 없으나 끝까지 본인을 노출하지 않는 경우 사례관리자는 할 수 있는 것이 없다. 이럴 때마다 사례관리자는 급격한 무력함을 느낄 수 있다. 그러나 현장의 사례관리자들 간의 서로 조언하자면, 이러한 상황은 종종 일어나는 일이니 이 상황 자체를 받아들이고 위에 기술된 바와 같이 현재에서 할 수 있는 최선을 다하면 된다.

사례관리자는 복지 당사자가 이야기한 개인정보나 개인사에 대해 모두 기억할 수 있는 경우가 아니라면 대부분의 초기면접은 기록과 동시에 진행된다. 초기면접지를 직접 가지고 가서 기록할 수도 있고 따로 메모한 후 작성할 수도 있다. 따라서 사례관리자는 기록에 대해서도 복지 당사자의 동의를 받을 필요가 있다. '제가 적으면서 들어도 될까요?'라고 묻는 것이 일반적이겠지만 필요한 경우에는 직접 초기면접지 양식을 보여드리며 동의를 받거나, 초기면접지 중 복지 당사자가 직접 작성할 수 있는 부분은 작성하도록 한 뒤 초기면접을 진행할 수도 있을 것이다.

기록하며 듣는 것이 어려운 상황이거나 신입 사례관리자의 경우에는 초기면접을 녹음하여 음성파일을 텍스트로 재작업하는 것을 권하기도 한다. 하지만 실제 현장에서 초기면접이나 사정과 같이 복지 당사자의 민감한 삶의 일부에 대한 이야기가 오가는 경우, 녹음에 대해 동의받기 어려울 뿐만 아니라 사례관리자가 녹음을 의식하여 면접이 부자연스러워지는 경우도 있기 때문에 신중할 필요가 있다.

(2) 포괄적 정보 기초 사정

#질문하기 #파헤치지_않기 #이야기하기_불편하시면_안_하셔도_돼요!
#효과적_의사소통 #이해와_공감 #통찰력_발휘

복지서비스 이용당사자와 인사하는 과정이 끝났다면 상황에 맞는 효과적인 의사소통기술을 활용하여 복지 당사자의 당면한 상황과 욕구에 대한 본격적인 면접이 필요하다.

다양한 학자가 저마다 효과적인 의사소통기술에 대해 연구하여 제시하고 있으나 이 책에서는 '질문기술'만 다루어 보고자 한다. 이외의 효과적 의사소통기술은 사회복지실천기술론을 참고하여 따로 학습할 수 있다. 사회복지실천기술론에 등장하는 다양한 의사소통기술은 기술 자체를 암기하기보다는 사례관리자 개인이 부족하다고 여겨지는 기술에 대해 파악하고 연습하는 과정을 거쳐 자연스럽고 유연하게 구사할 수 있도록 하는 것이 실제 초기면접에서 더욱 도움이 될 것이다.

사회복지사가 복지 당사자와 소통할 때에 사용하는 질문은 주로 '개방형 질문'과 '폐쇄형 질문'으로 나눌 수 있다. 개방형 질문은 당사자가 사회복지사의 질문에 자신의 생각대로 대답할 수 있도록 하는 질문이다. 개방형 질문은 다시 '구조화된 질문'과 '비구조화된 질문'으로 나눌 수 있다. 구조화된 질문은 주제를 제한하되 당사자가 자신의 생각대로 대답할 수 있도록 하는 것이고, 비구조화된 질문은 당사자가 질문의 주제와 답변을 모두 선택할 수 있도록 질문하는 것이다. 반면, 폐쇄형 질문은 '예', '아니오' 등의 구체적이고 간결한 대답을 할 수 있도록 질문하는 것이다. 개방형 질문을 할 경우에 복지 당사자는 자신의 감정을 표현하며 답변할 수 있고, 폐쇄형 질문의 경우에 당사자는 사실적이고 구체적인 정보를 답변할 수 있다(전남련 외, 2010).

〈예시 5-1〉을 보며 각 질문 형태를 이해해 보자.

예시 5-1

▶ '개방형 질문' 중 구조화된 질문 예시

Q. 남편분이 가부장적이라고 하셨는데, 그 부분에 대해 좀 더 자세히 말씀해 주실 수 있나요?

Q. 따님의 어떤 행동이 나쁘다는 말씀이세요?

▶ '개방형 질문' 중 비구조화된 질문 예시

Q. 그 외에 힘든 것은 없으세요?

Q. 제가 어떤 도움을 드리면 좋을까요?

▶ '폐쇄형 질문' 예시

Q. 성함과 생년월일을 알려주시겠어요?

Q. 자녀분들과 마지막으로 연락한 게 언제인가요?

Q. 아내분과 화해하기를 원하시죠?

〈예시 5-1〉과 같은 형태의 질문들을 주고받으며 사례관리자는 복지 당사자의 포괄적인 정보를 기초 사정할 수 있으며, 같은 주제에 대한 질문이라도 질문하는 형태를 달리함으로써 다른 답변을 들을 수 있다. 따라서 사례관리자는 복지 당사자의 특성과 상황에 따라 다양한 질문기술을 활용할 수 있어야 한다.

반면, 다음 예시와 같은 질문은 복지 당사자가 사회복지사의 질문에 대한 답변을 고민하여 자신의 당면과제와 욕구에 대해 깊이 생각하고 고민할 수 있는 기회를 제한하게 된다. 또한 당사자를 억압할 수 있는 질문이기에 자제하는 것이 좋다.

사회복지사가 피해야 할 질문

① '왜?'로 시작하는 질문(Why question): '왜'로 시작하는 질문은 당사자에게 책임을 추궁하거나 몰아세우는 인상을 줄 수 있어 가급적 자제하고, 대신 '어떻게(how)'라는 용어로 대체하는 것이 좋다.
　예 "왜 취업을 못 했다고 생각하세요?", "왜 결혼을 아직 안 하셨어요?"

② 폐쇄형 질문: 과도하게 폐쇄형 질문만을 활용하여 당사자와 소통하면 집중해서 질문하고 답해야 하기 때문에 쉽게 지칠 수 있고, 질문에 대해 다양하게 탐색해 볼 기회가 줄어든다.
　예 "생활비 지원이 필요하다는 말씀이시죠?"

③ 유도형 질문: 사회복지사가 일정한 방향으로 응답을 유도하기 위한 질문으로, 당사자가 생각을 솔직하게 드러내기보다는 방어적인 입장에서 사회복지사의 유도에 따라 답변할 수 있으므로 자제하는 것이 좋다.
　예 "그 행동이 주변에 피해가 된다는 것은 알고 계셨죠?", "위험하니 안 나가실 거죠?"

④ 모호한 질문: 대명사를 많이 사용하거나 구체적이지 않은 질문으로, 당사자가 질문에 답변하기 어려워 할 수 있다.
　예 "그 아이가 그런 행동을 할 때 어떠세요?"

⑤ 다중적 질문: 한 문장 속에 여러 가지 질문 내용이 섞여 있는 질문으로, 당사자가 순서대로 조리 있게 대답하기 어렵고 대답하기 편한 질문에 우선적으로 대답할 가능성이 높다.
　예 "지금 거주지가 가장 큰 문제라고 생각하신다면, 이 문제를 어떻게 해결하실 생각이고 어디에 살고 싶으신 건가요? 혹시 가족들 의견도 들어보셨나요?"

⑥ 단순한 호기심에서 나온 질문: 사회복지사와 당사자는 전문적인 관계이므로, 사적으로 호기심을 충족하기 위한 질문은 부적절하다. 사회복지사가 당사자에게 질문할 때에는 항상 의도와 목적이 있어야 하고, 면접이나 상담을 진행하는 데에 도움이 되어야 할 것이다.
　예 "남자친구 있으세요?", "최신형 스마트폰이네요. 얼마에 사셨어요?"

상기한 여러 질문 유형은 암기하는 것보다 복지 당사자의 관심사, 당사자가 거주하는 지역의 특성 등과 결합하여 응용하면 더 효과적으로 초기면접에 활용할 수 있다.

예시 5-2

한 사례관리자가 혼자 사는 남자 어르신 댁을 방문하여 초기면접을 진행했다. 어르신은 평소 식사와 함께 반주를 즐기실 정도로 건강했지만, 현재는 지병이 급격히 악화되어 혼자서는 식사 준비 및 외출이 어려워 의뢰되었다. 식사는 민간복지기관을 연계하여 도시락 배달이 가능하지만, 늘 집에 혼자 계실 어르신이 걱정된 사례관리자는 "주변에 도움 주실 이웃이나 친구가 있나요?"라고 질문했다. 어르신은 도와줄 친구가 많다고 하면 지원이 안 될지도 모른다는 두려움에 "알고 지내는 이웃도, 주변에 사는 친구도 하나도 없다."고 대답하였다.

위와 같은 경우가 의외로 많다. '가족으로부터 경제적인 지원을 받고 있는지, 도움을 줄 수 있는 친·인척이 있는지' 등 복지 당사자가 가지고 있는 자원에 대해 질문하면, 무언가 가지고 있으면 아무런 도움도 주지 않을 것이라는 두려움에 방어적인 태도를 취하거나 의도치 않게 사실이 아닌 답변을 할 수도 있다.

다시 예시로 돌아가보자. 사례관리자는 초기면접을 통해 당사자 어르신이 '술'을 좋아한다는 사실을 알게 되었다. 이런 경우에 '도와줄 이웃이 있나요?' 보다는 '보통 술은 혼자 드셨어요? 주변에 술 친구들은 좀 있으세요?'라고 물을 수 있다. 이러한 질문은 복지 당사자의 관심사를 담고 있으며, 복지 당사자가 좀 더 편하게 주변 자원에 대해 이야기할 수 있도록 만들어준다. 이때 사례관리자의 어조나 표정 등은 매우 중요하다. 특별히 예시와 같이 '술'이나, '흡연', '유흥문화'와 같이 복지 당사자의 일상과 자원을 확인하기 위한 질문이지만, 부정적인 이미지를 줄 수 있는 소재일 때는 비심판적 태도를 가지고 질문하는 것이 중요하다. 이렇게 확인된 정보(복지 당사자의 답변)로 사례관리자는 복지 당사자의 생태도, 인적자원 등을 파악할 수 있다.

앞서 기술한 질문기술을 활용하여 초기면접에서 종합적으로 파악해야 할 주요항목은 다음과 같이 정리할 수 있다.

초기면접 시 파악할 내용

① 초기면접 관련사항: 초기면접일시, 초기면접자, 초기면접 의뢰경로 등
② 당사자의 인적사항: 성명, 생년월일, 연락처, 주소 등
③ 당사자의 가족사항: 가족구성원 동거 여부, 가족구성원 장애 여부, 가족구성원 경제활동 여부, 특이사항 등
④ 당사자의 경제사항: 기초생활수급 여부, 소득, 부채 등
⑤ 당사자의 주거사항: 자가·전세·월세 등 주거 유형, 주거지 상태, 특이사항 등
⑥ 당사자가 표현하는 주된 욕구 및 당면과제상황: 사례관리자의 판단보다 당사자가 표현한 욕구 위주
⑦ 면접 내용: 상담 내용 중 유의미한 부분, 직접 관찰한 내용 중 유의미한 부분
⑧ 사례관리자 의견: 초기면접을 통해 파악한 내용을 바탕으로 사례관리 적격 여부, 서비스 연계 관련, 당사자 욕구 관련 등 종합적인 의견

상기한 내용은 복지기관의 성격에 따라 상이할 수 있다. 초기면접 기록지에 가계도와 생태도가 포함되는 등의 더욱 세부적인 사항을 요구하는 복지기관도 있을 수 있다. 세부적인 초기면접이 복지 당사자를 파악하는 데 큰 도움이 될 수 있지만, 이 책에서는 무리해서 파헤치지 않고 복지 당사자의 의견을 존중하는 것에 초점을 맞추고자 한다. 복지 당사자의 사례관리 적격 여부가 불분명한 초기면접 과정에서부터 3세대 이상의 가족관계나 당사자가 맺고 있는 사회체계와의 관계를 전부 파악하는 것은 무리가 있을 수 있기에 초기면접에서 주요한 확인사항을 위와 같이 제안한다.

초기면접을 진행할 때에 사례관리자는 위 모든 사항을 꼼꼼하고 세부적으로 조사하는 것에 집중하기 보다는 신뢰 관계 형성을 중점으로 하여 사례관리 적격 여부에 필요한 정보 일부와 복지 당사자의 포괄적인 욕구를 파악하는 것에 주력할 것을 권한다. 복지 당사자가 사적인 부분에 대해 이야기하는 것을 어려워하지 않는다면 이야기를 듣고 정리하는 것이 중요할 수 있지만, 복지 당사자가 밝히기를 꺼려하는 정보가 있다면 밝히지 않아도 괜찮다는 메시지를 전달하여 복지 당사자의 자기결정권을 존중하며 사례관리자에 대해 신뢰를 가질 수 있도록 해야 한다. 사정(assesment)은 신뢰를 바탕으로 복지 당사자의 상황을 점

점 더 깊이 알아간다면, 초기면접은 신뢰관계를 형성해 가면서 복지 당사자의 객관적 정보를 필요한 만큼만 알아가는 과정이다. 따라서 초기면접에서 형성된 신뢰관계는 추후 사정의 넓이에 큰 영향을 미친다. 마무리 하며 첨언하면, '필요한 만큼이 어디까지일까?' 사실 그것을 판단하는 것이 사례관리자의 역량이다. 신입 사회복지사가 초기상담으로 복지 당사자의 정보를 파악해 오게 되면, 종종 불필요한 민감정보까지 파악하여 방대한 분량의 정보를 획득 해 오긴 하지만 정작 중요한 핵심정보는 누락하는 경우가 있다. 경력이 있는 사회복지사가 초기상담을 하게 되면, 생각보다 확인한 정보의 양이 적을 수 있다. 이는 초기면접에서 핵심 정보만 파악하고, 추후 사정을 통해 확인할 것을 정리하는 경우가 많기 때문이다. 그렇다면 신입사회복지사가 겪는 역량의 한계는 어떻게 극복 할 수 있을까? 사실 답변은 다소 시시하나, 첫째로 많은 사례를 접해보는 것이고, 둘째는 초기상담 전후로 슈퍼비전을 적극적으로 받는 것이라 할 수 있겠다.

(3) 마무리

#추후_일정_안내 #우리는_당사자의_사회안전망 #힘들_땐_저희가_있어요!
#마음만_받겠습니다

초기면접을 마무리할 때, 추후 일정에 대해 안내하며 사례관리자의 명함이나 기관의 전화번호 등 소통이 가능한 연락처를 남기는 것이 좋다. 사례관리 부적격 판단으로 인해 사례관리 당사자로 꾸준히 만나지 못하게 되더라도 언제든지 어렵고 도울 일이 있으면 연락할 수 있는 버팀목이 되어주는 것이다. 초기면접을 실시한 복지기관이 당사자의 사회안전망이 될 수 있도록 조치하여 지역사회 내 복지사각지대를 좁혀나가는 것 또한, 사례관리자에게 요구되는 역할이다.

초기면접이 끝나고 당사자가 사례관리자에게 음식이나 작은 선물 등을 건넬 때에는 '기관 내부적인 규정이 있어 받을 수 없습니다. 죄송하지만 마음만 받겠습니다.'는 등의 표현으로 완곡하게 거절하는 것이 좋다. 당사자의 작은 호의라고 할지라도 사례관리자가 자연스럽게 받는다면 이후 사례관리를 진행하는 과정에서, 당사자는 사례관리자와 성공적인 경험을 할 때마다 성의를 표하려고 할 가능성이 있기 때문이다.

4) 면접기록지 작성

#초기면접_기록지 #객관적_기록 #당사자_진술 #상담_내용 #관찰_사항 #숨겨진_의도_파악하기

성공적인 초기면접을 마쳤다면 사례관리자는 복지 당사자와의 초기면접을 기록으로 남겨야 한다. 초기면접지는 복지 당사자의 진술을 바탕으로 하되 객관적으로 작성해야 한다.

초기면접을 진행한 사례관리자의 기록은 기관 내부에서 사례관리 당사자 적격 여부를 판단하는 데에 큰 영향을 미치고 타 기관 혹은 기관 내 타부서에 사례를 의뢰할 때에도 기초 자료로 활용되기 때문에 그 중요성이 강조될 수밖에 없다. 따라서 초기면접지를 기록하기 전에 기록의 목적과 활용방안 등에 대해 고려하고 기록에 신중을 기하는 것이 바람직하다.

윤현숙(2001)은 사회복지 현장에서 기록의 목적을 8가지로 정리하여 제시했다.

사회복지 현장에서 기록의 목적

① 사회복지실천 활동의 문서화
② 효과적인 서비스를 위한 모니터링
③ 사례의 지속성 유지
④ 전문가 간 의사소통의 활성화
⑤ 슈퍼비전의 활성화
⑥ 복지 당사자와 정보 공유
⑦ 행정적 자료
⑧ 조사연구를 위한 정보제공

초기면접지 기록은 당사자의 기본사항(이름, 생년월일, 성별, 주소, 연락처)과 복지 당사자의 인적자원·물적자원, 당사자가 당면한 상황과 욕구를 포함한다. 또한, 타 기관의 자원연계 현황, 사례관리자의 종합의견을 작성하여 사례관리 적격 여부 판단에 객관적인 근거로 활용될 수 있어야 한다. 초기면접지는 아래와 같은 양식을 활용할 수 있으며, 이 역시 사례관리 서비스를 제공하는 복지기관의 특성, 서비스, 사례관리 과정에 따라 차이가 있다.

다음 제시 된 사례관리 초기상담지 예시는, 초기상담지 양식의 구성내용과 작성시 주의사항을 이해할 수 있도록 양식 안에 설명을 기재하였다.

그리고 초기상담 내용까지 기재된 양식은 챕터 12(369쪽)를 활용하면 된다. 예시는 tvN 드라마 '응답하라1988'에 등장하는 '선우네 가족'을 모티브로 하여, 우리와 동시대를 살아가는 '성선우'의 모습을 재구성한 내용이다. 성선우님은 어머니와 여동생과 함께 살고 있는 한부모가정의 남자 고등학생 당사자이며, 학업성취도가 뛰어나 후에 의대에 진학하게 됨을 참고하여 예시를 살펴보면 도움이 될 것이다.

※ 이 책의 PART Ⅱ에서는 사례관리 각 과정에서 활용되는 양식에 설명을 붙여 해당 챕터에 삽입하였다. 그리고 챕터 12에는 위 가상사례로 직접 작성된 예시를 초기상담부터 종결평가까지 작성하여 사례관리 양식작성법을 학습할 수 있도록 하였다.

| 표 5-3 | 초기면접 시 양식과 작성방법

초기면접(intake) 기록지

<table>
<tr><td>상담번호</td><td colspan="4">기관에서 부여하는 번호 기재</td><td>상담일자</td><td colspan="3">년. 월. 일(요일) 시간 기재</td></tr>
<tr><td>면접자</td><td colspan="4">이름 명시</td><td>소속</td><td colspan="3">소속 명시</td></tr>
<tr><td>면접장소</td><td colspan="8">장소명을 작성하나, 필요시 주소를 기재해도 됨</td></tr>
<tr><td rowspan="2">접수경로</td><td colspan="8">□ 본인 또는 가족 요청 □ 사례관리자의 발견(캠페인 등)
□ 기관 내 의뢰 □ 지역사회 의뢰(통장 및 이웃 주민 등)
□ 민간기관(복지 이용시설 등) □ 공공기관(행정복지센터, 보건소 등)
□ 학교 □ 기타( )</td></tr>
<tr><td colspan="8">해당 되는 곳에 체크하며, 해당되는 곳이 없는 경우 기타에 체크한 뒤 경로 작성</td></tr>
<tr><td>접수자</td><td colspan="4">초기면접을 요청한 자</td><td>소속</td><td colspan="3">소속 명시, 필요시 연락처 기재</td></tr>
<tr><td>당사자 성명</td><td colspan="4"></td><td>생년월일</td><td></td><td>성별</td><td></td></tr>
<tr><td rowspan="2">주소</td><td colspan="4" rowspan="2"></td><td rowspan="2">연락처</td><td>당사자</td><td colspan="2"></td></tr>
<tr><td>긴급연락처
(관계)</td><td colspan="2"></td></tr>
<tr><td rowspan="2">가구유형</td><td colspan="8">□ 소년소녀가구 □ 독거노인가구 □ 조손가구 □ 한부모 가구
□ 다문화가구 □ 공동체가구 □ 노인부부가구 □ 장애인가구
□ 새터민가구 □ 부부중심가구 □ 청·장년1인가구 □ 미혼모·부가구
□ 기타( )</td></tr>
<tr><td colspan="8">해당 되는 곳에 체크하며, 해당되는 곳이 없는 경우 기타에 체크한 뒤 경로 작성
중복체크 가능</td></tr>
<tr><td rowspan="4">가족사항</td><td>관계</td><td>성명</td><td>생년월일</td><td>동거여부</td><td>장애여부</td><td>직업</td><td>건강상태</td><td>비고</td></tr>
<tr><td></td><td></td><td></td><td></td><td></td><td></td><td>병명 명시</td><td></td></tr>
<tr><td></td><td></td><td></td><td></td><td></td><td></td><td></td><td></td></tr>
<tr><td></td><td></td><td></td><td></td><td></td><td></td><td></td><td></td></tr>
<tr><td>가계도</td><td colspan="4"></td><td>생태도</td><td colspan="3"></td></tr>
<tr><td rowspan="2">수급여부</td><td colspan="8">□기초생활보장 (□생계급여 □의료급여 □주거급여 □교육급여) □긴급복지
□영유아 □아동수당 □청소년특별지원 □한부모가족 □노인복지
□고용지원 □사회서비스( ) □기타사회복지서비스( )</td></tr>
<tr><td colspan="8">해당 되는 곳에 체크하며, 해당되는 곳이 없는 경우 기타에 체크한 뒤 경로 작성
중복체크 가능</td></tr>
<tr><td>경제상황</td><td>재산</td><td colspan="2">□보증금:
□부채:
□기타:
*총:</td><td>소득</td><td colspan="2">□공적부조: 약 만원
□근로소득:
□후원금:
□기타:
*총:</td><td>지출</td><td>□월세:
□공과금:
□교육비:
□의료비:
□식비:</td></tr>
</table>

<table>
<tr><td rowspan="2"></td><td></td><td></td><td></td><td></td><td></td><td colspan="2">□기타:
*총:</td></tr>
<tr><td colspan="7">해당 되는 곳에 체크하며, 해당되는 곳이 없는 경우 기타에 체크한 뒤 경로 작성
중복체크 가능하고, 자세히 작성할수록 자료조사에 도움이 됨.</td></tr>
<tr><td rowspan="3">주거상황</td><td>주거형태</td><td>□단독주택
□다세대주택 · 연립
□아파트
□무허가 · 비닐하우스
□여관 · 고시원 · 쪽방
□기타(　　　　)</td><td>주거구분</td><td>□자가
□전세(보증금　　　만원)
□월세(월세　　　만원)
□임대주택
□무상임대
□시설/그룹홈(　　　　)
□기타(　　　　)</td><td>난방방법</td><td colspan="2">□가스 · 기름보일러
□연탄 · 화목보일러
□전기매트
□없음
□기타(　　　　)</td></tr>
<tr><td>주거
상태</td><td colspan="6">□양호　□노후　□폭염취약　□한파취약　□긴급보수필요
□채광부족　□공간협소　□환기부적절　□악취/불결　□미확인</td></tr>
<tr><td>특이
사항</td><td colspan="6">* 주거상황 중 위 표기하지 않은 특이사항(주거환경, 이사계획, 거주기간 등)</td></tr>
<tr><td>면접내용</td><td colspan="7">* 위 표에 표기되지 않은 주요 면접내용 기술

* 주로 〈의뢰배경〉, 〈타 기관 서비스 현황〉, 〈당사자의 강점&욕구〉, 표에 표기하지 못한 추가 정보(경제, 주거, 건강, 관계 등)를 소제목을 적어 작성</td></tr>
<tr><td>주요욕구
·
당면
과제상황
(당사자)</td><td colspan="3">* 당사자가 서술한 주요욕구 및 당면 과제(우선순위 고려)

1.
2.
3.</td><td>주요욕구
·
당면
과제상황
(면접자)</td><td colspan="3">* 면접자가 서술하는 주요욕구 및 당면 과제(우선순위 고려)

1.
2.
3.</td></tr>
<tr><td>인적자원</td><td colspan="3">1.
2.</td><td>강점</td><td colspan="3">* 현재 상황에서 도움이 될 만한 것
1.
2.</td></tr>
<tr><td>물적자원</td><td colspan="3">1.
2.</td><td>한계점</td><td colspan="3">1.
2.</td></tr>
<tr><td>면접자
종합의견</td><td colspan="7">* 면접자가 초기면접을 통해 종합적으로 판단하여 표기 및 작성

□사례관리 (□일반　□집중　□위기)　/　□기관 내 서비스연계　/　□타 기관 의뢰
□타 기관 서비스연계　/　□미진행(정보전달)</td></tr>
</table>

※ 기관의 특성에 따라 양식은 상이할 수 있음.

초기면접지 양식에 개별적으로 표기할 수 있는 가족사항, 주거사항과 같은 부분은 해당되는 사항에 표기하고, 그렇지 않은 복지 당사자의 서술은 '면접내용'란에 사례관리자가 직접 작성할 수 있다. 초기면접 시 복지 당사자가 밝히기를 꺼리는 정보가 있었다면 '면접내용'란에 '**당사자가 밝히기를 꺼려함**' 등으로 작성하여 당사자의 진술을 존중하되, 복지 당사자가 해당 정보에 대해 밝히기를 꺼리는 숨겨진 의미와 의도에 대해 고민해 볼 필요가 있다.

초기면접지는 객관적으로 기록하되 복지 당사자의 언어적 표현 외의 사례관리자가 유의미하게 관찰한 부분을 작성할 수 있고 당사자가 유의미하게 표현한 부분은 그대로 인용할 수 있다. 예를 들어 당사자의 가정을 방문하여 초기면접을 진행하는 과정에서 복지 당사자가 거주지에 대해 특별한 언급이 없었지만, 곰팡이가 슬고 악취가 나는 것을 관찰했다면 '당사자가 특별하게 언급하거나 불편해하는 기색은 없었지만, 거실과 안방 벽은 대부분 곰팡이가 슬어있고 집 전체에 곰팡이 냄새와 음식물 냄새가 섞인 악취가 났음'과 같이 관찰한 내용을 있는 그대로 기록할 수 있다.

또한 당사자의 유의미한 서술에 대해서는 복지 당사자의 말을 그대로 인용하여 '"등록금만 지원 받을 수 있어도 좋겠어요. 어머니가 손목이 아파 일하기 어려우시기도 하고… 저는 어머니가 일하시는 것도 싫고요. 그냥 제가 등록금만 지원받아 의대 입학하고 이후에는 장학금 받으면서 빨리 학교 마쳐서 엄마가 경제적으로 걱정 안 하시도록 도와드리고 싶어요."라고 이야기함.'과 같은 방식으로 기록할 수 있다. 이러한 기록 방법은 사례관리 적격 여부를 판단할 때에 복지 당사자와 직접 초기면접을 하지 않은 기관 내·외부 인력이 복지 당사자에 대해 파악하는 것에 도움이 된다.

'주요욕구·당면 과제상황'란은 욕구와 당면과제를 기재하는데, 당사자와 면접자의 관점을 나누어 기재하는 것이 특징이다. 면접자와 당사자가 중요하게 생각하는 것과 그 우선순위가 같다면 큰 문제가 되지 않지만 의외로 일치하지 않는 경우가 많기 때문이다. 초기면접 과정에서는 사례관리자가 이 의견의 차이를 굳이 당사자에게 표출하거나 설득하기 보다는 그대로 이해하는 것이 바람직하다. 이러한 차이가 발생하는 이유가 무엇인지 사례관리자는 복지 당사자의 삶을 기준으로 생각해 볼 필요가 있고, 사례회의를 통해 여러 사회복지사들에게 슈퍼비전을 받는 것도 중요하겠다.

‘인적자원 · 물적자원 · 강점 · 한계점’은 당사자에 대한 사전정보 혹은 당사자의 진술을 통해 작성할 수 있다. 특히 ‘강점 · 한계점’은 당사자에 대한 사례관리자 개인의 느낌, 선입견, 주관적인 판단이 섞일 수 있으므로 객관성을 잃지 않도록 신중해야 할 것이다.

초기면접을 진행한 사례관리자가 초기면접지 작성 시에 특히 신중하고 조심해야 할 부분은 ‘면접자 종합의견’란이다. 면접자 종합의견은 복지 당사자를 직접 면접한 사례관리자가 사례관리 여부에 대해서 어떤 판단을 내리고 있는지, 어떤 서비스를 연계하여 복지 당사자의 욕구와 당면과제를 해소하도록 지원하고자 하는지 등 복지 당사자와 직접 상담한 사례관리자의 의견을 종합적, 포괄적으로 서술할 수 있는 공간이기 때문이다. 여기에 작성한 사례관리자의 의견은 초기면접의 다음 단계인 ‘사례관리 적격여부 판단’에도 직접적 영향을 줄 수 있다. 따라서 면접자 종합의견을 작성할 시에는 초기면접 기록지에 객관적으로 드러난 사실을 바탕으로 한 의견을 작성하는 것에 집중해야 한다. 섣부른 추측과 당사자의 언급에 의거하지 않은 예측은 복지 당사자의 삶을 재단하는 모양이 될 수 있기 때문에 유의할 필요가 있다.

5) 사례관리 적격 여부 판단

#screening #사례회의_진행 #전문가_회의 #면접자_종합 의견_중요
#개인적_판단은_금물 #우리는_당사자의_사회안전망

초기면접과 초기면접지 작성이 끝났다면 사례관리 적격 여부에 대한 판단을 통해 사례관리 당사자로 선정 후 사정의 단계로 넘어갈 것인지, 혹은 잠재적 복지서비스 이용당사자로 선정할 것인지에 대해 결정하게 된다. 후자의 경우에는 필요한 정보를 전달하고 추후 혼자 힘으로 충족하기 어려운 상황이 발생했을 때에 연락할 수 있는 사회안전망이 되어 주며 마무리 할 수 있다. 사례관리 적격 여부에 대한 결정은 일반적으로 사례관리자 개인의 판단보다는 기관 내·외부 전문가들의 회의에 따라 결정된다.

전문가 회의에서는 사례관리에 대한 복지 당사자의 동의와 욕구가 있는지, 복지 당사자가 가진 욕구와 당면한 상황을 해결하기 위해서 우리 기관의 역할이 있는지, 기관의 사례관리 여력이 있는지 등을 파악한다. 기록된 내용을 면밀히 확인하고, 제시된 내용과 이 외 사례관리가 필요한지를 유연하게 검토하는 것이 매우 중요하다. 회의 결과에 따라 사례관리가 결정되면, 적합한 사례관리자를 지정하고 사례개입 방향을 제시하여 빠른 연계가 될 수 있도록 한다.

'사례관리 적격 여부 판단'이라는 과정에서 중요하게 다루어지는 의견은 초기면접을 직접 진행한 사례관리자가 1차적으로 판단한 종합적인 의견이다. 직접 복지 당사자와 대면하지 않은 전문가들은 복지 당사자가 표현하는 내용 뒤에 숨겨진 의도나 복지 당사자가 주요 당면과제에 대해 이야기할 때에 태도, 자세, 표정이나 어감의 미묘한 차이 등을 파악하기가 어렵다. 따라서 사례관리 적격 여부 판단 회의에서 초기면접 진행자의 종합적인 의견은 매우 중요한 판단 근거로 작용할 수 있다. 초기면접을 진행한 사례관리자는 최대한 개인적인 감정이나 주관적인 판단을 배제하고 객관적으로 자신의 의견을 전달해야 하며, 복지 당사자의 진술이나 태도 혹은 어감 등의 드러난 표현과 숨겨진 의도로 추측되는 상황 등을 가감 없이 이야기하는 것이 좋다. 이 회의에서 기관 내부 사례관리 당사자로 선정된다면 사례관리자를 지정하여 더욱 심층적인 사정과 사례관리 계획을 수립하는 과정으로 나아가게 된다.

사례관리를 진행하는 모든 복지기관은 저마다 특징적인 전문분야가 있다. 예를 들어 종합사회복지관에서 '경제적·사회적으로 큰 어려움은 없으나 정신적인 고통을 호소하는 당사자'를 초기면접했다고 가정해보자. 이 같은 당면과제 상황에 놓인 복지 당사자를 종합사회복지관에서 사례관리 할 경우, 당사자의 강점과 당사자가 가지고 있는 지역사회 자원을 살리는 일은 원활할 수 있지만 당사자의 정신적인 고통에 대한 직접적인 원인 파악과 고통을 해소를 하기에는 다소 어려움이 따를 수 있다. 따라서 이런 경우에는 종합사회복지관에서 초기면접을 진행했지만 각 지역에 설치된 '보건소, 정신건강복지센터' 등 당사자의 정신 건강에 초점을 맞추어 사례관리를 이관하거나 협조 요청하여 개인의 당면 과제상황에 부합하는 사례관리를 받을 수 있도록 지원할 수 있다.

모든 초기면접 당사자가 사례관리 당사자로 선정되는 것은 아니다. 단순하게 필요한 정보의 안내나 복지기관 내부 서비스만 연계되어도 충분히 자력과 주변 자원을 활용하여 욕구를 해소할 수 있는 복지 당사자는 이와 같은 조치 이후 사례관리로 연결되지 않을 수 있다. 또한 위에서 예를 들었던 것처럼 초기면접을 진행한 복지기관보다 타 기관의 전문적 서비스와 사례관리가 필요하다고 판단되는 복지 당사자는 타 기관으로 의뢰 후 종결할 수 있다. 하지만 중요한 것은 사례관리 당사자로 등록되지 않았더라도 관계를 종결하지 않는 것이다. 초기면접을 실시 한 해당 기관과 복지 당사자가 느슨한 관계로 연결되어, 복지 당사자 스스로 해결하기 어려운 문제에 처했을 때에 초기면접자 혹은 초기면접을 실시한 기관 자체가 사회안전망으로서 기능할 수 있도록 관계를 유지하는 것은 사례관리자에게 주어진 매우 중요한 역할이다.

현장의 사례관리자가 강조하고 싶은 이야기

공공영역의 사례관리기관(이하 공공기관)과 민간영역의 사례관리기관(이하 민간기관)에서 각기 다른 방식으로 사례관리를 제공하며, 기관의 특성에 따라 강점도 다르게 나타난다.

공공기관에서는 접수, 위기지원에 큰 강점이 있는데, 이는 사회복지서비스에 대해 잘 모르는 대부분의 지역주민들은 스스로 충족하기 어려운 욕구나 상황이 발생했을 때에 공공기관을 찾아 상담하기 때문이다. 그 대표적인 예가 바로 거주지의 '읍·면·동 행정복지센터'가 될 것이다. 또한, 공공기관은 어려움을 호소한 주민의 경제적 상황에 대해 객관적인 자료 확인이 가능하기 때문에 위기에 놓인 주민을 국가의 사회적 안전망으로 빠르게 유입하는데 용이하며, 공공의 자원을 통해 당사자가 직접 체감할 수 있는 복지 서비스를 신속하게 제공할 수 있다는 장점이 있다.

반면, 민간기관은 집중 사례관리 당사자와 같이 사회심리적 사정이 동반되어야 하는 경우, 비공식 자원을 적극적으로 활용해야 하는 경우, 다양한 복지서비스 연계가 필요한 경우 등 다각적인 지원이 필요한 사례개입에 전문성을 가지고 있다. 또한, 개별화된 서비스에 효과적이며 유연하고 빠르게 대응할 수 있다는 강점이 있다.

이에 따라, 홍선미(2019)는 주민들이 방문이 잦은 행정복지센터의 통합사례관리자와 같은 공공인력은 사례관리 당사자 발견 및 접수의 전문요원으로서 당사자 초기상담까지 마친 뒤, 당사자의 상황과 욕구에 따라 적합한 민간기관으로 연계하는 지역사회 네트워크 방식이 바람직한 민·관협력 사례관리라고 제시하였다. 즉, 행정복지센터와 같은 공공기관은 직접 사례관리를 진행하기보다는 최일선에서 지역 내 서비스 진입을 위한 '게이트웨이'의 역할을 수행하는 것이 효과적일 것이라는 의견이다.

이처럼 민·관협력 사례관리의 중요성이 대두되면서 각자가 가진 강점을 극대화하고, 한계를 해소하기 위해 민·관협력으로 효과적인 사례관리 개입을 시도하고 있다. 실제로 공공기관에서 위기상황을 해소하였지만, 지속적인 사례개입이 필요한 경우나 사회적 취약계층은 아니지만 사례개입의 필요성이 있는 청년과 중장년층 사례가 증가함에 따라 공공기관에서 민간기관으로 접수되는 방식이 확대되고 있다. 또한, 공동사례개입이라는 용어로 민·관이 함께 사례개입하며 각자의 영역에서 빠르게 개입하고, 지원하는 경우도 증가하고 있다. 예를 들어 공공기관이 제공하는 법적, 재정적 지원과 민간기관이 지원하는 심리적, 사회적 지원을 동시에 지원한다면 복지 서비스 이용 당사자는 보다 빠르게 안정적인 삶을 영위할 수 있다.

그런데 주의해야 할 것은 공공기관이 복지서비스 이용자에 대해 발굴과 접수만 진행하고 민간 복지기관으로 의뢰하거나 연계하는 체계로 전환될 경우, 형식적인 사례관리가 이루어질 가능성도 있다는 것이다. 또한 일부 전문가들은 공공기관의 사례관리 방식이 민간 복지기관의 방향성과 상이할 수 있다고 지적한다. 공공기관의 접근은 때때로 민간기관에서 원하는 복지 당사자 중심의 맞춤형 서비스 제공과 맞지 않을 수 있으며, 공공기관의 사례관리 과정에 민간 복지기관의 방식이 억제되거나 제한될 수 있기 때문이다. 이로 인해 민간복지기관의 사례관리 체계에 공공의 개입이 이루어질 경우, 복지 당사자 맞춤형 지원에 어려움이 생길 수 있다.

이에 사회복지현장에서는 공공기관과 민간기관 사례관리 협업을 위해 어떻게 역할 분담을 해야 하는지, 각 체계 간의 충돌이 발생 될 때 해결방안이 무엇인지, 민·관 협력 사례관리 체계에서 발생할 수 있는 장단점은 무엇이며, 이를 개선하기 위한 방법은 무엇인지에 대해 답을 찾아가는 노력을 적극적으로 해 나가야 하겠다.

[초기면접]을 마무리하며, 위에 대한 답을 함께 나누고 논의해 보자!

Case Management

사정

CHAPTER

06

사정

1. 사정에 대한 이해

#정보수집 #욕구 파악 #사정은_쭉_계속된다

1) 사정이란

사례관리자는 복지서비스가 필요한 주민을 발견하고 초기면접(intake)을 통해 복합적인 당면과제와 욕구를 가지고 있는 주민(복지서비스 이용당사자)인지를 판단하게 된다. 그리고 여러 사회복지사들이 참여하는 사례회의를 통해 그 복지서비스 이용당사자가 사례관리를 필요로 하는 사람인지를 논의 · 결정 한 후 (사례관리 당사자[1] 선정), 사정 단계로 이어지게 된다. 사정이란, 초기면접을 통해 수집된 자료와 함께 추가적인 만남, 상담, 관찰을 통해 사례관리 당사자의 욕구와 상황적 어려움에 대해 종합적으로 검토하고 분석 · 평가하여, 서비스 내용과 지원 수량 · 범위들을 판단하는 것이다.

1) 복지서비스 이용당사자 중에서 사례관리가 필요한 사람으로 분류(사례회의를 통해 선정)하게 되면, 이들은 다른 복지서비스 이용당사자와는 달리 '사례관리 당사자'로 구분하여 명칭한다.

표 6-1 사례관리 과정 중 사정

사례발견과 접수	초기면접	사정	계획 수립과 계약	실행	조정 및 점검, 재사정	평가	종결과 사후관리
사례회의							

사정 단계에서는 사례관리자와 사례관리 당사자가 함께 욕구를 확인하고 충족할 수 있는 방법을 개발하며 서비스 결정을 위해 필요한 정보를 얻고 분석하는 핵심 과정을 담고 있다. 다시 말해, 사정은 사례관리자와 사례관리 당사자 간의 상호작용을 통해 당사자가 제시하는 욕구, 욕구 충족을 위한 강점과 자원, 주변 환경체계, 장애물 등을 파악하는 전체적인 접근이라고 할 수 있다.

사정은 사례관리 중 지나가는 하나의 단계일 뿐 아니라, 사례관리의 전 과정에서 단계적으로 꾸준히 이루어진다는 점이 중요하다. 또한 사정은 사례관리자의 역량에 따라 사회복지서비스의 양과 질에 큰 차이를 가져온다. 사정된 정보의 양과 질에 따라 사례관리 당사자와의 서비스 계획, 실행 내용에 직접적인 영향을 미칠 수 있기 때문에 사례관리자는 사정 과정에 충분한 시간과 노력을 투자할 필요가 있다.

사례관리 당사자의 삶을 다양한 시각에서 이해하기 위해서는 가시적인 정보의 양뿐만 아니라 어려움을 겪게 된 계기, 극복하기 위한 노력, 현재 삶의 모습 등을 충분히 조망할 수 있는 사회복지실천기술이 필수적으로 요구된다. 따라서 사례관리자는 당사자의 복합적인 욕구와 당면과제에 효과적으로 접근하기 위해 적절한 사정기술과 도구를 활용할 수 있어야 한다.

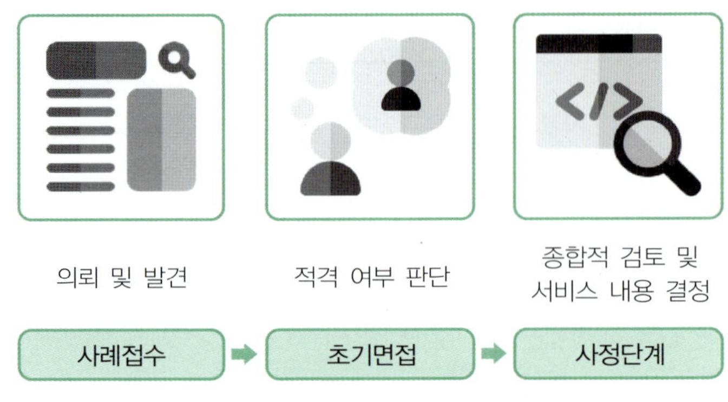

[그림 6-1] 사례관리 초기 중 사정

2) 환경 속의 개인

웨일과 칼스(Weil & Karls, 1985)는 사정을 '사례관리 당사자의 신체적 문제, 정신적 문제, 사회적 기능 수행 문제에 대한 평가와 사례관리 당사자의 영향을 미치는 지역사회 문제에 대한 평가를 포함한다.'고 정의한다. 이는 사례관리자가 사례관리 당사자로부터 얻는 진술, 직접적 정보뿐만 아니라 환경체계 안에 있는 관계자로부터 얻는 정보, 환경 내 관계와 행동패턴을 확인하여 환경 속의 개인(PIE체계)을 이해하며 다차원적 사정을 해나가야 한다는 것을 강조한 것이라 본다.

2. 사정의 영역

1) 욕구사정

#요구와_욕구_구분 #합의과정 #모든_욕구는_연결되어_있다

욕구(need)의 사전적 의미는 '무엇을 얻거나, 무슨 일을 하고자 바라는 일'이다. 그렇다면 사회복지 측면에서는 욕구를 무엇이라고 정의할까? 사회복지 측면에서의 욕구란, '바라는 것'과 '현재 상태' 간의 차이로 정의할 수 있다.

이를 이해하기 위해, 매슬로(Maslow, 1943)의 욕구이론을 기반으로 욕구에 대해서 먼저 생각해 보고, 이어서 사회복지 측면의 욕구를 이해해 보고자 한다.

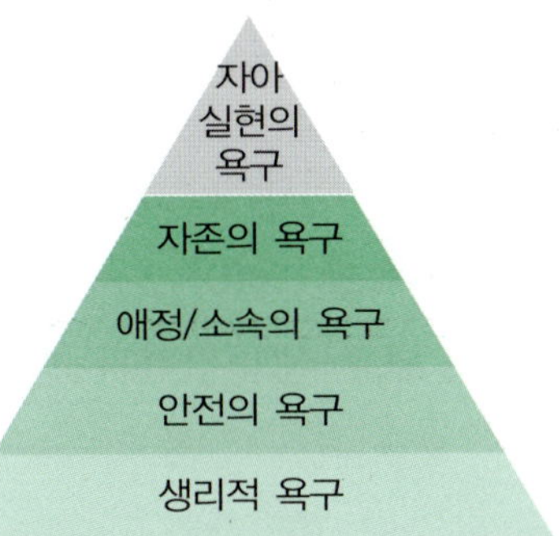

[그림 6-2] 매슬로의 욕구 5단계 이론(Maslow's hierarchy of needs)

[그림 6-2]와 같이 매슬로는 욕구를 5단계로 나누었으며 인간의 욕구는 생리적 욕구, 안전의 욕구, 애정 · 소속의 욕구, 자존의 욕구, 자아실현의 욕구 순으로 이루어져 있다고 정의한다. 이 이론에서는 하나의 욕구가 충족되면 다음 상위단계에 있는 또 다른 욕구가 나타나 그 욕구의 충족을 기대하는 것으로 체계를 이룬다고 설명한다. 즉, 이전 단계의 욕구가 충족되어야 다음단계의 욕구를

기대하게 되는 순차적 단계를 밟고, 마침내 마지막 단계인 자아실현의 욕구를 형성하는 것이다.

그런데 사회복지 현장에서 초임 사례관리자들이 욕구사정을 하다 보면, 대다수의 사례관리 당사자들이 주로 생리적 욕구나 안전의 욕구를 표출하기 때문에 그 상위의 욕구는 생각도 해 보지 않는 경우가 많다. 매슬로의 이론에 의한다면, 생리적 욕구나 안전의 욕구가 충족이 되어야 상위단계의 욕구가 나타나기 때문에 현재 그 욕구들이 가시적으로 나타나지 않거나, 당사자가 그 이상을 생각 해 보지 않은 것이다. 다시 말해 사례관리 당사자들이 상위의 욕구가 없는 것이 아니라 기대해 보지 않고 생각해 보지 않은 것이다.

따라서 초임 사례관리자는 당사자가 표현하지 않는 욕구는 없는 것으로 간주하는 실수를 주의해야 한다. 때로는 사례관리를 하는 과정에 사례관리 당사자가 그 상위단계의 욕구를 점차 표출하는 것에 대해서 사례관리자가 당황해 하는 경우도 있다. 사례관리자는 '사례관리 당사자가 사례관리를 통해 하위단계의 욕구가 해결되어 갈수록 그 상위단계의 욕구를 표출하는 것은 당연하다'라고 이해해야 한다.

지금까지 매슬로의 욕구이론에 대해서 살펴보면서, 욕구사정을 본격적으로 살펴보기 위한 워밍업을 해 보았다.

이제는 욕구사정을 진행할 때 사례관리자가 점검하게 될 내용을 순서대로 생각해 보자.

(1) 제시된 문제(problem) 확인하기

가장 먼저 사례관리자는 욕구를 사정하며 사례관리 당사자와 지속적으로 소통하며 당사자 본인의 고통, 어려움에 대한 호소 등과 관련한 1차적 진술을 확인한다. 이 과정에서, 당사자가 경제 · 정서 · 사회적 상황의 어려움이나 우선 해결해야 할 욕구에 대해 처음부터 객관적으로 표현하기 어려울 수 있다는 것을 고려해야 한다. 또는 상황에 따라 대화의 이면에 있는 맥락이 감추어져 있을 수 있어, 상대방이 무엇을 필요로 하는지 파악하기 어려울 수도 있다. 따라서 사례관리자는 당사자가 말하는 진술에 대한 직접·간접적 의미를 파악하기 위해 노력해야 한다. 당사자뿐만 아니라 가족의 진술, 주위 환경체계에 대해 함께 사정하며 제시된 상황과 당면과제가 일관성이 있는지 확인하는 시간을 가져보는 것이 바람직하겠다. 다만, 당사자 외의 가족들이 시급하다고 요청한 욕구는 당사자의 욕구인지 가족들의 욕구인지 그 이면도 살펴볼 필요가 있다.

(2) 요구(want)를 욕구(need)로 전환하기

종합적인 욕구사정이란, 요구(want)인지 욕구(need)인지, 숨겨진 욕구는 무엇인지, 진짜 필요한 욕구가 무엇인지 확인하는 것이다. 본격적인 상담을 시작하면, 당사자 본인이 현재 처한 어려움이나 필요로 하는 것들에 대해서 여러 가지 방법과 형태로 이야기하게 된다. 이때 사례관리자의 역할을 아래 예시를 통해 생각해 보자.

한 어르신께 지금 당장 필요한 것이 무엇이냐고 여쭤보았다. 어르신께서는 "콜라가 마시고 싶다"고 하셨다. 이때 사례관리자의 역할은 즉각적으로 콜라를 제공하는 것이 어르신의 욕구를 수용하는 것일까? 즉, 콜라를 구해서 전해 드리면 되는 것일까? 아마, 그렇다고 답하는 사례관리자는 없을 것이다. 그런데 왜 그러면 안 되는지를 설명해 보라고 하면, 제대로 설명하지 못한다.

여기서 우리가 생각해야 할 점은 어르신이 왜 콜라를 먹고 싶은 것인지, 왜 콜라여야만 하는 것인지 고민하는 것이다. 단순히 갈증으로 목이 마른 것인지, 소화불량으로 탄산음료를 찾는 것인지, 어렸을 때 부모님과의 기억, 또는 결핍 등의 또 다른 이유 때문에 콜라를 원하는 것인지, 그 어르신의 개인과 환경 속에서 그 단어의 맥락을 살펴보아야 하는 것이다.

위와 같은 상황에서 사례관리자가 판단 오류를 범하는 경우는 매우 흔하다. 예를 들어 '콜라는 치아에 좋지 않다'거나 '건강상의 이유로 적절하지 않다'는 이유로 단순한 요구로 치부하며 "어르신, 건강에 해로워서 안 돼요"라고 거절하는 상황이 그 예이다. 이는 사례관리자의 부족한 판단력의 결과로, 사례관리 당사자의 이면에 숨겨진 욕구를 충분히 탐색하지 않은 태도에서 비롯된 것이다. 왜냐하면 콜라를 요청한 어르신 중에 진짜 탄산음료가 당장 마시고 싶어서 말씀 하신 경우도 있지만, 위에 예를 든 것과 같이 소화불량으로 속이 답답해서 마시고 싶은 건강과 의료에 대한 욕구, 어렸을 때 어머니가 아껴 모은 푼 돈을 콜라를 사주셨던 것을 떠올렸거나 혹은 어려웠던 시절 콜라를 사 마시며 미국 문화를 좇았던 그 때를 떠올렸던 정서적 욕구 표현의 방법으로 언어적으로 콜라를 마시고 싶다는 요구로 표출했을 수 있다. 사례관리자의 전문성은 요구를 욕구로 전환하는 능력에 있다.

다시 말해, 사례관리자는 사례관리 당사자가 요구로 표현한 내용이 단순한 요구인지, 아니면 그 이면에 더 깊은 욕구가 숨어 있는지 면밀히 생각하고 탐색하는 노력과 훈련이 필요하다.

(3) 욕구 영역 간의 연관성 발견하기와 연관성 풀어내기

모든 사례관리 당사자가 각자 처한 상황이 다르듯이, 욕구 범주와 종류를 객관적으로 구분하고 명명(命名)화 하는 절대적 기준은 존재하지 않는다. 그럼에도 불구하고 사례관리자는 사례관리 당사자의 추상적인 욕구를 구체화하고 나열해서 실제적인 서비스로 생성 해 내는 역할을 해야 한다. 그리고 나열된 욕구 간의 우선순위를 고려하여 서비스에 필수적인 요소들을 범주화하고 심도 있는 영역별 사정을 통해 당사자의 욕구를 점검할 필요가 있다.

개인이 처한 현재 상황과 당면과제, 개인적 바람과 욕구, 자원과 강점을 객관적으로 점검하기 위해 아래 욕구 영역 가이드를 참고해 볼 수 있겠다.

| 표 6-2 | 욕구 영역 가이드

구분	욕구영역	주요내용
당사자	건강	• 신체적 건강: 신체장애, 임시적 질병 및 상해, 만성 · 희귀난치성 질환, 비만, 영양결핍 등 • 정신적 건강: 정신질환, 약물오남용, 습관성 음주, 자해(자살)행위, 불안감, 폭력적 성향, 대인기피 등
	일상생활 유지	• 일상생활유지: 식사곤란, 용변 곤란, 의복 착용 곤란, 외출 곤란, 약물복용 불가능, 가사활동 불가능, 긴급상황 대처 불가능 등 • 여가활동: 여가활동부족, 부적절한 여가활동(게임, 도박) 등
	경제	• 기본생활해결: 결식, 주거비 부족, 의복비 부족, 난방비 부족, 공과금 체납, 통신비 부족, 의료비 과다 등 • 자산관리: 자산관리능력 부재, 부채, 과태료 · 벌금, 과소비 · 낭비 등
	교육	• 기초 지식 습득 및 향상: 읽기 · 쓰기 · 말하기 문제, 수리계산 능력 부족 등 • 교육개선: 수업료 · 급식비 등 부족, 특수교육 문제, 무단결석, 성적부진 등
	직업	• 실업 · 실직, 열악한 근로환경, 저임금, 비정규직, 구직 · 창업의 어려움 등
	생활환경	• 주거 내부 환경 개선: 가정 내 위생 열악, 도배 · 장판 열악, 냉난방 열악 등 • 주거 외부 환경 개선: 교통 접근성 열악, 학습환경 열악 등
가족 구성원	가족관계	• 관계형성: 부부갈등, 부(모)자갈등, 고부갈등, 가족의 무관심 등 • 가족돌봄: 장애인돌봄 곤란, 노인돌봄곤란, 아동돌봄곤란 등
	안전	• 가족 내 안전유지: 폭력(성폭력), 학대, 유기, 방임, 실종 등 • 가족 외부로부터의 보호: 폭력, 협박위협, 학대(물질적 착취) 등
주변 체계	사회적 관계	• 친인척 및 이웃 관계: 친인척 갈등, 이웃 간 갈등, 관계 소원 등 • 소속된 집단 및 사회생활: 직장생활 어려움, 학교생활 어려움 등
	권익보장	• 차별대우, 권리침해 등

출처: 수원시 사회복지관 사례관리자를 위한 실천 지침서 Ver.3.0 '현장에서 배우는 사례관리' (2020)

그런데 영역별 사정을 하다 보면, 일부 영역에 사정이 집중될 수 있다. 이때 사례관리자는 각각의 영역이 떨어져 있는 것이 아니라 상호 간에 연관성을 갖고 있다는 점을 기억해야 한다. 유기적으로 연결되어 있는 욕구를 이해하며 복지 당사자와 가족 삶의 전체성을 이해해 나가는 노력이 필요하겠다.

예시 6-1

욕구 간의 연관성과 관련하여, tvN 드라마 '응답하라 1988'의 사례에서 미취학 7살 딸과 고등학생 아들(성선우)을 키우고 있는 한부모가족 어머니의 생활을 들여다보자. 선우 어머니는 7살 딸아이를 이웃들에게 맡기고 목욕탕 청소 일을 다니고 있으며, 경제활동은 하지만 소득이 적어 교육비 지출에 부담감은 여전하다. 목욕탕 청소 일을 하다 보니 소독제를 많이 사용하여 건강도 좋지 않다.

남편과 사별한 후 마음이 통하는 이웃집 고향오빠와의 재혼도 생각하지만, 아직도 아버지를 그리워하는 자녀들에게 미안함을 느껴 주저하고 있다. 현재 시모 소유의 주택에 무상임대로 거주하고 있는데, 시모가 시숙(남편의 남동생)의 합의금을 조달하기 위해 당사자 주택을 담보로 대출을 받아 집이 경매에 넘어갈 위기에 처해 있다. 주변에 돈을 빌려 보자니, 결국 재혼을 생각하는 이웃집 고향오빠 밖에 없다. 경제적, 심리적으로 모든 것이 복잡할 뿐이다.

〈예시 6-1〉의 상황에서 사례관리자는 경제적 문제, 건강문제, 자녀 돌봄, 재혼, 주거안정에 대한 사례관리 당사자의 여러 욕구를 확인할 수 있다. 이렇게 나열된 욕구는 사례관리 당사자의 생활 속에 각각 분절되어 존재하는 것이 아니라 모두 연결되어 있다는 특징을 발견할 수 있다.

그런데 이렇게 뭉텅이처럼 연결되어 있는 욕구와 문제들을 풀어내는 것이 사례관리자의 역할이다. 위 사례에서는 어머니가 자녀돌봄의 문제로 경제활동을 적극적으로 할 수 없다. 자녀돌봄은 어린이집이나 아이돌보미 서비스 등 민간과 공공의 복지서비스로 해결방법을 찾아가고, 경제활동에 대한 욕구는 어머니의 근로의욕과 개인역량, 건강, 가족 간의 동의 과제를 다시 탐색하면서 해결방안을 모색해 나가야 한다. 즉, 자녀돌봄과 경제활동은 연결된 상황이지만 자녀 돌봄의 문제를 해결한다고 해서 바로 경제활동이 가능한 것이 아니다. 이것은 또 독립된 욕구로 분리한 후 다시 개입전략을 찾아가면서 복지 당사자가 상황을 좀더 객관적으로 파악하고 적극적인 자세를 갖도록 하는 것이 중요하다. 복지 당사자 중에 적지 않는 사람이 '현재 여러 가지 문제로 어떤 것도 손을 쓸 수 없었다'고 이야기한다. 사실 그게 맞을 것이다. 그럴 때 일수록 사례관리자는 복지 당사자와 함께 실타래처럼 엉켜있는 문제를 분리시키고, 욕구들의 우선순위를 정하고, 욕구마다 구체적인 개입전략을 수립해 나갈 수 있도록 지원해야 한다.

(4) 복지 당사자의 욕구를 우선 고려하기

욕구사정을 하는 목적은 사례관리 당사자가 제시하는 주된 욕구의 내용을 탐색하고 확인하는 것이다. 욕구사정 시에는 사례관리 당사자 욕구와 가족 욕구의 차이에 유의해야 한다. 차이가 있다면 이를 확인하는 등의 노력이 필요하며, 동의가 힘든 경우 위급한 경우를 제외하고는 당사자의 욕구가 우선되어야 할 것이다(이준우 · 최희철, 2020).

2) 강점사정

#당사자와_긍정적_적용점_찾기 #당사자와_함께 #꾸준히_점검하기

(1) 사례관리 당사자의 강점이란?

강점의 사전적 의미는 '남보다 우세하거나 더 뛰어난 점'이다. 이와 비슷한 단어로 장점을 떠올릴 수 있는데, 장점은 '좋거나 잘하거나 긍정적인 점'이라는 의미를 가지고 있다. 장점이 이미 본인이 가지고 있는 긍정적인 점이라면, 강점은 당사자가 당면한 상황에서 발휘할 수 있는 긍정적인 능력 · 용기 · 의지 · 가능성 · 가치관 등 까지 포함한다. 따라서 사례관리자가 사례관리 당사자의 강점사정을 한다는 것은 현재 처해 있는 상황을 개선하기 위해 발휘될 수 있는 긍정적인 요인들을 구체적으로 사정하는 것이다. 그리고 더 중요한 것은 그 강점을 사정만 하는 것이 아니라, 추후 강점을 강화하여 사례관리 과정에 적극적으로 활용될 수 있도록 한다. 이러한 강점강화와 활용 측면에서 사례관리는 장점보다는 강점에 집중한다.

따라서 강점사정에서는 사례관리자가 전문가의 지식을 가지고 개선방안을 제안하는 주도적 역할을 하기보다, 당사자가 자신의 강점과 능력을 스스로 인지하면서 긍정적으로 변화할 수 있도록 제안하는 것이 매우 중요하다.

예를 들어 경제적 지원이 필요한 당사자의 경우, 단순히 경제적 지원 욕구에 대한 수용으로 물질적 자원을 동원하는 것보다 당사자의 강점을 활용해 보는 것이 바람직하다. 구체적으로 당사자의 근로의욕은 어느 정도 있는지 확인하고, 근로 능력이 있는지, 구직활동을 해 나갈 수 있는 역량(일자리 알아보기, 이력서 작성하기, 입사지원서 제출하기, 면접준비 등)을 갖추었는지 등 당사자의 발전 가능성을 염두 한 강점사정을 해야 하는 것이다.

(2) 개인, 가족, 지역사회를 둘러보기

사례관리자가 당사자에 대해 강점사정을 할 때 함께 염두해야 할 부분이 바로 '개인을 둘러싸고 있는 환경'과 '지역사회'이다. 단순히 개인의 강점만 사정하는 것이 아니라 개인을 둘러싸고 있는 가족과 사회적 관계망 속에서 자원체계를 확인하면서 강점사정을 한다면 적용점이 높을 것이다.

예를 들어 당사자의 가정환경, 종교 등의 가치관과 정서를 공유하고 있는 가족들은 서로 간 긍정적인 상호작용을 일으킬 수 있다. 또한 병리적인 어려움이 있음에도 불구하고 사회성이 높은 당사자라면, 이웃들과의 관계를 주선하여 도움을 받을 수 있는 비공식 자원을 발견하게 될 수 있다. 이러한 경우 주위 환경과의 통합, 개인의 자질과 특성을 지역사회 안에서 살리는 방법에 관심을 두고, 강점사정을 해 나간다면 사례관리의 효과성을 높이는 데 크게 도움이 될 것이다.

특별히 최근 사례관리에 대한 인식은 문제 중심의 의료적 접근의 실천에서 당사자와 지역사회의 강점을 발견하고 집중하는 실천의 범위로 변화되고 있으며, 실제 많은 사회복지사들이 이를 인지하고 필요로 하고 있다(민소영, 2012).

(3) 강점사정 시 고려해야 할 점

먼저 사례관리자가 당사자의 강점을 알고 이해하기 위해서는 충분한 관계 형성과 소통의 시간이 필요하다. 사회복지 실천에서 라포를 형성하는 것은 모든 것의 첫 단추이다. 사례관리자는 진정성 있게 사례관리 당사자가 가장 중요하게 생각하는 것은 무엇인지, 주변 환경과 사회적 관계는 어떠한지, 당사자는 현재까지 어떠한 삶을 살고 이겨왔는지 이야기를 나누다 보면 자연스럽게 강점을 찾아가게 되고, 때로는 그 강점이 발휘되지 못하여 좌절 되었던 순간도 확인하게 된다.

앞서 PART Ⅰ 이론에서도 살펴보았듯, 강점 관점은 사회복지 실천의 중요한 가치이자 철학이며 행동지침이 된다. 당사자의 환경과 역량을 파악하고 성장 가능성에 초점을 두는 강점사정이 잘 이루어진다면, 사례관리자는 사례관리 당사자와 함께 더 새롭고 능동적인 방법의 개입 계획을 함께 수립할 수 있을 것이다.

3) 자원사정

#주변_자원찾기 #당사자의_생활에서_출발하기 #관계

(1) 자원사정을 이해하기

자원사정이란, 사례관리자와 사례관리 당사자가 합의한 욕구를 변화시키기 위해 주변 환경체계에 대한 조사 및 연계가 이루어지는 과정이다.

사회복지 현장에서 자원은 공식 자원과 비공식 자원으로 구분되어 사용된다. 당사자의 욕구를 개선하기 위해 필요한 물질 또는 서비스를 제공해 줄 수 있는 정책, 공공 서비스, 시설 등을 공식 자원으로 분류하며, 당사자를 둘러싼 환경에 있는 친구, 이웃, 종교단체, 사회단체 등 사회적 관계망을 비공식 자원으로 분류한다. 자원의 세부적인 분류는 이 책의 PART Ⅰ의 챕터 2를 참고해 볼 수 있겠다.

사례관리에서 자원사정은 당사자의 다양하고 복합적인 욕구에 대한 통합적인 사정이 이루어진 후, 연결할 수 있는 자원망을 확보하기 위해 필수적으로 수행되는 과정이다. 자원을 사정하기 전 사례관리자는 당사자의 삶과 그간의 주변 환경을 생각해 볼 필요가 있다. 사회복지 기관에 도움을 요청하기 전 또는 사례관리자를 만나기 전에 본인이 처한 당면과제 혹은 욕구 충족을 위해서 사례관리 당사자는 다양한 접근을 시도했을 수도 있다. 만약 사례관리 당사자가 사례관리자를 만나기 이전에 어떠한 시도를 해 보았고, 어떤 곳에 문의한 경험이 있고, 누군가의 도움을 받은 적이 있다면 어디서 어떤 도움을 얼마나 받았는지 확인하면 그것이 사례관리 당사자의 자원이다. 그런데 도움 받을 곳도, 도움받은 사람도 없는 경우가 있는데 이런 경우를 사례관리 당사자의 자원이 부족하거나 없는 상태 로 볼 수 있다. 전자와 같이 자원이 있으면 그 자원들의 강점도 파악하여 사례관리에 활용하면 되고, 추후에는 점점 더 자원이 많아지게 하는 전략을 찾으면 된다. 이와 같이 사례관리 당사자의 자원들이 있는 경우, 사례관리자는 당사자와 함께 자원목록표를 만들어 보고 활용방안을 수립하는 것이 큰 도움이 된다.

그런데 안타깝게도 사례관리 당사자는 후자와 같이 자원이 부족하거나 없는 상태인 경우가 많다. 이러한 경우 초반에는 사례관리자가 자원들을 탐색하여 연계하지만, 이후부터는 스스로 자원을 탐색하고 개발하는 능력을 반드시 키워주어야 한다. 사례관리의 궁극적인 목적은 사례관리 당사자가 개인과 가족과 지역사회의 자원을 활용하여 자립하여 살아가도록 하는 것임을 기억하자!

(2) 개인을 둘러싼 환경과 실생활 내에서 자원사정하기

자원을 사정한다는 것은 그렇게 어려운 것이 아니다. 복지 당사자 개인을 둘러싼 환경과 실생활에서 복지 당사자의 삶에 도움이 될 만한 자원을 살펴보는 것이다. 그런데 실생활에서 자원을 사정하는 것이 중요한 이유는 자원 확보 및 활용정도에 따라서 개입의 정도, 기간, 전략 등이 많이 달라지기 때문이다. 사례관리 당사자의 실생활에서 자원을 사정 할 때는 공식적 자원, 비공식 자원을 탐색하는 것은 물론, 현재는 활용하지 못하나 추후 활용할 수 있을 만한 지역자원을 함께 사정하는 것도 필요하다. 이해를 돕기 위해 다음 사례를 살펴보자.

예시 6-2

어느 동네에서 건강상의 이유로 거동이 불편하여 식사 해결에 어려움이 있는 한 독거 어르신을 만나게 되었다. 이 어르신은 가족들에게 도움을 받을 수 없는 상황이다. 그러나 행정복지센터 및 복지관을 통해 경제적 도움 또는 물품지원서비스를 받고, 주 2회 이상 요양보호사가 방문한다(공식 자원).

홀로 지내는 생활이지만 항상 현관문을 잠그지 않을 정도로 지역사회를 신뢰하고, 인사하며 지내는 가까운 이웃이 있다. 동네 통장님도 당사자 어르신을 알고 계신데, 오래도록 이 동네에 함께 사셨기 때문에 근황을 꾸준히 확인하고 계신다고 하셨다. 가끔 어르신이 요양보호사와 함께 병원에 가서 집에 계시지 않아도 이웃을 통해 "오늘 병원에 가셨다"는 소식을 전해들을 수 있을 정도로 가까운 관계망을 확인할 수 있다(비공식 자원).

그런데 현재 어르신은 알지 못하나, 어르신 댁의 인근 교회에서 독거노인을 위한 도시락을 지원하고, 정기적으로 방문해서 말벗을 해 드리며, 건강도 살펴드리고 있다.

이 사례에서 어르신은 노령, 건강, 가족과의 단절, 경제적 어려움이라는 복합적인 어려움을 가지고 있다. 하지만 이 어르신의 실생활을 중심으로 자원을 탐색해 본 결과 공식적, 비공식적 자원을 모두 확보하고 있었다. 그리고 그 자원들을 아주 잘 활용하면서 일상을 살아가고 계신다. 뿐만 아니라, 현재는 어르신이 알고 있지 못하나 지역 내 교회에서 식사지원을 받을 수 있다. 이때, 사례관리자가 이 어르신께 지역 내 교회를 연계하여 준다면, 어르신은 굳이 사례관리가 필요한 복지 당사자는 아니다. 그러나 발견된 자원이 있다고 해서 바로 연계되고 활용 될 수 있는 것은 아니기 때문에, 사례관리 종결여부나 필요여부를 결정짓는 것이 아니라 상황을 좀 더 지켜보면서 추후 과정을 생각해 보아야 하겠다.

4) 장애물사정

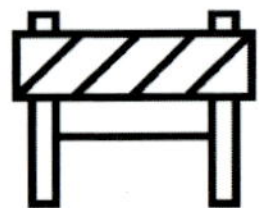

#당사자_내면의_어려움 #외부환경의_어려움 #강점과_자원으로_극복하는

장애물이란 당사자 및 환경체계와 관련되어 욕구 해결에 방해가 되고 있는 요소를 포함한다. 장애물은 내부 장애물과 외부 장애물의 두 분류로 나누어 사정 할 수 있다(권진숙 · 박지영, 2009).

(1) 사례관리 당사자 내부 장애물

사례관리자가 사례관리 당사자나 가족들을 사정하다 보면, 현 당면과제를 해결해 나가는데 방해를 주는 특정 행동 혹은 행동패턴 등이 관찰될 때가 있는데, 이러한 것은 당사자의 신념이나 태도에서 비롯된 경우가 많다. 이러한 것이 바로 내부 장애물이 된다.

벨류와 밍크(ballew & Mink, 1996)는 내부 장애물을 당사자의 비관주의, 비판주의, 운명주의, 냉소주의로 유형화하고 당사자의 부정적인 경험 내용에 따라 스스로 태도와 신념을 일반화하는 것이라고 정의하고 있다.

보통 내부 장애물은 사례관리 당사자와 사례관리자와의 면담을 통해서는 쉽게 확인할 수 없거나 해결책을 찾기도 쉽지 않다. 사정 과정에서 당사자의 일반화된 신념과 제한된 태도, 심리적 · 정신적 요인으로 인해 욕구 해결에 진척이 없다면, 사례관리자는 잠시 멈춰 사례관리 당사자의 내적 동기, 의지, 무기력 등 내부 장애물의 원인부터 확인해야 할 필요가 있다. 그 원인 분석과 함께 당사자의 강점사정을 병행하여 긍정적인 신념으로 개선하는 방법을 시도 할 수 있다. 물론 생각보다 많은 시간과 노력이 필요할 것이다. 그러나 내부적 장애물은 가시성이 없기 때문에 중요하게 생각하지 않을 수 있다. 이 경우 추후 사례관리 당사자의 무기력한 태도로 인해 사례관리자가 더 큰 소진을 경험하게 될 것이라고 현장의 많은 사례관리자들이 주의를 당부하고 있다. 매우 원론적인 조언이나 내부 장애물을 이겨나가는 것은 생각보다 쉽지 않으나 그럼에도 불구하고 그 장애물을 넘는 힘은 강점이라는 것을 기억해야 한다는 것이다.

(2) 주변 환경으로부터의 외부 장애물

내부 장애물이 당사자 내면의 어려움에 있었다면, 외부 장애물은 당사자 본인이 아닌 주위 외부 환경체계와의 어려움으로 발생하는 것이다.

외부 장애물의 유형은 부적절한 자원, 자원 이용에 대한 무능력, 고갈된 자원, 이차적으로 필요한 자원으로 나뉜다(이준우 · 최희철, 2020). 이와 같이 외부 장애물은 대부분 자원 요소가 포함되어 있다. 예를 들어, 발달장애인이 직업적응훈련을 마치고 취업을 준비하고 있으나 훈련받았던 분야의 일자리가 없는 상황이거나, 어렵게 직장은 구했으나 대중교통이 불편하여 출근 자체가 어려운 경우 등이 모두 외부 장애물에 해당된다.

(3) 장애물 개선을 위한 노력

사례관리자가 현실적으로 모든 내적, 외적 장애물을 제거하거나 해결하기는 어렵다. 따라서 사례관리의 우선순위는 사례관리 당사자가 스스로 장애물을 인식하고, 이를 해결하기 위한 방향을 설정하여 개선해 나가는 데 있다.

사례관리자는 사례관리 당사자의 강점과 활용 가능한 자원을 파악하고, 장애물을 지속적으로 모니터링해야 한다. 이를 바탕으로 사례관리 당사자와 함께 당면 과제의 해결 방안을 논의하고, 협력하는 노력이 필요하다.

결국, 사례관리는 사례관리 당사자가 혼자 싸워야 하는 외로운 과정이 아니라, 사례관리자와 함께 협력하며 나아가는 동반자적 접근이 바람직한 방향이다.

3. 사정을 위한 자료수집 방법

#다양한_만남의_장 #조금_더_면밀하게 #질적자료_수집방법

사례관리 과정 속에서 '사정단계'을 살펴보다 보면, 초기상담을 하고 사례관리 당사자로 결정 된 이후부터의 단계로 설명되어 질 때가 많다. 그러나 사정은 사례관리 당사자와 만남이 이루어지는 순간, 그 때부터 시작이 된다. 그리고 사례관리 당사자와 함께하는 모든 순간에 사정이 이루어진다.

사정을 위한 자료수집의 방법은 여러 가지가 있으나, 이 책에서는 조용환(2015; Wolcott, 1992)이 질적연구의 자료수집 방법으로 설명했던, 참여관찰(Experiencing: participant observation), 심층면담(Enquirying: in depth interview) 현지자료조사(Examining: field document, cultural artifact, self report)로 소개하고자 한다.

1) 심층면접

심층면접이란, 단순히 상대방을 대면해서 이야기 하는 것을 넘어 깊은 대화를 통해 개인의 심층에 있는 동기나 태도 등 보이지 않는 내면까지 알아가는 자료수집 방법이다. 보통 사회복지 현장에서 가장 일반적으로 활용하는 질적조사 방법이기도 하다. 사례관리자는 일반적으로 사례관리 당사자의 욕구, 강점, 자원, 장애물 등을 사정하기 위해 심층면접을 한다. 이때 사례관리자는 다양한 질문과 언어적 표현을 통해 정보를 얻고, 더불어 비언어적 표현까지 탐색하게 된다. 그 과정에서 사례관리자는 사례관리 당사자가 언어적으로 전하는 메세지를 통해 가시적 정보를 습득하고, 더 나아가 언어적 메시지뿐 아니라 비언어적 메시지까지 포괄하여 사례관리 당사자가 전하고자 하는 그 메시지를 총체적으로 이해해 간다.

이 심층면접은 필요한 정보에 따라 질문과 주제를 정하되 구체적인 질문은 정하지 않는 '반구조화 질문'으로 진행한다. 사례관리자는 단순히 궁금한 것을 묻고 답변을 들으면서 정보를 파악하는 것이 아니다. 사례관리 당사자의 삶의 주제 속에서 사례관리자가 질문하고 사례관리 당사자가 답하는 과정을 통해 다시 연관되는 질문과 답이 이어지도록 하여 사례관리 당사자의 삶을 충분히 공감하고 이해해 나가야 한다.

2) 참여관찰

사례관리 과정의 참여관찰은 사례관리자가 당사자의 말과 행동, 비언어적 의사소통, 대화의 맥락과 패턴, 의미 등을 함께 경험하고 관찰하는 것으로, 사례관리 당사자와 가족을 사정하는데 필수적으로 활용된다. 사례관리자는 사회복지 실천현장에서 만나는 다양한 사례관리 당사자들을 모니터링하거나 관찰하는 것이 익숙할 것이다. 그러나 참여관찰은 모니터링, 관찰에서 그치는 것이 아니라 사례관리자가 당사자와 함께 자료수집에 임하는 방법이라고 할 수 있다.

참여 관찰을 위한 가정방문 시에는, 사례관리 당사자와 가족이 어떤 대화 패턴을 가지고 있는지, 실제 생활환경은 어떠한지를 관찰한다. 더 나아가 사례관리 당사자의 공간(집)에서 가족들의 대화에도 함께 참여해 본다. 이러한 방법은 사례관리 당사자가 설명하는 당사자의 가족을 이해하는 것이 아닌, 실제적인 가족의 모습을 이해하는 데 도움이 된다.

참여관찰은 사례관리 당사자의 일상에 참여함으로 사례관리 당사자의 생활상을 이해하고자 하는 목적으로도 이루어진다. 이는 사례관리자가 사례관리 당사자의 문화적, 사회적 맥락에서 이해하려는 접근이다.

참여관찰은 사례관리 당사자의 거주지뿐만 아니라 복지관 내·외부에서 타인과 상호작용하거나 욕구에 대처하는 행동이 어떠한지 의도적으로 살펴보는 방법으로도 적용할 수 있다. 이것은 사례관리자가 사례관리 당사자의 환경체계 속에서 당사자의 일상에 참여하여 문제상황에 놓인 개인이 아니라 평범한 사람으로서 사례관리 당사자를 파악해 보는 것이다.

저자의 사례를 들어본다면, 평소 복지관 상담실이나 집에서 면담을 하던 장애인 당사자와 카페에서 만나 보았다. 이때 사례관리자는 사례관리 당사자가 프랜차이즈 커피숍의 복잡한 메뉴에 당황해 하지 않고, 음료를 능숙하게 주문하는 모습을 처음으로 관찰하게 되었다. 이것을 통해 사례관리자는 당사자를 행동의 제약이 많은 시각장애인에서 사회환경에 적응하며 생활하는 장애인으로 인식하게 된다. 카페에서 대화를 나누면서 사례관리 당사자가 카페 이용 경험이 많다는 것도 알 수 있고, 익숙한 환경에서 능숙한 태도를 보이는 것도 알 수 있게 되었다. 상담실이나 집에서 보였던 태도와는 많이 달랐다. 카페라는 공간에서는 문제상황 안에 갇혀 있는 장애인이 아니라 커피를 즐기는 평범한 시민이었다. 이러한 경험은 사례관리자가 사례관리 당사자를 복지기관이나 가정 내에서만 사정하는 것이 아니라 사례관리 당사자의 다양한 일상에 참여하여 사정함으로서 진정으로 사례관리 당사자의 삶을 이해해 나가야 한다는 교훈을 주었다.

3) 현지조사

현지조사는 당사자의 가정환경 및 당사자를 둘러싸고 있는 주변 환경체계를 직접 조사한 후, 심층면접 및 참여관찰을 통해 발견된 정보들을 기록하는 전체 과정을 뜻한다(권지성 · 염태산, 2019).

현지조사의 가장 대표적인 예가 사례관리 당사자의 가정방문이다. 앞서 설명한 참여관찰에서 사례관리 당사자를 상담실이나 당사자 가정에서만 사정하면 안 된다는 설명을 하였다. 그런데 현지조사를 설명할 때는 사례관리 당사자의 가정에 방문하여 사정하는 것을 강조 할 수밖에 없다. 현재 거주지는 사례관리 당사자를 가장 잘 설명하는 공간이기 때문이다. 사례관리 당사자의 의식주 상태와 가족관계를 확인할 수 있고, 거주지를 중심으로 한 사회적 관계망을 직접적으로 확인할 수 있다. 이에 사례관리가 필요한 당사자 인지를 확인하고, 어떠한 개입이 필요한지 구체적으로 생각해 볼 수 있도록 하는 기반을 마련한다.

그런데 의외로 가정방문을 거부하거나 기피하는 사례관리 당사자도 적지 않다. 이때 사례관리자는 단순히 방문거부에 초점을 두는 것이 아니라 그 이유를 확인하는 것이 중요하다. 그 사유가 합당하다면 되도록 거주지 인근에서라도 만남을 갖는 것이 사례관리자의 근무지(사회복지기관 상담실 등)에서 만나는 것보다는 사례관리 당사자의 지역사회를 이해하고 탐색하는데 도움이 된다. 그리고 가정방문을 거부하는 이유가 합당하지 않는 경우(개인적 성향, 사적인 이유)라면 지속적으로 가정방문을 권하고 시도하는 것이 바람직하다. 상담실에서는 사례관리 당사자와 가족을 이해하는데 한계가 있기 때문이다.

만약 사례관리 당사자가 학생일 경우 학교로 방문하여 사정하는 것이 좋으나, 현실적으로 학교 사회복지사가 아니라면 이것은 거의 불가능 한 일이다. 그런데 이러한 경우도 불가능이라고 포기하기보다는 학교 사회복지사, 교사, 친구 등을 통해서 간접적 현지조사가 이루어질 수 있도록 하는 노력이 필요하겠다.

4. 사정의 도구

1) 가계도

#가족관계_이해하기 #가족체계_이론기반 #꾸준히_정보_추가해_나가기

가계도(family genograms)는 사회복지 현장에서 가장 대표적으로 사용되는 사정도구로, 가족에 대한 정보를 시각화하여 사례관리자와 사례관리 당사자가 가족 유형의 형태를 한눈에 이해할 수 있게 한다. 사정 초기 사례관리자는 1차적으로 가족관계에 대한 정보를 얻게 되는데, 이때 가계도를 활용하면 사례관리 당사자와 가족 구성원들의 세대 간의 소통 방식, 맥락, 정서, 행동상의 반복 패턴을 검토하는 데 유용하다. 가계도에서 사용하는 표준 기호 및 대인관계 기호 등은 통상적으로 정립된 내용에 따라 구체적으로 학습하여 사용할 필요가 있다. 추가적인 가계도 활용방안으로는 가족치료 측면에서 개입을 위해 가족들이 함께 가계도를 그려나갈 수도 있고, 사례관리 당사자와 사례관리자가 가계도를 같이 그려 보며 가족 구성원들이 개별적으로 나눠진 것이 아닌 하나의 단위라는 점을 이해하도록 하는데 활용할 수 있다(사회복지교육연구센터, 2013).

사례관리자는 가계도를 작성할 때 한 번에 모든 정보를 기록할 수는 없다는 점을 유의해야 한다. 사례관리 당사자와의 짧은 면담 시간을 통해 가족 관계에 대해 깊이 이해하기란 쉽지 않기 때문이다. 따라서 사례관리자는 시간을 두고 사례관리 전 과정에서 사례관리 당사자와 관계를 쌓고 지속적으로 정보를 추가하며 수정해 나가야 가계도의 완성도를 높일 수 있다. 그리고 이렇게 완성된 가계도를 그 가족과 함께 공유하고, 검토하여 수정하는 작업까지 이어지는 것이 바람직하다.

사정도구 중 가계도의 활용도는 아주 높다. 따라서 표준 기호에 대해서는 별도로 학습하고 익혀주는 것이 좋다. [그림 6-3]은 가계도의 표준기호를 정리한 것이다. 이 표준기호를 학습한 후 [그림 6-4]의 예시문을 살펴보자.

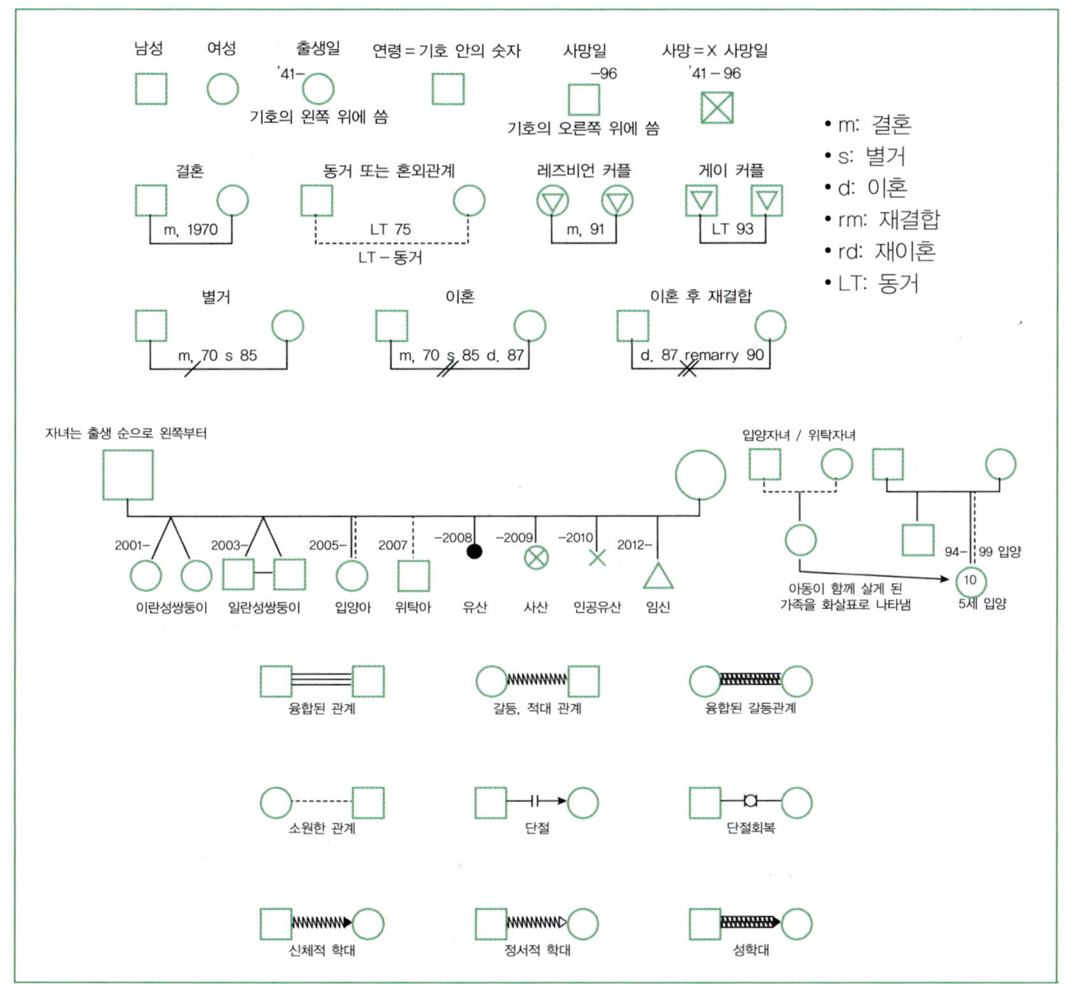

[그림 6-3] 가계도의 표준 기호

출처: McGoldrick, M., Randy, G., & Sylvia, S. (1999). p. 249; 이영분 외 (2015). p. 73. 재구성

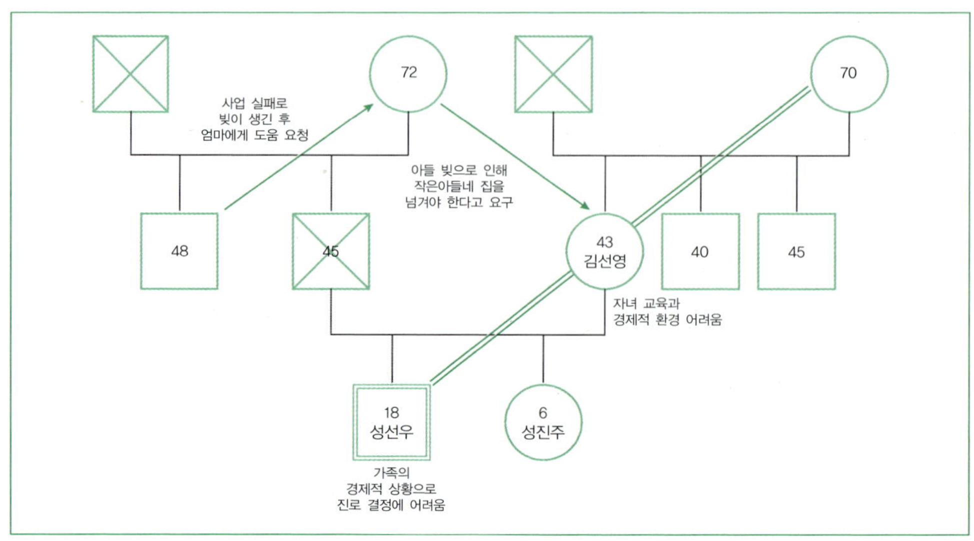

[그림 6-4] 사정 과정에서 추가된 성선우 당사자 가계도

[그림 6-4]는 tvN 드라마 '응답하라 1988' 성선우 학생의 사정단계를 거친 후 작성된 가계도 이다. 이 가계도는 초기상담 시 작성된 가계도보다 추가된 정보가 포함되었다. 우리는 보통 초기면접을 통해 당사자의 가족 구성원에 대해 한 눈에 파악할 수 있는 2대가 포함된 가계도를 그릴 수 있다(PART Ⅲ 성선우 가족 초기면접지 예시 참고). 이후 지속적인 사정을 통해 추가적인 정보를 바탕으로 가계도를 확대해 나간다.

가계도 작성 TIP

가계도를 작성함에 있어 사회복지현장에서는 다양한 방법을 활용하고 있다. 사례관리자가 직접 수기로 작성하거나, 다양한 디자인툴(캔바, 미리캔버스, 파워포인트 등)을 활용하여 작성하기도 한다. 그 중 가계도를 쉽게 작성할 수 있는 소프트웨어를 하나 소개하고자 한다. 지금 소개하는 것이 아니더라도 사례관리가 편하게 사용 할 수 있는 전산 프로그램이면 무엇이든 좋다. 다만, 가계도는 계속 확정해서 그려나가야 하기 때문에 수기로 작성하는 것보다는 전산 프로그램을 활용하는 것이 효율적이다.

제노프로(GenoPro)는 가계도를 그리기 위해 사용되는 응용 소프트웨어이다. 제노프로는 개인에 대해 그림, 연락처, 장소, 기원, 직업 등과 같은 정보, 그리고 개인 간의 관계를 쉽게 표시할 수 있으며, 소프트웨어를 무료(2025년 현재 무료)로 사용할 수 있다는 장점이 있다.

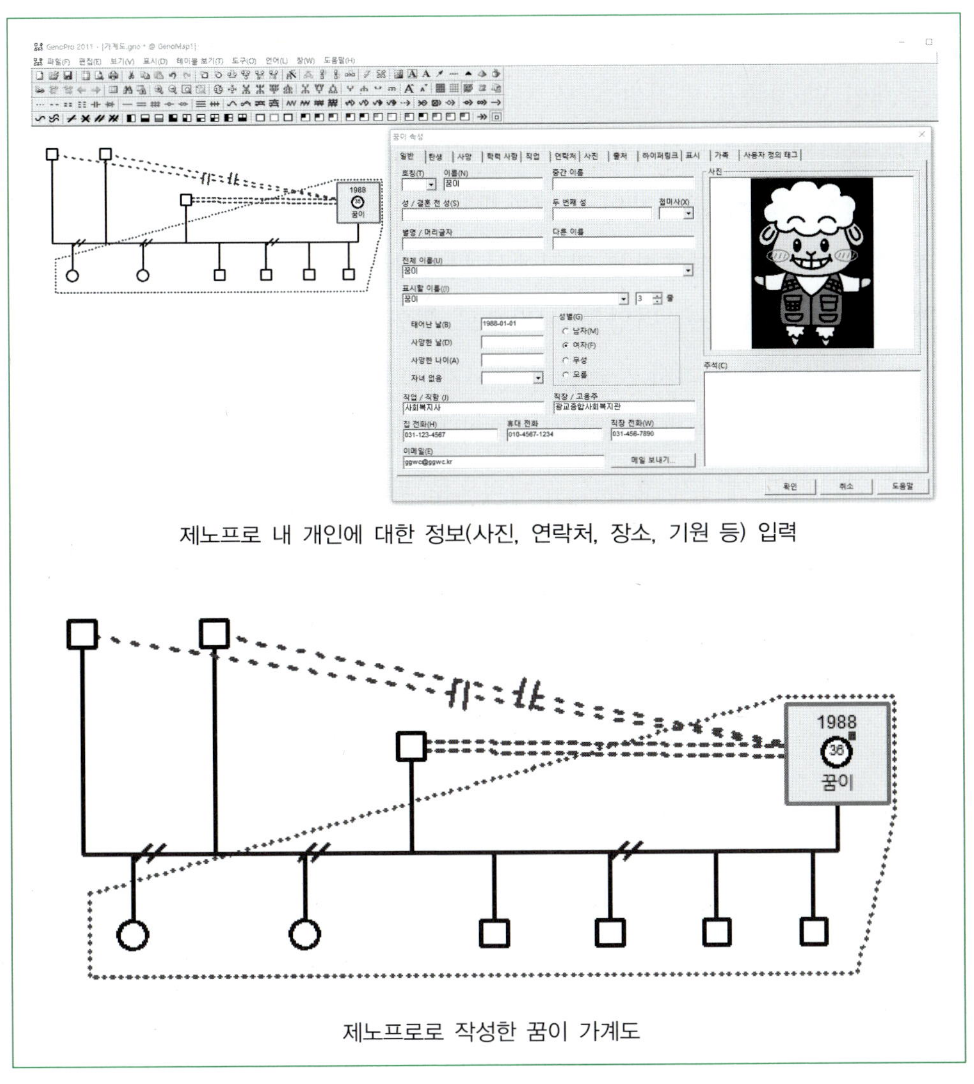

제노프로 내 개인에 대한 정보(사진, 연락처, 장소, 기원 등) 입력

제노프로로 작성한 꿈이 가계도

[그림 6-5] 제노프로를 활용한 가계도 작성법

2) 생태도

#환경과의_상호작용 #주변과의_관계 #자원망_확인

가계도가 가족 기능과 소통의 맥락을 확인할 수 있는 사정도구였다면 생태도는 개인 및 가족을 둘러싼 외부 사회체계들과의 상호작용 상태를 하나의 그림으로 나타낼 수 있도록 고안된 도구이다(이팔환 외 공역, 1999). 사례관리자는 생태도 작성을 통해 당사자의 당면과제를 개인의 것으로만 바라보는 것이 아니라 주변 관계와의 상호작용 과정에서 나타나는 불균형, 스트레스, 의미 있는 환경, 긍정적 자원 등을 다양한 시각으로 확인할 수 있다.

가계도처럼 생태도 역시 사례관리 당사자와의 꾸준한 대화와 관찰을 통해 작성된다. 이를 통해 사례관리자와 사례관리 당사자는 일상생활 속에서 확인할 수 있는 지역사회의 에너지 흐름을 구체적으로 파악하고 이해하는 과정이 된다.

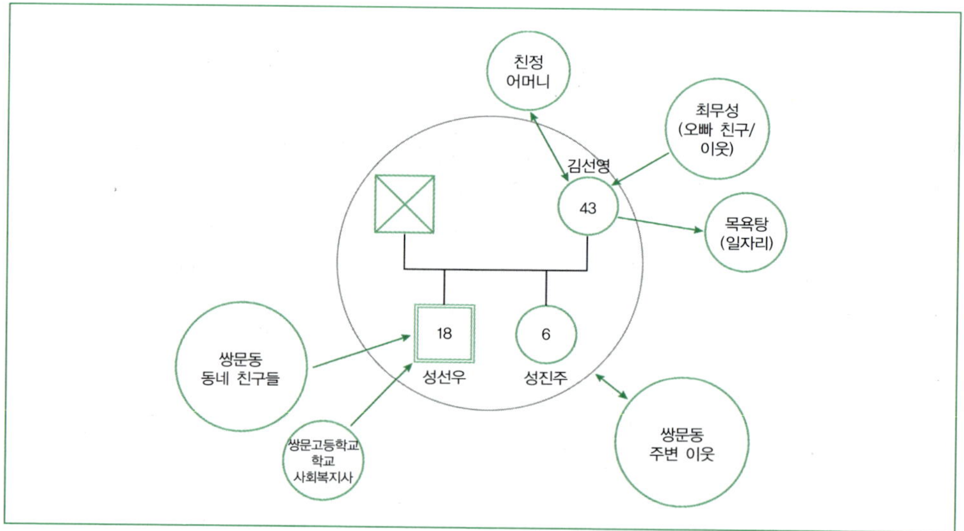

[그림 6-6] 사정 과정에서 추가된 성선우 당사자 생태도

3) 사정기록지

사정 과정에서의 기록은 초기면접 과정에서 다루는 1차적 사정정보와 이어진다. 보통 초기면접 이후의 정보를 추가로 정리하여 작성하거나, 초기면접 내용도 재정리하여 전체 사정 내용을 담은 형태로도 기록할 수 있다. 다만 전 과정에서 꾸준히 이루어지는 사정의 특성상 단순히 정해진 양식만을 활용하기보다는 당사자에 대한 추가적인 정보를 당사자의 특성에 맞게 축적하여 관리하는 것이 중요하다.

표 6-3 사정기록지 양식과 작성방법

사정기록지

<table>
<tr><td colspan="3">사례번호</td><td>기관에서 부여한 번호 기재</td><td>당사자</td><td></td><td>사례관리자</td><td></td></tr>
<tr><td colspan="3">사정일자</td><td></td><td>구분</td><td>□신규
□재사정</td><td>정보제공자</td><td></td></tr>
<tr><td colspan="3">욕구 영역구분</td><td colspan="5">• 신체 및 정신 건강
• 일상생활 유지
• 안전(학대, 방임, 기타 안전)
• 생활환경
• 경제
• 가족 관계(보육, 간병 등)
• 사회적 관계(친인척, 이웃, 동료 관계 등)
• 교육 및 학습
• 취(창)업 및 직무수행
• 법률 및 권익보장
• 돌봄
• 기타</td></tr>
<tr><td colspan="2">우선순위</td><td rowspan="2">영역</td><td rowspan="2">제시된 욕구</td><td rowspan="2">강점</td><td rowspan="2" colspan="2">공식적/비공식적 자원
(이용 가능한 자원)</td><td>척도 점수</td></tr>
<tr><td>당사자</td><td>사례관리자</td><td>1~10점</td></tr>
<tr><td></td><td></td><td>*위 욕구 영역 참고</td><td>당면과제에 대한 사례관리자와 사례관리자 간의 합의한 욕구</td><td>당사자가 욕구를 해결하기 위해 활용할 수 있는 강점</td><td colspan="2">공식적 자원과 비공식적 자원을 구분하여 작성</td><td></td></tr>
<tr><td colspan="3">사례관리여부</td><td colspan="5">□사례관리 (□일반 □집중 □위기) □사례관리 미진행</td></tr>
<tr><td colspan="3">강점 활용방안</td><td colspan="5">사례관리 당사자의 제시된 욕구를 해결함에 있어, 사례관리 당사자의 강점을 전략적으로 어떻게 활용할 것인지 작성</td></tr>
</table>

※ 기관의 특성에 따라 양식은 상이할 수 있음.

위와 같은 사정기록지를 작성할 때는 초기면접 이후 알게 되는 추가적인 정보들을 집중적으로 기록하되, 사례관리 당사자와 함께 욕구 · 강점 · 자원 · 장애물 사정과 사정도구 활용에 대한 내용을 쉽게 풀어 기술하면 더욱 좋다.

'제시된 욕구'는 당면과제에 대한 사례관리 당사자와 합의된 욕구 내용이며, 이 영역에서 발휘될 수 있는 강점과 자원을 기재한다. 척도점수는 척도를 이용해 사정한 욕구에 맞는 점수를 기재하거나, 해당 영역 욕구에 대해 사례관리 당사자에게 묻는 방식 등 사례관리자가 적용방법을 다양하게 고려하여 진행할 수 있을 것이다. 어려움의 정도를 숫자로 표현하는 것은 사실 객관적일 수가 없다. 그럼에도 불구하고 숫자를 활용하는 것은 변화정도를 사례관리 당사자가 체감하기 위한 방법이다. 따라서 몇 점에서 시작을 해야 하는지, 변화정도에 따라 몇점을 부여 할지, 사람들 마다 다른 점수를 매기는 것에 대해서 너무 고심할 필요가 없다. 그 사례관리 당사자에 맞게 설정하면 되는 것이다.

앞서 언급했던 바와 같이 사정 과정은 사례관리 당사자 및 가족과 욕구를 합의하고 서비스 내용을 결정하는 과정인 만큼 사례관리 당사자의 의견이 반드시 포함되어야 한다. 이를 위해서는 당사자 참여 중심의 사정기록을 하는 것이 매우 중요하겠다.

현장의 사례관리자가 강조하고 싶은 이야기

1) 당사자 삶의 맥락을 이해하기 위한 노력

사례관리자는 사정 과정에서 사례관리 당사자의 개인적 특성, 건강상태, 경제상황 등에 대해 정보를 수집하며, 사례관리 당사자와 가족을 둘러싸고 있는 환경을 통해서도 자료를 수집하게 된다.

이때 사례관리자가 객관적 자료수집을 목적으로 서면화되어 있는 자료, 검증된 사실들만 분석하다 보면 개인이 직접 드러내지 않던 주관적 신념, 정서적 상태, 사회적 관계, 지역사회에 대한 기대 등 가시적으로는 드러나지는 않지만 분명 사례관리 당사자를 이해하는데 중요한 요소들을 놓치게 될 가능성이 있다.

따라서 사정기록지 등 표준화 된 양식을 기록할 때에도 당사자의 상황을 이해하는데 필요한 당사자의 반응, 태도, 신념 등을 누락하는 실수로 이어진다. 사실 이러한 내용은 무형적이고 방대하여 표준화된 양식에서 별도의 작성란을 만들어 놓기가 다소 애매하다. 그러나 별도의 작성란이 없더라도, 당사자의 삶을 이해하는데 필요한 정보인 경우, 즉 표면적으로 확인되는 정보뿐만 아니라 이면을 파악할 수 있는 중요한 정보인 경우 기록을 반드시 해 놓아야 하는 것이다.

여기서 강조하고 싶은 것은 기록의 중요성이 아니다. 사정을 할 때에는 사례관리 당사자에게 표면적으로 드러난 사실뿐 아니라 이면까지 파악하면서 당사자의 삶의 맥락을 이해하는 노력이 필요하다는 것이다. 사례관리 당사자가 나타내는 반응, 신념 등이 그의 삶에 어떠한 방식으로 적용되고 영향을 미쳤는지를 고민해 보면서, 평면적인 삶의 이해가 아닌 입체적인 삶의 맥락을 이해해 보자!

2) 민감한 정보에 대한 접근: 속도의 조절

사례관리자는 면밀한 사정을 위해 사례관리 당사자와 많은 대화를 나누며 민감한 정보도 많이 수집하게 된다. 그런데 민감정보일수록, 빠른 정보 획득을 위해 '속도'를 내기보다는 당사자의 '감정'에 귀 기울이는 태도에 주의를 기울여야 한다.

만약 충분한 관계가 형성되지 않은 상황에서 사례관리자가 민감한 정보를 물어보거나 경직된 어투로 딱딱하게 상담할 경우, 상호 간의 라포는 깨지고 사례관리의 거부감으로 표출될 수 있다. 이에 적절한 시간과 장소를 염두해 두고 당사자와의 신뢰관계를 기반으로 민감정보를 수집해 가는 것이 바람직할 것이다.

이처럼 사정을 할 때는 사례관리자의 조사력이 아니라 친밀감과 신뢰감이 더 중요하다. 사례관리자와 당사자가 라포를 쌓는 데 주의를 기울인다면, 표면적 정보 이면의 복합적인 상황 욕구, 민감정보까지 파악하는 데 큰 도움이 될 것이다.

Case Management

서비스 계획과 계약

CHAPTER 07

서비스 계획과 계약

1. 서비스 계획

#당사자와_합의된_목표 #목표달성방법 #목표의_우선순위 #PCP
#개인별_지원_계획

| 표 7-1 | 사례관리 과정 중 계획수립/계약

사례발견과 접수	초기면접	사정	**계획 수립** 과 계약	실행	조정 및 점검, 재사정	평가	종결과 사후관리
사례회의							

이번 챕터에서는 사정(assessment)단계에서 파악된 내용을 바탕으로 서비스 계획을 수립하고 계약하는 과정에 대해 알아보고자 한다. 보건복지부와 경기도, 서울시 사회복지관 평가 지표에 명시된 사례관리 영역 평가 부분을 살펴보면 '사례관리의 전 과정에서 이용자의 참여를 최대한 보장하고 있는가?', '당사자의 욕구에 기반해 있는가?', '사정된 욕구에 기반한 구체적인 지원 계획을 수립하고 있는가?'와 관련한 지표를 찾을 수 있다. 이를 통해 '복지서비스 이용당

사자의 욕구를 기반으로 당사자의 참여를 최대한 보장하여 개별화된 지원 계획을 수립하고 있는가?'에 대한 내용이 중요하게 평가되고 있음을 확인할 수 있다. 이는 사례관리 계획 과정에서 '욕구'와 '사례관리 당사자의 참여'가 중점 키워드임을 나타내기에 이 키워드를 중심으로 서비스 계획에 대해 자세하게 알아보고자 한다.

1) 서비스 계획의 개념

서비스 계획은 사정단계에서 확인된 사례관리 당사자의 변화목표를 구체화하고, 변화목표를 달성하는 데 필요한 전략과 방법을 함께 구성해 가는 '논리적인 과정'이다. 따라서 이전 단계에 세부적인 사정이 이루어져야 적절한 변화목표, 달성방법, 실천계획 등을 수립할 수 있다.

계획 수립의 전 단계인 사정은 충족되어야 할 사례관리 당사자의 욕구, 서비스의 목적을 확인하는 데 주로 초점을 두는 것에 비해, 계획은 이들의 욕구를 충족시킬 수 있는 적절한 수단을 탐색하고 책임과 역할을 선택하는 것에 초점을 둔다.

즉, 서비스 계획은 사례관리 당사자와 사례관리자 간 합의 과정에서 사례관리 당사자의 장·단기 목표를 구분하고, 우선순위를 설정하며, 목표달성에 가장 적합한 해결방안 모색을 위해 사례관리 당사자에 대한 개별적인 서비스 계획을 구체화하는 과정이다.

2) 서비스 계획의 기능

서비스 계획 과정은 사례관리 당사자와의 합의를 통해 변화 목적을 설정하고, 이 목적을 달성하기 위한 하위 목표, 수단, 실천내용 등을 설정하는 것이 중요하다. 구체적으로는 목표의 우선순위 결정, 서비스 제공자, 서비스 제공시기,

제공기간 등을 함께 합의해 가며 서비스 실천의 밑그림을 그린다. 한국사례관리학회(2019)에 따르면 서비스 계획은 다음과 같은 주요 기능을 수행한다.

서비스 계획의 주요 기능

① 사례관리 당사자가 해결하길 원하는 당면과제 및 그 우선순위를 선택할 수 있도록 사례관리자와 사례관리 당사자의 생각을 구체화시키며, 이러한 과정에 참여하는 모든 사람(사례관리 당사자와 가족, 사례관리자, 다른 서비스 제공자 등)들의 주요 과업을 분명하게 한다.

② 핵심 서비스를 결정하고, 어떤 방식으로 서비스가 전달되어야 하는지에 대한 구체적인 결정과정에 사례관리 당사자가 참여하며 실천의지를 고취한다.

③ 서비스 계획에 다양한 기관이 관여하게 됨에 따라 자칫 책임성이 불분명해질 가능성이 있는데, 구체적인 서비스 계획을 통해 각 기관의 책임성을 분명히 할 수 있게 된다. 이를 위해서는 각각의 책임(권한이나 의무를 포함하여)에 대한 구체적인 내용이 서면으로 제시되어야 한다.

④ 이러한 계획은 당면과제 해결을 위한 지도(road map)로 이용할 수 있다. 이는 사례관리자에게도 중요하지만 특히 사례관리 당사자가 자신의 서비스에 대한 밑그림을 이해할 수 있는 틀을 제공한다. 즉, 전체적인 과정에 사례관리 당사자 스스로 주체적이고, 자율적인 참여를 가능케 한다는 점에서 사례관리 당사자에 대한 옹호적 실천전략으로서의 기능을 한다.

서비스 계획은 위처럼 각 기관의 책임성을 분명히 하는 것 이외에도, 기관 내부에서 각 사례관리자와 사회복지사의 역할 분담을 통해 업무 혼선을 방지하는 역할을 한다.

예를 들어, 사례관리팀에서 사례관리 받고 있는 아동이 아동복지팀의 멘토링 프로그램 참여하고 있다고 가정해 보자. 이 경우는 사례관리팀의 사회복지사(사례관리자)와 아동복지팀의 사회복지사는 아동의 특성과 변화에 대해서 공식적으로 정보를 공유해 나가야 한다. 이러한 공유는 당연하게 이루어져야겠지만 서비스 계획을 통해 공유 방법을 명확히 할 필요가 있다. 사실 공유 방법은 다양하다. 자원봉사 일지, 혹은 프로그램 일지나 업무일지 등 관련 문서를 비공개 회람할 수 있고, 사례관리 당사자와 관련된 사례회의에서 논의할 수 있다.

더 간단하게는 메신저, 메일 등을 이용하여 빠르게 관련 내용을 공유할 수 있다. 하지만 이렇게 다양한 공유 방법이 오히려 서비스 누락과 중복으로 인한 혼선을 줄 수 있다. 따라서 서비스 계획과정에서는 공유 방법과 목적을 명확히 하여 혼란을 줄이고 효과성을 높이는 것이 필요하다.

3) 서비스 계획의 과정

(1) 욕구사정 내용 및 변화목표 합의

사례관리 당사자의 변화목표는 사정에 기초하여 장·단기 목표로 나누어 설정하며 사례관리 당사자가 원하는 것, 당사자에게 필요한 것들과 상호 관련되어야 한다. 변화목표는 사례관리 당사자가 스스로 선택한 내용이어야 하고, 가능한 긍정적으로 표현한다. 평가의 척도가 되므로 최대한 구체적이고, 측정 가능하며, 현실 가능성이 있는 것으로 설정한다.

사례관리 당사자와 변화목표를 합의하는 과정 없이 사례관리자 혼자서 목표를 수립한다면 단순히 서비스를 연결하는 '중개자' 혹은 '서비스 브로커'의 기능만을 수행하게 될 가능성이 있다. 이렇게 연결된 서비스는 대개 사례관리 당사자의 실천 의지를 확대하기보다 자원에 대한 의존성을 확대할 위험이 크기 때문에 주의해야 한다. 따라서 변화목표는 사례관리자가 일방적으로 수립하는 것이 아니다. 사례관리 당사자와 욕구 사정 내용을 다시 확인하고 상호 합의하는 과정이 필요하며, 사례관리 당사자의 변화 매개체가 되는 인물(가족, 둘레사람)과 함께 계획을 수립해야 한다. '의사소통에 어려움이 있는 발달장애인 당사자와의 서비스 계획 상황'을 예시로 들어보자. 사례관리자는 발달장애인 당사자로부터 욕구를 파악하는 데 한계를 느낄 수 있다. 이때는 사례관리 당사자를 둘러싼 다양한 체계(가족, 장애인 활동지원인 등)를 통해 의견을 수집하여 목표를 수립할 수 있다. 하지만, 최선을 다해 사례관리 당사자의 욕구를 파악하고 의견을 경청하는 것이 우선시 되어야 한다.

변화목표에 대한 합의는 사례관리자와 사례관리 당사자의 의견 그 중간을 선택하는 것이 아니라 사례관리 당사자가 자신의 삶에서 긍정적으로 생각하는 부분을 발견하고 강화하는 의도적이고 적극적인 과정이 되어야 한다. 예를 들어, 발달장애인 당사자의 언어표현 증가와 상동 행동 감소를 목표로 한다면 당사자가 평소 좋아하는 그림 그리기와 연결하여 '그림을 그려 다른 친구에게 선물하기'라는 긍정적 활동을 목표로 설정할 수 있다. 실제로 그림을 그리고 선물하는 활동을 통해 발달장애인 당사자가 친구들과 이야기하는 횟수가 증가되고 자연스럽게 사용하는 단어의 개수가 늘어났으며, 수업에 대한 만족감이 높아지니 상동 행동 역시 줄어드는 결과를 볼 수 있다.

서비스 계획 과정에서 사례관리 당사자, 사례관리 당사자의 가족, 외부 전문가 외에도 동료와 함께 공유하고 이야기 나누는 동료 슈퍼비전 시간이 필요하다. 사례관리 당사자를 둘러싼 다양한 체계를 통해 의견을 수집하는 것은 물론, 현장에서의 동료, 선임, 유관기관 슈퍼비전 및 회의를 적극 활용하여 의견을 공유할 수 있다.

또한 변화목표 설정에서 중요한 것은 변화목표와 사례관리 기관의 기능이 일치하여야 한다. 사례관리 당사자의 욕구와 기관의 방향이 다르다면, 현실 가능한 범위의 목표 설정이 이루어지지 못하므로, 변화목표에 맞는 타 기관으로 연계하는 것이 바람직하다.

(2) 장·단기적 변화목표 수립 및 우선순위 결정

욕구사정 내용에 대한 숙고를 통해 사례관리 당사자와 함께 목표를 수립하였다면 좀 더 분명한 변화의 지점을 확정하기 위한 작업이 필요하다. 이 과정 역시 사례관리자의 일방적인 작업이 아니라 사례관리 당사자와의 충분한 상담을 통한 합의가 필요하며, 사례관리자의 강요나 압력에 의한 비자발적인 과정이 아니라 사례관리 당사자의 자율성과 참여가 충분히 보장되어야 한다. 이러한 작업은 비록 더디고 비효율적인 것처럼 보일지라도 궁극적으로는 더욱 견

고한 관계형성 및 협력적인 노력을 가능하게 한다(권진숙 외, 2019).

변화목표는 목표를 달성하기 위한 과정이 진행되는 기간에 따라 장기적 변화목표와 단기적 변화목표로 나눌 수 있다. 장기적 변화목표는 사례관리라는 서비스 제공 과정이 종결되는 시점에 나타나는 변화와 관련하여 현실적으로 달성 가능한 목표 상태나 수준을 반영한다. 사례관리 당사자의 상황에 따라 기간은 달라지겠지만 대부분 6개월 이상의 기간이 소요될 것이며, 때에 따라 수년간 노력이 필요하다.

단기목표는 3개월 이내에 달성 가능한 목표이다. 단기목표는 장기목표와 무관한 별도의 과정이 아니라 장기목표를 지향하고, 장기목표를 달성하는 데 기여하며, 장기목표 달성을 위한 과도기적 목표의 의미를 갖는다. 즉, 단기목표를 지속적으로 추구하고 달성하게 된다면 장기목표를 달성하게 될 것이라는 전망이 반영되어야 하며, 이와 함께 욕구 영역별로 구체적인 목표 및 과업이 제시되어야 한다(권진숙 외, 2019).

장·단기적 변화목표가 수립되었다면, 이 중 우선순위를 결정해야 한다. 우선순위에 따라 실천계획이 달라지기 때문에 사례관리자와 사례관리 당사자가 충분한 이야기를 나눈 후 결정하는 것이 바람직하다.

성선우 학생 사례의 배경설명 1

사정 단계에서 살펴보았던 선우네 사례를 생각해 보자. 선우는 대학 진학을 위해 대학 등록금 마련과 안정된 주거생활에 대한 욕구를 표현하였다. 이에 '안정된 주거생활과 등록금 마련'에 대해 직접적으로 우선순위를 선정하였다.

그러나 사례관리자는 선우에 대한 개입보다는 가족의 경제적 안정을 위해 선우 어머니의 '취업 및 경제적 자립도 향상'을 가장 중요한 우선순위라고 생각한다. 때문에 사례관리자는 선우 어머니에게 높은 소득이 보장되는 직업을 추천하고 직업학교를 소개했다고 가정해 보자.

이는 선우와 선우 어머니의 욕구를 바탕으로 한 목표설정이 아니기 때문에, 실천 의지가 낮아져 직업학교 출석률 또한 저조할 수 있다. 이 경우 사례관리자와 사례관리 당사자와의 신뢰관계 및 연계된 기관과의 신뢰관계까지 무너질 수 있다.

따라서 사례관리자가 보기에 객관적인 목표라고 생각되더라도, 당사자와의 관계형성과 사례관리 당사자의 실천의지 고취를 위해 충분한 설명이 이행된 후 사례관리 당사자의 선택에 의한 목표 및 우선순위를 설정하는 것이 가장 중요하다.

(3) 실천계획 수립

변화목표가 '사례관리 전 과정을 통해 도달하고자 하는 지점'이라면 실천계획은 '변화목표로 나아가는 단계적 목표'인 동시에 '과업이나 실천과정을 구체화 한 것'이다. 실천계획은 보통 한 번에 세우지 않으며, 시간이 흐르면서 수정되거나 보완될 수 있다. 실천계획을 수립할 때는 '사례관리 당사자가 할 수 있는 것부터 찾아보도록 돕기, 예외 찾기, 스스로 결정할 기회 충분히 주기, 사례관리 당사자의 주변 자원 찾기'의 방법들로 진행된다. 실천계획 내 포함되어야 할 내용으로는 서비스 제공자와 제공 기관 합의, 주변 관계자와 역할 분담, 시간 계획 수립 등이 있다.

① 서비스 제공자와 제공 기관 합의

수립한 계획을 누가 어떤 방식으로 수행할 때 가장 효과적인가, 욕구 영역별로 제시된 구체적인 과업을 누가 어떤 방식으로 제공하는 것이 가장 바람직한가에 초점을 두고 서비스 제공 기관을 탐색한다. 이때 모든 활동을 사례관리 기관에서 연계하는 것이 아니라 누가 제공하는 것이 효과적인가에 초점을 둔 탐색이어야 한다. 또 사례관리 당사자 본인이나 가족, 친인척, 이웃 등 지역사회의 비공식적 지지체계도 1차적인 고려 대상이 되어야 하며 이들 비공식 지지체계를 적극적으로 참여시키고 관계성을 증진하는 데 초점을 두어야 한다.

만약 이러한 비공식적 지지체계의 협력을 기대할 수 없거나, 전문적인 서비스 제공 기관을 통한 지원이 더욱 효과적인 경우에는 다양한 지역사회 자원에 대한 탐색이 필요하다. 같은 효과를 기대할 수 있는 서비스 제공 기관이 많다면 사례관리 당사자가 선호하는 기관을 선택할 수 있도록 한다. 잠정적인 서비스 제공 주체나 기관이 선정된다면 해당 주체나 기관을 접촉하여 가능 여부를 확인하고 협력을 촉구하며, 서비스 제공에 대한 동의를 확보한다. 이러한 작업은 개별 기관과의 접촉을 통해서 이루어질 수 있으며 지역 내 통합사례회의를 통해서 이루어질 수 있다(권진숙 외, 2019).

② 주변 관계자와 역할 분담

비공식적 지지체계가 다양할 경우 가족의 역할, 이웃의 역할, 종교기관의 역할 등 각 지지체계의 역할에 대한 구체화와 동의 확보가 필요하다. 비공식적 지지체계가 아니더라도 서비스 제공 기관들 각각의 역할과 연계하는 자원에 대해 공유할 필요가 있다. 이러한 과정은 개별 기관 접촉을 통해서도 이뤄질 수 있지만, 합의된 서비스 제공 기관이 지역 내 통합사례회의를 통해 공유하는 것이 효율적이다.

예를 들어, 선우와 함께 사정과 목표 수립을 마치고 구체적인 실천계획을 세우고자 지역 내 자원을 조사한 결과, 의뢰자인 쌍문고등학교 학교사회복지사와 쌍문동행정복지센터, 무료법률상담기관 등이 조사되었다. 이때 먼저 해야 할 일은 주 사례관리 기관과 서비스 제공 기관을 설정하여 역할 분담을 통해 서비스 중복을 최소화하는 것이다. 그리고 어떤 기관을 주 사례기관으로 설정하는 것이 가장 효과적인지에 대해 검토한다. 그 다음 통합사례회의를 통해 기관 간 역할을 분담하여 각 기관의 서비스가 시너지를 낼 수 있는 방안을 모색한다. 물론 중복 서비스에 대한 논의도 잊지 않아야 하겠다.

③ 시간 계획수립

욕구 영역별로 서비스 제공 주체와 제공 기관에 대한 확정과 함께 해당 서비스의 제공 주기와 기간에 대한 계획도 구체적으로 수립되어야 한다. 서비스 제공 주기 및 기간은 해당 서비스 제공 기관의 정책이나 지침에 의한 것이 아니다. 사례관리 당사자의 변화목표 달성에 충분한 기간이 제공될 수 있도록 계획

되어야 하며, 이러한 충분성이 확보되도록 관련 기관 설득이나 협조요청 등의 조정 작업이 선행되어야 한다. 그러나 시간 계획은 사례관리 당사자의 변화 상황에 따라 유동적일 수 있으므로 진행 상황에 맞추어 지속적인 수정 · 보완작업이 필요하다(권진숙 외, 2019).

4) 좋은 목표 설정의 특성

사례관리 과정이 원활하게 진행되기 위해서는 복지서비스 이용 당사자가 목표를 향해 나아가도록 지지하고 이를 통해 목표를 잘 발전시켜 나가는 것이 관건이다. 다음의 요소는 계획 및 목표를 발전시켜 나가는 데 고려해야 할 것으로, 당사자가 원하는 변화를 만들어 가는 데 도움이 되는 좋은 목표는 다음의 특성을 가지고 있다(신재은 외, 2019: 34-40).

(1) 사례관리 당사자에게 중요한 것

목표는 사례관리 당사자에게 중요한 것이어야 한다. 목표가 사례관리 당사자에게 중요한 것이 아닌 경우, 사례관리를 진행하는 과정에서 사례관리 당사자가 소극적 자세를 취할 수 있다. 그렇게 되면 사례관리자의 에너지가 많이 투여되어 결과적으로 사례관리자가 소진될 가능성이 높다. 사례관리자가 보기에 중요한 당면과제 혹은 해결책을 목표로 정하고 계획하기보다 사례관리 당사자가 원하고 중요하게 여기는 것에 초점을 두고 목표를 합의하고 계획해야 한다. 사례관리 당사자에게 중요한 것을 목표로 하게 되면, 사례관리 당사자가 사례관리자와 협력하기 쉽고, 사례관리 당사자 스스로 변화를 위해 노력하게 된다.

사례관리자는 다양한 당면과제로 어려움을 겪고 있는 사례관리 당사자를 만나게 된다. 때문에 사례관리 당사자가 무엇을 원하는지 묻고 탐색하는 과정을 생략하고 사례관리 당사자의 당면과제를 신속하게 해결해 주고 싶어 하는 마음이 앞선다. 다양하고 복잡한 당면과제를 신속하게 해결해 주는 것이 사례관리자의 역할이라고 생각해서일 것이다. 다르게 생각하면, 사례관리 당사자보다 사례관리자가 더 전문적인 사정과 개입을 할 수 있다는 생각에서 나오는 행동일 수 있다.

사례관리자가 사례관리 당사자보다 더 우월한 지식과 사정을 할 수 있다는 생각을 내려놓고 비록 사례관리자의 눈에 어색한 모습으로 보일지라도 사례관리 당사자가 살아온 삶에서 자연스럽게 습득한 경험과 지식을 존중할 필요가 있다. 이런 자세로 사례관리 당사자를 만나게 되면 사례관리자가 임의로 사정하고 진단하는 것을 멈추게 되고 사례관리 당사자의 삶의 경험과 지식을 탐구하는 자세로 아주 작은 일이라도 사례관리 당사자에게 질문하고 사례관리 당사자가 만족하는 삶을 살 수 있도록 돕게 될 것이다.

그래서 사례관리자는 작은 사안도 임의로 진단하고 개입하는 것이 아니라 사례관리 당사자가 무엇을 원하는지, 무엇을 중요하게 생각하는지 묻고 사례관리 당사자가 중요하게 생각하는 것으로부터 시작하는 것이 매우 중요하다. 이와 관련해 〈성선우 학생 사례의 배경설명 2, 3〉을 살펴보자.

성선우 학생 사례의 배경설명 2

- ■ 김선영: 겨울이 오는데 연탄 살 돈도 없고, 남들은 다 있다는 전기장판 하나 없어서 이번 겨울 걱정입니다…. 이번 겨울은 유독 춥다고 하는데 어린 진주도 있고, 따신 데서 공부해야 하는 선우도 걱정이 되네요…. 어떻게 하면 좋을까요?
- □ 사례관리자: 걱정이 이만저만이 아니시겠어요…. 이번에 후원금 들어온 것이 있는데 이걸로 보일러 설치해 드리겠습니다. 요즘 누가 연탄으로 한겨울을 보냅니까. 연탄 너무 위험하기도 하고, 보일러만 들어오면 따뜻하게 겨울 지내실 수 있을 겁니다.
- ■ 김선영: 보일러는 가스비가 걱정이라서요…. 보일러는 당장 필요하지 않을 것 같은데….
- □ 사례관리자: 음... 제가 생각하기엔 그래도 보일러가 더 좋을 것 같아요. 보일러 지원 사업이 있는지 알아볼게요.

성선우 학생 사례의 배경설명 3

■ 김선영: 겨울이 오는데 연탄 살 돈도 없고, 남들은 다 있다는 전기장판 하나 없어서 이번 겨울 걱정입니다…. 이번 겨울은 유독 춥다고 하는데 어린 진주도 있고, 따신 데서 공부해야 하는 선우도 걱정이 되네요…. 어떻게 하면 좋을까요?
□ 사례관리자: 걱정이 이만저만이 아니시겠어요…. 저번 겨울은 어떻게 지내셨나요?
■ 김선영: 낮에는 옆집 아줌마네 가 있고, 밤에는 이웃집에 진주 맡기고 아르바이트를 다녀왔어요. 집에서 잘 때는 따뜻한 물주머니 옆에 두고 잠들었네요.
□ 사례관리자: 그럼 이번 겨울은 어떻게 지낼 계획이세요?
■ 김선영: 낮에 선우는 학교 가고 저랑 진주는 옆집 아줌마네 가 있으니까… 밤에 따뜻하게 잘 수 있는 물품이 있으면 좋겠네요.
□ 사례관리자: 어머니가 가장 필요하다고 생각하시는 난방용품이 있을까요?
■ 김선영: 전기비도 많이 나오지 않고, 따뜻하게 잘 수 있는 전기장판만 있어도 행복할 것 같아요.

…

(사례관리자는 사례관리 당사자의 단순한 난방용품 지원 요청을 '동절기 안정적인 주거환경 마련'에 대한 욕구로 전환하여 난방비 지원 사업에 대한 정보를 확인함.)

…

□ 사례관리자: 이번에 ○○○○협회에서 난방비 지원 사업을 진행한다고 해요. 난방비 지원이 된다면, 전기비와 추위 걱정을 덜고 따뜻하게 지내실 수 있을 것 같아요. 지원 사업은 해당 가구에서 개별적으로 직접 신청하는 것은 불가능하고, 기관에서만 신청이 가능하네요. 접수를 원하신다면 함께 신청서를 작성하고 제출할 수 있습니다. 다만, 신청한다고 해서 100% 선정되는 것은 아닙니다. 선정 기준에 부합하지 않을 수도 있기 때문에 이점 참고해 주세요.

〈성선우 학생 사례의 배경설명 2〉에서는 사례관리자가 선우네 가족의 욕구와 우선순위를 묻고 의논하는 과정 없이 사례관리자 임의로 보일러 설치를 권유하고 있다. 반면, 〈성선우 학생 사례의 배경설명 3〉에서 사례관리자는 선우네 가족의 욕구와 우선사항을 묻고 의논하는 과정을 거치고 있다. 사례관리자가 방법을 제시할 수는 있지만 어디까지나 절대적인 해결책은 아니라는 것을 염두에 두어야 한다.

또한 〈성선우 학생 사례의 배경설명 3〉처럼 외부지원사업에 신청할 경우 근거 없는 확신으로 사례관리 당사자에게 괜한 기대감을 심는 행위는 삼가는 것이 좋다. 자원 연계 방법으로는 외부지원사업 외에도 마을에 있는 자원을 사례관리 당사자와 함께, 혹은 지역주민과 함께 찾는 방법도 있다.

(2) 문제적 상황 제거보다는 긍정적인 행동

사례관리 목표를 흔히 '술 먹지 않기, 도박 끊기, 욕하지 않기'처럼 '당사자의 당면과제를 제거하는 것'으로 세우는 경우가 많다. 사실 당면과제를 없애는 방식은 가장 어렵고 힘이 들지만 쉽게 생각해낼 수 있는 목표이기 때문에 많은 사례관리자가 가장 먼저 이 방식을 시도한다. 그러나 오랫동안 습관화된 문제적 상황 및 행동을 줄이는 것은 쉽지 않다. 쉽지 않은 것을 목표로 잡으면 성공하기 어렵고, 이 과정에서 사례관리 당사자는 좌절하기 쉽다. 그보단 사례관리 당사자가 변화하기 원하는 모습으로 초점을 돌려 문제적 행동 대신 무엇을 하고 싶은지 물어보고, 긍정적인 행동을 목표로 하는 것이 유용하다.

사례관리자는 가장 큰 변화목표라고 생각하지만, 사례관리 당사자는 그렇지 않은 경우도 있다. 예를 들어, 쓰레기를 지속적으로 수거하여 집안에 쌓아두는 습관으로 인해 위생적이지 않은 주거환경에서 어린 아동을 양육하는 당사자가 있다고 가정해 보자. 이때 사례관리자는 주거환경 개선을 우선적인 목표로 생각하지만 사례관리 당사자는 주거환경에 대한 문제의식을 느끼지 못하며, 자녀의 교육환경에만 관심이 있다. 그렇기에 '쓰레기 모으지 않기'라는 목표에 당사자는 거부 의사를 표현하였다. 이때 부정적인 목표(쓰레기 모으지 않기)보다는 긍정적인 목표로 바꿔 표현하며, 초점을 전환하는 방법이 필요하다. 사례관리 당사자의 선택을 중요시하되, 사례관리자의 변화목표까지 녹여내어 '자녀 침실 도배, 정돈 된 상태유지하기'를 목표로 합의가 이뤄진다면, 사례관리 당사자는 자녀의 깨끗하고 안전한 방을 위해서 집을 청소하게 될 수 있다.

[그림 7-1] 계획수립 시 부정적인 목표를 긍정적인 목표로 수정하기

(3) 마지막 결과가 아닌 첫 시작

사례관리 당사자의 역량강화는 당사자가 작은 성공 경험을 쌓으면서 이루어진다. 이를 위해 되도록 이루기 쉬운 것을 목표로 정하는 것이 중요하다. 사례관리 당사자들에게 변화하기 원하는 모습을 물어보면, 보통 당면과제가 다 해결된 상황, 즉 결승점을 이야기하는 경향이 있다. 목표를 크고 높게 잡으면 목표에 도달하기까지 많은 시간이 걸리게 되고, 목표를 이루는 것이 대단히 힘겹고 어렵게 느껴져 중간에 포기하기 쉽다. 또한 이런 목표는 희망사항일 뿐 도움이 되지 않는 경우도 있다.

그렇기에 사례관리 당사자가 원하는 것을 이루기 위해 무엇이 변화해야 하는지 구체적인 시작점을 생각할 수 있도록 도와야 한다. 원하는 방향으로 나아가기 시작했다는 것을 알 수 있는 첫 신호가 무엇인지 물어보는 것이 도움이 된다. 이를 통해 작은 변화에도 주목하게 됨으로써 변화의 시작을 빨리 알아차리게 되고, 결국 변화를 위한 노력에 탄력을 받게 된다.

(4) 측정 가능하며 구체적인 것

사례관리 당사자가 원하는 목표는 구체적으로 표현되어야 한다. 원하는 모습이 어떤 것인지 구체적으로 그릴 수 있어야 사례관리 당사자도 자신의 원하는 것을 분명하게 인식할 수 있고, 목표를 위해 자신이 무엇을 해야 할지 보다 명확하게 드러나 실제 행동으로 옮길 가능성이 커진다. 목표가 추상적이고 모호하면 사례관리의 방향과 종결 시점을 알 수 없게 된다. 그렇게 되면 목표를 이루고도 사례관리자와 사례관리 당사자 모두 그 사실을 알지 못하거나, 현재 어느 정도 진행되고 있는지 평가하기도 어렵다. 결국 사례관리 기간만 길어지고 사례관리자도 사례관리 당사자도 지치게 된다. 자신이 원하는 변화가 이루어졌을 때 어떻게 달라질지 자세하게 이야기하는 과정 자체가 당면과제 해결을 위한 사례관리 당사자의 실천 동기에 긍정적인 영향을 줄 수 있다. 그렇기에 목표는 그것의 달성 여부를 확인할 수 있도록 측정 가능한 구체적인 용어로 기술되어야 한다.

(5) 달성 가능성

목표는 실제 달성 가능한 것이어야 한다. 아무리 좋고 바람직한 목표라 할지라도 그것이 현실적으로 성취 가능한 것이 아니면 의미가 없다. 실현 가능 여부는 사례관리 당사자 자신이 가장 잘 알기에 사례관리자는 사례관리 당사자가 원하는 변화가 실제로 가능한지 물어야 한다. 만약 실현 가능하지 않다고 당사자가 인식하게 되면 스스로 다른 대안을 찾아 노력하게 되며, 사례관리자는 사례관리 당사자와 함께 현실적인 목표를 세울 수 있도록 도와야 한다.

(6) 변화를 위해 사례관리 당사자 본인이 할 수 있는 것

사례관리 당사자가 현재 당면과제가 자신이 아닌 가족이나 다른 사람 때문이라고 생각하는 경우, 원하는 변화를 물어보면 대체로 다른 사람이 달라져야 한다고 대답한다. 변화는 당면과제의 원인을 제공하는 사람의 변화에서 시작하는 것이 가장 이상적이나, 반드시 그래야만 변화가 가능한 것은 아니다. 변화의 필요성을 인식하는 사람 누구라도 먼저 달라지면, 상대방에게 영향을 미쳐 원하는 변화를 이룰 수 있다. 사례관리자는 사례관리 당사자의 이야기를 수용하면서, 사례관리 당사자가 원하는 대로 다른 사람이 달라지면 자신은 어떻게 할 것인지 이야기하도록 돕는 것이 유용하다.

다음 예시를 살펴보자.

다음은 사례관리 당사자와 함께 목표를 발전시키는 데 유용한 질문으로 강점 관점 해결중심 접근에서 활용하는 질문 기법이다(신재은 외, 2019: 41-44).

(1) 기적질문

기적질문이란 당사자의 당면과제가 다 해결된 때를 상상하면서 자신의 삶이 어떻게 달라질 것인지를 생각해 보도록 하는 질문이다. 기적질문은 당사자의 초점을 당면과제에서 해결로 전환시킨다. 이 질문을 통해 사례관리 당사자는 변화 가능성을 마음껏 그려보게 되면서 과거와 현재의 당면과제에서 벗어나 미래의 만족스러운 삶으로 관심을 돌리게 된다. 기적질문 이후, 사례관리 당사자가 원하는 미래의 모습을 명료화하여 당사자가 이를 위해 할 수 있는 구체적인 모습을 그릴 수 있도록 후속 질문을 해나가야 한다. 사례관리 당사자가 '잘 모르겠다'는 반응을 보이는 것은 지극히 자연스러운 현상이다. 이때 사례관리자는 사례관리 당사자가 더 구체적인 기적 상황을 그릴 수 있도록 현재 상황에서 실현 가능한 기적 질문을 할 수 있어야 한다.

예시

"만약 내일 아침 모든 문제가 해결되었다고 생각해 보세요. 그때는 어떤 모습이고, 무엇이 달라졌다고 느낄까요?"

(2) 척도질문

척도질문은 숫자를 이용해서 당사자가 인식하고 있는 바를 구체적으로 표현하도록 도와주는 질문이다. 척도질문은 현재 상황, 변화를 위한 의지, 목표의 우선순위, 미래에 대한 가능성 등에 대한 당사자의 직관적인 인식을 보다 명료하고 분명하게 표현하도록 한다. 사례관리 당사자가 말한 점수에 기초해서 그 점수의 근거가 무엇인지 사례관리 당사자 스스로 탐색하도록 함으로써, 없는 것이 아니라 있는 것에 주목하게 한다. 이는 당사자가 가진 힘과 자원에 대해

보다 깊이 인식하도록 하여 사례관리 당사자의 강점을 강화시킨다. 더불어 당사자가 현재 상태에서 원하는 변화로 나아가도록 다음 단계에서 무엇을 어떻게 해야 하는지 그려보도록 안내한다.

예시

"현재 상태가 목표달성에 어느 정도 가까워졌다고 생각하세요? 0에서 10 사이의 숫자로 표현해 보세요."

(3) 관계성 질문

관계성 질문이란 무엇을 보고 당사자의 상황, 나아진 모습 등을 알 수 있는지 사례관리 당사자에게 중요한 사람의 입장에서 바라보게 하는 질문이다. 사례관리 당사자가 원하는 것을 구체화하거나 변화를 위해서는 다른 사람이 달라져야 한다고 할 때, 사례관리 당사자 자신의 역할로 초점을 전환할 때 활용한다. 사례관리 당사자는 관계성 질문을 통해 현재 당면한 과제, 상황을 분명히 인식하고 자신의 행동과 목표가 타인에게 미치는 영향을 생각할 수 있다. 또한, 긍정적 변화가 관계에 미치는 영향을 고려하여 자신의 발전한 모습을 전체 맥락이나 체계적 관점에서 보게 한다.

예시

"당신이 문제를 해결하면 가족들은 어떤 변화를 느끼게 될까요? 만약 이 목표가 달성되면 어머니는 어떤 반응을 보일까요?"

2. 심화된 서비스 계획

#개인별_지원_계획 #ISP #발달장애인 #사람중심계획 #PCP

1) 개인별 지원 계획(ISP: Individual Support Plan) 수립

사례관리 과정 안에서 서비스 계획은 당면과제가 비슷한 사례관리 당사자라고 할지라도 각기 다르게 수립된다. 개개인별 변화목표와, 실천계획을 달리 설정하여 각기 다른 자원을 연계하게 된다. 이를 개인별 지원 계획이라고 하며, 사례관리의 중추적 기능을 수행한다. 개인별 지원 계획에 의거하여 사례관리 당사자 개개인 간 다른 목표를 설정하고 사례관리 당사자 개인별로 다양한 역할을 수행한다. 이에 사례관리 당사자가 주체가 되어 책임감을 가지고 자신의 변화목표와 목표를 달성하기 위한 자신의 역할을 설정하고 자신을 둘러싼 다양한 사회관계망과 자원을 끌어올 수 있다.

(1) 개인별 지원 계획(ISP)의 중요성

개인별 지원 계획이 중요한 이유 첫째는 사례관리 당사자가 원하는 변화목표를 직접 선택할 수 있으며, 자신의 목표달성을 위해 포함된 모든 사람들의 업무분담과 활동을 구체화한다는 것이다. 둘째, 핵심부분을 검토하고 누가, 무엇을, 언제 할 것인가의 결정에 사례관리 당사자를 참여시킨다. 셋째는 책임성을 분명히 해준다는 것이다. 사례관리는 사례관리자의 독자적인 개입계획에 의해 수행되는 것이 아니라 사례관리 당사자와의 파트너십에 기반을 두어 이루어지기 때문에 그 책임성에 있어서 사례관리 당사자의 역할은 매우 주도적이며 중요하다. 넷째, 이러한 계획은 하나의 안내체계, 즉 당면과제 해결을 위한 지도로 이용할 수 있다는 것이며 마지막으로 다섯째는 평가성을 의미한다. 계획을 통해 목표달성의 가능성을 높이고 또한 그 성취 정도를 평가하는 데 중요한 지표가 된다는 것이다(권진숙 외, 2019).

(2) 개인별 지원 계획 수립의 발전과정과 전략

체계적인 개인별 지원 계획을 위해서는 구체적인 활동 전략을 세워야 한다. 이 전략은 사례관리의 세부적인 수행 내용을 제시하는데 첫째, 사정 요약하기, 둘째, 목적 개발하기, 셋째, 우선순위 정하기 마지막으로 과제 확인과 책임부여 등이 있다(권진숙 외, 2019). 이에 대한 구체적인 실천단계를 살펴보면 다음 〈표 7-2〉와 같다.

표 7-2 계획의 실천과정 단계

단계	내용
1단계. 상호 간 목표 만들기	상호 간 목표는 보다 구체적으로 바람직한 결과를 언급하고, 행동적 특수 언어로 설명하며, 평가를 위한 시간에 따라 달성되어야 하며, 당사자와 그의 환경을 향상시킴. 일반적으로 향상이 된다는 것을 기대하지만 항상 긍정적인 변화가 있다는 것을 의미하지는 않음.
2단계. 우선순위 정하기	우선순위를 결정하는 기준으로 욕구와 요구의 차이 등을 고려할 수 있음. 우선순위 결정 기준은 첫째, 당사자가 가장 중요하다고 생각하는 것, 둘째, 생활과 자녀에게 당장의 위험 가능성이 있는지의 여부, 셋째, 달성하기 쉬운 것으로 함.
3단계. 전략 세우기	브레인스토밍 기술 등을 들 수 있음. 이때 전략은 실천 가능하고 실천적인 성과를 용이하게 거둘 수 있는 것에서부터 어려운 수준으로 진행되도록 계획함.
4단계. 전략내용 분석	전략들 중 선택하기로 세력장(장점과 단점)의 분석, 분석 후 어떤 원조세력이 강화될 것인지를 알아보고 선택함.
5단계. 실행단계	당사자와 함께 실행함.

출처: 권진숙 · 박지영 (2009). p. 165.

2) 개인별 지원 계획 수립: 사람중심계획(PCP: Person-Centered Planning)

(1) 커뮤니티케어 관련 PCP의 중요성

2018년 정부는 지역사회통합돌봄(커뮤니티케어, Community Care) 정책을 발표하였다. 보건복지부에 따르면 지역사회통합돌봄은 '돌봄을 필요로 하는 사람들이 자택이나 그룹홈 등 지역사회에 거주하면서 개개인의 욕구에 맞는 복지급여와 서비스를 누리고, 지역사회와 함께 어울려 살아가며 자아실현과 활동을 할 수 있도록 하는 혁신적인 사회서비스체계'를 의미한다(장재웅 외, 2020).

커뮤니티케어는 장애인의 자립에 대한 확신과 이를 지원하는 지역 내 다양한 복지지원체계의 연대를 통해 지역에서 일상생활을 누리는 포괄적인 복지지원방식이라고 할 수 있으며, 지역의 구성원으로서 지역 속에서 돌봄의 대상이며 마을 속 주체가 되게 하는 공생사회의 개념과도 일맥상통한다(전지혜, 2018). 이처럼 기존의 시설 중심의 서비스에서 지역사회통합돌봄체계로 전환됨에 따라 정부는 탈시설과 함께 지역사회 중심의 서비스로 전환하며 수요자의 선택권을 확대하는 방식으로의 지원 서비스가 필요하게 되었다(장재웅 외, 2020).

장애인복지관의 향후 역할로 지역사회 중심적이며 장애민감성을 높여 지역사회 중심 기관으로 전환되는 것을 강조하고 있으며(김용득, 2017), 최근 장애인복지관에서 사람 중심 지원, 시민옹호인 양성, 자조 모임 지원, 스몰스파크(Small Spark), 마을 만들기 등 지역사회 중심 실천이 적극적으로 강조되고 있는 것은 환경변화 대응 차원에서 같은 맥락으로 보인다(황인매, 2019). 지역사회 기반의 서비스로 전환되는 과정에서 사람중심계획(PCP: Person-Centered Planning, 이하 PCP로 사용)이 당사자 중심의 지역사회 기반 서비스를 실천하는 데 중요한 방법이라고 할 수 있다(장재웅 외, 2020).

(2) PCP에 대한 개념

사람중심계획(PCP)은 장애인 본인과 그의 가족, 그와 관계를 갖고 있는 사람들이 함께 모여 장애인 당사자의 꿈과 희망, 삶의 목적을 찾고 그를 성취하기 위한 계획과 필요한 자원을 할당하는 것이다. 즉, PCP는 자신의 삶을 어떻게 살아가길 원하는가, 이러한 삶이 가능하기 위해서 어떤 것이 필요한가를 발견해가는 과정이다.

PCP의 특성은 장애인 당사자와 그 사람을 사랑하는 사람들이 그 사람의 삶의 방향에 대하여 1차적인 권한을 갖는다. PCP는 장애인의 존엄성을 인정해야만 가능하다. 개인을 존중하기 때문에 동등하고, 강압적이지 않는 관계가 형성되며 개인의 독특성이 인정되고, 다른 사람들과 효과적인 의사소통을 하게 된다. 다음은 PCP의 특성에 해당한다(서울시장애인복지관협회, 2017).

PCP의 특성

① 지역사회 안에서 생활하며, 지역사회에 참여한다. (Community Presence, Partici- pation)
② 사람들과의 만족스러운 관계를 만들며, 이를 유지한다. (Relationship, Full Inclusion)
③ 본인이 좋아하는 것을 표현하고, 일상생활 속에서 그것을 선택하도록 한다. (Choice)
④ 존경받는 역할을 수행할 수 있는 기회를 가지며, 존엄성을 유지하며 산다. (Respect)
⑤ 개인적 능력을 지속적으로 개발한다. (Competence)

PCP에서 가장 중요한 개념 중 하나는 **사례관리 당사자에게 중요한 것**(important to)과 **사례관리 당사자를 위해 중요한 것**(important for)이라 할 수 있다. 이는 사례관리 당사자를 위해 중요한 것에 그치는 것만이 아닌, 사례관리 당사자에게 중요한 것에 대한 강조와 양자 간의 균형을 요구하며 지역사회 안에서 의미 있는 활동을 하며 통합된 삶을 살아감을 강조한다(윤재영·문영민 공역, 2019). 더 나아가 개인 차원에서 지원함을 벗어나 조직, 시스템 차원의 변화를 통해 사람 중심 시스템을 구축할 것을 강조한다(윤재영, 2019). 이러한 서비스를 통해 궁극적으로 장애인이 지역사회 구성원으로서 사회에 참여하고 자신의 삶의 양식을 선택하고 주도하는 데 영향을 미치게 된다. 이처럼 PCP는 전문가의 개입을 기반으로 체계에 맞춰 사업이 운영되는 장애인복지관의 기존 서비스와는 차별점을 가지고 있으며, 내가 살아가는 지역에서 통합적인 서비스를 받는 지역사회통합돌봄으로 전환되고 있는 최근 패러다임에 맞춰 적용할 수 있는 대안적인 실천방법이다(장재웅 외, 2020).

| 표 7-3 | 기관중심계획과 사람중심계획의 속성

기관중심계획	사람중심계획
① 전문가들이 이끌어감	① 1~2명의 촉진자가 진행
② 참가자는 일반적으로 대부분 성인	② 참가자는 다양: 개인과 가족
③ 과정은 목표 지향적이며 서류 요구 사항을 충족하도록 설계	③ 성찰과 창의적인 과정에서 정보를 얻도록 설계
④ 제공된 정보, 읽은 보고서, 평가된 공식 평가 데이터	④ 정보는 공유, 보고서는 읽지 않으며, 비공식적인 평가
⑤ 학교에서 개최되는 회의, 전형적인 방 배치, 직원들에게 편리	⑤ 함께 결정한 위치, 편안함이 핵심이고, 좌석은 반원형
⑥ 성과와 관련된 전문가들 사이에서 일부 로비가 일어날 수 있음	⑥ 모든 참석자들과의 브레인스토밍은 높은 가치를 지님
⑦ 관점은 종종 문제 기반, 기관의 필요성 및 가용성을 우선시	⑦ 강점 관점에 기반: 개인의 욕구가 우선, 기존의 가용성은 이차적
⑧ 유급 전문가는 일반적으로 IEP[1] 목표를 개발하기 위해 정보를 수집	⑧ IEP 목표 개발에는 개인의 지원 서클이 함께하고 있음
⑨ 종종 '필요한 악'으로 묘사	⑨ 희망적인 것으로 표현
⑩ 자기 옹호를 배우거나 가족/동료를 위한 옹호 기술에 초점을 맞추지 않음	⑩ 개인, 가족, 친구는 모임에서 옹호하는 방법을 습득

출처: Keysy, M. W., & Owens-Johnson (2003). pp. 145-152.

(3) PCP 적용 한계점

PCP를 활용한 서비스 계획 수립은 발달장애인을 포함하여 복지서비스 이용

1) IEP(Individualized Educational Programs)는 개인의 능력을 발휘할 수 있도록 장애 유형 및 장애 특성별로 개별화하여 적합한 교육목표, 교육방법, 교육내용, 관련 서비스 등이 포함된 계획을 수립하여 실시하는 개별화 교육 계획을 의미한다.

당사자 모두에게 긍정적인 영향을 미칠 것으로 기대되지만, 적용이 어려운 경우도 있다. 예를 들어, 사례관리 당사자의 희망과 흥미가 모호한 경우 세부적인 목표를 설정하고 합의하기에 시간이 많이 소요되어 진행 과정이 느리고, 지원체계가 풍부하지 않을 수 있다. 사례관리 당사자가 자신이 무엇을 원하는지 말하기에 어려움이 있고, 말하려 하지 않는 경우 역시 마찬가지이다. 또한 PCP를 활용한 서비스 계획을 위해서는 사례관리 당사자를 포함하여 관련된 가족과 서비스 제공자 전체가 함께 모여 이야기를 나누는 것이 중요하지만 모두 참여할 수 있는 시간을 정하는 것은 어려운 일이다.

관계 형성에 어려움을 겪는 자폐장애인의 경우 주변에 활용 가능한 노련한 전문 기술을 가진 이웃이나 가족이 존재하지 않는 경우가 대부분이며, 전문가의 도움 없이는 PCP를 진행하기 어려울 수 있다. 또, 가족과 사례관리자 간 의견이 반대되는 경우도 있다. 예를 들어, 발달장애인 당사자의 독립생활 지원을 위해 모인 자리에서 독립생활이 가능하다고 주장하는 사례관리자와 불가능하다고 생각하는 부모 간의 의견 차이는 PCP를 적용하여 서비스 계획을 세우는 데 큰 장애물이 될 수 있다.

이처럼 PCP를 적용하는 데 많은 어려움이 존재할 수 있지만, 우리는 최대한 당사자의 강점을 발견하고, 사례관리 당사자가 지역사회 구성원으로서 지역사회에 참여하고 자신의 삶의 방식을 선택하고 주도할 수 있도록 PCP를 적극 활용하여야 한다(장재웅 외, 2020).

최근 들어 가족 혹은 시설로부터 독립하여 지역사회에서 생활하고 있는 발달장애인이 증가하고 있는 만큼, 이러한 분들에 대한 서비스 계획과 계약에 대해서는 점차 더 관심을 기울여 나갈 필요성이 있을 것이다.

3. 서비스 계약

#당사자의_참여 #협력적_공동노력 #책임과_역할 #로드맵

| 표 7-4 | 사례관리 과정 중 계획수립/계약

사례발견과 접수	초기면접	사정	계획 수립과 **계약**	실행	조정 및 점검, 재사정	평가	종결과 사후관리
사례회의							

1) 계약 수립

합의된 목표와 서비스 계획이 확정되면 당사자와의 계약이 필요하다. 계약의 내용은 서비스 제공 기관, 제공방식, 빈도, 관련 정보공유에 대한 내용 등이 포괄적으로 들어 있으며 특히 사례관리 당사자의 적극적인 참여, 협력적 공동노력의 과정에 의미를 두어야 한다(권진숙 외, 2019). 이때 신속한 개입을 위해 사례관리 당사자의 서명을 확보하는 것에만 의의를 두는 오류를 범할 수 있다. 이에 사례관리 당사자는 어떤 목표 및 실천계획이 이뤄졌는지 모르고 시간을 보내는 경우도 있으며, 합의가 충분히 이뤄지지 않은 경우도 있다.

특히 의사소통이 어려운 발달장애인과 계약을 수립할 경우 당사자의 의견은 배제하고 보호자와만 상담 후 계약을 하거나, 의무적으로 장애인 당사자의 서명을 받는 경우도 있다. 긴급 지원이 필요할 경우 신속함이 중요하지만, 그렇다 할지라도 발달장애인 당사자의 이해를 바탕으로 합의가 이루어져야 함을 명심해야 한다.

이처럼 계약 수립은 양식을 채우고 기준에 맞추기 위해 의무적으로 서명을 확보하는 것이 아니라 사례관리 당사자가 직접 설정한 목표에 합의하고, 이를 위해 어떤 노력이 필요하며, 스스로 참여 의지를 고취하기 위한 과정임에 초점을 둬야 한다.

2) 서비스 제공 계획서의 공유

한편 완성된 서비스 제공 계획서는 사례관리자만 보관하는 것이 아니라 당사자, 서비스 제공 기관이 사본을 공유함으로써 각각의 책임과 역할, 전체 진행 과정에 대한 로드맵을 가질 수 있도록 한다. 이를 통해 각각의 역할을 좀 더 적극적으로 수행할 수 있으며 변화목표를 지향하기 위한 스스로의 노력을 촉구할 수 있게 된다(권진숙 외, 2019).

3) 서비스 계획서 및 계약서 작성하기

앞서 진행된 사정단계와 사정기록지를 통해 사례관리 계획서를 작성한다. 서비스 계획서는 사정 다음 단계에서 작성 후 끝나는 것이 아니라 점검, 재사정 등의 과정을 거치며 추가되거나 수정되기도 한다. 〈성선우 학생의 배경설명 5〉를 읽어보고 사례관리계획서 양식을 참고하여 작성해 보자(※ 챕터 12 '사례관리의 행정적 이해를 높이는 실습'에는 성선우 가족으로 직접 작성된 내용이 삽입되어 있음).

성선우 학생 사례의 배경설명 5

먼저, 사정기록지를 통해 발견된 욕구 및 당면과제를 중심으로 단계를 밟아 나갈 것을 추천한다. 성선우 학생 가정의 초기사정 결과 '취업(진로), 생활환경, 가족관계'에 대한 해결 욕구가 있는 것으로 나타났다. 이를 바탕으로 비공식 자원부터 공식 자원 연계까지 서비스 계획과 계약을 진행해 보자.

성선우 가정의 경우 공식 자원에 대한 정보가 부족하기 때문에 공식 자원에 대한 정보제공이 중요한 역할을 할 것이다. 욕구 해결을 위하여 관련된 제도 및 자원연계를 위하여 신청 절차 및 기준, 지원내용에 대한 안내가 필요하며 무조건적인 선정이 아닌 신청 후 소득수준 및 재산의 정도 등을 고려하여 선정되지 않을 수 있다는 것도 안내해야 한다. 우리나라는 복지서비스 이용 당사자가 원하는 서비스를 신청해야만 복지서비스를 받을 수 있는 '신청주의'가 대부분이므로, 사례관리자는 당사자에게 정보제공자의 역할을 해야 하며 정보제공으로 끝나는 것이 아니라 신청 여부 및 지원 여부까지 확인해야 할 것이다.

성선우 학생 가족은 아버지의 연금 외에는 수입이 없고, 할머니가 집을 담보로 떠넘긴 빚 천만 원을 해결할 수 없는 경제적 수준이기 때문에 한부모가족 차상위계층으로 신청할 수도 있다. 1988년이라면 이러한 제도가 마련되지 않았겠지만, 2024년이라면 공공의 복지서비스를 지원받을 수 있을 것이다. 앞서 계속 강조하였듯, 신청을 해 보아야만 지원 여부를 알 수 있다.

한부모가족 지원 대상의 범위는 여성가족부장관이 매년 「국민기초생활 보장법」 제2조 제11호에 따른 기준 중위소득, 지원대상자의 소득수준 및 재산 정도 등을 고려하여 기준에 해당하는 당사자를 한부모가족으로 한다. 아래 표는 여성가족부 2020년 기준 한부모가족의 소득인정액 기준이다. 조손가족, 연령초과 자녀 등의 경우 소득인정액 산정 방법이 달라지니 자세한 사항은 '생활법령정보' 및 '여성가족부' 홈페이지를 참고하기 바란다.

| 표 7-5 | 2024년 한부모가족 지원법 지원대상 가구 소득인정액 기준

구분		2인	3인	4인	5인	6인
2024년 기준 중위소득		3,682,609	4,714,657	5,729,913	6,695,735	7,618,369
한부모 및 조손 가족	기준 중위 소득의 63%	2,320,044	2,970,234	3,609,845	4,218,313	4,799,572
청소년 한부모가족	기준 중위 소득의 65%	2,393,696	3,064,527	3,724,443	4,352,228	4,951,940
	기준 중위 소득의 72%	2,651,478	3,394,553	4,125,537	4,820,929	5,485,226

출처: 2024년 한부모가족지원사업 안내 지침, p. 3.

차상위계층 한부모가족으로 선정되면 '아동양육비, 학용품비' 지원이 가능하며, '이동통신요금, 전기요금, 도시가스요금' 및 각종 수수료가 면제된다. 직접적인 경제적 지원 외에도 한부모가족은 아이돌봄서비스 우선 제공, 국민주택(공공임대주택) 특별공급, 장기공공임대주택 임대료 등이 지원되기 때문에 현재 거주하고 있는 집에서 더 이상 거주가 어려울 경우 정부의 지원을 받을 수도 있다.

표 7-6 사례관리 계획서 양식과 작성방법

사례관리 계획서

사례번호	기관에서 부여하는 번호 작성	계획일자	년, 월, 일(요일)	구분	□신규 □재사정
당사자	이름 명시	사례관리자	이름 명시		

욕구 영역	합의된 목표	실천 계획	대상	기간	빈도	제공자
-해당되는 욕구 영역의 번호 작성 -욕구 우선순위가 높은 순서로 작성	-욕구 영역과 관련하여 사례관리 당사자와 합의된 목표 작성 -장기목표와 단기 목표를 구분해서 작성 -당사자가 표현한 언어로 작성	-사례관리 당사자, 사례관리자, 연계된 외부 기관의 실천 계획을 구분해서 작성 -지역사회 자원과의 연계 방안을 구체적으로 포함시키는 것이 필요	욕구 영역에 해당하는 대상의 이름 작성	목표를 달성하기 위해 계획을 실천하는 기간	계획 실천 또는 서비스를 제공하는 빈도 작성	사례관리자 또는 활용 가능한 인적·물적 자원 작성
사례관리자 책임과 역할	사례관리자의 전문성, 윤리적 책임, 사례관리 지침 및 매뉴얼에 의거한 사례관리 실천 등을 중심으로 작성					
당사자 책임과 역할	당사자의 참여 의지와 목표 달성을 위한 노력 등을 중심으로 작성					

① 신체 및 정신 건강
② 일상생활 유지
③ 안전(학대, 방임, 기타 안전)
④ 생활환경
⑤ 경제
⑥ 가족 관계(보육, 간병 등)
⑦ 사회적 관계(친인척, 이웃, 동료 관계 등)
⑧ 교육 및 학습
⑨ 취(창)업 및 직무수행
⑩ 법률 및 권익보장
⑪ 돌봄
⑫ 기타

<table>
<tr><th>사례관리 참여 동의서</th></tr>
<tr><td>• 귀하의 권익옹호를 최우선의 가치로 삼고 행동함을 전달받았습니다.
• 귀하에 대하여 인간으로서의 존엄성을 존중해야 하며, 전문적 기술과 능력을 최대한 발휘하도록 노력하겠습니다.
• 귀하의 자기결정권을 최대한 행사할 수 있도록 돕고, 참여자의 이익을 최대한 대변하겠습니다.
• 모든 사례관리 내용과 종결 여부는 귀하와 합의하에 진행하도록 하겠습니다.
• 귀하의 합의된 내용 이외의 목적으로 개인 정보가 노출되지 않도록 하겠습니다.
• 본 복지관은 귀하의 복지욕구를 해결하기 위해 최선의 사례관리 서비스를 제공하도록 노력하겠습니다.

광교종합사회복지관 사례관리자: OOO (인)</td></tr>
<tr><td>• 맞춤형 서비스 과정 및 내용에 대한 설명을 충분히 듣고 이해하였습니다.
• 본인은 계획된 목표를 성취하기 위해 적극적으로 참여하고 협력하겠습니다.
• 동의서 작성일로부터 복지관에서 제공하는 사례관리 서비스를 제공받는 것에 동의합니다.
• 매년 1회 재작성을 원칙으로 하며, 신상의 어려움이나 변동이 있을 경우 복지관에 알리겠습니다.

OOOO년 OO월 OO일
성명: (인) 보호자: (인) / 관계:</td></tr>
</table>

※ 기관의 특성에 따라 양식은 상이할 수 있음.

| 표 7-7 | 서비스 동의서 양식과 작성방법

서비스 동의서

1. 당사자 정보

사례번호	*기관에서 부여하는 번호 작성*	당사자	*이름 명시*	담당자	*사례관리자 이름 명시*
날짜	*년, 월, 일(요일) 시간 작성*		구분	ㅁ신규 ㅁ재사정 *동의서 작성 시점에 맞춰 체크*	

2. 서비스 종류

서비스명	내용	비고
제공하는 서비스명 작성 (ex.. 사례관리, 결연후원 등)	*-사례관리 서비스 제공 시 '사례관리 계획서 참조'로 작성* *-결연후원 등의 기타 서비스 제공 시 서비스 내용과 빈도, 기간 등 세부 내용 작성*	*기타 특이사항 작성*

제공자의 의무	1. 복지관은 상기 서비스 계약의 목적과 관련된 내용은 당사자와 논의하여 계획하여야 한다. 2. 상기 계약 내용에 대하여 당사자의 동의를 반드시 받아야 한다. 3. 서비스의 계약 내용의 진행 과정에서 변경이 생길 경우에 사전에 당사자에게 고지한다. 4. 서비스 진행과정에 대하여 발생하는 개인 정보는 본인의 동의 없이 외부에 절대 유출하지 않는다.
복지 서비스 이용 당사자의 의무	1. 당사자는 신상의 어려움이나 경제적인 변동이 있을 경우 복지관에 알려야 하며, 어려움을 해결하기 위해 함께 노력하여야 한다. 2. 후원금품으로 진행되는 사업에 있어서 후원금품이 중단되거나, 복지관 자체에서 사업이 종결되는 경우에 대하여 서비스가 중단되는 것에 동의한다. 3. 당사자는 서비스에 대한 만족도평가에 대하여 참여할 의무가 있다. 4. 서비스 진행과정에서 진행되는 내용에 대하여 복지관 홈페이지, 홍보지, 사업보고서 등에 사용될 수 있다.
기타 내용	1. 위의 서비스는 복지관에 소속된 후원자 및 자원봉사자들의 도움으로 이루어지는 것입니다. 2. 위의 서비스는 상기 계약기간 동안 제공받게 되며, 기간이 지난 후 당사자와의 상담 및 복지관의 사례회의를 통해 재계약할 수 있습니다. 3. 위의 서비스는 당사자 및 복지관의 상황에 따라 조정·변경·종결될 수 있습니다. 1) 서비스 조정 사유 • 당사자에게 적절하지 않거나 서비스 제공 목적에 어긋날 때 • 사전 연락 없이 서비스 이용이 이뤄지지 않을 때 2) 서비스 중단 사유 • 당사자의 환경변화, 목표달성 및 어려움 감소 등으로 자립이 가능하다고 판단된 경우 • 당사자가 사망 및 서비스 외 지역으로 이사하는 경우 • 타 기관과 서비스가 중복되었을 경우 • 사례관리자가 지속적으로 이용자와 연락 및 만남을 시도하였음에도 3개월 이상 연락 및 만남이 이루어지지 않는 경우

	• 당사자의 비협조에 따라 지원이 불가능한 경우 • 당사자가 중단을 원하는 경우
동의 서약	본인은 광교종합사회복지관을 통해서 제공받는 서비스를 위와 같이 확인합니다. OOOO년 OO월 OO일 이용당사자: *당사자 이름 작성* ㉥ *보호자 이름 작성(복지 당사자가 미성년자일 경우)* ㉥ 사회복지사: *사례관리자 이름 작성* ㉥

※ 기관의 특성에 따라 양식은 상의할 수 있음.

현장의 사례관리자가 강조하고 싶은 이야기

서비스 계획과 계약은 모두 순탄하게 진행될까? 결코 그렇지 않다. 성선우 학생 가족의 계약은 성선우 학생과 그의 보호자 김선영 씨의 제시된 욕구 및 우선순위가 일치하기 때문에 수월하게 진행될 수 있다. 선우네 가족처럼 모두 서비스 계획과 계약에 동의하고 협조적일 수 있지만, 모든 사례관리 당사자 및 가족이 그런 것은 아니다. 사례관리 당사자는 협조하고 싶어 하지만 의사소통에 어려움을 겪는 발달장애인은 충분한 소통 및 합의가 어려울 수 있으며, 사례관리 당사자와 보호자의 의견이 일치되지 않을 수도 있다. 이럴 경우 사례관리자는 어떻게 해야 할지 생각해 보자.

답은 간단하다. 서비스 계획 과정에서 가장 중요한 것은 '사례관리 당사자의 참여'이다. 사례관리자 생각에 사례관리 당사자의 선택이 잘못되었을지라도 충분한 정보 제공이 이뤄졌다면 막을 권리는 없다. 사례관리 실천은 사례관리 당사자가 최고의 선택을 하도록 돕는 것이 아닌 사례관리 당사자 입장에서 중요한 선택을 할 수 있도록 도와야 하기 때문이다. '사례관리 당사자에게 중요한 것', '사례관리 당사자가 중요하다고 생각하는 것'을 기반으로 '사례관리 당사자'의 의견이 가장 우선시되어야 한다는 것을 명심해야 한다. 의사소통에 어려움을 겪는 발달장애인과의 계획과 계약 역시 마찬가지이다. 사례관리 당사자를 대신하여 보호자와 계약하는 것이 아닌, 시간이 오래 걸리더라도 충분히 설명하고 사례관리 당사자의 의견을 최대한 반영한 서비스 계획과 계약이 이뤄져야만 한다. 신속한 업무 처리를 위해 보호자와의 계약, 사례관리자의 주관적인 계획과 계약이 아니라 위처럼 충분한 설명 후 사례관리 당사자에 의한 계획과 계약이 이루어질 수 있도록 노력해야 된다.

Case Management

사례관리 실행과 자원 개발·확대·관리

01 사례관리 실행
02 자원 개발과 관리에 대한 이해
03 현장의 사례로 보는 자원 연계와 개발

CHAPTER 08

사례관리 실행과 자원 개발·확대·관리

1. 사례관리 실행

표 8-1 사례관리 과정 중 실행

사례발견과 접수	초기면접	사정	계획 수립과 계약	실행	조정 및 점검, 재사정	평가	종결과 사후관리
사례회의							

1) 사례관리 실행에 대한 이해

#계획을_실천한다 #변화의_주체는_복지 당사자 #사례관리자는_거들_뿐

(1) 사례관리 과정에서의 실행

사례관리 실행계획 수립 단계를 통해 사례관리 당사자와 사례관리자가 함께 실천 목표와 구체적 계획을 세웠다면, 그것을 직접 행동으로 옮기는 과정이 필요하다. 실행[1)]은 '지원', '개입' 등이라고도 불린다.

실행은 사례관리자가 사례관리 당사자를 비롯한 주변 환경에 긍정적인 변화를 갖기 위해 계획한 목표를 달성해가는 과정을 말한다. 이렇듯 실행의 모든 과정은 분명한 목적성을 갖지만, 어떠한 상황에도 사례관리 당사자의 의견을 존중하는 것이 중요하다. 사례관리 당사자와 함께 수립한 계획을 수행 기간에 맞춰 실행하며 계획 수립의 내용이 적절했는지, 실제로 어떤 변화를 가져오는지 등을 검토하는 점검과 서비스 조정의 과정이 이어진다.

현재 현장에서 활동하는 사례관리자들에게 '실행'이 무엇인지 질문했을 때, 그들은 실행을 '목표 달성을 위해 자원을 활용하여 당사자가 스스로 움직일 수 있도록 돕는 과정'이라고 이야기하였다. 특히, 좋은 실행을 위해서는 '계획과 실천 과정에서 사례관리 당사자의 주체성이 중요하다'는 점을 강조하였다.

그러나 실제 현장에서는 실행의 주체가 사례관리자가 되는 경우가 많다. 그러므로 위 답변은 사례관리 당사자를 객체로 바라보는 시각에 대한 경계가 필요하다는 사례관리자의 의도가 담겨있는 답변이라 할 수 있다. 실행 과정은 계획대로 순조롭게 진행될 때도 있지만, 예상과 다르게 진행되는 경우도 적지 않다. 특히, 수동적인 당사자를 능동적으로 변화시키는 과정은 사례관리자에게 상당한 에너지를 요구한다. 이 과정에서 당사자의 역량을 강화하기보다는 단순히 자원을 제공하는 수준에 머물게 될 경우, 사례관리자는 무력감을 느끼기도 한다. 더불어, 예상치 못한 변수가 발생하면 더욱 큰 어려움에 직면할 수 있다.

따라서 위기사례가 아닌 경우라면 사례관리자는 인내심을 가지고 계획을 점검하며 조급함을 내려놓는 태도를 유지하는 것이 중요하다. 급히 다른 방안을 모색하기보다는 상황을 면밀히 검토하고, 장기적인 관점에서 문제를 해결하려는 노력이 필요하다.

(2) 실행의 원칙

사례관리 실행에서 사례관리자가 마음속으로 항상 기억하고 실천해야 하는

1) 이 책에서는 실행, 지원, 개입 중에서 당사자의 주체성을 강조하고자 주로 '실행'을 사용하였다.

원칙이 있다. 해당 내용은 현장의 사례관리자들이 사례관리 당사자를 존중하고 배려하며, 사례관리 당사자의 주체성을 보장하고자 하는 사례관리의 방향성을 담고 있다.

사례관리 실행의 원칙

① **사례관리 당사자를 존중한다.** 당사자 중심의 사례관리에서 변화의 주체는 사례관리 당사자이다. 사례관리자는 사례관리 당사자가 지금까지 살아온 삶의 방식을 최우선으로 존중하며 주도적인 삶을 살아갈 수 있도록 지원해야 한다.

② **사례관리 당사자와 소통한다.** 사례관리 당사자와의 소통을 통해 사례관리 과정을 함께한다. 사례관리 당사자를 삶의 주체로 보고 실행 과정에 적극적으로 참여할 수 있도록 한다. 사례관리자는 이를 돕는 동반자임을 인지시킨다.

③ **사례관리 당사자를 이해한다.** 사례관리 당사자가 지금까지 견뎌온 삶에 대해 지지한다. 평가하지 않고, 있는 그대로를 받아들이며 당사자의 삶과 가치를 이해한다.

④ **사례관리 당사자의 의사결정을 기다린다.** 당면한 어려움을 해결할 수 있는 다양한 방법을 제시하고 선택과 결정은 사례관리 당사자가 할 수 있도록 한다. 신중한 결정을 할 수 있도록 기다려주고 결정한 의견을 존중한다.

⑤ **사례관리 당사자의 자원을 파악한다.** 사례관리 당사자가 가진 자원망과 관계망을 파악하여 실행 과정에 적용하고, 사례관리 당사자가 자원 활용 능력을 더욱 향상할 수 있도록 새로운 자원을 탐색하고 개발하는 것에 참여한다.

⑥ **사례관리 당사자에 대해 기록한다.** 사례관리 당사자의 과거와 현재, 탐색한 자원, 나누었던 이야기 등 다양한 정보를 기록하여 사례관리를 지속하고 점검한다.

2) 사례관리 실행에서의 사례관리자의 역할

#실패하더라도_당사자_역량강화가_중요 #서비스와_자원_연계
#실행은_당사자가_마음의_근육을_만들_수_있도록_돕는_과정

(1) 사례관리 당사자와 사례관리 당사자 주변 체계의 역량을 강화하기

사례관리자에게는 계획 수립 시 사례관리 당사자와 합의한 사례관리자의 역할이 있다. 이는 사례관리 당사자와 사례관리 당사자 주변 체계의 역량을 강화하는 것이다. 사례관리자는 사례관리 당사자가 지역사회 내의 다양한 자원과 기회에 접근할 수 있도록 돕고, 강점을 발견하고 확대하며 사회 내 한 구성원으로서 건강하게 기능할 수 있도록 역량을 증진시켜야 한다.

그러나 사례관리자는 종종 스스로 어려움을 해결하지 못해 힘들어하는 취약계층 주민들을 만나게 된다. 이러한 과정에서 사례관리자는 당사자의 눈앞에 놓인 즉각적인 어려움이나 해결 과제에만 집중하게 될 수 있다. 이로 인해 사례관리 당사자를 연약한 존재로 인식하거나 동정의 시선으로 바라보게 되는 위험이 따를 수 있다.

또한, 사례관리 당사자가 가진 '문제'에만 집중하다보면 사례관리 또한 그 문제를 해결해 주기 위한 실행에만 머물 수밖에 없으며, 서비스나 자원을 '제공'하는 역할에서 끝날 수밖에 없다. 따라서 사례관리자는 사례관리 당사자에게 어떤 어려움이 있는지 파악하되, 스스로 어려움을 극복할 수 있는 충분한 역량을 가지고 있는 존재로 인식하고 이해해야 한다. 사례관리자가 이러한 관점으로 사례관리 당사자를 바라보고 실천한다면, 내재되어 있는 사례관리 당사자의 역량을 강화할 수 있다. 뿐만 아니라, 사례관리 당사자를 둘러싼 주변체계(인적·물적 자원 및 네트워크 등)의 역량을 강화할 기회가 된다.

(2) 다양한 서비스 제공하기

실행 과정에서 사례관리 당사자에게 지원되는 서비스는 매우 다양하며, 이러한 서비스는 명확히 구분된 형태로 제공되지 않을 때도 많다. 중요한 것은 서비스가 직접 서비스인지 간접 서비스인지를 구분하는 것이 아니라, 사례관리 당사자에게 '필요한' 서비스를 제공하는 것이다. 다만, 사례관리자가 사례관리 당사자에게 제공하는 서비스를 명확히 설명하기 위해서는, 이론에 기반한 개념 정리가 필요하다. 이에 서비스 영역에 대한 개념을 정리해 보고자 한다.

① 직접 서비스

사례관리자가 직접적인 서비스를 제공하는 것과 사례관리 당사자가 사회복지 기관 등에서 이용할 수 있는 다양한 서비스 등을 의미한다.

사례관리자가 제공하는 직접 서비스는 사례관리 당사자와 개별적으로 진행되는 상담(위기 상담 포함)이나, 당사자의 가족 등 주변 사람들을 대상으로 하는 상담 등을 포함한다. 이 중 '주변 사람들에 대한 상담'은, 주요 욕구를 가진 사례관리 당사자와 직접 상담이 어려운 경우 혹은, 사례관리 당사자에게 영향을 미치는 주변 자원들에 대한 파악이 필요할 때 진행된다. 사례관리자는 사례관리 당사자를 잘 알고 있고 사례관리 당사자가 당면한 어려움을 함께 해결하고자 하는 자원과의 협력을 이끌어내야 한다.

사례관리 당사자가 미성년자인 경우에는 보호자와의 상담이 필수이며 사례관리 진행 전 보호자의 동의가 필요하다. 동의 없이 사례관리를 진행하게 되면 진행 과정에서 발생할 수 있는 돌발상황에서 책임의 소재가 모호해질 수 있기 때문이다. 이 때문에 미성년자 상담 시에는 반드시 보호자의 동의서를 받도록 하며, 사례관리 당사자와 사례관리자와의 만남이 공식적으로 이뤄질 수 있도록 한다. 하지만, 사례관리 당사자가 위기상황(가정폭력 등)에 놓인 경우에는 부모의 동의를 얻기 어려울 수 있다. 이러한 상황에는, 아동보호전문기관이나 경찰서와 소통하여 필요한 서비스를 요청할 수 있다.

또한, 직접 서비스에는 사례관리 당사자가 사회복지 기관 등에서 이용할 수 있는 서비스도 포함된다. 사례관리 당사자에게 필요한 교육이나 기술, 재가복지서비스 등을 제공하여 사례관리 당사자의 역량이나 환경을 변화시키는 데에 도움이 되는 서비스이다. 사례관리 당사자에게 필요한 부모교육 프로그램을 제공한다거나 청소년 1 : 1 멘토링 프로그램에 참여하는 것, 필요한 물품을 전달하거나 지역 내 후원자를 모집하여 결연후원금을 연계하는 등의 경제적인 지원도 이에 포함된다.

② 간접 서비스

간접 서비스는 사례관리 당사자를 대신하여 외부체계의 수행이나 행동을 변화시키려고 할 때 이용되는 것이다. 서비스를 연계하고 중계, 조정하거나 사례관리 당사자를 옹호하는 활동, 사회적 지원망을 구성하는 활동, 사회적 지원이나 혜택을 증가시키는 활동이 포함된다. 이러한 간접 서비스를 제공하기 위해 사례관리 당사자가 다니는 학교나 거주하는 곳의 동 행정복지센터, 지역 단체와 기관 등과 서비스를 연계할 수 있다. 다음 대화를 통해, 사례관리자의 직·간접적 서비스 개입의 예시를 확인해 보자.

예시 8-1

- ㅁ 사례관리자: 선우 학생 잘 지냈어요? 저번에 가고 싶은 대학을 정하고 장학금지원 받을 수 있는 곳이 있는지 찾아보기로 했는데 우선 가고 싶은 대학은 생각해 봤어요?
- ■ 성선우: 음… 선생님 저 생각해봤는데 ○○대학교는 어떨까 생각해 봤어요. 집에서는 멀지만 제 성적으로 장학금도 받을 수 있을 것 같아요.
- ㅁ 사례관리자: 저도 생각해 본 곳이 있는데 △△대학교는 어떨 것 같아요? 여기는 입학할 때에는 장학금을 받기가 어려울 수 있겠지만 대학병원이 워낙 잘되어 있는 곳이라 배우는 것도 많을 것 같고, 교육의 질도 높을 것 같아요. 또 집에서 멀지 않아서 좋을 것 같아요.
- ㅁ 학교사회복지사: 저도 ○○과 △△대학교 관련해서 입시전형을 찾아보았는데 선우 학생은 둘 다 지원해 볼 수 있을 것 같아요.
- ㅁ 사례관리자: 선생님, 혹시 선우 학생의 학교 선배 중에 이 학교에 진학한 사람이 있을까요?
- ㅁ 학교사회복지사: 제 기억으로는 재작년에 입학한 선배가 있었던 것 같아요. 한번 연락해 볼까요?
- ㅁ 사례관리자: 네, 선우 학생이 어떤 대학을 가는 것이 좋을지는 본인이 선택해야겠지만 이미 그러한 경험을 한 사람을 소개해 주고 다양하게 생각해 볼 수 있도록 하는 것도 좋은 방법이 될 수 있을 것 같아요.

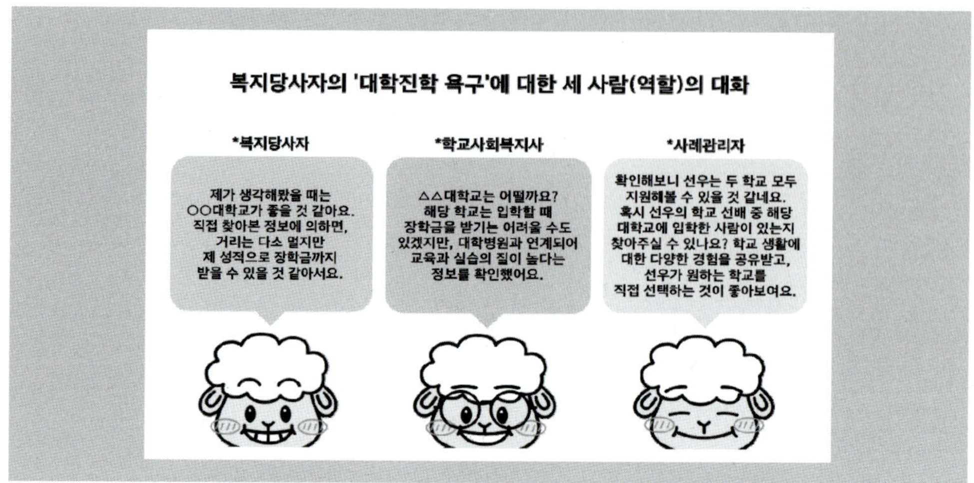

위 사례에서처럼, 사례관리자가 사례관리 당사자와 사례관리 당사자의 주요 주변 사람인 학교사회복지사와 상담을 진행하는 것은 직접 서비스라고 볼 수 있으며, 사례관리 당사자를 대신하여 대학 진학에 관한 의사결정을 할 수 있도록 도울 수 있는 자원을 찾고 연계하는 것은 간접 서비스라고 볼 수 있다.

이 과정에서, 중요한 것은 직·간접 서비스를 제공하며 사례관리 당사자와 사례관리자가 함께 수립한 실행계획이 올바르게 진행되고 있는지 확인하는 것이다. 따라서 이러한 방향을 잃지 않도록 조정하는 것도 사례관리자의 역할이다.

3) 실행과 기록

#기관마다_방법은_다를_수_있다 #하지만_의미는_같다

(1) 기록의 목적

다양한 서비스와 활동이 이루어지는 실행과정에서, 사례관리자는 사례관리 당사자를 둘러싼 수많은 정보를 관리하게 된다. 이렇듯 다양한 형태의 정보를 효율적, 효과적으로 관리해야 하기 때문에 사례관리자에게 '기록'은 매우 중요한 의미를 갖는다.

이러한 기록의 형태는 각 상황에 맞는 양식으로 작성 및 보관되고 있으며, 상담일지, 사례회의록, 서비스 제공지, 과정기록지 등이 그 예시이다. 기록에 대해서는 각 기관마다 추구하는 방식이 다를 수 있으니 기관 내부 합의에 따라 진행한다.

(2) 기록의 방법

기록에는 다양한 방법이 있다.

'당사자는 자녀를 바라보며 "그래도 아들이 있어 내가 살아갈 수 있는 거예요"라고 말함'과 같이 대화 내용을 그대로 기록하는 방법과, '당사자는 아버지의 유품인 목걸이를 말없이 바라봄'과 같이 상담 중 관찰된 내용을 그대로 기록하는 방법이 있다. 여기서 중요한 점은 표현 방법은 다르지만, 명확한 정보 전달이 되어야 한다는 것이다. 글은 간결하고 명확하게 기록할수록 좋다.

한편, 이야기체로 기록하는 경우도 있다. 예를 들어, '당사자는 무엇보다 자녀가 본인이 하고 싶은 일을 할 수 있도록 돕고 싶다고 했습니다.'와 같이 이야기체로 기록하면 글이 경직되지 않아 읽기 쉬워진다. 읽기 쉬운 글은 부드럽게 느껴지기도 하며, 글을 작성한 사람의 마음이 그대로 전달되어 상담을 진행하는 생생한 현장감이 느껴진다. 다만, 이러한 방식은 기록 시간이 길어지고 요약되지 않을 뿐 아니라, 객관적 사실에서 벗어난 감정이 담겨질 수 있는 단점이 있다.

앞서 소개한 방법 모두 상담 내용을 기록하는 데 적절한 방법이다. 어떤 방법으로 기록할지는 사례관리자와 그 기관의 판단과 결정에 따라 달라질 수 있다.

기록은 사례관리 당사자가 실제로 한 말이나 자료를 통해 드러난 사실, 그리고 관찰된 내용에 대해서만 작성해야 한다. 사례관리자가 사례관리 당사자에게 묻지 않고 추측하거나 예상한 기록은 사실에 근거하지 않으므로 적절하지 않다. 예를 들어, '당사자는 오래된 이불을 계속 쓰고 있는 것을 보니 물건을 잘 버리지 못하는 성격으로 보여진다'라고 작성하지 않는다. 대신, 사례관리자가 관찰이나 대화를 통해 파악한 근거가 있다면 '~라고 판단한다', '~라 사료된다' 등의 표현을 사용해야 한다. 또한, 명확한 사실과 추측은 반드시 구분해서 표현해야 한다.

현장의 사례관리자가 강조하고 싶은 이야기

기록의 좋은 예	① **구체적이고 사실적인 기록:** 사례관리 당사자의 행동이나 발언을 구체적으로 기록하여 정확한 상황을 전달한다. 예) 당사자는 자녀의 교육을 위해 추가적인 지원이 필요하다고 말하며, 교육비 지원을 요청함. 예) 당사자는 "집이 너무 더러워요. 어디서부터 치워야 할지 모르겠어서 막막하네요."라고 말함.
	② **객관적이고 중립적인 표현:** 감정적이거나 주관적인 표현을 피하고, 사실을 그대로 기록한다. 예) 당사자는 최근 일주일 동안 3번의 상담을 받았음. 예) 당사자는 상담 중 주로 자신의 경제적 어려움을 언급했음.
기록의 나쁜 예	① **모호하거나 주관적인 표현:** 정확한 사실이나 근거 없이 추상적인 표현을 사용한다. 예) 당사자는 불안해 보임. (불안의 정도나 표현, 이유가 명확하지 않음) 예) 당사자는 매우 힘든 상황임. (상세한 상황 설명 부족)
	② **추측과 가정:** 명확한 증거 없이 개인적인 추측이나 가정을 기록한다. 예) 당사자는 경제적 어려움이 있으니 아마 자존감이 낮을 것으로 예상됨. 예) 당사자는 정신적으로 문제가 있는 것 같음.
주의 사항	① **사실과 의견 구분:** 사실은 객관적으로 기록하고, 의견은 "예상된다", "추측된다" 등의 표현으로 구분하여 사실과 의견을 혼동하지 않게 한다.
	② **개인 정보 보호:** 사례관리 당사자의 개인적인 정보나 민감한 사항은 적절히 보호하며 기록해야 한다. 예를 들어, 불필요한 개인정보나 과도한 개인적 이야기는 기록에 포함하지 않는다.
	③ **일관성 유지:** 기록은 일관되게 작성하여 나중에 다른 사례관리자나 관련 기관이 쉽게 이해하고 활용할 수 있도록 한다. 동일한 사건이나 행동을 여러 번 기록할 때는 같은 방식으로 기록하는 것이 중요하다.
	④ **시간 경과 기록:** 특정 사건이나 상황이 시간이 지나면서 변화하는 경우, 해당 변화도 기록하여 상황의 발전을 추적할 수 있도록 한다. 예) 상담 초기에는 경제적 어려움이 주요한 문제였으나, 3개월이 지난 지금은 자녀의 교육 문제로 관심이 이동하였음.

4) 사례관리 실행 양식과 작성방법

| 표 8-2 | 과정기록지 양식과 작성방법

20xx년 xx월 과정기록지

<table>
<tr><td rowspan="9">20xx년
실천계획</td><td>당사자의 합의된
변화목표</td><td>실천계획</td><td>담당자의 역할</td></tr>
<tr><td colspan="2">*챕터 7 [서비스 계획과 계약 내 양식 참고하여
'변화목표'와 '실천계획'을 그대로 기재</td><td>*사례관리 당사자가 직접 수행하기
어려운 과제를 중점으로 기재</td></tr>
<tr><td rowspan="3">변화목표 1</td><td>실천계획 1</td><td rowspan="7">*담당자의 역할을 우선순위에 따라
순차적으로 기재</td></tr>
<tr><td>실천계획 2</td></tr>
<tr><td>실천계획 3</td></tr>
<tr><td rowspan="3">변화목표 2</td><td>실천계획 1</td></tr>
<tr><td>실천계획 2</td></tr>
<tr><td>실천계획 3</td></tr>
</table>

일자	서비스구분	실천내용	담당자 평가
*일자 순서대로 기재	*개입된 서비스 항목 기재 (예: 상담, 자원연계 등)	*상담일지를 참고하여 사례관리 당사자에게 개입한 서비스 과정을 상세히 작성	*사례관리 당사자에게 추가적으로 필요한 욕구 및 변화 정도를 중점으로 기재

※ 기관의 특성에 따라 양식은 상이할 수 있음.

Ⅰ표 8-3Ⅰ 상담일지 양식과 작성방법

상담일지

<table>
<tr><td>상담일자</td><td>일자 기재</td><td>서비스</td><td>서비스명 기재</td><td>담당자</td><td>사례관리자 성명 기재</td></tr>
<tr><td>상담유형</td><td>상담유형 기재</td><td>상담방법</td><td>상담방법 기재</td><td>상담시간</td><td>상담 시작부터 종료까지의 시간 기재</td></tr>
<tr><td>상담제목</td><td colspan="5">사례관리 당사자와의 상담 결과 중 핵심 주제를 기재</td></tr>
<tr><td colspan="6">상담대상자</td></tr>
<tr><td>구분</td><td>성명</td><td>연락처</td><td colspan="3">조치사항</td></tr>
<tr><td>기관에서 관리하는 명칭으로 기재</td><td>성명 기재</td><td>연락처 기재</td><td colspan="3">사례관리 당사자의 욕구해소를 위한 서비스 개입 항목을 요약하여 기재</td></tr>
<tr><td>상담 내용</td><td colspan="5">사례관리 당사자의 현재 상태 및 변화 상황을 중점으로 원인, 과정, 결과의 순서로 작성
*작성법은 챕터 8 [실행과 기록] 내 현장의 사례관리자가 강조하고 싶은 이야기 참고</td></tr>
<tr><td>상담자의견</td><td colspan="5">상담을 통해 확인된 내용(사례관리 당사자의 현재 상태, 신규 욕구 등)에 대한 사례관리자의 견해 및 추후 개입 방법 등 작성</td></tr>
<tr><td>상담결과</td><td colspan="5">상담 후 사례관리 당사자와 새롭게 합의하거나 결정된 내용, 역할을 작성</td></tr>
<tr><td>비고</td><td colspan="5">추가적인 참고사항 작성</td></tr>
</table>

※ 기관의 특성에 따라 양식은 상이할 수 있음.

2. 자원 개발과 관리에 대한 이해

#항상_등장한다 #사례관리는_자원을_어떻게_활용하느냐에_따라_달라질_수_있다

1) 자원이란

자원은 개인이나 가족이 살아가면서 삶을 안정적으로 영위하기 위하여 활용하는 자연계의 일부이며 자원을 개발하고 활성화시키는 것은 사례관리 당사자와 사회복지사에게 매우 중요한 공동의 역할이다(이준우 외 5명).

사례관리에서 말하는 자원은 목표 달성을 위해 필요로 하는 모든 방법과 수단을 총체적으로 이르는 말이다. 우리가 흔히 말하는 복지서비스뿐 아니라 어떤 한 사람이 가지고 있는 지식이나 기술, 경험 등도 포함된다. 교육이나 제도, 정책과 같은 거시적 범주와 사례관리 당사자의 가족이나 친구, 주변 이웃이나 단체 등 미시적 범주가 포함된다. 사례관리에서의 자원은 인적·물적 자원 외에도 창의적이고 포괄적인 개념으로 확대하여 개발해야 한다.

2) 자원의 구분

#내적_자원과_외적_자원 #공식_자원과_비공식_자원

자원을 구분하는 방법은 학자마다 조금씩 다르다. 밸류와 밍크(Ballew & Mink, 1996)는 자원의 소재에 따라 내적 자원과 외적 자원으로 크게 구분하고, 자원제공 주체의 성격에 따라 공식 자원과 비공식 자원으로 구분하여 설명하고 있다.

한편, 정기원 외(2000)는 정부관련 복지자원인 공공복지자원과 민간부문에서 생산되는 민간복지자원으로 나누기도 한다. 이 책에서는 밸류와 밍크의 분류에 따라 자원을 설명하고자 한다.

(1) 내적 자원

내적 자원은 사례관리 당사자가 당면한 어려움을 해결할 수 있는 개인의 강점이나 가족의 특성이라고 할 수 있다. 예를 들어 개인의 경험이나 영성, 개인이 갖는 지능을 비롯하여 가족 간의 충성심, 가족 구조의 유연성, 가족의 신념체계 등의 자원이 포함된다(한국사례관리학회, 2016).

(2) 외적 자원

외적 자원은 개인 또는 가족이 합리적이고 안정적인 생활을 유지하도록 도와주는 재화와 서비스를 제공하는 사람이나 조직을 의미한다. 공식 자원과 비공식 자원으로 구분된다(한국사례관리학회, 2016).

① 공식 자원

공식 자원은 체계적으로 운영되는 기관이나 전문가에 의해 제공되는 서비스로, 공공기관이나 민간기관에서 제공될 수 있다. 공식 자원은 자체적으로 가지고 있는 규칙이나 지침이 존재하여 제공이 제한되는 경우가 발생할 수 있다. 또한, 사례관리 당사자가 신청하여야 제공받을 수 있는 서비스가 많다.

공식 자원 중 공공기관에서 제공하는 가장 대표적인 예시로, '긴급복지지원제도'가 있다. 긴급복지지원제도란 위기상황에 놓여 생계유지가 곤란한 저소득가구에 생계·의료·주거지원 등 필요한 지원을 일시적으로 신속하게 지원하여 벗어날 수 있도록 돕는 제도를 말한다(보건복지부 홈페이지 참조). 이렇듯 사례관리자는 사례관리 당사자가 제공받을 수 있는 지역사회 내 공식 자원이 어떤 것이 있는지 파악하고 적절하게 연계할 수 있어야 한다.

② 비공식 자원

친척, 친구, 이웃, 자원봉사자 등을 포함하는 광범위한 개념이다. 종교단체, 고용 관련 단체, 여가활동 단체, 사회단체뿐만 아니라 개인적 모임, 동료집단, 통·반장, 수퍼마켓 아저씨, 경비 등 당사자와 가까이에서 상호작용하고 있는 모든 것이 이에 속한다(한국사례관리학회, 2016).

비공식 자원은 공식 자원과 달리 큰 전문성을 갖고 있지 않지만 사례관리 당사자가 지역사회 내에서 스스로의 삶을 주도적으로 이끌고 자립할 수 있도록 돕는 역할을 하는 자원이다. 공식 자원의 경우 당사자가 이를 활용할 수 있는 것이 한계가 있는 반면, 비공식 자원은 사례관리 당사자의 일상생활 내에 있는 자원이기 때문에 지속성이 있다는 장점이 있다.

사례관리자는 사례관리 당사자가 가지고 있는 비공식 자원을 파악하고 개발하기 위해 사례관리 당사자를 둘러싼 환경에 관심을 가져야 한다. 또한, 사례관리 당사자와 비공식 자원 간의 관계 밀도를 파악하는 것이 필요하다.

공식 자원과 비공식 자원 중 어느 자원을 더 활용해야 할지는 사람마다 의견 차이를 보일 수 있다. 하지만 중요한 것은, 사례관리자는 특정 자원만을 사용하는 것이 아니라 상황과 욕구에 맞는 적절한 자원을 활용해야 한다는 것이다. 예를 들어, 지식과 경험을 바탕으로 과제를 해결할 의지가 있는 사례관리 당사자에게는 공식 자원을 활용하여 지원함으로써, 추후 유사한 상황에서 자원을 스스로 획득할 수 있는 역량이 강화될 수 있다. 반면, 지역사회에 적응하고 지속적으로 자원을 활용할 수 있도록 돕는 것이 중요한 사례관리 당사자에게는 비공식 자원을 적극적으로 활용해야 할 것이다.

┃표 8-4┃ 자원의 분류에 따른 내용과 예시

분류		내용	예시
내적자원		사례관리 당사자가 갖고 있는 자원	- 개인의 강점(자아 존중감, 역량 등) - 개인의 경험(과거 근무 경험, 성공 경험 등) - 개인의 신념(종교적 신앙, 가치관 등)
외적자원	공식 자원	정부, 공공기관, 민긴기관 등 공식적인 자원	- 사회복지 제도(긴급복지지원제도 등) - 사회복지 프로그램(복지관 운영 사업 등) - 법률 지원(법률 상담 등) - 보건의료 서비스(진료, 검진 서비스 등)
	비공식 자원	지역사회, 가족, 친구 등 비공식적인 자원	- 지역사회 네트워크(이웃, 자조 모임 등) - 종교 단체(교회, 성당 등) - 사회적 연결망(친구, 가족, 봉사자 등)

3) 자원 관리

#자원_탐색 #자원_확대 #적절한_자원_활용 #자원_목록_만들기

사례관리 실행 원칙에서 살펴봤듯이 당사자의 자원 활용 능력을 향상하기 위해서는 자원을 탐색하고 개발하는 것이 필요하다.

먼저, 사례관리 당사자가 가지고 있는 욕구를 파악해야 한다. 그리고 그 욕구를 충족할 수 있는 자원을 어디에서 찾을지 정한다. 다양한 자원을 발견하고 사례관리 당사자가 잘 활용할 수 있도록 방법을 알려주어야 한다.

(1) 자원목록표 만들기

사례관리 당사자가 필요한 때에 따라 자원을 개발하고 연계하는 것도 중요하지만 이미 개발된 자원들을 목록화하여 관리하는 것도 중요하다. 이 과정에서 새로운 자원이 발견되기도 하고 더 확대되기도 한다.

일반적으로 사례관리자는 자원목록표를 만들어 자원을 관리한다. 사회복지 시설 평가에도 자원목록표 여부가 평가 항목에 포함될만큼, 그 기록이 필수적이며 중요하다는 것을 알 수 있다. 각 기관에서 사용하는 자원목록표 양식에는 일부 차이가 있다. 자원의 내용을 범주화하여 기록하는 것이 가장 일반적인 방법이며, 욕구 범주를 기준으로 분야를 나눠서 기록하고 목록을 작성하는 방법도 있다. 그 예시는 〈표 8-5〉와 같다.

| 표 8-5 | 자원 목록표 양식

분야	사업명	기관명	연락처	신청기간	홈페이지	비고
주거비	미혼한부모 자립기반을 위한 주거비 지원사업	○○복지회	02-000-0000	수시	해당 기관 홈페이지	기관 공용문서에 자료 저장
의료비	재난적 의료비 지원사업	△△건강 재단	010-0000-0000	20xx. 7. 21.까지	www.ggwc.kr	기관 공용문서에 자료 저장

이렇게 확보된 자원들을 주기적으로 점검하는 것도 중요하다. 필요한 경우 바로 활용이 가능한 자원인지, 일정 신청 기간이 지정된 자원인지 미리 작성해 둔다면 실행 과정에 실제적인 도움이 된다.

또한, 기관에 접수되는 외부 공문을 잘 들여다보기만 해도 필요한 자원을 찾을 수 있다. 기관에는 시기에 따라 정기적으로 물품 지원이나 장학금 지원과 관련한 공문이 오기도 하고 비정기적인 지원사업에 대한 공문이 오기도 한다. 이를 잘 정리해두면 그 자체로도 목록이 된다. 자원으로 활용될 수 있는 내용의 공문이 기관에 접수되면 이를 누락하지 않고 사례관리팀에 전달될 수 있는 체계가 마련되어야 자원을 파악하기 쉽다.

외부 기관에서 실시하는 지원사업은 사업의 특성에 따라 선정 기준이 있다. 사례관리 당사자의 상황이 담긴 서류를 작성하여 신청해야 하는 경우가 많다. 사례관리 실행 과정 중에 사례관리 당사자에게 필요한 자원이라고 판단되면 사례관리 당사자에게 해당 사업을 안내하고 신청할 수 있도록 돕는다.

이 외에도 보건복지부에서 운영하는 복지로 홈페이지, 지역사회복지 정보(경기도 복지 정보 안내서 등) 책자를 활용해도 좋다.

그럼에도 불구하고 자원을 확보하기 어려운 경우, 사례관리자는 직접 자원을 마련하기 위한 활동을 해야 한다. 실제 현장에서 근무하는 사회복지사는 사례관리 당사자에게 필요한 자원이 무엇인지 고민하여 제안서나 홍보물을 만들어 직접 지역에 나가 자원을 획득하기도 한다. 사회복지 유관기관일 경우에는 협약을 통해 자원을 교류하기도 한다.

(2) 사례회의를 통한 자원관리

사례회의는 사례관리 전 실천과정에서의 주요 사항과 실천의 우선순위, 담당 사례관리자 등을 결정하는 전문가 집단회의를 뜻한다(이준우 외, 2013: 137). 서비스를 제공하는 사회복지사뿐만 아니라 지역사회 전문가 및 서비스 제공에 관련된 여러 전문가들이 함께 참여하는 사례회의를 진행하여 최선의 복지서비스를 제공하기 위해 논의한다.

자원 배분은 사례회의를 통해 결정되는 경우가 많다. 사례회의는 자원의 중복을 막고, 여러 사회복지사들의 의사결정을 통해 효율적인 자원 관리가 이루어지도록 한다. 사회복지시설 평가 지표를 보면 사례회의가 정기적으로 진행되는지 여부를 묻는 문항이 있다. 사례회의는 자원을 파악하고 배분하며, 중복제공을 방지하는 필수적인 사례관리 과정이기 때문이다.

사례회의는 일반적으로 복지관 내에서 진행되지만, 연계된 다양한 외부 자원들과 함께하는 통합사례회의도 있을 수 있다. 통합사례회의는 사례관리 담당자와 다양한 전문가들이 모여, 사례관리 당사자와 연계된 자원 간 개입 여부와 정도를 파악하고, 추가적인 욕구를 충족시킬 수 있는 서비스 제공이 가능하게 한다. 위와 같이 사례관리 당사자에게 다양한 정보와 자원을 연계하기 위해서는 여러 사회복지사 및 전문가의 참여가 필요하다.

이후 점검 단계에서 사례회의를 더 심도 있게 다룰 예정이니 참고하도록 한다.

현장의 사례관리자가 강조하고 싶은 이야기

#사례관리_당사자_입장에서_생각하는_사례회의란?

사례회의에서는 사례관리 당사자의 세부적인 상황을 이야기할 수밖에 없다. 어쩌면 사례관리 당사자가 노출하기 불편한 내용도 공유해야 할 수 있다. 이러한 이유로 반드시 사례관리자는 사례관리 당사자에게 고지된 동의를 통해 상담 내용(사례관리 당사자가 겪은 일이나 객관적인 상황)에 대해 다른 사회복지사와 관련 기관에 공유할 수 있다는 내용을 알리고 개인 정보수집 및 이용에 대한 동의를 받아야 한다. 이 외에도 다른 사람에게 공유되지 않았으면 하는 내용이 있는지 세심하게 신경 써야 할 것이다. 또 사례회의 시 사례관리 당사자가 겪은 내용이나 상황들이 그저 가벼운 이야깃거리가 되지 않도록 주의해야 한다. 주변 사회복지사들이 전문적인 시각으로 사례관리 당사자의 상황을 진중히 바라볼 수 있도록 회의 분위기를 만들어 가는 것이 중요하다.

과거 참석한 외부 사례회의에서 충격적인 경험이 있었다. 사례관리 당사자를 지칭할 때 '사례관리 당사자', '대상자', '클라이언트' 등의 단어를 쓰는 것이 아니라, '그 사람', '그 여자' 등 사례관리 당사자에 대한 존중이 느껴지지 않는 단어가 사용되는 것을 들었다. 또 사례관리 당사자의 행동이나 겉모습에 대한 평가를 하고, 참석한 사람들에게 웃음거리가 되게 하는 말을 하는 사례관리자도 있었다.

사례관리 당사자가 그 자리에 있었다면 과연 그렇게 말할 수 있었을까? 사례회의는 사례관리 당사자의 건강한 삶을 돕기 위한 자리이다. 사례관리 당사자 편에 서서, 사례관리 당사자를 누구보다 믿고 지지해야 하는 사람이 사례관리자이다. 이렇듯 사례회의는 사례관리 당사자 입장에서 생각하고, 사례관리 당사자를 배려하고 존중하는 마음으로 임해야 할 것이다.

3. 현장의 사례로 보는 자원 연계와 개발

#비공식_자원과 공식_자원의_적절성 #자원은_당사자로부터 #당사자의_속도에_맞춘_자원연계

1) 비공식 자원과 공식 자원의 균형이 이루어진 사례

(1) 사례 개요

사례 설명
의뢰배경: ○○시드림스타트 의뢰 초기상담: 사례관리자의 방문상담 당사자의 욕구: 경제적 지원, 자녀 학업 지원, 자녀 양육 스트레스 해소 사례관리 계획: 경제(민간자원 연계), 교육(자녀 교육 후원금 지원, 멘토링 연계), 정서(자조모임 참여, 심리 지원)

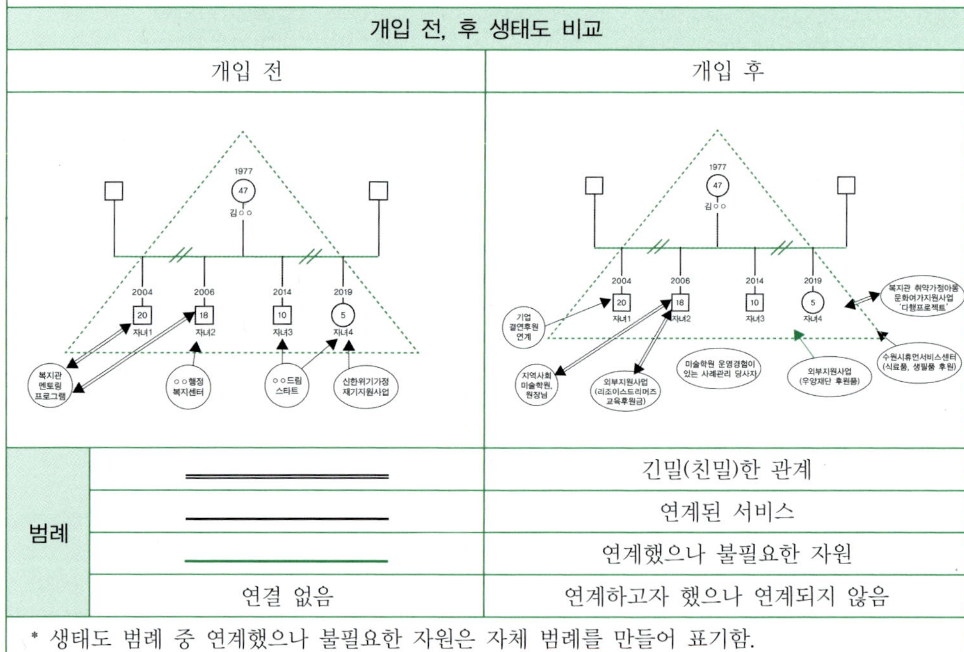

* 생태도 범례 중 연계했으나 불필요한 자원은 자체 범례를 만들어 표기함.

(2) 의뢰, 그리고 당사자와의 첫 인사

의뢰 배경

"넷째 아이가 아직 어려 일을 못하는 상황이에요... 늘 불안하고 우울해요."

- 드림스타트 의뢰
- 다자녀 양육 스트레스와 우울감, 경제적 부담감

- 본 기관을 통해 이사비용 지원 경험
- 전 배우자의 불법대출 관련 불안감 존재

2020년 11월 ○○시 드림스타트에서 의뢰된 당사자인 김○○ 어머님 가정은 당시 이사비용 지원을 요청받아 자원을 연계한 가정이었다. 이후 당사자의 다자녀 양육 스트레스와 우울감, 경제적 부담감이라는 당면과제가 확인되어, 개입을 시도하게 되었다. 첫 상담시, 당사자는 본 기관을 통해 받은 경제적 지원에 대한 고마움을 표현하였다. 하지만, 그간 연계한 자원들은 가정이 가진 단기적인 위기 해소에 불과했으며, 근본적인 경제적 어려움은 여전히 해결하기 어렵다고 표현하였다. 어머님은 미취학 아동인 넷째 자녀의 양육으로 인해 여전히 근로 활동을 할 수 없었고 생계급여만으로는 네 자녀를 양육하는 것이 어렵다고 표현하였다. 또한, 이혼한 두 번째 배우자의 불법 대출 문제로 자녀들까지 사채업자들에게 수시로 협박과 전화를 받는 상황이었다. "주변에서 도움을 받고 있으니 저도 보답하는 마음으로 힘내서 잘 살아야겠다 늘 생각해요. 하지만 주변 친구들처럼 학원에 가고 싶어 하는 아이들을 보면, 학원 하나도 편하게 보내지 못하는 제 현실이 너무 안타까워요. 그리고 사채업자들이 아이들이 학교에 있을 때도 전화하고 협박해서 요즘 불안감이 너무 커요."라고 이야기하였다.

(3) 당사자의 주요 욕구와 실천목표

네 명의 아이를 키우려니 경제적 부담이 가장 크죠.

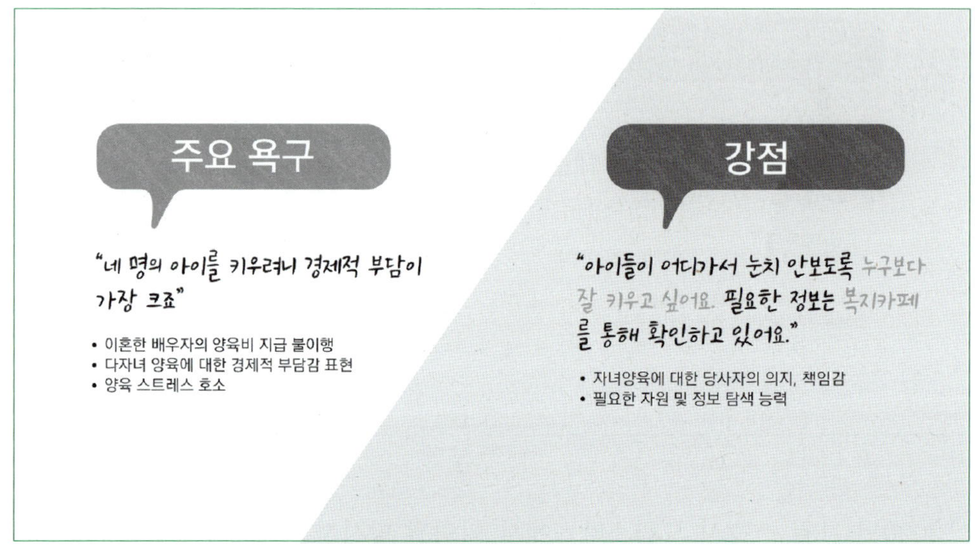

어머니는 두 남편과 이혼 후 네 명의 자녀를 혼자 양육하고 있었다. 이혼 후 양육비를 주지 않는 두 남편에 대해 답답함과 분노를 표출하며 경제적 어려움을 반복적으로 호소하였다. 태권도 특기생이었던 첫째 자녀의 학원비와 성장기 네 명의 아이들 식생활 비용이 지출의 큰 부분을 차지했으며, 아직 나이가 어린 셋째, 넷째 자녀 양육과 돌봄으로 당장 근로를 시작할 수 없는 상황에 막막함을 느끼고 있었다. 다자녀 가정임을 고려했을 때 외부자원연계는 불가피하다고 판단했다. 그래서 복지관에서는 가정이 자립할 수 있는 초기 환경을 갖출 때까지 지원하며 사례개입을 지속하는 한편, 어머니가 가진 강점을 활용할 수 있도록 역할을 함께 찾고 합의해 나가는 과정을 가졌다. 몇 차례 상담을 거쳐 파악한 강점은 '자녀들을 잘 양육하고자 하는 의지'와 '책임감'이었다. 평소 복지 카페를 통해 자녀 양육에 필요한 자원들을 적극적으로 찾고 이용하는 모습들을 볼 수 있었고, 필요한 한부모 가정에 정보를 공유해달라는 모습이 강점이라고 판단하였다. 그래서 필요한 자원들을 스스로 찾고 나누는 것을 어머니의 실행으로 합의했다.

당사자의 관점에서 바라보기

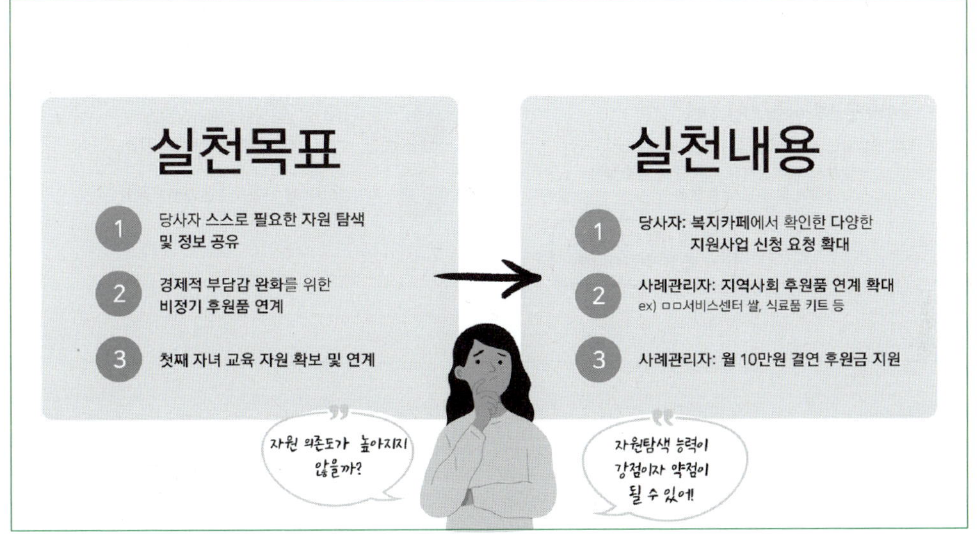

어머니는 자원 탐색에 대한 역할을 합의한 이후부터 복지 카페에서 찾은 많은 자원을 연결해주길 원했다. 복지관 내부에서도 첫째 자녀에게 교육후원금을 지원하며 경제적 부담 완화를 지원하고 있었지만, 그 외에도 단순 후원품 신청을 반복 요청하는 모습이 관찰되었다.

어느 순간 너무 많은 자원을 투입하여 당사자의 자원의존도가 높아지고 있음을 느꼈다. 하지만, 어머니의 입장에서 생각해보니 많은 자원을 활용하는 것은 자녀를 잘 양육하기 위해 무엇보다 중요한 것이었다. 어머니와 사례관리자의 관점 차이를 체감하며, 당사자를 이해하는 자세가 우선 필요함을 느꼈다.

또한, 자원을 찾는 당사자의 능력이 강점이자 약점이 될 수 있음을 인식하였다. 그래서 당사자의 강점이 잘 쓰일 수 있는 방향으로 다시 계획을 수립하게 되었다.

자원연계 협력자 역할의 당사자

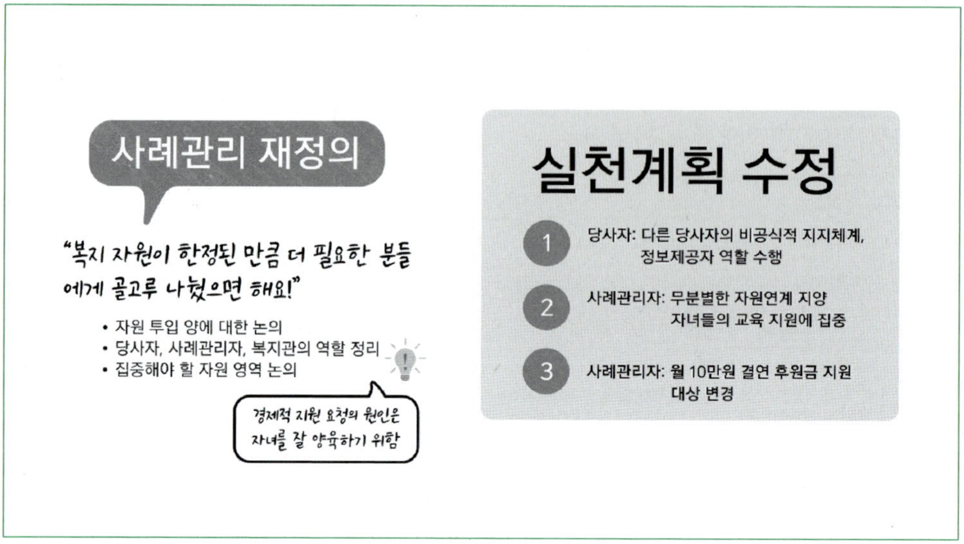

사례관리 재정의

"복지 자원이 한정된 만큼 더 필요한 분들에게 골고루 나눴으면 해요!"

- 자원 투입 양에 대한 논의
- 당사자, 사례관리자, 복지관의 역할 정리
- 집중해야 할 자원 영역 논의

경제적 지원 요청의 원인은 자녀를 잘 양육하기 위함

실천계획 수정

1. 당사자: 다른 당사자의 비공식적 지지체계, 정보제공자 역할 수행
2. 사례관리자: 무분별한 자원연계 지양 자녀들의 교육 지원에 집중
3. 사례관리자: 월 10만원 결연 후원금 지원 대상 변경

가정에 너무 많은 양의 자원이 투입되고 있는 것에 관해 어머니와 이야기를 나눴다. 사례관리의 의미를 설명하며 복지관의 역할, 당사자의 역할을 다시 정리해보았다. 복지관과 사례관리자가 할 수 있는 것을 말씀드렸고 복지 자원이 한정된 만큼 조금 더 필요한 분들에게 골고루 나눠질 수 있도록 부탁드렸다. 당사자가 경제적 지원을 요청하는 근본적인 이유는 자녀를 잘 양육하기 위함이었다. 그래서 무분별한 자원연계보다 자녀들이 다양한 교육을 접할 수 있도록 교육 지원에 조금 더 집중하기로 합의했다. 체육 특기생이던 첫째 자녀에게 지원하던 복지관 교육 후원금 10만 원은 첫째 자녀가 대학에 입학하고 진로를 변경하면서 지원 종료를 결정했다. 대신, 셋째 자녀가 평소 원하던 피아노를 배울 수 있도록 후원금 지원 대상을 셋째 자녀로 변경하는 내부 사례회의를 진행했다.

어머니의 새로운 역할도 추가했다. 양육 스트레스를 경험하고 있지만, 특유의 밝은 에너지로 네 명의 아이들을 잘 양육하는 모습을 보며 누군가에게 좋은 지지체계와 정보제공자가 될 수 있을 것이라고 생각했다. 그래서 한부모 가구

자조 모임에 정기적으로 참여하여 본인의 양육 스트레스를 해소하는 동시에 **같은 어려움을 겪고 있을 다른 당사자를 지지하고 응원하는 비공식적 지지체계의 역할**을 부탁드렸다. 어머니는 다른 분들의 어려움에 충분히 공감했고 사춘기 자녀를 양육했던 경험이나 한부모 가정 지원 혜택 등의 정보를 공유하며 다른 한부모 당사자들을 지지하게 되었다.

둘째 자녀가 원하는 학원을 다니도록 도움 받고 싶어요.

사례관리를 지속하던 중 둘째 자녀가 미술 학원에 다닐 수 있도록 외부사업을 신청해달라는 어머니의 전화를 받게 되었다. 둘째 자녀는 현재 공업고등학교 2학년에 재학 중이라 예체능 학원을 다니고 싶다는 말이 당황스러웠다. 사업 신청이 어머니의 일방적인 요구이지 않을까 걱정하며 둘째 자녀를 만났을 때 진심으로 미술을 배우고 싶어 하는 마음을 확인할 수 있었다.

강빈(가명)이는 중학교 때부터 미술에 관심이 많았다고 한다. 하지만, 어려운 가정형편으로 인해 학원에 다니고 싶다는 이야기를 어머니에게 하지 못했고 꿈보다는 취업을 선택했던 것이다. 공업고등학교로 진학한 이유도 조금 더 빨리 취업하여 엄마와 동생들을 도와야겠다는 생각 때문이라고 했다. 강빈이가 갑작스럽게 진로를 변경한 것은 큰 결심이었다. 그래서 꿈 지원 사업에 미선정되었을 때 크게 실망하지 않을까 걱정되었다. 하지만, 강빈이가 독학으로 그렸던 그림과 미래에 대한 구체적인 계획을 설명하는 모습을 보면서 꼭 외부사업을 통한 지원이 아니더라도 함께 방법을 찾아 꿈을 지원해야겠다 생각하게 되었다.

(4) 실천과정과 자원연계

#비공식 자원의 힘

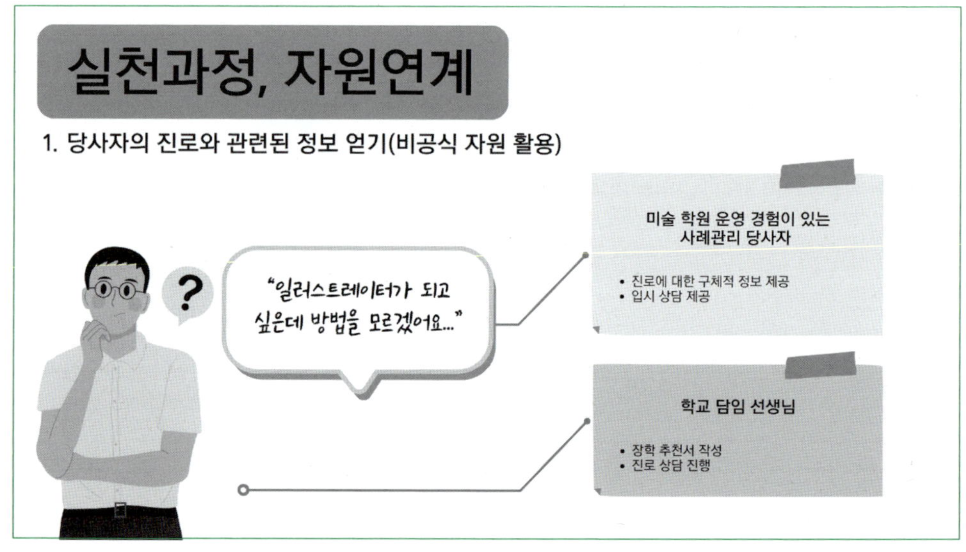

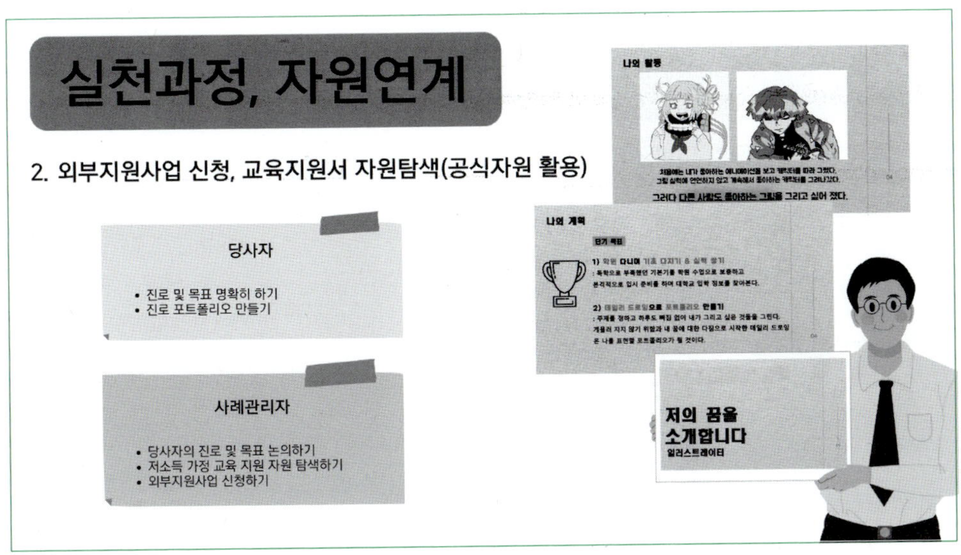

둘째 자녀의 꿈을 지원하기 위해 우선 공식적인 외부자원(기아대책 리조이스 드리머즈)을 신청하기로 했다. 강빈이는 일러스트레이터가 되고 싶다 이야기했다. 하지만, 미술에도 많은 분야가 있어 어떤 학원을 선택하고 대학교에 진학해야 할지 구체적인 정보를 찾는 일이 우선이었다. 정보탐색에 어려움을 겪던 중 과거 미술 학원을 직접 운영했던 사례관리 당사자에게 도움을 요청하면 어떻냐는 팀장님의 제안이 있었다. 당사자와 통화를 하면서 강빈이의 진로에 대한 구체적인 정보들을 얻을 수 있었다. 그리고 감사하게도 과거 미술 입시를 담당했던 본인의 경력을 살려 강빈이의 입시 상담도 가능하다고 이야기해 주셨다.

외부사업 신청서 작성을 위해 강빈이는 그동안 본인의 노력을 정리한 프레젠테이션 자료를 만들었다. 담당자는 학교 담임 선생님과 소통하며 강빈이의 장학 추천서와 진로상담을 요청했다. 그리고 지역 내 미술 학원 여러 곳에 전화해 학원비와 저소득 가정 교육지원 제도를 확인하였다. 동시에 외부지원사업에 선정되지 못할 것을 염려하며 미술 학원에서 자체적으로 지원하는 내부 자원들도 확인했다.

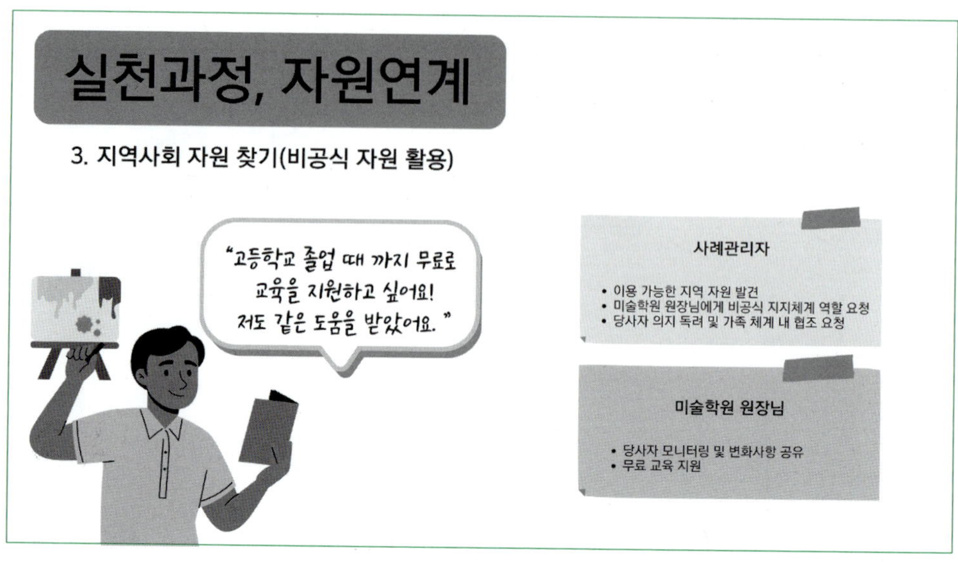

그러던 중 강빈이가 고등학교를 졸업할 때까지 무상으로 교육을 지원하겠다는 원장님을 만났다. 원장님 또한 과거 강빈이와 같은 경제적 어려움으로 학원을 다니지 못했던 경험이 있었다고 한다. 원장님은 당시 미술 학원 원장님에게 도움 받았던 좋은 기억이 남아있어 경제적 어려움이 있는 청소년을 만난다면 꼭 갚고 싶다는 생각을 했다고 했다. 공식적인 외부자원을 얻기 전 벌써 두 명의 인적자원을 만나 감사했다. 그리고 신청했던 외부지원사업에 다행히 선정되어 강빈이의 미술재료, 특강비와 같은 교육 지원에 사용할 수 있었다.

구분	자원	역할
비공식 자원	미술학원 운영 경험이 있는 사례관리 당사자	당사자 초기 진로상담
	미술학원 원장님	교육 지원
	학교 담임 선생님	당사자 지지체계
	사례관리자	자원 발견, 조정
공식 자원	기아대책 리조이스 드리머즈 지원사업	교육비 지원

#당사자의 노력이 더해질 때 더욱 가치 있는 자원의 효과성

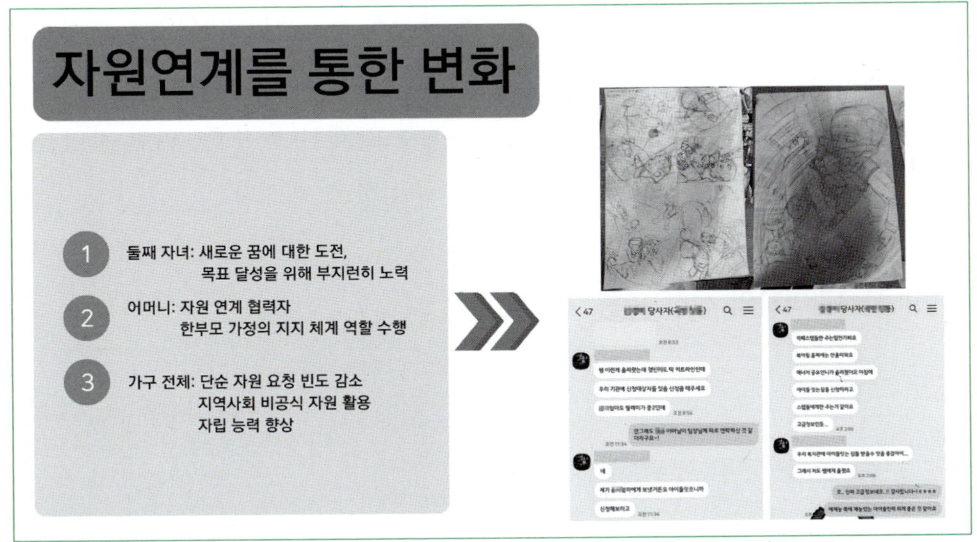

강빈이는 미술학원을 다니기 시작했다. 다만, 원장님의 후원과 강빈이의 결심이 헛되지 않도록 몇 가지 약속을 했다. 첫 번째는 강빈이가 무료교육에 대한 부담을 덜고 책임감을 가질 수 있도록 매월 1만 원의 교육비는 강빈이 어머니가 지출하는 것, 두 번째는 원장님도 그랬듯이 강빈이도 졸업 후 1년 동안 미술학원 선생님으로 일하며 어려운 학생들을 진심으로 가르치는 것, 두 가지 제안을 따라 미술을 배우고 있다.

강빈이는 주 5회, 하루 4시간씩 미술학원에서 그림을 그리고 있다. 주말 알바를 하면서 하루도 빠짐없이 그림을 그릴 정도로 성실하고 열정적으로 꿈을 향해 도전하고 있다. 더 기특한 것은 처음 방문했을 때는 연필 잡는 방법도 몰라 당황해했지만, 학원을 다닌 지 4개월이 된 지금은 A급 대학교에 진학할 수 있을 정도로 실력이 많이 향상되었다.

어머니 또한 긍정적인 변화가 있었다. 많은 자원을 요청하던 과거의 모습과 달리 단순 자원 요청이 줄어들었고 '사례관리자=자원연계자'라는 생각이 바뀐 듯 자녀와 가정의 변화들을 담당자에게 알리고 논의하는 형태로 관계가 재정립되었다. '자녀 교육 지원'이라는 명확한 목표를 정한 뒤에는 사례관리 보다 서비스 제공이 적합하다고 판단되어 현재 잠재적 사례관리 가정으로 관리하고 있다. 어머니는 자원 이용자보다는 자원연계 협력자로 역할하며 한부모 가정을 위한 지원사업 소식들을 정기적으로 전해주고 계신다. 또한, 어린 자녀들이 학원에 다니기 시작하면서 서서히 근로도 준비하고 계신다.

(5) 사례관리자의 성찰 또는 고민점

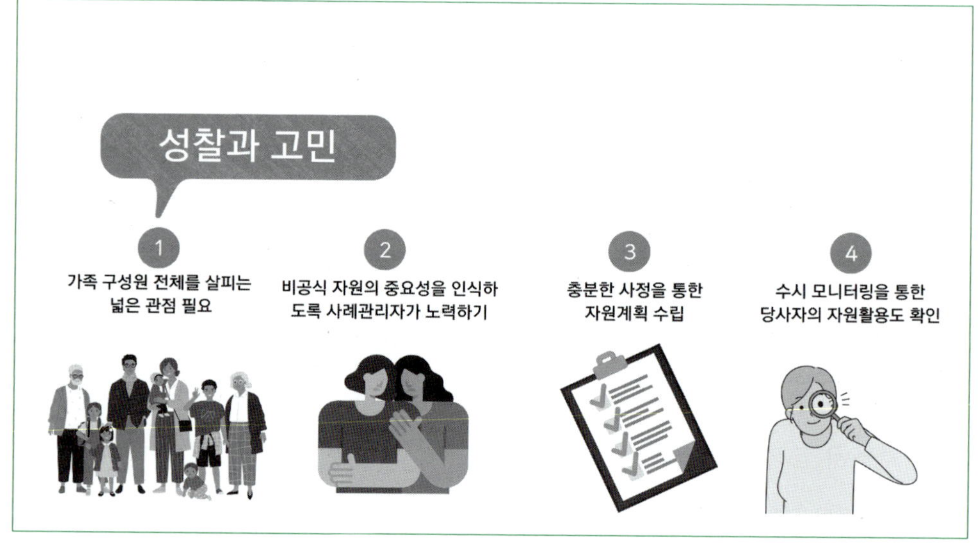

가족 구성원 전체를 살피는 넓은 관점 필요

가족 사례관리의 경우 주 사례관리 당사자에게 관심과 자원이 집중되어 가족 구성원의 당면과제와 욕구를 발견하지 못하거나 늦게 반응하는 경우가 있었다. 본 사례에서는 어머니와 첫째 자녀가 표현하는 욕구에 우선 반응하여 둘째 자녀의 진로에 대한 개입은 우선순위가 아니었으나 해당 가정에서 가장 중요한 실행 목표 중 하나였다. 이렇게 가족 사례관리는 가족체계 내 상호작용을 파악하고 가족 구성원 모두 사정하는 기술이 필요하다고 생각되었다.

비공식 자원의 중요성을 인식하도록 사례관리자가 노력하기

단순 자원연계는 당사자의 복지 의존도를 높이고 자립 능력을 떨어뜨리게 된다. 하지만, 사례관리 당사자는 경제적 어려움에 따라 반복적으로 자원연계를 요청할 수밖에 없기도 하다. 따라서 당사자의 자원연계 요청이 반복된다면, 당사자의 상황을 재사정하여 필요성을 이해하는 것이 우선이라고 생각한다. 또한, 자원연계를 제한하기보다 당사자가 지역사회 비공식 자원의 중요성을 인식할 수 있도록 지원하여 자립의 환경을 스스로 만들 수 있도록 사례관리자가 노력해야 한다는 것을 느끼게 되었다.

충분한 사정을 통한 자원투입 계획 수립

사례관리 실행계획 작성 시 투입 가능한 자원도 함께 작성하지만, 대부분 사례관리 목표를 계획하는 것처럼 구체적으로 작성하지 않았다. 당사자 가정에 자원연계가 중요한 실행계획 중 하나라면, 자원의 양과 기간, 자원 영역에 대해 당사자와 논의하여 실행계획을 세우기 위해 노력해야 한다. 또한, 실행계획 양식을 채우는데 급급하여 중요한 내용을 빠뜨리지는 않았는지 돌아볼 필요가 있다.

수시 모니터링을 통한 당사자의 자원 활용도 확인

다양한 자원을 지원하는 만큼 중복 가능성이 높을 수 있다. 연계한 자원이 당사자에게 효과적으로 활용되어지는지 수시 모니터링을 통해 점검하는 것은 사례관리자의 중요한 역할 중 하나라고 생각된다.

2) 당사자의 강점이 새로운 자원이 된 사례

(1) 사례 개요

사례 설명
• 의뢰배경: ○○동행정복지센터 의뢰 • 초기상담: ○○동행정복지센터 통합사례관리사 동행 상담 • 당사자의 욕구: 경제적 문제(의료비와 부채) 해소, 정서적 어려움 해소, 경제활동 시작, 퇴거위기 해결 • 사례관리 계획: 경제(공공자원 연계, 민간자원 연계, 근로시작 지원, 새로운 주거지 탐색), 정서(심리상담 연계, 당사자 지지), 건강(생활습관 관리, 건강 모니터링)

개입 전, 후 생태도 비교

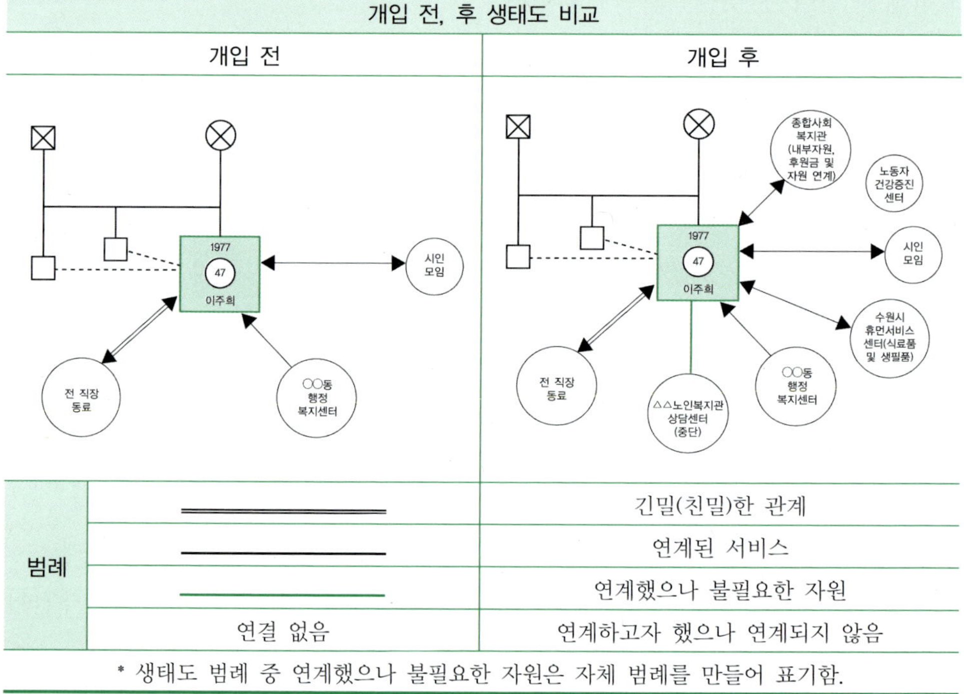

범례		
범례	═══	긴밀(친밀)한 관계
	───	연계된 서비스
	─── (녹색)	연계했으나 불필요한 자원
	연결 없음	연계하고자 했으나 연계되지 않음

* 생태도 범례 중 연계했으나 불필요한 자원은 자체 범례를 만들어 표기함.

(2) 의뢰, 그리고 당사자와의 첫 인사

공적 자원을 다 받고 있지만, 생활하기가 힘들어요.

2023년 2월 ○○동행정복지센터로부터 연락을 받았다.

"우리 동에 경제적으로 너무 힘드신 분이 계신데... 공적 자원을 다 연계해도 계속 어려움을 호소하고 있는 분이 있어요. 같이 만나보실래요?" 이렇게 ○○동행정복지센터 통합사례관리사와 함께 이주희(가명) 님을 처음 만나게 되었다. 좁은 방안에서 통합사례관리사와 사례관리자, 이주희 님이 앉아 행정복지센터에서 진행하고 있는 사례개입 상황과 당사자분의 어려움을 듣게 되었다. 처음 만난 사례관리자 앞에서 주희 님은 그동안 어떤 어려움이 발생 되었는지, 앞으로의 삶이 왜 막막한지에 대해 눈물을 흘리며 표현하셨다. 청장년 1인 가구인 이주희 님은 지지체계가 되는 가족도 없고, 누구에게도 도움을 받을 수 없는 상황이라 자신의 처지를 비관하며 도움을 요청하였다.

그렇게 월세와 핸드폰 비용, 각종 공과금이 밀려 생활의 어려움을 겪고 있는 주희 님을 돕기 위해 통합사례관리사와 사례관리자가 함께하기로 했다.

(3) 당사자의 주요 욕구와 실천목표

- 첫 번째 욕구와 실천목표

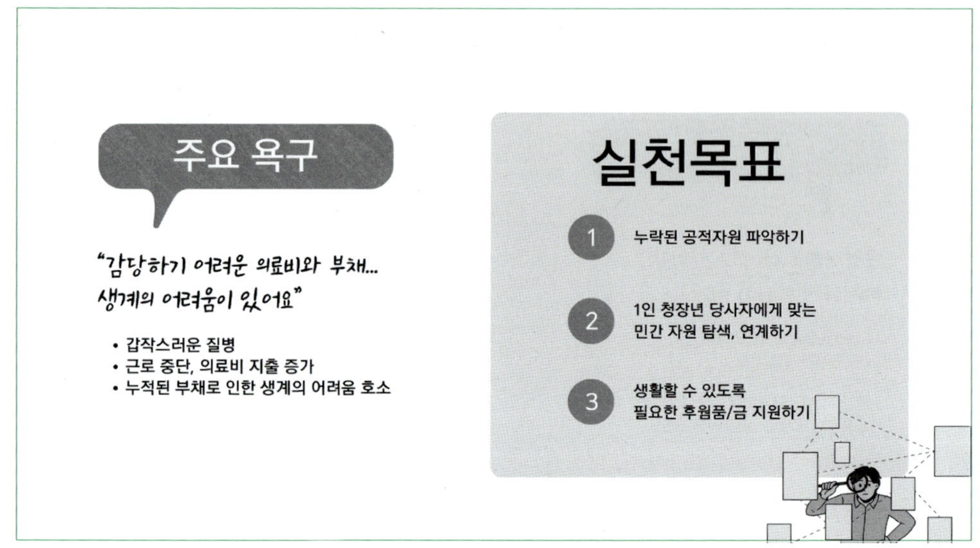

감당하기 어려운 의료비와 부채, 생계의 어려움이 있어요.

주희 님의 가장 큰 욕구는 경제적 어려움 해소였다. 이주희 님은 청장년 1인 가구로 부모님은 모두 돌아가셨고, 형제자매가 있었지만, 연락하는 분은 계시지 않는다고 하셨다. 어린 시절부터 스스로 생계를 위해 경제활동을 해왔다는 주희 님은 성인이 된 이후에도 가족의 도움을 받지 않고 스스로 모든 것을 해결하며 독립된 생활을 하셨다. 건강할 때는 오히려 다른 사람을 도와줄 만큼 몸도 마음도 여유로웠고, 주변 사람들과도 좋은 관계를 맺고 살아왔다고 했다. 하지만, 5년 전 갑작스럽게 발병한 유방암으로 인해 주희 님의 생활은 송두리째 바뀌었다.

보호자의 역할도 스스로 할 수밖에 없었던 주희 님의 상황은 걷잡을 수 없이 빠르게 변화하였다. 약 5년 간 투병 생활은 경제활동을 중단하게 만들었고, 류마티스 관절염과 알 수 없는 후유증으로 더욱 삶은 힘들어져 갔다. 젊음이 무기였던 주희 님은 건강을 잃고, 많은 것이 변화하였다. 열정적으로 했던 강사 일은 다시 할 수 있을지 모를 정도로 오래전 일인 것만 같았고, 병원비 지출로 인한 개인회생, 각종 미납금, 변화된 상황을 마주하며 생긴 우울증까지…….

예전에도 그랬듯이 주희 님은 스스로 문제를 해결하기 위해 지인에게 돈을 빌리기도 하고 노력했지만, 눈덩이처럼 불어나는 미납금과 대출금은 더 이상 혼자 해결할 수 없는 상황으로 이어졌다. 젊은 나이, 앞으로의 생계는 주희 님이 가지고 있는 걱정이자 욕구였다.

→ 생계유지를 위한 누락 된 공적 자원 파악, 민간 자원 연계, 후원품 지원

갑작스러운 질병으로 근로가 중단되고, 생계를 유지하기 어려운 주희 님께 가장 먼저 자원을 연계하는 것부터 시작하기로 했다. 이미 ○○동행정복지센터에서는 주희 님의 경제적 지원을 위해 사례개입을 시작하였고, 맞춤형 급여와 긴급생계비 지원, 핸드폰 미납금 지원을 통해 도움을 주었다고 했다. 민간기관인 우리 복지관에서는 주희 님의 상황을 보고, 어떤 도움을 주는 것이 필요할지 고민했다. 일단, 공공자원을 모두 받고 계신 상황이며, 1인 청장년인 주희 님이 더 받을 수 있는 복지 서비스와 자원이 있는지 파악해 봐야 했다. 근로활동이 가능하다고 보이는 주희 님을 위한 민간 자원이 있는지 파악하고, 관내 지원되는 식료품 관련 후원품을 연계하는 것을 실천 목표로 세웠다. 이 과정을 더 효과적으로 실천하기 위해 통합사례관리사와 주희 님, 그리고 사례관리자가 각자의 위치에서 해야 할 것을 구분하기 시작했다.

- 두 번째 욕구와 실천과제

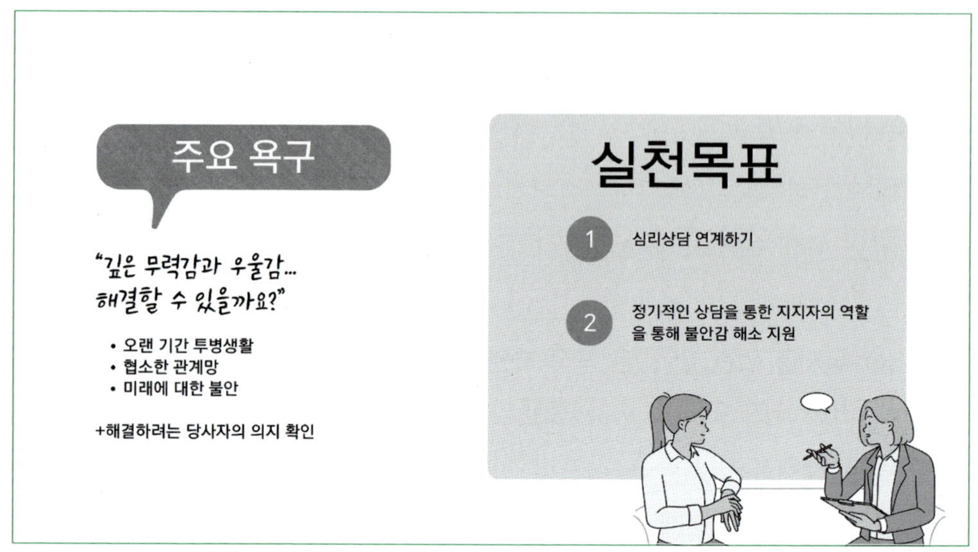

#깊은 우울감과 무력감... 해결할 수 있을까요?

주희 님과 상담은 보통 한 시간 정도 이루어졌다. 집과 행정복지센터 상담실, 카페 등 다양한 장소에서 상담하며, 주희 님이 가장 편안하게 느끼는 공간을 찾아보려 노력했다. 심리적으로 불안감을 크게 느끼는 사례관리 당사자일수록 상담 장소를 선정하는 것도 중요한 일이기 때문이었다. 주희 님이 가장 크게 표현한 욕구는 정서적 부분이었다. 표면적으로는 생계가 어려워 지원을 해줬으면 좋겠다는 말씀을 많이 해주셨지만, 그 안에서 깊은 우울감과 무력감이 있다는 것을 느낄 수 있었다. 또한, 주희 님은 이미 우울증으로 인해 약물 복용을 하고 있었고, 과거 자살 시도가 있을 만큼 정서적으로 위태로운 상황이기도 했다. 아무래도 오랜 기간 사회생활을 잘 해왔던 자신의 모습과 현재 한치 앞을 볼 수 없는 상황에서 오는 괴리감이 분명히 있을 것이라는 생각이 들었다. 그래도 주희 님이 보여주신 모습을 통해 조금은 해소할 수 있는 부분일 수 있겠다는 희망을 갖게 했다. 주희 님은 우울한 감정이 다가올 때, 집에서 시를 쓰거나 책을 읽는 등 과거 자신의 생활 습관을 유지하기 위해 노력한다고 하셨다.

또한, 과거 좋은 관계를 가지고 있던 지인들과 지금도 연락하며 이야기를 나누고, 가끔 모임에 적극적으로 나가며 사회적 관계망을 유지하였다. 혼자 있는 시간을 최대한 줄이고 예전의 생활을 잊지 않으려는 노력이 주희 님이 가진 큰 강점이라 생각되었다.

→ 전문기관 의뢰, 사례관리자는 지지자의 역할 시도

사례관리자는 전문가지만, 모든 영역을 다 해결하는 만능 해결사가 아니라는 생각을 가지고 사례관리를 해왔다. 특히 주희 님이 가지고 있는 우울감과 무력감은 사례관리자가 해결할 수 있는 영역이 아니라고 생각했다. 이에 주희 님의 의사를 묻고 전문 상담 기관에 의뢰하는 것으로 실천 목표를 세웠다. 주희 님은 '정신의학과에서 상담을 정기적으로 받지만, 지원해주신다고 하면 받아볼 수 있어요.'라고 표현하였고, 저는 관 내·외 자원을 탐색하여 △△노인복지관 내 상담센터에 연계하는 것을 제안했다. (△△노인복지관 내 상담센터는 연령에 상관없이 상담 및 심리 검사가 가능하며, 총 10회까지 무료 지원이 가능한 자원이다.) 전문 상담기관 담당자와 소통하여 일정을 정리한 뒤, 월 2회 주희 님과 대면 만남을 통해 변화된 상황을 파악하고, 정서적 지지자의 역할을 꾸준히 수행하기로 했다.

- 세 번째 욕구와 실천과제

#예전의 내 모습으로 돌아가고 싶어요.

사실 주희 님을 만나면서 가장 크게 생각했던 목표는 '근로 시작'이었다. 40대 젊은 나이인 주희 님이 가진 경제적 어려움이라는 욕구를 해결하기 위해 민간 자원을 한정적이었고, 지원할 수 있는 영역도 부족하였다. 부족한 자원의 한계를 느낀 사례관리자는 '경제활동만 하시면 상황이 많이 바뀌시진 않을까?, 이제 건강도 조금씩 회복하는데 가능하지 않을까?'라는 막연한 생각을 갖기도 했다.

그쯤 주희 님은 늘 "이제 건강도 조금씩 회복되고, 다시 할 수 있는 일을 찾아야죠."라는 말을 자주 하셨다. 또한, "예전에는 강사로 일도 잘 했고, 오히려 주변 사람을 잘 도와주곤 했어요. 제가 이렇게 될 줄은 몰랐죠.."라는 말씀을 하시면서 언제 시작할지 모르는 경제활동을 대비하여 시민강사 교육 등 자신이 할 수 있는 것을 시도하고 계신다고 했다. **예전의 활발했던 모습으로 돌아가고 싶은 주희 님의 욕구를 반영하여 새롭게 시작할 수 있도록 돕는 것이 필요하다고 판단했다.**

→ 경제활동 시작을 위한 상담 연계 및 건강 모니터링

주희 님의 욕구에 따라 경제활동이라는 목표를 세우고 우리 복지관에서 연계한 경험이 있는 유관기관과 자원목록을 보며 실행계획을 수립하였다. 먼저, 사례관리자는 빠르게 근로 활동을 시작할 수 있도록 건강관리 모니터링을 시작하기로 했고 필요시 건강검진 등 자원을 연계하는 것으로 정리하였다. 그리고 근로를 위해 가장 중요한 근로 능력에 대한 정확한 파악을 위해 노동자건강증진센터에 연계한 상담을 계획하였다. 또한, 기존에 근로했던 경험이 있던 당사자의 강점을 살려 내일배움카드처럼 국가의 지원을 받을 수 있는 근로 관련 정보도 탐색하여 전달하기로 했다.

(4) 실천과정과 자원연계

경제적 어려움 완화를 위한 공공과 민간의 역할 구분하기

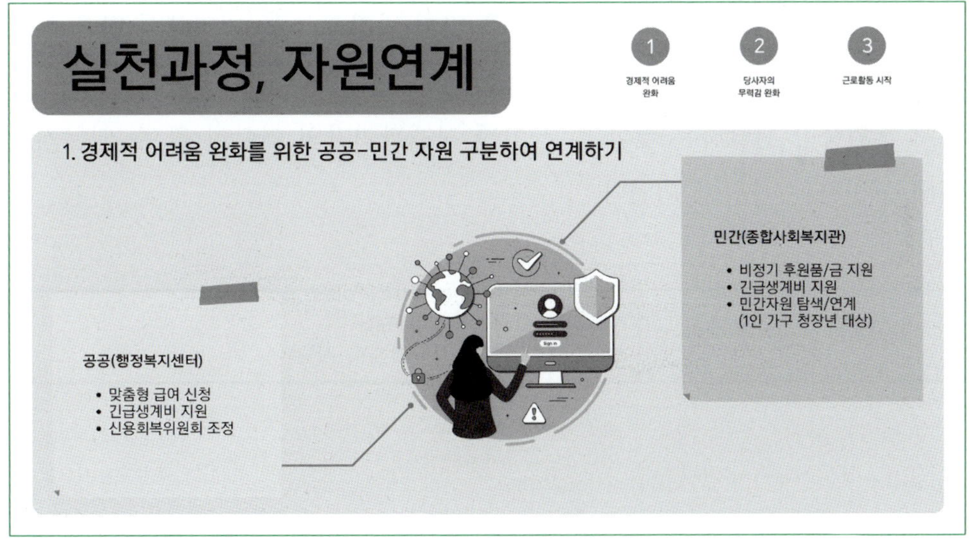

주희 님이 가지고 있는 가장 큰 욕구인 경제적 어려움 완화를 위해 함께 사례 개입하는 ○○동행정복지센터와 우리 복지관의 역할을 구분하는 것이 필요했다. ○○동행정복지센터 통합사례관리사는 이미 맞춤형 급여 신청을 지원했

고, 경제적 어려움이 지속되어 긴급생계비도 함께 연계했다. 또한, 부채와 관련된 부분은 ○○동행정복지센터에서 관리하는 것이 더 적합하다고 판단하여 신용회복위원회 연계의 역할을 해왔다. 민간 기관인 우리 복지관에서는 비정기 후원품·금을 찾아 연계하고, 공공 자원 외 민간 자원을 탐색하여 연계하는 역할을 수행하기로 했다. 1인 가구 청장년인 주희 님이 받을 수 있는 자원을 탐색하는데 집중하였다. **이렇게 공공과 민간의 역할을 구분하니, 주희 님께 집중해야 할 다른 욕구를 더 크게 느낄 수 있게 되었다.** 경제적 어려움에서 가장 힘들었던 부분을 공공기관에서 지원해 주셨기 때문에 빠르게 사례개입이 진행될 수 있었다.

경제적 지원을 위한 사례 개입을 하면서 어려웠던 점은 이미 생계 급여를 받고 있고, **1인 청장년으로 근로 능력이 있다고 보여지는 주희 님 상황에 신청할 수 있는 민간 자원은 생각보다 매우 부족하였다. 그 과정에서 민간 기관에서 할 역할이 모호하고, 부족하다는 느낌을 많이 받았고, 공공기관에서 많은 부분을 지원받는 당사자에게 어떤 역할을 할 수 있을지 혼란을 느끼기도 했다.** 단순히 후원품만 전달하는 것이 민간 기관 사례관리자의 역할이 될 수 있는지에 대해 고민하는 과정이 되었다.

본 사례의 자원연계 현황	• 후원품 지원 (비정기 후원) • 민간자원 연계 (긴급생계비 지원)

#원하지 않는 자원 연계보다는 당사자의 마음을 읽고, 파악하는 당사자의 강점

주희 님이 가지고 있는 우울감과 무력감에 대한 사례 개입으로 전문 심리 상담을 연계하였다. 주희 님께 사전에 동의를 얻어 진행되었기 때문에 큰 도움이 될 것이라 생각했다. 하지만 주희 님은 한 번의 참여 이후, 앞으로의 심리 상담을 모두 거부하였다. 주희 님은 현재 정신의학과에서 정기적으로 상담을 받고 있다는 이유와 달라지지 않을 자신의 상황을 다시 한번 누군가에게 전달하는 일이 부담이 된다고 말씀하셨다. 사례관리자는 그 당시 주희 님의 마음을 이해하지 못했고, 실행계획에 따라 진행되지 않는 과정에 스트레스를 받기도 했다. 또한, 경제적 어려움만을 위해 사례개입을 하게 되는 건 아닐지 고민되었다.

자원 연계를 실패한 이후, 마음을 비우고 주희 님과 다시 대화하기로 했다. 정말 사례개입이 필요한지, 욕구 사정이 제대로 된 것은 아닌지 판단하는 것이 필요했다. 그렇게 사례관리자는 개입 목표를 잠시 내려두고, 주희 님의 삶에 대한 이야기를 나누기 시작했다. 주희 님의 속도에 맞춰 대화를 하니, 새로운 모습을 발견하는 기회가 되었다.

주희 님은 사실 전문가의 상담 보다는 삶에 대한 이야기를 나눌 지지체계가 필요했다. 그렇게 실행계획에 맞춰 달려가기 보다는 주희 님의 지지자로써 담담히 이야기를 들었다. 사실 현장의 사례관리자가 실행계획에 대한 이야기 없이 당사자의 이야기만 계속 듣는다는 것이 쉽지는 않았다. 하지만 그 시간은 주희 님의 내면의 강점이 무엇인지 파악하는 중요한 기회가 되었다.

주희 님은 사실 집에서 꾸준히 글을 쓰고, 앞으로의 생계를 위해 스스로 준비하고 있었다. 자신이 원하는 것과 잘하는 것을 알고 있었고 활용할 수 있는 분이었다.

주희 님은 과거 강사로 근로했던 경험을 토대로 강의 일을 시작하겠다는 목표를 세웠고, 소비자교육 시민강사 교육을 수료하였다. 또한, 과거 수원시 시민기자로 간단한 글을 작성하여 소액의 원고료를 받기도 하셨다. 뿐만 아니라 시인으로 꾸준히 활동하며 모임 참여, 글쓰기를 소홀히 하지 않았고, 예전부터 관계하고 있던 지인과도 정기적으로 연락하며 도움을 주고받고 계셨다.

주희 님은 앞으로 자신이 하고자 하는 방향, 그에 맞는 역량이 무엇인지, 자신을 도와줄 수 있는 주변 사람이 누구인지 충분히 알고 있었다. 주희 님과 대화를 통해 주희 님이 가진 내부 자원, 외부자원을 모두 파악할 수 있었다. 주희 님이 가진 내부 자원이 무엇인지를 알게 된 이후, 오히려 사례개입 방향을 찾아가는데 도움이 되었다. 또한, 전문 기관을 연계하여 심리 상담을 하는 것 보다 당사자의 이야기를 들어드리며, 지지자의 역할을 하는 것이 더 큰 효과가 있었다. **이에 앞으로의 사례개입 방향을 주희 님이 잘 하는 것을 해볼 수 있도록 기회를 드리는 것으로 목표를 수정하였다.**

본 사례의 자원연계 현황	• △△노인복지관 상담 연계 → 중단 • 내부자원 파악(강사 경험, 글쓰기 능력, 삶에 대한 의지)

\# 자신감이 있어야 시작할 수 있다! 근로를 위한 준비하기

주희 님의 근로 욕구에 맞춰 근로를 시작할 수 있도록 실행계획을 세웠다. 먼저, 과거 근로 경험이 있고, 젊은 나이인 주희 님의 상황에 따라 내일배움카드를 활용하여 새로운 근로 활동을 제안했다. 또한, 근로 역량이 어느 정도인지 파악하기 위해 노동자건강증진센터 연계 상담에 대해 안내하였다. 잘 진행되던 중 갑자기 주희 님은 초반 적극적인 모습과 달리 모든 제안을 거부하였다. 상담하는 과정에서 “제가 잘 할 수 있을까요?, 제가 체력적으로 힘든데... 할 수 있을지 모르겠어요. 일단 제가 찾아볼게요.”라는 말을 자주하며, 움직이지 않았다. 그 사이 개입 과정이 점점 느슨해져갔다. 개입과정을 돌아보며, 젊은 나이 근로를 충분히 할 수 있겠다는 사례관리자의 편견이 만들어낸 실수였다는 것을 알게 되었다.

어쩌면 5년 전 마지막 사회생활 이후, 처음 시작하는 활동에 대한 걱정 때문에 시작하지 못할 수 있겠다는 생각이 들었다. 근로를 시작하려면 누구나 근로를 잘 할 수 있다는 자신감과 자신의 역량을 제대로 알고 있어야 한다는 중요한 부분을 놓쳤다는 것을 인지했다. 빠르게 근로를 시작하자는 말로 주희 님을 몰아세웠을거란 생각에 죄송한 마음이 들었다. 사례관리자로 당사자의 상황을 보기 보다는 당사자의 상황을 해결하는데 집중했던 것이 화근이었다. 이에 근로를 시작한다는 목표에서 근로 시작을 위한 준비를 하는 것으로 조금은 낮은 목표를 세웠다. 그리고 주희 님이 잘하는 것을 통해 자신감을 얻도록 지원했다.

내부적 자원	관 내 자원 활용 방안
과거 기사 작성의 경험	관 내 프로그램 기사 작성 후, 원고료 받기
소비자 교육 강의 수료	관 내 이용자 대상 소비자 교육하기
시인 활동 경험	관 내 이용자 대상 시 특강하기

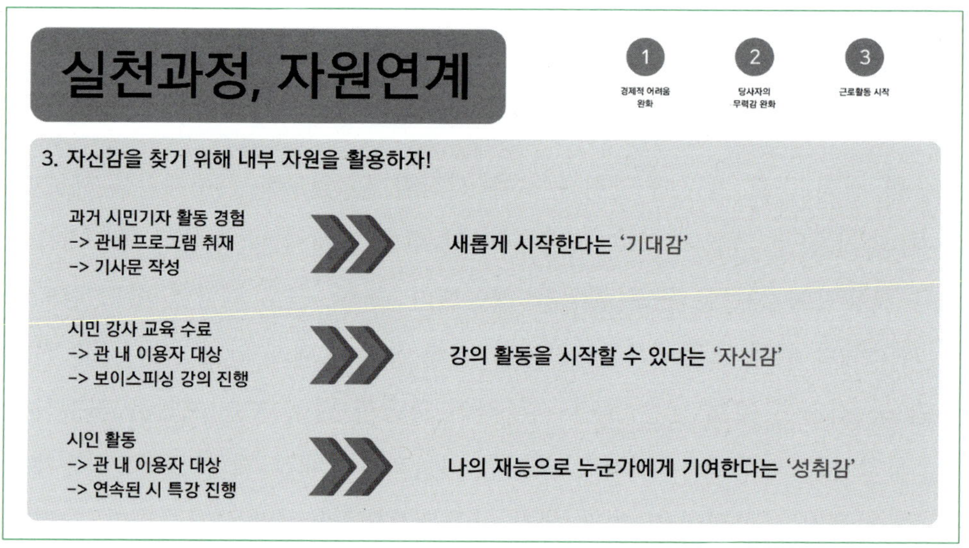

그동안 수원시 시민기자로 소정의 원고료를 받았던 경험이 있는 주희 님의 강점을 활용하여 복지관 내 초복행사에 초대하였다. 그리고 프로그램에 참여하고 기사문을 직접 작성할 수 있도록 제안했다. 그동안 새로운 활동을 제안할 때마다 부담을 느꼈던 주희 님께서는 흔쾌히 이번 활동을 '해보겠다.'라고 하셨다. 직접 사진을 찍고, 기사문을 작성하고 소정의 원고료를 받았던 경험은 새로운 활동을 시작할 수 있겠다는 기대감을 심어주는 기회가 되었다.

조금 더 나아가 강의 활동을 제안해 보았다. 시민 강사 교육을 수료하였으나, 강의 활동을 해볼 만한 기회가 없었던 주희 님께 복지관 이용자(노인대학) 대상 강의는 새로운 도전이 되었다. 주희 님은 초반 걱정과 다르게 노인대학 담당자와 교육 자료부터 내용까지 적극적으로 소통하며, 스스로 해내는 모습을 보였다. 노인대학 담당자는 사례관리자와 소통하며, 당사자에 대해 이해하고 이용자에게 사전에 고지하는 역할을 수행하였다. 처음 시작하는 강의에도 큰 문제 없이 진행된 이유는 담당자와 사례관리자, 당사자가 모두 적극적으로 소통했기 때문이었다. 이렇게 일회성 강의는 주희 님에게 강의 활동을 시작할 수 있겠다는 '자신감'을 심어주었다.

마지막은 시인으로 활동한 경험을 살려 관 내 이용자(주민 소모임) 대상 특강을 기획하였다. 지역 어르신이 아닌 젊은 주민을 대상으로 하는 교양 강의이기 때문에 더욱 준비에 힘쓰기로 했다. 기존 강의 진행 방식처럼 관 내 담당자와 사례관리자, 당사자가 상호 간에 적극적으로 소통하는데 집중하였다. 모임 담당자는 주희 님의 상황 인지할 수 있도록 참여 주민에게 전달하였고, 주희 님은 홍보지부터 교육 자료까지 제작하는 모습을 보였다. 사례관리자는 주희 님이 잘 할 수 있도록 지지하고, 준비과정을 점검하였다. 그렇게 진행된 두 번의 강의는 나의 재능으로 누군가에게 기여할 수 있다는 성취감을 얻는데 큰 도움이 되었다. 길지 않은 강의 과정에서 주희 님은 '새롭게 해볼 수 있겠다'는 마음을 갖게 되었다는 큰 변화가 있었다. 그 이후, 주희 님은 경기도평생학습포털 '지식'(GSEEK)에서 활동할 생활 · 취미 분야 '도민 온라인 강사'에 도전하며 새로운 시도를 하게 되었다. 당장 근로를 시작하기 보다는 할 수 있는 분야에서 해보고 싶은 일은 차근히 해 나가는 주희 님을 보며, 사례관리는 단순히 자원을 연계하는 것이 아닌 내면의 힘을 만들어 주는 과정임을 느끼게 되었다. 그 자원은 당사자가 이미 가지고 있는 것, 당사자 주변에 있는 것일수록 더 빛을 발휘할 수 있다.

(5) 사례관리자의 성찰, 고민점

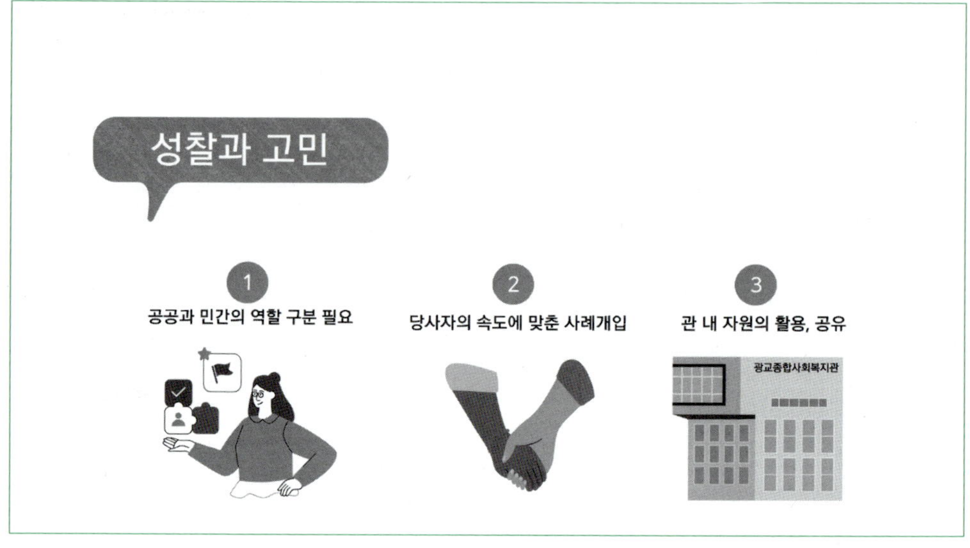

공공 사례관리와 민간 사례관리의 역할 구분 필요

사례관리는 복합적인 욕구를 가진 당사자를 위한 다각적인 개입 서비스이다. 이에 따라 공공과 민간이 다양한 방식으로 사례관리 수행하여 복지 서비스의 효과성과 효율성을 향상하기 위해 노력한다. 본 사례를 의뢰받고, 공공 사례관리와 민간 사례관리의 역할이 크게 다르지 않아 어떤 부분을 개입해야 하는지 모호함을 느꼈다. 또한 일부 사례는 당사자에게 적합한 모든 서비스를 연계한 뒤 민간기관으로 의뢰되는 경우가 있어 사례관리자의 역할에 대해 한계를 느낄 때가 있었다. 특히 종합사회복지관은 특정 대상을 전문적으로 사례 개입하지 않기 때문에 느껴지는 고민이기도 했다. 일부는 종합사회복지관은 사례개입 보다는 서비스기관의 하나로 인식하는 것처럼 느껴져 공공과 민간의 통합관리의 중요성을 느끼게 되었다. 본 사례는 부채와 관련된 부분은 공공에서 개입하고, 이외 당사자의 욕구는 복지관에서 개입하여 모호함을 조금은 해소할 수 있었다. 이 과정에서 공공과 민간의 담당자가 상호 적극적인 소통이 가장 중요하다는 것을 느꼈고 가능하다면 당사자의 특성과 당면과제에 따라 초기개입 시, 역할구분을 한다면 상호 보완적인 사례개입을 할 수 있을 것이라 생각하게 되었다.

당사자의 속도에 맞춘 사례개입의 중요성

본 사례를 통해 가장 크게 느꼈던 것은 '당사자와 관계형성의 중요성'과 '당사자가 가진 힘'이었다. 당사자의 상황을 정확히 사정했다면, 그에 대한 계획도 당사자와 함께 해야 한다는 것을 알고 있었지만, 결국 사례관리자가 그려놓은 개입계획에 동의를 얻는 과정으로 진행했다는 것이 가장 큰 아쉬움으로 남았다. 이번 사례개입을 통해 당사자가 가진 내부, 외부 자원을 정확히 파악하는 것이 중요하고, 기관이 가지고 있는 자원을 통해 연계에만 집중한다면 오히려 당사자가 원하는 욕구에 반응하기 어렵다는 것을 느낄 수 있었다. 향후, 사례개입에서는 초기상담 이후, 사정기간과 계획 기간을 길게 두는 것으로 정했다. 계획이 늦어진다고 해서 사례관리가 제대로 되지 않는다는 불안한 마음을 지우고, 당사자의 속도에 맞춰 사례개입을 하고자 한다.

관 내 자원의 활용과 공유

당사자의 욕구에 능동적으로 대응하기 위해 당사자의 자원과 지역사회 자원을 적극적으로 개발하고 연계하는 것이 중요하다. 모든 사례관리자는 자원관리의 중요성을 알고, 적극적으로 개발하며 체계적으로 관리하기 위해 노력한다. 이번 계기로 관 내 자원에 대해 얼마나 알고 관리하는지에 대해 되돌아보게 되었다. 각 팀에서 가지고 있는 자원이 무엇인지, 관 내 연계할 수 있는 자원이 있는지 등 이해도가 높아야 적재적소에 자원연계를 빠르게 할 수 있다. 이번 사례개입을 통해 관 내 자원연계에 대한 중요성을 충분히 느끼게 되었고, 정기적으로 관 내 자원에 대해 공유하고 설명할 수 있는 시간을 갖는 것이 필요하다 생각된다.

현장의 사례관리자가 강조하고 싶은 이야기

▶ [실행, 자원 개발 및 관리]를 마무리하며 생각해 보기

사례관리 실행 과정에서 사례관리자가 사례관리 당사자에게 자원을 연계할 때, 어떠한 자세를 가져야 할까? 이는 상황에 따라 다르다.

사례관리자는 다양한 사례관리 당사자를 만나게 된다. 그 중에는 본인의 요구를 직접적으로 이야기하며 기관에서 해결해 주기를 요청하는 사람도 있고, 사례관리자보다 더 많은 정보를 알고 있어 외부 지원사업을 먼저 찾아 지원을 요청하는 사람도 있다. 대부분의 외부 지원사업[2)]은 개인 신청이 어려워 복지기관을 통해 신청해야 한다. 정보가 빠른 사례관리 당사자는 막막한 상황에서 살아보려고 수시로 자원을 탐색하기 때문에 사례관리자에게 많은 요구를 한다. 때로는 신청대상이 아니더라도 무리한 신청을 요구하거나, 기관 내 신청 기회가 제한되어 있다는 사실을 알고도 기관 사정을 고려하지 않는 경우도 있다.

사례관리자는 이들의 어려움을 따뜻하게 공감하고 스스로 자원을 활용할 수 있다는 강점은 지지해야 한다. 하지만 사례관리 당사자가 요구하는 모든 사항을 해결할 수 없다는 점도 분명히 알려야 한다. 모든 자원을 지원하는 것이 항상 좋은 결과를 가져오는 것은 아니기 때문이다. 때때로 다양한 자원이 일시적으로 집중되어야 하는 경우도 있지만, 외부 자원에만 의존하게 되면 자원 연계가 오히려 부정적인 결과를 초래할 수 있다. 예를 들어, 근로 능력이 있음에도 후원금만을 기대하는 경우가 그렇다.

따라서 사례관리자는 최선을 다하되 균형을 유지하면서 자원을 연계해야 한다. 사례관리 당사자가 요구하는 대로 자원을 제공하는 것이 아니라, 스스로 자원을 활용할 수 있는 방법을 제시하거나 여러 자원 중 선택할 수 있도록 돕는 것이 중요하다.

2) 직접적인 복지사업을 수행하지 않는 복지재단에서는 사회복지시설을 통해 추천받아 위기지원비, 주거비, 의료비, 교육비 등을 지원한다. 복지재단에서는 지원 대상자의 상황을 명확하게 파악하기 어렵기 때문에 사회복지시설에 1차 스크리닝 절차를 요구한다.

Case Management

사례회의와 조정 · 점검 · 재사정

CHAPTER 09

사례회의와 조정·점검·재사정

1. 사례회의

| 표 9-1 | 사례관리 과정 중 사례회의

사례발견과 접수	초기면접	사정	계획 수립과 계약	실행	조정 및 점검, 재사정	평가	종결과 사후관리
사례회의							

#사례관리_의사결정 #네트워크 #사례관리_모든_과정에서

사례회의는 사례관리 전반에서 사례관리과정을 의논하거나 결정사항을 다루는 회의이다. 사례관리에 관한 대부분의 의사결정은 전문가 집단의 사례회의를 통해 이루어진다고 해도 과언이 아니다. 사례관리 과정에서는 초기면접 챕터에서 살펴본 사례판정 회의뿐만 아니라 다양한 형태의 사례회의가 진행된다.

앞서 언급한 바와 같이 사례관리는 당사자의 삶과 그를 둘러싼 환경을 대상으로 복합적인 서비스를 다양하게 제공하는 전문적인 사회복지서비스이다. 사례관리자가 사례관리 과정의 모든 의사결정을 혼자서 수행하기는 어렵기 때문에 보다 효과적이고 효율적인 사례개입을 위해 사례회의를 유용하게 활용할 필요가 있다. 아래에서 사례회의를 어떻게 적용할 수 있을지 살펴보자.

가장 먼저 사례관리자는 해당 사례에 대해 의논이 필요한 경우, 결정이 필요한 사안에 대해 사례회의를 개최한다. 사례회의 참여 대상은 다음과 같다. 사례관리자와 동료 사회복지사, 슈퍼바이저 역할을 하는 상급자, 다양한 사례관리 당사자의 둘레사람이다.[1] 사례관리자는 해당 회의 안건에 적합한 관련인들의 회의참석을 요청할 수 있다. 이렇게 사례회의에 참여한 사람들은 사례관리를 위한 다양한 관점, 방법, 지식, 의견을 제공하며 지역사회 네트워크로서 협조하게 된다.

사례관리자의 역량에 따라 실행계획 수립 과정의 실천의 결과에 차이가 있는 만큼 사례관리 슈퍼비전 체계를 갖추는 것은 매우 중요하다. 슈퍼비전 체계는 기관의 상황에 따라 다르지만, 대부분 내·외부 슈퍼바이저를 구성하고 사례회의, 자문 등을 통해 슈퍼비전을 받을 수 있다.

내부 슈퍼바이저는 사례관리 팀장을 포함한 상위 직급자를 모두 포함할 수 있다. 사례관리 팀장은 사례관리자의 실천, 개입방향 등 과정 전반에 대한 슈퍼비전을 할 수 있고, 이외에도 팀 내에서 해결하기 어려운 사례나 기관의 결정이 필요한 경우에는 상위 직급자의 슈퍼비전을 받아야 한다.

외부 슈퍼바이저는 사례관리 과정에 전문 지식을 전달할 수 있는 전문가로 두어야 한다. 외부 슈퍼비전은 자문이나 솔루션회의 등을 통해 이루어질 수 있

---

1) 한덕연(2015)은 복지요결을 통해 둘레사람을 좁게는 가족, 친척, 친구, 동료, 이웃을 가리키고, 넓게는 복지 수단에 관련된 사람까지 아우른다고 설명하였다. 그런데 복지요결은 엄밀하게는 '둘레사람'을 좁게 쓰는 편이라, 복지 수단에 관련된 사람까지 아우를 때는 주로 '지역사회'라고 표현하였다. 또한 사회사업은 당사자와 환경 사이를 좋게 하는 일로서, 당사자와 환경 사이 그 생태를 좋게 하는 일, 곧 당사자와 둘레사람이 잘 어울리고 당사자와 지역사회 복지 수단이 잘 맞게 하는 일로서 생태관점을 설명하였다.

으며, 해당 과정은 사례관리 실천과정의 질을 높이는 것뿐 아니라, 사례관리자의 역량 강화에도 매우 도움이 된다. 이에 슈퍼비전이 대한 사항은 사회복지시설 평가의 평가항목에 포함되어 있다(챕터 2 〈표 2-3〉, 〈표2-4〉, 〈표2-5〉 참조). 그 평가지표 내용을 간략하게 살펴보면, 전문성과 경력을 갖춘 슈퍼바이저에게 정기적인 슈퍼비전을 받아야 하고, 단순지시 사항이나 회의 안건 등과는 구분되어야 한다는 것이다.

1) 사례회의의 구분

사례회의는 사례관리에 대한 정보를 공유하고 더 나은 방향을 위해 의논·결정하는 자리로서 다양한 형태로 구성된다. 사례회의의 기능과 방법은 다양하지만 본 챕터에서는 '조직을 기준으로 한 사례회의'와, '사례관리과정을 기준으로 한 사례회의'로 분류하여 아래와 같이 다루어보고자 한다.

(1) 조직을 기준으로 한 사례회의

① 팀 내 사례회의

팀 내 사례회의는 사례회의의 가장 기본적인 형태로사례관리 팀장[2)]을 포함한 팀원으로 구성될 수 있다. 사례관리 당사자 선정, 개입계획 수립 등을 위해 사례관리 진행 과정에서 다양하게 이루어지며 회의 안건이 단순하고 의사결정의 범위가 넓지 않을 때 실시된다. 팀 내 합의가 가능한 회의인 만큼 상시 진행될 수 있어 즉시성이 높다. 또한, 팀 내 사례회의를 통해 중요한 사안인지를 파악해 낼 수 있다. 필요에 따라 팀 내 사례회의를 전체 사례회의로 확대할 수 있다.

2) 사례관리자가 되기 위해서는 사회복지사 1급 자격증과 2년 이상의 사회복지실천 경력 또는 사회복지사 2급 자격증과 4년 이상의 사회복지실천 경력이 있어야 하며, 내부 슈퍼바이저는 사례관리 주 경력 2년을 포함해 사회복지관 경력 5년 이상이여야 한다(한국사례관리학회 사례관리 표준지침 홈페이지 참고).

② 전체 사례회의

전체 사례회의는 사례관리팀 사례회의에서 확대된 방식으로, 사례관리 과정에 협력하게 될 내부 전문가들과 함께 진행되며 최종결정은 슈퍼바이저와 상의할 필요가 있다. 전체 사례회의는 사례관리 실행에 대해 다양한 관점에서의 논의가 필요하거나 사례관리 기능 이외에 다양한 사회복지서비스가 접목되어야 할 때, 기관 내부서비스를 연계할 때, 기관 내 자원을 확보해야 할 때, 내부인력의 역할을 나눌 때 활용될 수 있다. 참여자로는 슈퍼바이저 및 관내 다양한 분야의 사회복지사, 치료사, 직업재활사 등이 될 수 있다. 필요 시 지원인력(전문 자원봉사자 등)도 참여할 수 있다. 다만, 지원인력 등이 참석 할 때는 사례관리 당사자의 개인정보가 유출되지 않도록 특별한 주의를 기울여야 한다. 비밀유지서약서를 작성하는 것은 물론, 회의참석자가 회의자료를 가지고 퇴장하지 않도록 확인하는 절차도 중요하다. 그리고 전체 사례회의를 통해서 내부서비스를 연계할 때에는 사례관리자와 각 분야의 사회복지사의 역할에 대해 혼선이 없도록 정리할 필요가 있다.

전체 사례회의에서 주의해야 할 사항

① 개인정보보호: 사례회의에 참석하는 참여자들은 회의 중 알게 된 당사자의 개인정보와 민감한 사안에 대한 비밀을 보장해야 함.
② 비밀유지서약서: 사례회의에 참석하는 참여자들은 비밀보장을 명확히 약속하기 위해 비밀유지서약서를 작성해야 함.

③ 통합사례회의

통합사례회의는 당사자를 둘러싼 지역사회 단위의 여러 단체, 기관 등의 사례관리자가 참여한다. 이 회의를 통해 해당 사례에 대한 정보 공유와 사례관리 실행 방향 설정, 역할 분담, 서비스 연계와 조정 등을 다룰 수 있다. 사례관리 기관에서 주최할 수 있으며 다양한 기관이 모여 논의하는 만큼 당사자 정보에 대한 비밀 보장, 개인정보에 대한 민감성을 높여 적용할 필요가 있다. 또한, 당사자를 둘러싼 다양한 자원들은 각기 다른 관점에서 사례를 바라보기 때문에 개입방향과 방법이 다를 가능성이 크다. 통합사례회의에서는 다양한 기관이 참여하는 만큼 당사자를 둘러싼 다양한 자원의 조정을 면밀히 고려할 필요가 있다. 다양한 자원을 모아주는 것도 의미가 있지만 서비스의 중복을 방지하는 노력도 간과해서는 안 된다.

최근 들어서는 공공기관과 민간기관이 함께하는 통합사례회의가 매우 증가하고 있다. 공공기관과 민간기관은 각각의 특성과 강점이 다르기 때문에 통합사례회의를 통해 합의가 잘 이루어진다면 사례관리에 큰 시너지 효과를 이룰 수 있다.

통합사례회의에서 고려해야 할 사항

① 주 사례관리기관 선정: 주 사례관리기관은 당사자의 상황을 고려했을 때 가장 효과적으로 사례관리를 진행할 수 있는 기관으로 선정해야 함.
② 주 사례관리기관의 역할: 사례개입 방향을 조율하고, 연계되어 협력하는 각 기관의 역할을 명확히 분담하며, 서비스 중복을 방지하는 핵심적인 역할을 수행해야 함.

④ 솔루션 위원회 회의

솔루션 위원회 회의는 해당 사례와 관련한 전문적인 영역(예를 들어 의료적 영역, 법률적 영역 등)에 대한 자문이 필요하거나, 세밀한 개입전략을 다룰 때 유용하게 활용된다. 사례에 대한 고강도의 전문적 개입이 필요할 때 솔루션 회의를 통해 사례관리자의 역량을 보완할 수 있다. 주로 해당 분야의 교수, 의사, 법률가, 상담사 등이 참여하며 해당 사례의 특성에 따라 전문영역의 전문가를 초빙하여 실시한다.

⑤ 사례관리 당사자 참여 사례회의

사례관리 당사자 참여 사례회의는 '사례관리 당사자의 참여' 그 자체로도 큰 의미를 가진다. 사례관리 당사자는 사례관리에 대해 누구보다 사례회의에 참여할 권리가 있고, 필요 시 참여할 의무를 가진다. 사례관리 당사자 참여 사례회의가 잘 활용된다면 사례관리 과정 전반에 파급효과가 매우 크다. 그 예시는 이 책의 PART Ⅲ의 340쪽을 참고해 보기 바란다.

| 표 9-1 | 조직을 기준으로 한 사례회의 구분

구분		참석자	기능
사례 회의	팀 내	사례관리팀	• 사례관리 당사자 선정(판정) 관련 결정 • 개입전략, 실행과정 논의 • 사례 관련 논의, 보고 및 슈퍼비전 • 사례회의가 필요하다고 판단되는 기타 안건
	전체	사례관리 당사자와 관련이 있는 사회복지사	• 내부 자원, 서비스 연계, 논의 • 다양한 사회복지기능이 복합적으로 수행될 필요가 있을 때 • 팀 내 사례회의의 범위를 넘어서 기관 전체적인 논의가 필요한 안건
통합 사례 회의	통합 사례 회의	해당 사례를 둘러싼 관계자 (지역사회, 공공기관 및 민간기관 등)	• 지역사회 단위의 다양한 자원/서비스 개입, 협력 필요할 때 진행 • 사례관리 당사자와 관련된 정보 공유 • 개입방향의 합의 • 지역사회 단위의 자원/서비스 조정 및 점검, 평가 등
	솔루션 위원회 회의	사례관리와 관련 있는 전문가 및 전문단체	• 고난도 사례에 대한 전문영역의 자문이 필요할 때 활용
사례관리 당사자 참여 사례회의		사례관리 당사자 및 사례관리자, 이해관계자 등	• 사례관리 당사자의 참여 중요성 강조 • 사례관리 효과성 증진

※ 기관의 상황과 특성에 따라 명칭은 다를 수 있음.

(2) 사례관리과정을 기준으로 한 사례회의 구분

① 초기면접 실시 후 진행되는 사례회의

초기 면접 후 진행되는 사례회의는 사례관리 과정의 첫 단계 사례회의로 복지서비스를 필요로 하는 사례관리 당사자의 복지서비스 제공의 적격성 여부를 논의하게 된다. 단순한 복지서비스 신청 및 선정 정도의 사안이면 주로 팀 내 사례회의에서 다루어지며, 사례관리의 필요성 여부를 판단해야 하는 경우이면 전체 사례회의로 진행되기도 한다.

초기면접 후 사례회의에서 사례관리자는 해당 사례의 간략한 소개와 초기면접 내용, 직접 사례관리 당사자를 만나고 관찰한 의견을 제시하고 공유하며 회의를 시작한다. 이후 참석자들의 다양한 의견과 관점을 수렴하고 사례관리 등록 여부를 결정한다. 단순히 선정/탈락을 논의하는 것이 아니라 사례관리 당사자로 미선정해야 하면 그 사유를 명확히 하고 그 사유에 따라 타 기관으로 의뢰할지, 잠재적 복지서비스 이용당사자로 지원할지 등을 논의한다.

② 실행계획 수립 과정의 사례회의

실행계획 수립과정의 사례회의는 당사자에 대한 사정이 충분히 이루어졌는지 검토하고, 욕구 충족을 위한 실행계획을 수립해 나갈 수 있도록 논의한다. 사례관리자의 개입방향, 방법에 대해 의논하거나 참여자들과 함께 실행에 대한 아이디어를 모을 수 있다. 또한, 기관 내 전체 사례회의를 통해 서비스를 연계하거나 토의하기도 한다. 이를 위해서는 사례관리자, 동료 사회복지사, 슈퍼바이저 등의 참여가 중요하다.

③ 실행과정의 사례회의

사례관리 실행에서는 사례관리 당사자와 수립한 계획이 적절히 수행되고 있는지 모니터하고, 개인적·환경적 변화에 대해 점검하는 과정에 사례회의를 활용한다. 구체적으로 사례관리 실행과정에 장애물이나 위험요소, 특별한 사건 등을 이유로 실행계획에 변화가 필요할 때, 사례회의를 실시할 수 있다.

④ 평가 및 종결과정의 사례회의

평가 및 종결과정의 사례회의는 실행계획에 기반한 성과논의, 재사정에 따른 재개입, 종결여부 검토를 할 때 시행된다. 재사정을 통해 재개입이 필요한 경우는 사례관리 실행계획 수립 회의로 이어져 사례관리의 순환과정을 이루게 된다. 반면, 사례개입을 통해 사례관리 당사자의 욕구 충족과 긍정적 삶의 변화가 나타나 더 이상 사례관리가 필요하지 않다고 평가될 경우, 사례관리 기관에서 서비스가 중단되어 타 기관으로 의뢰되어야 하는 경우 적절한 기관을 검토하는 과정에서는 종결을 확정짓는 회의로 진행된다. 또한 종결을 하는 사례인 경우 사후관리 방법 등에 대해서도 함께 논의한다.

| 표 9-2 | 사례관리 과정별 사례회의에서 중요하게 다뤄지는 내용

과정	내용
초기면접 실시 후 진행되는 사례회의	• 복지서비스 신청 및 등록 • 사례관리 등록에 대한 사례관리 당사자의 욕구·상황 검토, 선정(판정)여부 결정
실행계획 수립과정의 사례회의	• 사례관리 당사자와 합의한 개입계획의 방법, 방향성, 모니터 등 종합적인 검토
실행과정의 사례회의	• 서비스의 조정, 점검, 지원방법 등 논의
평가 및 종결과정의 사례회의	• 실행계획에 기반한 성과 논의, 재사정에 따른 재개입, 종결 여부 검토 등
사후관리 과정의 사례회의	• 사후관리 진행방법, 시기, 사례종결 등 *별도의 사례회의를 실시하지 않고, '평가 및 종결과정'의 사례회의에서 같이 논의되기도 함.

2) 사례회의 준비하기

(1) 사례회의 자료 준비

가장 먼저 사례회의가 필요한 과정에 적합한 자료를 준비한다. 이때, 사례회의 자료에는 사례관리 당사자의 개인정보가 포함되어 있으므로 개인정보보호를 위한 민감한 노력이 필요하다. 꼭 필요한 정보만을 바탕으로 사례회의 자료를 준비하고, 표지를 붙여 개인정보가 노출되는 상황을 최소화할 필요가 있다. 또한, 서면 자료가 아닌 전자문서로 공유할 때는 반드시 문서에 '비밀번호'를 설정해야 한다.

(2) 사례회의 참석자 파악 및 사례회의 자료 배포

사례회의 참석자를 파악하여 회의를 준비한다. 사례회의 자료를 회람하여 참석자를 모집하거나, 사례관리자가 사례회의 안건 상 참석해야 하는 사람에게 직접 참석을 요청하기도 한다.

(3) 사례회의 진행

사례회의는 사례관리 당사자의 개인정보나 민감한 사안을 다루기 때문에 사례관리자는 다음과 같은 사항에 특별히 관심을 기울여야 한다.

① 비밀보장 서약

사례회의에 참석하는 참여자들은 해당 사례회의에서 얻게 되는 사례관리 당사자의 개인 정보나 사례관리 당사자의 민감한 사안에 대해 비밀을 보장할 의무를 가진다. 이에 대한 명확한 약속으로 비밀유지서약서를 작성한다. 이 비밀유지서약서에 서명하는 과정을 통해 참석자들은 비밀보장의 중요성을 다시 한 번 되새기게 된다.

② 참석자 서명

사례회의에서 참석자 서명은 회의에 참여한 전문가들이 비밀유지에 동의하고 책임감을 갖게 하는 절차로, 정보의 중요성과 민감성을 인지할 수 있게 한다. 또한, 참석 여부를 명확히 기록하고, 정보 유출이나 오남용 시 책임소재를 분명히 하는 근거가 된다. 참석자 서명은 단순히 참여자를 확인하는 문서가 아니라 참여자 모두가 의결된 사안에 대해 공동의 책임을 가진다는 의미를 내포한다. 이를 통해 회의의 신뢰성을 높이고, 사례관리 당사자 보호를 위한 법적·윤리적 장치로 기능하며, 사례회의를 통해 다루어진 안건이 다수의 전문가에 의해 검토되고 회의가 진행되었음을 기록으로 남기는 역할을 한다.

③ 사례회의 자료 파기

사례회의가 마무리되었다면 사례회의와 관련한 자료 등은 반드시 파기한다. 앞서 언급하였듯이 사례관리 당사자의 개인정보를 보호하고 민감한 정보가 작성된 문서의 유출을 막기 위한 것이다. 회의가 종료되면 참석자는 자료를 가지고 회의장을 벗어날 수 없으며, 회의 주최자는 모든 자료를 즉시 파기한다.

④ 사례회의록 작성

사례회의를 마쳤다면, 빠른 시간 내 사례회의록을 작성한다. 사례회의록에는 사례회의의 내용과 평가, 회의 중 이루어진 슈퍼비전의 내용, 의결사항과 향후 과제 등을 기록함으로써 사례관리 당사자의 사례관리를 위해 무엇을 의논했고 고민했는지, 무엇이 결정되었고 앞으로 어떻게 해내 갈 것인지를 공식화한다.

❙표 9-3❙ 비밀유지서약서(양식)

비밀유지서약서

본인 이건욱은 사회복지관 통합사례관리 대상자 가정방문, 사례회의 등에 참여함에 있어 아래의 원칙을 준수할 것을 엄숙히 서약합니다.

사생활보호와 비밀보장·개인 정보보호의 원칙

1. 헌법 제17조: 모든 국민은 사생활의 비밀과 자유를 침해받지 아니한다.
2. 사회보장기본법 제38조(개인 정보 등의 보호)
   ① 사회보장 업무에 종사하거나 종사하였던 자는 사회보장업무 수행과 관련하여 알게 된 개인·법인 또는 단체의 정보를 관계 법령에서 정하는 바에 따라 보호하여야 한다.
   ② 국가와 지방자치단체, 공공기관, 법인·단체, 개인이 조사하거나 제공받은 개인·법인 또는 단체의 정보는 이 법과 관련 법률에 근거하지 아니하고 보유, 이용, 제공되어서는 아니 된다.
3. 사회복지사업법 제47조(비밀누설의 금지): 사회복지사업 또는 사회복지업무에 종사 하였거나 종사하고 있는 사람은 그 업무수행의 과정에서 알게 된 다른 사람의 비밀을 누설해서는 아니 된다.

20 년 월 일

서약자 소속: 광교종합사회복지관

연락처: 031-212-7255

성 명: 이재혁 (인)

광교종합사회복지관장 귀하

※ 기관의 특성에 따라 양식은 상이할 수 있음.

표 9-4 사례회의 준비 양식과 작성방법

사례회의(□내부 □통합) 안건

<table>
<tr><td colspan="2">사례관리번호</td><td colspan="2">기관에서 부여하는 번호 기재</td><td>대상자명</td><td>당사자 이름 작성</td></tr>
<tr><td colspan="2">회의차수</td><td colspan="2"></td><td>회의일시</td><td>회의 일시 작성</td></tr>
<tr><td colspan="2">작성자</td><td colspan="2">사례회의 자료를 작성하는 사람 작성</td><td>소속기관</td><td>소속 작성</td></tr>
<tr><td colspan="2">회의제목</td><td colspan="4">당사자 이름, 사례회의 진행 목적 작성</td></tr>
<tr><td rowspan="3">사례관리진행내용</td><td rowspan="2">지난 사례 회의결과</td><td>참석자</td><td colspan="3">사례회의 참여자 이름 직책 작성</td></tr>
<tr><td colspan="4">- 지난 사례회의 결과 요약 작성</td></tr>
<tr><td>현재까지 사례 진행 상황</td><td colspan="4">- 의뢰배경, 초기면접 진행 날짜, 개입상황 등 작성</td></tr>
<tr><td colspan="2">회의안건</td><td colspan="4">○ 의뢰배경(의뢰한 곳, 의뢰한 목적)작성

○ 당사자의 상황 (전체적인 상황 요약 정리)

○ 상담자의 의견 작성
* 사례관리 당사자 선정을 위한 사례회의의 경우 선정(미선정) 이유 작성
* 사례개입에 대한 사례회의의 경우 개입방향에 대한 상담자의 의견 작성</td></tr>
<tr><td colspan="2">비고</td><td colspan="4">첨부서류 작성(ex 초기상담지, 사정기록지 등)</td></tr>
</table>

사례회의에서 진행되는 당사자현황 자료는 개인정보보호에 의하여 회의종료 후 회수합니다.

※ 기관의 특성에 따라 양식은 상이할 수 있음.

2. 조정, 점검

| 표 9-5 | 사례관리 과정 중 조정, 점검, 재사정

사례발견과 접수	초기면접	사정	계획 수립과 계약	실행	조정, 점검, 재사정	평가	종결과 사후관리
사례회의							

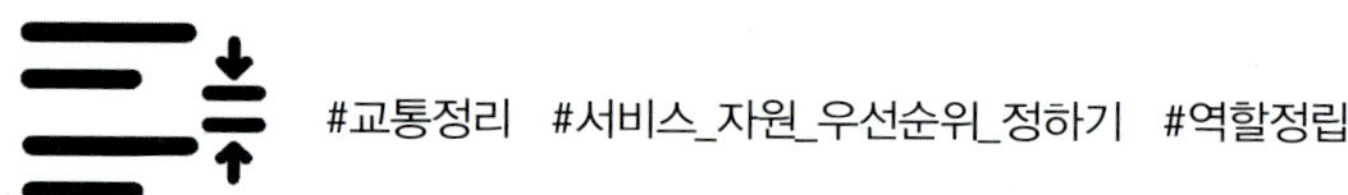

1) 개념

사례관리자는 사례관리 당사자의 욕구 충족을 위해 다양한 서비스와 자원을 동원하고 활용하며 사례관리를 실행한다. 실행계획에 따라 목표를 이루기 위해 자원을 연계하고 활용했다면 '조정과 점검'을 병행해야 한다. 사례관리자는 사례관리 당사자와 사례관리 당사자를 둘러싼 환경을 대상으로 사례관리 목표를 원활히 달성하기 위한 역할을 수행하여야 한다.

조정은 사전적 의미로 "어떤 기준이나 실정에 맞게 정돈함"이라는 뜻을 가진다. 즉 사례관리 과정 중 '조정' 단계는 '사례관리 당사자와 사례관리 당사자를 둘러싼 다양한 환경체계가 제 기능을 할 수 있도록 수립한 실행계획이 원활히 실행 될 수 있도록 자원을 변경·취소·재투입하는 과정'으로 해석할 수 있다. 현재 제공되는 서비스가 그 목적에 맞게 이루어지지 않아 조정해야 하거나, 지원량이나 횟수를 조정해야 하거나, 지원방법을 변경하는 것이 구체적인 예이다.

사례관리 과정 중 '점검' 단계는 사례관리 실행계획에 의거한 합의된 목표에 대해 어떠한 변화가 나타나고 있는지를 구체적으로 검토하는 단계이다. 점검은 서비스가 실제로 계획되어 제공되는 동안 기존의 계획대로 서비스가 제공되었는지 여부와 사례관리 당사자가 서비스에 대해 만족스러웠는지를 점검하여 어떤 변화가 필요한가를 지속적으로 알아보는 것이다(Holt, 2000). 이를 종합하면 점검은 사례관리 당사자와 사례관리자가 함께 계획했던 실천이 원활히 진행되어가고 있는지, 사례관리 당사자에게 어떤 의미 있는 변화가 있는지, 지속적으로 어떤 변화가 일어나기를 원하는지 파악하는 것으로 정리할 수 있다.

사례관리자는 사례관리 당사자와 사례관리 당사자를 둘러싼 환경, 자원 등의 변화사항에 대해 확인하고 목표한 수준에 어느 정도 도달해있는지 객관적으로 평가할 필요가 있다. 이후 사례관리에 효과적이지 않다면 보완과 대안을, 효과적이라면 향후 어떠한 변화를 더 기대할 수 있는지 알아보는 중간 과정이 바로 점검이다.

아무리 좋은 자원이 많다고 해도 적절한 시기와 방법을 고려하지 않으면 자원 활용의 효과가 미비할 우려가 있다. 이에 따라 사례관리 '조정 및 점검' 단계는 욕구와 자원에 대한 연관성을 고민할 필요가 있다. 통상적으로 사례회의 시 조정과 점검에 대해 구체적으로 의논하게 된다.

요약해 보면 '조정과 점검'은 사례관리 계획의 목표를 지속할지, 혹은 수정하거나 재검토를 해야 할지를 판단하는 과정이다. 그렇기 때문에 합의된 목표의 달성여부, 달성을 위한 과정, 자원과 서비스와의 관계 등 이해하고 있어야 한다.

2) 점검 시 주요하게 다루어야 할 내용

(1) 자원과 복지서비스 측면

① 자원과 복지서비스 투입의 적절성

② 목표달성을 위한 자원과 복지서비스의 긍정적인 영향

(2) 사례관리 당사자 측면

① 개입계획의 이행 정도

② 사례관리 당사자와 사례관리 당사자를 둘러싼 환경(가족, 지역사회 등)의 변화

③ 개입계획 시점과 점검 시점 사이에 의미 있는 변화, 사건

④ 사례관리 당사자가 합의한 목표를 달성하기 위한 노력 정도

⑤ 계획한 목표의 달성 정도, 조정 필요 여부 검토

점검은 어느 시기에 해야 할까?

① 정기적인 점검은 사례관리의 효과성을 유지하기 위해 중요하며, 사례마다 시기가 달라질 수 있으므로 기관 내부에서 점검 시기와 방법에 대한 명확한 방침마련이 필요함.
② 사례관리 점검은 보통 6개월, 12개월 단위로 진행됨.
③ 정기적인 점검일자 외에도 사례관리 당사자의 변화에 따라 필요할 때마다 꾸준히 점검이 이루어져야 함.

위 내용처럼 사례관리자는 '점검' 내용에 따라 새로운 욕구가 발견되었는지, 조정해야 할 목표와 방법이 있는지 초기계획과 사정 시 변화사항에 대해 검토한다. 그리고 그 내용을 토대로 사례관리를 해나가도록 한다.

3) 조정 및 점검 준비하기

사례관리 실천현장에 있는 동료 사례관리자들은 점검단계를 '서비스를 재배치하는 단계', '사례관리 전반에 대한 중간 확인, 판단, 평가의 단계'라고 표현하고 있다. 이처럼 점검단계는 사례관리의 과정이 원활히 진행되고 있는지 평가하고 대응하는 과정으로 생각해 볼 수 있다.

점검기록지는 개입계획을 바탕으로 계획 · 대상 · 빈도 · 활동과정 등을 분석함으로써, 현재 진행하고 있는 사례관리의 객관적, 주관적 점검이 이루어질 수

있도록 기록하는 양식이다. 개입계획과 실천의 과정 중 의미가 있다고 판단하는 점이나 변화사항 등을 중점으로 기록하며 서비스의 변화(확대, 축소, 변경, 유지)에 대해서도 기록한다.

| 표 9-6 | 사례관리 점검기록지 양식과 작성방법

사례관리 점검기록지

사례번호	*기관에서 부여하는 번호 기재*	점검일자	*점검 날짜 작성*	구분	□신규 □재사정
당 사 자	*당사자 이름 작성*	사례관리자	*사례관리자 작성*	유형	□일반 □집중 □위기 *사례유형 작성

욕구영역	합의된 목표	실천계획	대상	기간	빈도	제공자	점검내용	목표달성정도 (질적/양적 자율)
욕구영역 번호 작성	*사례관리 계획시 합의한 목표 작성*	*사례관리 계획시 수립한 실천 계획 작성*	*욕구영역에 해당하는 대상자의 이름 작성*	*계획 시 설정한 기간 작성*	*사례개입을 진행하며 제공한 빈도 작성*	*사례관리자 또는 자원(타 기관 등) 작성*	*욕구영역에 대한 점검 내용 작성 점검의 내용은 당사자의 실천 사항, 사례관리자의 실천 사항, 외부자원 연계, 해당되는 내용 등 작성*	*질적: 합의된 목표와 관련된 사례관리 당사자의 행동, 태도, 환경 변화 등을 작성 양적: 목표달성 정도를 통계적으로 수량화가 가능한 자료를 사용한 경우 작성*
사례관리자 의견 (욕구의 변화, 환경의 변화 등을 포함)	*- 점검에 대한 총평 작성(욕구의 변화, 환경의 변화 고려해서 작성)*							
점검결과	□ 유지(□일반 □집중 □위기) □ 종결 □ 재사정							

※ 기관의 특성에 따라 양식은 상이할 수 있음.

3. 재사정

사정은 앞서 정리한 것처럼 '욕구, 강점, 자원, 환경' 등을 종합적으로 파악하는 과정'이다. 한편 재사정은 이러한 정리를 '현재 시점에서' 변화된 사항과 사례관리 당사자의 환경을 바탕으로 다시 사정하는 것을 말한다.

즉, 재사정은 사례관리 당사자의 욕구를 해결하기 위해 수립한 사례관리 계획의 수정을 의미한다(이준우, 2020).

점검 이후 당사자의 변화, 환경의 변화가 관찰된다면 재사정 단계를 고려할 필요가 있다. 재사정은 앞서 진행되는 '사정' 단계를 지속적으로 되짚어보고 변화한 점들을 현재 상황에 맞게 재정립한다. 재사정은 크게 정기 재사정과 비정기 재사정으로 나누어 볼 수 있다. 앞서 설명한 내용은 비정기 재사정으로 변화가 관찰되었을 때 수행하는 것이다. 반면, 정기 재사정은 6개월 혹은 1년 단위로 시기를 계획한 재사정이다. 이 시기는 사례관리 선정 시 관리 유형(위기 · 집중 · 일반)에 따라 결정된다.

1) 새로운 욕구 발견

사례관리는 장기간에 걸쳐 사례관리 당사자의 복합적 욕구를 충족해 가는 것이다. 사례관리를 진행하며 나타나는 사례관리 당사자의 변화는 새로운 욕구나 이에 따른 새로운 실행계획으로 이어진다.

2) 기존 실행계획의 변경(재계획)

사례관리 개입과정에서 계획을 변경해야 하는 경우가 발생한다. 사례관리 당사자의 상황이나 환경에 변화가 있거나, 사례관리 당사자의 역량에 변화가 있는 경우가 있다. 때로는 새로운 자원이 개발되거나 기존의 자원이 소멸되는 경우도 있다. 이러한 경우는 기존의 실행계획으로는 좋은 성과를 기대하기 어렵다. 따라서 재사정을 통해 재계획을 수립하는 것이 바람직하다.

3) 사례관리 종결

사례관리의 서비스 종결을 논의하기 전에는 반드시 재사정이 고려되어야 한다. 사례관리 초기의 사례관리 당사자와 사례관리 당사자 가정의 상황을 사정한 것과 사례관리 진행 이후 현재의 상황에서 사정한 것(재사정)을 비교하며, 사례관리의 유지나 종결을 검토하기 때문이다.

현장의 사례관리자가 강조하고 싶은 이야기

1) 사례회의 과정에서의 슈퍼비전

사례회의 진행과정에서 슈퍼비전이 사례회의 시 적절히 진행된다면 사례관리자에게는 매우 효과적인 슈퍼비전이 된다. 다만, 사례회의의 주 목적인 사례관리 당사자에 대한 논의보다 슈퍼비전에 더 집중된다면, 슈퍼비전 시간은 별도로 마련하는 것이 바람직하겠다.

2) 점검과 재사정 시기

당사자와 환경의 변화를 파악하지 못하고 과거의 사정에만 의존한다면, 사례관리의 질은 낮아질 수밖에 없다. 따라서 점검과 재사정은 적절한 시기와 계획된 일정에 맞추어 진행하는 것이 필요하다.

그런데 생각보다 이를 지키기가 어렵다. 한 명의 사례관리자는 한 명의 사례관리 당사자가 아닌 여러 명의 사례관리 당사자의 사례관리를 담당하기 때문이다. 기관과 지역에 따라 많게는 수십 명을 담당하는 사례관리자도 있다. 이로 인해 점검 및 재사정이 적시에 진행되지 못하는 것이다. 따라서 기관 차원에서는 사례관리자가 감당 가능한 사례 수를 배정하여 업무의 양을 조절하는 것이 필요하다. 더불어 사례관리자 역시 점검 및 재사정 시기에 좀더 책임감 있는 일정 관리를 해나가는 것이 필요하겠다. 그리고 이를 단순한 개인의 의지로 두기보다는 기관에서 일정 관리 업무체계를 마련하는 것이 더욱 효과적일 것이다.

Case Management

사례관리 평가 · 종결 · 사후관리

CHAPTER

10

사례관리 평가 · 종결 · 사후관리

1. 사례관리 평가

표 10-1 사례관리 과정 중 조정 및 점검

사례발견과 접수	초기면접	사정	계획 수립과 계약	실행	조정 및 점검, 재사정	평가	종결과 사후관리
사례회의							

#목표달성_확인 #변화정도_확인 #사례관리_실행이_의미있고_가치가_있었는가?

사례관리 평가는 사례관리 당사자에게 어떠한 변화가 생겼는지 확인하며 사례관리의 효과성을 확인하는 과정이다. 평가 결과에 따라서 사례관리를 지속할 것인지, 종결할 것인지 판단하며, 세부적으로는 타 기관으로의 의뢰하거나 기관 내 서비스 연계·연장 여부까지 판단할 수 있다.

사례관리 평가는 크게 두 가지 측면을 고려한다.

첫째, 사례관리 당사자에 대한 평가이다. 사례관리 당사자 입장에서 사례관리를 통해 삶에 변화가 있었는지, 어떤 의미 있었는지 평가한다.

둘째, 사례관리 실행과정에 대한 평가이다. 사례관리 당사자를 충분히 사정하였는지, 적절한 서비스를 제공하였는지, 다각적이고 체계적으로 접근하였는지 등 사례관리 전체 과정을 평가한다.

이 장에서는 사례관리 평가 과정을 세분화하여 살펴보고자 한다.

사례관리 평가의 핵심

① 성과평가: 서비스에 대해 객관적·체계적으로 확인하는 평가
② 과정평가: 자원의 적절성을 파악할 수 있는 평가
③ 서비스 만족도 평가: 사례관리 당사자 경험을 기초로 하는 서비스에 대한 만족도 평가

1) 성과평가

#당사자의_의미_있는_변화를_측정도구를_통해_확인한다

(1) 성과평가 개념 및 방법

사례관리 성과평가는 사례관리에 참여한 사례관리 당사자가 사례관리 서비스를 통해 행동, 태도 등이 긍정적으로 변화하거나 유지된 상황을 다양한 측정도구를 활용하여 객관적·체계적으로 판단하는 것을 의미한다. 또한 개입의 결과로서 변화된 내용이 사례관리 목표 달성에 부합하는지를 확인한다.

성과평가 이론은 사회복지분야의 사회복지 조사론이나 프로그램 개발과 평가를 통해서도 자세하게 살펴볼 수 있어, 이 책에서는 사례관리 평가를 중심으로 간략하게 정리해 본다.

사례관리 성과평가는 양적평가와 질적평가로 나누어 볼 수 있다.

양적평가는 결과치나 변화 정도를 객관적 수치로 평가함으로 객관적이며 명료한 결과를 도출해낼 수 있다.

질적평가는 사례관리 당사자가 체감하는 변화를 다차원적으로 폭넓게 이해하며 평가하는 것이다. 그런데 두 평가방법은 모두 활용하는 것이 바람직하나, 그렇다고 해서 기계적으로 두 가지 방법을 무리하게 시행할 필요는 없다.

다시 말해, 두 평가방법을 모두 사용할지, 하나의 평가방법을 택하여 평가할지는 사례관리 당사자의 특성과 상황에 따라 달라질 수 있다. 사례관리자는 사례관리 당사자의 상황과 특성 등을 바탕으로 적절한 평가방법을 결정하여 사용할 수 있어야 한다.

(2) 사례관리 양적평가

양적평가는 결과치나 변화정도를 객관적인 수치로 나타내기 때문에 직접적인 성과결과를 체감할 수 있다는 장점이 있다. 간단한 예시로는 실행계획의 서비스 이행정도를 5점 척도로 평가하거나, 5개의 실행계획 중 몇 개의 목표를 달성하였는지를 평가하는 방식을 들 수 있다.

(3) 사례관리 질적평가

양적평가와 다르게, 질적평가는 사례관리 당사자가 체감하는 변화를 좀 더 폭넓게 이해하고 평가하는 것이다. 이 내용을 이 책에서 계속해서 예시로 설명하고 있는 tvN 드라마 '응답하라 1988'의 성선우 학생의 예시를 통해 이해해 보자.

성선우 학생 배경설명 1

사례관리자는 성선우 학생과 '진로상담 후 적성에 맞는 대학 입학 및 진로지원'라는 사례관리 목표를 합의하였다. 이에 다음과 같은 3가지 실행 계획을 수립하였다.

① 대학 및 학과 선택과 관련된 진학 상담을 받기
② 입학이 가능한 학교를 조사하기
③ 입학원서를 접수하기

해당 실행계획에 대해 양적 평가 진행 시 ① 상담을 몇 회를 받았는지, ② 입학이 가능한 학교를 몇 개나 조사했는지, ③ 실제로 몇 개의 학교에 입학원서를 접수했는지 등을 살펴볼 것이다.

반면 질적 평가 진행 시, ① 본인의 적성에 대해서 좀 더 구체적인 고민을 했는지, ② 원하는 학과를 직접 탐색하면서 무엇을 깨달았는지, ③ 이것을 통해서 어떻게 비전을 수립해 나가는지를 살펴볼 것이다. 더불어, 이 과정에 성선우 학생의 태도는 어떻게 변화되었는지, 가족들의 태도는 어떻게 변화되었는지도 평가할 수 있다.

(4) 성과평가의 기준

사례관리에서 사례관리 당사자의 '개별화'를 통한 맞춤형 지원은 매우 중요한 과정이다.

이는 사례관리 평가에서도 그대로 적용되며 '사례관리 당사자 마다' 평가방법을 달리할 수 있다는 것을 고려해야 한다. 단, 사례관리 당사자 중심으로 적절한 평가 방법을 활용하되, 기관 내부적으로는 평가 기준을 세우고 명확한 원칙과 근거를 설명할 수 있어야 한다.

보편적인 성과평가의 기준은 〈표 10-2〉와 같다.

┃표 10-2┃ 사례관리 성과평가 방법과 도구

평가방법		용도	사례관리 성과의 예시
양적 방법	표준화된 척도	사례관리 당사자의 태도, 지각, 느낌을 측정하기 위하여 사용	표준화된 척도로 사전-사후를 검토하였을 때 목표한 수준만큼 점수 향상
	기능수준 척도	사례관리 당사자, 사례관리 당사자 가족의 기능적인 면을 측정하기 위해 사용	기능수준 척도로 사전-사후를 검토하였을 때 목표한 수준만큼 점수 향상
	목표달성 청도	당사자가 주도적으로 정한 목표달성수순을 측정하기 위해 사용	목표의 우선순위에 가중치를 부여하고, 목표달성수준을 검토하여, 사전-사후 결과치를 비교하여 변화의 성취 정도를 확인함.
질적 방법	심층면접	사례관리 당사자가 자신의 언어로 이야기하는 변화를 확인하기 위한 활동	사례관리가 구체적으로 어떻게 도움이 되었으며, 사례관리 전과 비교했을 때 어떤 변화가 있었으며, 가장 좋았던 점은 무엇이었는지 등 당사자의 언어를 바탕으로 평가함.

2) 과정평가

#전체과정_평가 #자원평가 #서비스평가

사례관리 과정평가는 사례관리 실천의 전반적 실행 과정을 평가한다.

이 과정에서는 ① 사례관리 접수에서부터 사후관리까지의 '사례관리 과정'에 대한 평가, ② 당사자 욕구에 부합하는 서비스 및 자원을 잘 전달하였는지 '자원과 서비스 효과성'에 대한 평가 등이 이루어질 수 있다(권진숙 외, 2019; 최소연, 2019; 이준우, 2020).

이 과정에서는 다양한 자료 수집 방법이 동원될 수 있다. 자료수집 방법은 실천 과정 내 기록물에 대한 검토뿐만 아니라 사례관리에 참여한 사례관리 당사자 · 사례관리 당사자의 가족, 전문가들의 일대일 면담, 초점집단 면담, 사례관리자 대상의 조사나 면접 등이 있다(권진숙 외, 2019; 최소연, 2019).

(1) 사례관리 과정평가

사례관리 과정평가는 사례접수부터 종결까지 앞에서 다룬 사례관리 실천 및 서비스 전 과정에 대한 평가이다. 사례관리 진행 사항을 모니터하며 목표 달성에 긍정적인 영향을 끼치는 요소(사례관리 당사자와의 신뢰 관계, 자원활용 등)를 포함하여 목표 달성을 방해하는 장애물, 부정적인 요소를 분석한다. 이는 서비스 개선방안을 마련하고, 사례관리 당사자의 욕구에 더욱 부합하는 자원을 제공하기 위한 목적을 가진다.

흔히 과정평가를 진행할 때 사례관리자가 평가의 주체라고 생각할 수 있는데, 평가의 주체는 사례관리자가 아니라 사례관리 당사자가 되어야 한다. 따라서 사례관리 당사자가 실천과정의 평가에 반드시 참여하여, 본인의 경험과 상황을 이해하는 것이 수반되어야 한다.

사례관리 과정 전반에 대해 평가할 때 확인할 내용은 다음과 같다.

① 사례관리 실천과정(접수부터 사후관리까지)의 경험과 개선 의견
② 지역별 · 기관별 특성에 따른 실천과정의 차이점이나 고유성
③ 타 기관 연계 및 협력 활동에 대한 평가

(2) 자원과 서비스 효과성에 대한 평가

사례관리 실천에서 중요한 요소 중 하나는 사례관리 당사자의 욕구에 부합되는 자원과 서비스가 적절히 투입되었는지 확인하는 것이다. 사례관리자가 제공한 복지 서비스(자원)와 사례관리 당사자가 스스로 찾은 자원을 종합적으로 살펴보고, 그 자원들을 활용하여 사례관리 당사자 스스로 욕구나 당면과제를 해소할 수 있는지를 파악하여 자원과 서비스 효과성을 평가할 수 있다.

또한 사례관리 당사자에게 서비스와 자원이 사례관리 계획에 맞게 적절히 전달되는지 고려하고, 내 · 외적 자원과 서비스마다 효과성을 평가해 보는 것도 필요하다.

3) 사례관리 만족도 평가

사례관리 만족도는 사례관리 당사자의 경험을 기초로 한 주관적인 판단 혹은 심리적인 상태를 의미한다(Helgesen & Nesset. 2007: 43). 또한 사례관리 만족도는 특정 서비스를 직면하여 형성되기 때문에 서비스 실행의 책임성과 연관될 수 있다(최소연, 2019).

만족도 평가는 사례관리 과정에 대한 만족도부터 참여 경험에 대한 만족도, 사례관리자에 대한 만족도, 이용자 결과에 대한 만족도까지 평가할 수 있다(경기복지재단, 2009).

2. 사례관리 종결

#사례관리의_마지막_단계 #사례관리_서비스_종료

종결(termination)은 사례관리의 마지막 단계로 사례관리자가 사례관리 당사자에게 제공한 사례관리 서비스를 종료하는 것을 의미한다. 사례관리가 더 이상 필요하지 않을 정도의 상황 호전, 욕구충족, 자립능력 향상이 이루어지거나, 서비스 거부 및 포기, 사망 등의 사유로도 종결될 수 있다. 사례관리 종결 이후 사례관리 당사자가 욕구 및 문제점이 추가로 발생했을 때 다시 사례관리 제공기관에 도움을 요청할 수 있도록 사례관리 종료 시 사후 관리에 대한 안내를 충분히 해야 한다.

사례관리 종결은 사례관리 기관이나 사례관리자로 인해 조기에 행해지거나 지연되지 않고 '복지 당사자 중심'의 종결이 되어야 하며, 복지 당사자의 합의・동의가 있어야 한다(이준우, 2020; 최소연, 2019; 박미은, 2015).

1) 종결 시점

종결 시점은 사례관리 당사자마다 다양하게 나타난다. 목표달성으로 인해 상호 동의하에 종결하는 경우도 있으나, 그렇지 않은 경우도 많다. 사례관리 종결 시점의 유형과 예시는 〈표 10-3〉과 같다.

표 10-3 사례관리 종결의 유형

사례관리 당사자에 의한 종결	• 사례관리 당사자의 사망, 사별 • 거주지 이전 • 시설 입소 • 상황호전, 목표달성 • 중단, 거절, 포기 • 약속 불이행
사회복지사에 의한 종결	• 사례관리자의 사직, 업무조정 • 해당 사례관리자로서 부적합하다고 판단 • 복지 당사자와 관계형성이 부적합한 경우
기관과 환경에 의한 종결	• 타 기관 의뢰 • 운영기관, 법인의 교체 • 기관의 자원, 능력의 한계 • 기관의 사례관리 원칙 변경

2) 종결 절차

종결 절차는 크게 4단계를 걸쳐 진행된다.

1단계는 종결 시점이 다가오면 사례관리 평가 과정을 거치면서 종결의 가능성을 사전에 사례관리 당사자에게 알리는 것이다. 종결은 사례관리 당사자와 사례관리자 간 합의가 이루어질 수 있도록 준비하는 것이 바람직하다. 2단계는 기관 내 사례회의를 통해 사례관리 과정과 종결 여부를 검토한다. 사례회의에서 사례관리 당사자가 직접 참여하여 종결 의견을 나누기도 한다.

3단계에서는 사례관리 당사자와 사례관리자가 사례관리 과정을 통해 달성했거나 유지한 성과를 공유한다. 성과의 공유란 사례관리 당사자의 성공 경험을 다시금 공유하는 것으로, 앞으로 삶을 살아가는 데 성공 경험이 큰 영향을 미칠 수 있기 때문에 매우 중요하다. 마지막 4단계로 종결보고서를 작성하며 사례관리를 종결한다.

(1) 종결 준비

사례관리자는 사례관리 당사자의 긍정적인 변화에 대해 공유하면서 사전에 종결의 가능성을 알리고, 자발적 종결을 할 수 있도록 해야 한다. 비자발적인 종결의 경우 사례관리 당사자가 종결에 대해 부정적인 감정이 들 수 있으므로, 일정기간 동안 종결의 가능성을 알리고 불안이나 부정적인 감정들을 공유하며 긍정적인 종결을 할 수 있도록 준비해야 한다(최소연, 2019).

사례관리 당사자는 평가 절차를 통해 미리 종결에 대해 인지하고 사례관리를 통해 상황이 호전되었음을 확인할 수 있다. 또한, 사례관리 당사자에게 종결 여부를 결정하기 위한 평가라는 점을 안내하여 종결을 받아들일 수 있는 충분한 기간을 확보하는 것이 좋다. 이 과정에서 사례관리자는 사례관리 당사자가 부정적인 감정보다는 종결에 대해 받아들이고 자발적인 종결을 할 수 있도록 도와야 한다.

(2) 종결 사례회의

종결을 위한 사례회의에서는 앞서 진행한 사례관리 당사자의 변화를 양적·질적 평가한 내용을 정리하여 사례회의 자료로 준비한다. 사례회의를 통해 종결이 타당한지, 현 시점이 종결에 적절한 상황인지, 최선의 선택인지 논의하게 된다. 사례에 따라 재사정이 필요한 경우에는 사례관리 당사자를 만나 실행 계획을 수정하고 타 기관에 의뢰하는 등 사례관리를 다른 방법으로 지속해 나가는 경우도 있다(최소연, 2019).

성선우 학생 배경설명 2

성선우 학생(이하 당사자)은 직접 사례회의에 참여하여 합의된 목표를 달성하는 과정을 이야기하였으며, 변화된 자신의 모습과 화목해진 가정에 대해 만족스러움을 표현했다.

한편 어머니와 본인이 바빠지면서 여동생 돌봄에 대한 염려, 본인의 학비, 어머니의 취업준비의 미확정 등에 대해 남아 있는 우려를 보이기도 하였다. 그러나 당사자의 강점인 긍정적인 자세로 본인의 진로에 맞는 (경제적 소득이 있는) 인턴 활동 또는 공공자원을 찾아보면서 고민에 대한 해결방안을 적극적으로 찾는 의지를 보였다.

사례회의 참석자는 기존의 합의된 목표를 대부분 수행한 점, 당사자 및 당사자 가정의 강점으로 충분히 경제적 · 정서적 자립이 가능하다고 판단하여 사례회의 결과 "종결" 하기로 결정하였다.

(3) 성과의 공유

성과의 공유는 사례관리 당사자가 사례관리 과정에서 변화하는 모습을 확인할 뿐 아니라 당사자가 보인 열정, 동기, 노력을 공유하며 앞으로 이러한 변화가 지속될 수 있도록 지지하는 시간이기도 하다(최소연, 2019).

성선우 학생 배경설명 3

성선우 학생(이하 당사자)과 함께 사례관리 전과 후가 어떻게 달라졌는지 합의된 목표를 바탕으로 이야기를 나누었다. 전반적으로 목표달성에 대해 긍정적으로 평가하였으며, 부족한 부분에 대해서는 더 보완해 나가겠다는 의지를 보였다. 당사자의 성공경험과 실패경험은 앞으로의 삶에서 긍정적인 영향을 미치며 스스로 문제를 해결하는데 도움이 될 것으로 평가한다.

(4) 종결

사례회의를 통해 종결이 결정되면, 사후관리 계획수립부터 종결과정까지 사례관리 당사자에게 제공한 기관 내부와 외부의 서비스 내용이 포함된 종결보고서를 작성한다. 종결을 위한 점검을 우선 생각해 보고, 종결보고서는 〈표

10-7〉의 양식과 같이 작성한다(박미은, 2015; 이준우, 2020).

현장의 사례관리자가 강조하고 싶은 이야기

종결 시 타 기관의뢰, 사례관리자의 업무 조정 등에 따라 사례관리자가 교체된 경우에도 사례관리 당사자가 새로운(인수인계를 받은 사람) 사례관리자가 아닌, 전임(인수인계를 한 사람) 사례관리자에게 연락하여 사례관리에 대해 논의하려는 경우가 종종 관찰된다.

사례관리 당사자가 전임 사례관리자와 함께한 기간, 관계의 정도 또는 의존성 등 다양한 사유가 있겠으나, 이는 후임 사례관리자와 복지 당사자의 관계 형성을 방해하거나, 의사소통의 기회를 침해하는 등 사례관리 과정에 장애물로 작용할 수도 있다.

상황에 따라 전임자가 연락을 받아야 하는 경우도 있지만 되도록 전임자는 개별적인 연락을 자제하는 것이 바람직하며, 개별연락을 하게 된 경우에는 반드시 인수인계 한 사례관리자에게 연락내용을 전달해 주어야 하겠다.

3. 사후관리

#끝이_아니다 #종결_후_3개월_정도 #당사자가_적응하였는지_점검

사후관리(follow-up service)는 사례관리 종결 후에 사례관리 당사자가 변화에 적응하여 원활히 생활하고 있는지 확인하고, 새로운 욕구나 문제가 발생하여 재사정이 필요한지 등 사례관리 당사자의 상황에 대해서 사후 점검을 진행하는 과정이다.

일반적으로 사후관리는 서비스 종결 후 3개월가량 수행하는 것을 원칙으로 하며, 사례에 따라 유동적으로 조정한다. 사후관리의 방법은 당사자와 대면상담 및 전화상담, 연계된 서비스 기관의 담당자를 통해 진행할 수 있다.

사례관리의 실제

사례를 통해 사례관리의 가치 · 지식 · 기술을 통합적으로 살펴보는 장

PART Ⅲ를 학습하기 전, 읽어보세요.

PART Ⅲ는 앞서 살펴본 PART Ⅰ~Ⅱ 사례관리의 주요 이론과 사례관리 과정에 대하여 실제 사례를 통해 그 내용을 되짚어보는 것에 목적을 두고 있다.

많은 사례관리론이나 사례관리보고서에서는 현장에서 실제 활용되는 양식에 사례를 정리하고 세밀하게 설명을 해주어, 사례관리자가 구체적으로 사례의 행정적 관리를 어떻게 해나가는지를 이해할 수 있도록 하는 데 많은 도움을 주고 있다. 이 책에서도 챕터 12는 사례관리 파일에 삽입되는 행정문서를 가상의 사례로 작성하여 실무자들의 행정 기술을 학습하는 데 도움을 주고자 한다. 사례관리의 실천을 행정적으로 잘 관리하는 것은 사례관리자의 매우 중요한 과업으로서, 행정적 방식을 학습하는 것은 사례관리에서 모호하게 느껴지는 사회복지 실천의 실상을 형상화하여 사례관리 절차에 따라 일목요연하게 정리해 나가는 기술을 향상시켜 줄 것이다. 이것은 사례관리의 지식·기술을 향상시키는 것에 직접적으로 활용될 수 있을 것이다.

다만, 아쉬운 것은 정리된 결과물로 사례를 살펴보다 보니 사례를 개입할 때 사례관리자가 무엇을 어려워했고, 고민하였는지, 그것을 어떻게 해결하였는지, 그리고 어떠한 마음과 자세를 가졌는지는 알 수가 없다. 그야말로 사례관리자가 자신의 경험한 지난 일이나 마음속에 있는 생각을 타인에게 알려주는 말, 즉 '이야기'가 없다는 것이다.

이 책은 사례관리를 통해 현장의 사회복지사와 이야기를 나누는 것에 관심을 기울였다. 그래서 챕터 12와는 다른 방식인 이야기를 담아 설명을 기록한 챕터 11을 별도로 구성하였다. 실제로 사례관리자들이 사례관리를 어려워하는 것은 양식에 넣어 정리하는 것뿐만 아니라, 각 사례마다 나타나는 예측할 수 없는 당황스러움과 이 당황스러움이 사례관리자 혼자만의 고민인 것 같은 심리적인 요인이 적지 않다.

또한 사회복지사는 성찰하는 직업인만큼, 자신이 행하고 있는 실천방법에 대해서 생각과 마음을 정리하고 사회복지실천의 가치에 대해서 반드시 돌아보아야 한다. 그래서인지 최근에 사회복지실천에서 많은 반향을 일으키는 글들은 사회복지사들의 전문성보다는 사회복지사들의 가치와 성찰을 담은 글이다. 그런데 이런 경우 또 아쉬운 것은, 경험이 적은 사회복지사들에게는 필자가 전하는 지식이나 기술이 잘 보이지 않아 실제 적용점을 찾는 데 한계가 있을 수밖에 없다는 것이다. 그래서 이야기 사이사이에 PART Ⅰ~Ⅱ에 다루었던 실천기술에 관한 내용을 삽입하여 엮어 보았다.

이상과 같이 PART Ⅲ에서는 사례를 통해 이야기 방식으로 사례관리 행정을 실제적으로 이해해 보고자 한다.

“챕터 11은 사례관리자와 사례관리 당사자가 함께 써 나간 글입니다. 사례관리자가 사례관리 당사자의 삶을 일방적으로 재구성하지 않고, 사례관리 당사자의 이야기를 함께 정리하고, 검토하며, 수정해 나갔습니다. 이 글을 허락해 준 조태현 군에게 진심으로 감사의 마음을 전합니다.”

Case Management

복지서비스 이용당사자의 참여가 이끌어 내는 사례관리의 효과성

함께 이상을 바라보며

성공의 경험을 만들어 가는 이야기

CHAPTER

11

복지서비스 이용당사자의 참여가 이끌어 내는 사례관리의 효과성

함께 이상을 바라보며 성공의 경험을 만들어 가는 이야기

사례의 특성

- 가족 내 욕구 및 당면과제가 다양하고 복합적이다.
- 의뢰 당시 가족 내 위기가 될 수 있는 변화가 있었다.
- 복지 당사자 가족이 복지자원의 정보가 취약하고 지역사회 복지기관을 이용해 본 경험이 거의 없었다. 즉, 자원의 활용 경험이 적다.
- 가족구성원이 각기 다른 어려움을 가지고 있지만, 각각의 강점도 가지고 있다.
- 각기 다른 강점으로 다른 가족구성원의 변화를 이끌어낸다.
- 가족구성원 중에 적극적 참여자가 있다. 적극적인 가족구성원이 다른 가족구성원의 참여를 유도한다.
- 가시적으로 표출된 당면과제보다, 복지 당사자 가족에게 합의된 욕구의 우선순위가 있다.

이 글에는 복지 당사자인 태현 군의 요청에 따라 실명이 사용되었습니다.
태현 군은 자신의 삶을 통해 "누군가에게 도움을 주고 싶은 진심"을 전하였습니다.

1. 의뢰 및 접수

1) 통합사례회의를 통한 의뢰/사례발견

#지역사회_기관_협력 #사례발견 #어느_기관으로_의뢰할_것인가?

지역 내 복지사각지대 축소, 민관협력이 강조되는 만큼 지역 내 다양한 민간과 공공기관이 함께 하는 통합사례회의가 증가하고 있다. 사례회의 내용이나 논의 수준을 평가해 본다면 여전히 숙제는 많았지만, 통합사례회의가 많아진다는 것은 매우 긍정적이라고 본다.

20○○년 6월 공공기관에서 주최하는 통합사례회의에 참석하였다. 그 회의에서는 여러 사례들이 논의되었는데, 각 사례의 지원 방법보다는 참여한 민간기관들에게 사례를 연계하는 방식으로 진행되었다. 결과적으로는 지역 내 사각지대에 놓일 수 있는 여러 사례들이 다양한 민간기관에 연계되었지만, 회의에 참석한 사회복지사(= 사례관리자)에게는 이것이 연계라기보다 '배분'처럼 느껴졌다. 사례관리자라면 이러한 경험과 느낌이 익숙할 것이다. 각 사례에 대한 구체적 사정(assessment) 없이 가시적 특성에 따라 연계되기 때문이다. 어려움을 겪는 분이 장애인이면 장애인복지기관, 어르신이면 노인복지기관, 아동이면 아동복지기관, 정신건강의 어려움을 겪는 분이면 정신건강복지센터, 경제적으로 어렵고 분류가 모호하면 종합사회복지관으로…, 이렇게 기계적으로 연계하는 방식이다. 물론 가장 효율적이고 오답률이 낮은 방식이기는 하지만, 생각보다 적지 않은 오류가 발생할 수 있다.

많은 사례관리자들은 사례관리를 하면서 "이 사례는 다른 기관에서 사례관리를 하는 것이 더 긍정적인 효과를 보았을 텐데…."라고 생각되는 사례가 종종 있다. 그 이유는 사례관리가 필요한 복지 당사자는 한 가지 욕구와 당면과제를 가지고 있지 않고, 여러 욕구가 얽혀 있는 경우가 많기 때문이다. 따라서 가시적으로 나타난 특성이 가장 큰 문제인 줄 알았는데, 그렇지 않은 경우도 적지 않았다.

주 사례관리기관이 되지 않더라도 사례관리는 복지서비스 이용당사자의 욕구에 따라 여러 기관이 협력하여 진행되기 때문에, 기계적으로 배분하는 것보다는 복지 당사자의 욕구와 당면과제에 조금 더 집중할 필요가 있을 것이다. 사실 '어떤 기관에서 사례관리를 하는 것이 맞다'라는 정답도 없고, 대부분의 사례관리자들은 나의 소속기관에 상관없이 지역 내 자원을 총체적으로 끌어들여 사례관리를 하기 때문에 사례관리는 어떻게든 진행이 될 수 있다. 다만, 소속기관의 강점과 자원을 활용하는데 계속 아쉬움이 따를 뿐이다.

이 사례로 돌아와 보면, '경제적인 문제로 가족 내 어려움을 겪고 있는 장애인가족[1]'이라고 하여 장애인종합복지관으로 연계[2]되었다.

---

1) 복지서비스 이용당사자의 동의가 되었다고 하더라도 사례관리의 가치·지식·기술을 이해시키는 데 반드시 필요한 사항이 아니라면, 이 책에서 복지 당사자의 개인적인 사항은 설명을 생략하고자 한다. 사례관리자는 복지 당사자의 삶을 존중하고 소중하게 여기는 자세가 매우 필요하다고 본다. 필자는 복지서비스 이용당사자의 삶을 사례관리자의 학습도구로 활용하려는 것은 경계해야 하는 자세로 보고 있다. 가끔 사례를 너무 낱낱이 기술한 사회복지 기관의 '사례관리 성과보고서'를 보면, 그 보고서의 목적에 대해 의문을 갖게 된다. 따라서 이 사례의 의뢰기관 및 구체적인 사유 등은 사례관리 과정을 설명하는 데 중요한 사항이 아니기 때문에 의도적으로 생략하도록 하겠다.

2) 당시 필자는 장애인종합복지관의 사회복지사였다. 이 사례는 장애인종합복지관에서 사례관리를 하였지만, 시각장애인복지관, 종합사회복지관, 건강가정지원센터, 정신건강복지센터, 혹은 동 행정복지센터 등에서도 사례관리가 충분히 가능한 사례라고 사료된다.

2) 접수

#행정적_절차 #의뢰서_검토 #초기상담_준비하기

위 통합사례회의를 통해서 사례가 연계되어, 필자의 소속기관인 장애인종합복지관(이하 장애인복지관 혹은 복지관)에서 접수 과정을 거쳤다. 연계기관(공공영역)에서는 복지 당사자의 동의를 받아 장애인복지관으로 의뢰서를 발송하여 주었다. 사회복지사는 통합사례회의 내용을 기억하며 의뢰서를 검토하였고, 의뢰서의 연락처를 가지고 복지 당사자 가정에 전화하여 초기상담 일정을 약속하였다. 초기상담은 단순히 면담뿐 아니라, 복지 당사자 가족에 대한 현지자료조사(Examining: field document, cultural artifact, self report)와 참여관찰(Experiencing: participant observation)이 가능하도록 복지 당사자 가정에서 진행하는 것으로 계획하였다.

2. 초기상담/스크리닝

1) 첫 번째 당사자_어머니와의 첫 만남

#낯선_관계 #누구와_함께? #어디서_어떻게 #사회복지사의_민감성

초기상담은 서로 낯선 관계에서 출발하기 때문에 '어디서, 누가' 실시할 것인가는 매우 중요한 검토 사항이 된다. 본 가정의 초기상담은 낮에 혼자 계신 여성장애인 가정에 방문하는 것이기 때문에 통합사례회의에 참여했던 여성 사회복지사가 의뢰기관의 실무자와 동행하여 가정방문으로 진행되었다. 복지 당사자[3]가 이미 알고 있는 사람[4]과의 방문은 사회복지사[5]와 첫 만남의 어색함을 감소시켜 주었다.

가정방문을 하였을 때는, 의뢰기관에서 주로 관심을 기울여야 할 사람으로 지정하였던 복지 당사자(이하 어머니)가 맞아주셨다. 방에 누군가가 있는 것 같기도 했지만, 누가 있는지 묻지 않았고, 불필요한 탐색도 하지 않았다. 초기상담은 첫 만남으로써 그 이상을 시도할 필요는 없었다. 대부분의 사람은 나와 직접적인 관계가 없는 사람이 내 가족을 만나러 집에 왔을 때, 굳이 방 밖으로 나와 인사까지 나누지는 않는다. 이처럼 초기상담에서는 보편적 상황을 그대로 두는 것이 적절하다고 보았다.

다만, 가정방문을 하는 이유는 복지 당사자의 면담뿐 아니라 관찰과 현지조사의 목적을 가지고 있어 이 상황 자체는 민감하게 체크하였다. 사회복지사는 가시적인 상황뿐 아니라 복지 당사자의 생활 속에서 학대나 방임의 위험을 감지할 수 있어야 한다. 그렇기에 참여관찰과 현지조사를 수시로 할 필요성이 분명히 있다. 하지만, 이러한 민감성은 복지 당사자를 병리적으로 보는 관점과는 구분되어야 한다. 즉, 사회복지사는 당사자를 병리적으로 보고 낙인찍어서는 안 되며, 가족 내 보이지 않는 상황까지도 늘 민감성을 가지고 있어야 한다.

사회복지사의 경험상 '낮에는 혼자 있다고 했는데, 집에 누군가가 있다….'는 감추고 싶은 가족이나 지인인 경우가 적지 않았다. 독거노인이라고 하였는데 사업에 실패한 아들이 함께 거주하며 어르신의 정부보조금을 모두 탕진하고 있거나, 독거노인에게 배달되는 도시락 서비스로 식사를 해결하는 경우는 사회복지사들에게는 너무나 흔한 사례이다. 서류상은 독거노인 가정이지만, 실제는

3) 50대 여성 시각장애인(장애정도가 심한 장애인)

4) 의뢰기관(공공기관)의 실무자, 복지 당사자와 이미 아는 사이

5) 장애인복지관의 사례관리팀 사회복지사. 향후 이 가족의 사례관리자가 될 사회복지사. 본 사례가 사례관리 복지 당사자로 확정되기 전까지는 사회복지사로 표기, 확정 이후 사례관리자로 표기 함.

여러 이유로 중장년의 자녀들이 모여 사는 경우, 서류상만 한부모가족인 경우도 있고…. 사실 정확한 동거가족이 몇 명인지 파악해야 하는 경우도 많았다.

그런데 초기상담을 할 때 경계해야 할 자세는 복지 당사자가 이야기하는 것 이상을 보고 듣고 느끼면서 민감성은 갖되, 그 이상을 상상하지 않는 것이다. 초기상담 시점에서는 심층적인 사정(assesment)이 되지 않았기 때문에 그 가족에 대해서 아직 모르는 것이 많을 수밖에 없다. 따라서 의뢰받은 상황과 현재 초기상담에서 나타난 상황에는 차이가 있을 수 있다. 또 그 이유도 모두 다를 수 있으므로, 그것은 '사정(assesment)'을 통해 확인하면 된다. 초기상담 시에는 사정을 하기 전이기 때문에 일부를 보고 그 복지 당사자나 가족을 판단하지 않아야 할 것이다.

향후 알게 된 것은 방에 있던 사람은 둘째 아들(이하 태현)로, 본 사례에서 가장 많이 등장하는 가족구성원이다. 마침 학교가 일찍 끝나서 집에 있었고, 그날 기분이 매우 좋지 않아 낮잠이라도 자려고 하는데 낯선 사람이 방문하여 관심도 두지 않았다고 한다. 나중에 이 이야기를 듣고 보니 그때 누군지 물어보지 않는 것은 참 잘했다는 생각이 들었다. 혹시나 하는 상황들을 염두에 둘 필요가 있지만, 복지 당사자의 일상을 꼬치꼬치 조사하고 염탐할 필요는 없는 것이다.

2) 방문자 소개와 개인 정보수집의 동의

#비자발적_복지 당사자와_관계맺기 #복지 당사자의_개인_정보_존중

"저는 최근에 개관한 D장애인종합복지관에서 근무하는 사회복지사입니다. ○○○님 가정에는 등록장애인이 두 분이나 계시지만 저희 복지관을 이용해 본 경험이 없으신 것 같아서, 장애인복지관이 어떤 곳인지 알려드리고, 우리 복지관 서비스에 대해 설명해 드리려고 방문했어요."

이렇게 사회복지사와 소속기관을 소개하는 것부터 시작하였다. 사실 방문 목적이 복지 당사자에게는 다소 개인적이고 민감한 부분일 수 있어 낯선 사회복지사를 경계할 것으로 예상되었다. 그래서 당면과제보다는 사회복지사와 소속기관을 소개하는 것에 더 집중하였다. 사실 사회복지사나 어머니 모두 왜 방문하였는지는 암묵적으로 다 알고 있었기 때문에 민감한 설명을 할 필요가 없었다.

초기상담에서는 복지 당사자와 관계가 쌓이기 전이기 때문에 사회복지사의 첫인상과 소개가 사회복지사에 대한 신뢰감을 갖도록 하는데 직접적인 영향을 미치는 경우가 많다. 그래서 사회복지사의 소개는 늘 긴장이 되는 순간이다. 특별히 이 사례의 경우는 복지 당사자가 방문을 요청한 것이 아니라 타 기관으로부터 의뢰받은 비자발적 복지 당사자였기 때문에 복지 당사자 입장에서 경계심이나 부끄러운 마음을 갖지 않도록 하는데 주의를 기울였고, 장애인 가정에 장애인복지관의 사회복지사가 방문하는 것은 특별한 일이 아니라는 편안한 느낌을 줄 수 있도록 노력하였다.

간단한 소개를 마친 후, 어머니에게 개인정보 수집 및 활용에 대한 동의를 구하였다.

"어머니, 오늘 저와 이야기를 나누면서 제가 어머니를 계속 뵙는 것을 허락해 주시면, 복지관 이용자로 등록하면서 여기(개인정보 동의서 보여드리며) 나와 있는 정보를 복지관 이용자 등록 시스템에 입력하게 되는데 괜찮으시겠어요? 물론 등록하신 정보는 타인에게 절대 공개되지 않고, 오늘의 상담 내용은 비밀이 보장됩니다….(생략)"

어머니께는 장애의 정도의 심한 시각장애인[6]으로 글씨를 볼 수 없었기 때문에 동의서의 내용을 읽어드리며 진행하였다. 개인정보 수집 및 활용에 대한 동

6) 어머니와 둘째 아들은 장애의 정도가 심한 장애인(구, 시각장애1급)이지만 전맹의 시각장애인은 아니었다. 빛과 색깔도 감지하고 흐릿하지만, 형태를 알아볼 수 있는 정도였다. 구, 시각장애인 1급이면 모두 전맹이라고 생각하는 경우가 많으나 그것은 잘못된 상식이다.

의과정은 법적으로 매우 중요한 절차지만 생각보다 지루할 수 있다. 동의서 내용을 꼼꼼히 살펴보는 사람부터 대충 듣고 사인만 하는 사람까지 반응은 다양했다. 내용을 모두 설명하다 보면 상담시간 중 너무 많은 시간이 할애되기도 한다. 그럼에도 불구하고 개인정보에 대한 수집 및 활용동의 과정은 반드시 거쳐야 하고, 본 복지 당사자와 같이 글을 직접 읽기 어려워 스스로 내용을 파악하기 어려운 경우는 조금은 더 주의를 기울여 진행할 필요가 있다. 향후 사회복지사는 복지 당사자와 그 가족에 대한 수많은 개인정보를 다루기 때문이다. 아무리 도움을 주기 위한 목적이라고 해도 타인의 대한 정보를 활용하는 것에는 상호 간에 특별한 약속이 필요한 것은 당연하다.

3) 초기상담: 스크리닝

#적격성_여부_확인 #파헤치지_않기 #사전_정보가_주는_편견
#원점에서_이해하기 #의뢰서에_없는_정보_파악하기

사회복지사 소개와 개인정보 수집 및 활용동의를 마친 후, 자연스럽게 초기상담의 본연의 목적을 위한 노력을 해나갔다. 비자발적인 상담이었지만 다행히 어머니께서는 경계심을 갖지 않으시고 자연스럽게 현재 생활에 대한 말씀을 해주셨다. 현재는 기초생활수급자이지만 남편이 최근에 직장을 구해서 경제활동을 시작했고, 큰아들도 계약직이기는 하지만 경제활동을 하고 있어서 생계가 곤란한 상태는 아니라고 하셨다. 물론 이러한 상황으로 기초생활수급자에서는 곧 탈락할 예정이었다. 둘째 아들도 아직 고등학생이기는 하지만 아르바이트를 하면서 용돈벌이는 하고 있다고 하였다. 의뢰서에는 둘째 아들이 시각장애 1급이라고 했는데, 아르바이트를 하면서 용돈벌이를 한다고 하니 그 아들에 대해서 궁금해지기도 했다.

시각장애 1급인 어머니가 가사 활동을 혼자서 하고 있다고는 했지만 위생상태도 양호한 편이었고, 남편과 아들들도 가사활동을 조금씩 돕는다고 하셨다. 가족들이 돕는다고 해도 시각장애인 어머니 혼자 가사활동을 하는 것은 어려움이 많을 텐데, 이를 지원하는 복지서비스는 전혀 이용하고 있지 않았다. 중증장애인이 지원받을 수 있는 공공·민간영역의 복지서비스들이 있음에도 불구하고 이와 같은 것들을 활용하지 않는 것은 물론, 전반적인 정보에 대해 매우 생소해 하셨다. 상담과정에 확인된 것은 어머니는 장애등록을 하신 지가 꽤 오래되었음에도 불구하고 장애인복지기관을 이용해 본 경험이 전혀 없었고, 이에 대한 정보도 거의 없었다. 어떤 분들은 사회복지사보다 복지서비스와 복지정보를 더 많이 알고 계시기도 하고 심지어 사회복지사에게 가르쳐주시기도 하는데, 반대로 이와 같이 몰라도 너무 모르는 경우 또한 적지 않았다. 사회복지사들은 초기상담 과정에서 이렇게 복지 정보와 자원 활용 능력이 취약한 분들을 보면 특별히 관심을 기울이게 된다. 사례관리가 필요한 사람은 이와 같이 대부분 복지 정보가 너무 부족해서 생각보다 가까이 있는 복지서비스도 전혀 활용하지 못하는 사람들이었다.

초기상담은 사례관리의 적격성 여부를 판단하는 과정으로 초기상담에 필요한 기초사정만 실시하고, 복지 당사자의 생활은 과도하게 끄집어내지는 않는다. 심층사정으로 진행하지 않더라도 초기상담을 통해 이 가정은 복지 정보가 취약하여 지역 내 자원 활용을 전혀 하지 못하는 중증장애인 가정이기 때문에 1회성 방문에 그치는 것이 아니라 특별한 관심을 필요로 함이 명확했다. 물론 타 기관을 통해 위기 사례로 의뢰가 되었기 때문에라도 일회성 방문으로 그칠 만한 사례는 아니었다.[7)]

그런데 이번 사례의 초기상담을 통해 깨닫게 된 것은 의뢰서가 주는 장점도 있지만, 의뢰서가 전해주는 고정관념과 편견에 대해서는 주의를 기울여야 한다

7) 의뢰 기관과 의뢰 사유는 본 가족의 민감정보가 있어 밝히지 않았다. 그 내용을 포함하지 않아도 사례관리 과정을 설명하는 것에는 문제가 없다고 본다.

는 것이었다. 의뢰서를 기반으로 초기상담을 준비하되, 사회복지사는 직접 복지 당사자를 만나 복지 당사자와 그 가정에 대해서 원점에서 이해하려는 노력이 필요하다. 상담 중 어머니는 아들들에 관한 이야기를 많이 하셨다. 의뢰서에는 이 가정에 당면한 문제들을 중심으로 어머니와 둘째 아들이 시각장애 1급이라는 것과 나이만 기재되어 있고, 그 외 정보는 거의 없었다. 본인은 사업 실패 후 스트레스를 받고 시력이 나빠진 후천적 시각장애인이라고 했고[8], 큰아들은 어릴 적부터 눈이 좋지 않아서 일찍이 안과 진료를 자주 보았는데 현재는 안경을 끼면 일상에 불편함이 없는 정도라고 했다. 반면 둘째 아들은 시력이 1.5까지 나올 정도여서 염려하지 않았는데 작년부터 급격히 나빠지기 시작하더니 현재는 시각장애 1급이 되었다고 했다. 정리하자면, 시각장애에 대한 가족력이 있고 둘째 아들은 장애인이 된 지 1년여 된 청소년이라는 것이다. 이러한 내용은 통합사례회의에서도 전혀 언급되지 않은 내용이었고, 의뢰서에도 없던 내용이었다. 어머니와 아들이 모두 시각장애라고 하였을 때 유전적인 이유가 있을 것이라는 예상은 했지만, 둘째 아들이 18년을 비장애인으로 살다가 갑자기 중증장애인이 되었다는 것은 가족 모두에게 받아들이기 쉽지 않았겠다는 생각이 들었다.

어머니는 두 아들이 자신으로 인해 시각장애의 위험이 있는 것에 큰 죄책감을 느끼고 있었다. 여러 가지 생활고에 대해서 말씀해 주실 때도 비교적 담담했는데, 아들에 대한 이야기를 할 때는 심리적으로 매우 힘들어하는 모습을 보였다.

---

8) 사실 어머니의 시각장애도 가족력에 의한 것이었다.

4) 복지서비스 이용당사자가 표출하는 욕구 파악

#현재_가장_해결하고_싶은_것 #이런_것도_도움_받을_수_있나요?
#초기상담_중지

어머니께 현재 가장 해결하고 싶은 것이 무엇인지 여쭈어보며, 욕구들을 정리하고 욕구의 우선순위도 생각해 보았다. 생계가 위협적이진 않았지만 여전히 경제적인 어려움도 있었고, 남편과 큰아들의 직장생활도 아직은 안정적이지 않아 걱정이 많았다. 어머니와 둘째 아들의 장애로 인한 일상생활의 불편함도 매우 컸다. 최초 사례발견 기관에서 의뢰되어 온 당면과제 역시 큰 관심이 필요했다. 이 중에 가장 가족들을 힘들게 하는 것, 그래서 무엇보다 우선적으로 해결하고 싶은 것은 무엇인지 여쭈어 보았더니, 어머니는 아주 조심스럽게 질문을 하셨다.

“이러한 것도 도움을 받을 수 있는지 모르겠지만… 애들에 대한 고민을 좀 해결해 줄 수 있어요? 어디 물어볼 곳이 없어서….”

“어머니, 자녀분들 키우시면서 고민이 많으시군요. 제가 아직 자녀분들을 잘 몰라서 구체적으로 어떤 고민들을 가지고 계시는지 모르지만, 차차 서로를 알아가면서 어머니가 고민하시는 것들을 함께 해결해 나갈 수 있을 것 같아요.”

어머니의 질문에 사회복지사로서 일반적인 답변을 했고, 연이어 말씀하신 어머니의 이야기를 듣고 보니 그 답변은 어머니의 현재 고민을 이해하지 못한 실수인 것을 알게 되었다. 어머니는 아주 간절하셨다.

“아니…. 이런 것도 도움받을 수 있는 건지 모르겠지만, 우리 둘째 아들이 대학에 가려고 하는데, 그게 뭐가 좀 어렵나 봐요. 얼마 전에 친구랑 무슨 대학 입학상담을 받고 왔는데, 기분이 안 좋아 보여요. 뭐가 안 된다는 건지는 모르겠는데… 저렇게 처져 있는 걸 보면서도, 엄마로서 해줄 수 있는 것이 없다는 것이 너무 속상해서 대학 보내는 것도 도움받을 수 있나… 해서요.”

당시 둘째 아들은 고3이었고, 초기상담은 6월 말에 이루어졌으니 5개월 만에 대학을 보내달라는 것은 현실적으로 너무 어려운 숙제였다. 그렇다고 그런 건 도움을 받을 수 없는 사항이라고 단정 지어 말씀드릴 수도 없었다. 일단 어머니께는 아들에 대해서 제가 잘 모르니, 아들을 만나서 이야기를 해보겠다고 하였다. 초기상담을 통해 둘째 아들에 대한 중요한 정보를 알게 된 점은 매우 좋았지만, 예상하지 못한 어머니의 요청에 머리가 복잡해졌다. 그래서 첫 만남치고는 상호 간에 많은 이야기가 오고 갔지만 더 이상 상담의 진도를 더 나가기보다는 생각을 정리할 필요가 있겠다는 판단이 들었다. 이제까지 상담을 통해 이미 사례관리의 적격성 여부를 판단할 기초사정이 되었고 그 이상의 상담 진행은 사회복지사에게 정보의 포화상태를 가져올 것 같이 느껴졌다.

상담을 할 때 사회복지사는 어느 정도 깊이로 상담을 진행할 것인지를 대략 정하게 된다. 예를 들어 초기상담이라면 가장 일반적으로는 초기상담지 양식을 채울 수 있는 만큼 상담을 진행한다. 그 양식의 내용이 사례관리 적격성 여부를 판단하는 중요한 기준이 되기 때문이다. 그런데 사례에 따라 초기상담에서 복지 당사자(내담자)가 경계심이 높아 상담이 잘 진행되지 않는 경우도 있고, 이번 사례와 같이 초기상담 과정에서 생각지도 않은 너무 많은 정보가 파악되어 사회복지사가 잠시 생각을 멈추고 정리가 필요한 경우도 있다. 상담이 원활히 진행된다고 해서 너무 장시간을 상담하게 되면, 오히려 중요한 것들을 놓치게 될 수 있었다. 열심히 적으면서 상담을 진행했다고 하더라도 사회복지사가 사람인 이상 많은 상담 내용을 기억하는 것은 한계가 있다. 특별히 상담기록을 남길 때는 복지 당사자의 언어적 표현뿐만 아니라 비언어적 표현, 분위기 등도 기록되어야 하므로 적당한 시점에서 중지하는 기술도 필요하다.

당시 필자는 사례관리의 필요성은 이미 판단할 수 있었기 때문에 초기상담은 이 정도에서 정리하고, 내부 슈퍼비전을 받은 후 사정단계로 진행하는 것이 바람직하다고 판단하였다. 그리고 다음 만남에서 복지 당사자가 직접 언급한 둘째 아들에 대한 욕구를 중심으로 사정을 시작해야겠다는 계획을 세웠다. 이렇게 둘째 아들에 대한 논의를 명분으로 어머니와 다음 가정방문에 대한 동의와 약속이 자연스럽게 이루어졌다.

초기상담을 하고 난 후 핵심적인 결론은, 최초 의뢰기관에서 요청했던 사유는 어머니께서 가족들 간의 노력으로 해결해 보겠다고 하여 욕구로 표현하지 않았고, 예상치 못한 욕구가 1순위로 거론되었다는 것이었다. 비교적 초기상담이 원활히 진행되었음에도, 머리가 복잡하고 마음이 무거웠다.

3. 기관 내 서비스 연계를 위한 사례판정회의

#전문가_집단_회의 #잠재적_사례관리_복지 당사자 #내부_서비스_검토 #등잔_밑이_어둡다

초기상담을 마치면, 기관 내 사례회의를 거치게 된다. 기관마다 사례회의를 거치는 방법과 횟수는 다양하다. 그러나 분명한 것은 초기에 상담한 내용을 가지고 적격성 여부를 판정할 때, 사회복지사 개인의 판단에 두지 않고 기관 내 전문가집단 회의(=사례회의)를 통해 객관적 논의를 하고 슈퍼비전을 받아야 한다는 것이다.

당시 사회복지사가 근무하는 기관에서는 사례관리가 필요한지에 대한 복지 당사자의 적격성 여부를 판단하는 회의를 2단계로 나누어 진행하였다. 1단계 사례회의에서는 초기상담을 통해 기초사정까지만 진행한 내용을 토대로 복지서비스 이용당사자를 '일반 서비스 이용자(사례관리 필요 없음, 기관 서비스를 안내하면 스스로 서비스 등록)'로 등록할지 '잠재적 사례관리 복지 당사자(스스로 필요 서비스 등록하는 것에 어려움이 있을 것으로 예상되는 사례)'로 등록할지를 검토한다. 2단계 사례회의에서는 1단계에서 '잠재적 사례관리 복지 당사자'

라고 판단된 경우만 초기상담보다는 심화된 사정단계를 거쳐 '사례관리 당사자'로 선정할지를 판단하였다.[9)]

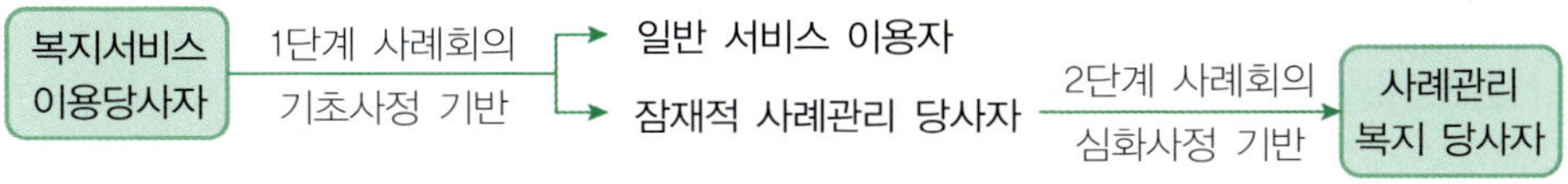

복지서비스 이용당사자 → 1단계 사례회의 기초사정 기반 → 일반 서비스 이용자 / 잠재적 사례관리 당사자 → 2단계 사례회의 심화사정 기반 → 사례관리 복지 당사자

[그림 11-1] 사례회의를 통한 사례관리 복지 당사자 선정과정

당연히 이 사례의 경우에는 1차 사례회의에서 '일반 서비스 이용자'가 아닌 '잠재적 사례관리 복지 당사자'라고 구분이 되었다. 이와 더불어 사례회의에서는 시각장애인을 위한 다양한 민간 복지서비스, 현재 신청이 필요한 공공복지서비스, 정기적 소득이 있음에도 불구하고 기초생활수급자가 유지되는 이유 파악, 가족사정의 필요성과 사정의 방향성 등에 대한 슈퍼비전이 있었다. 이러한 사례회의를 거치면서 복잡했던 문제들이 정리되었고 다음 가정방문을 준비할 수 있었다. 또한, 이 사례를 지원할 내부 전문가(소속기관 직원)들이 구성되었다. 사례관리에서는 이를 내부자원 확보 및 활용이라고 하며, 이에 대해서는 뒷부분에 좀 더 구체적으로 정리해 보도록 하겠다. 사례관리를 할 때 외부자원을 활용하는 것은 큰 효과를 가져오지만, 그 전에 내부자원부터 확보하고 검토하는 것이 바람직할 것이다. 사례관리자들은 종종 외부자원들을 찾아보며 애를 쓰다가, 활용 가능한 내부자원을 뒤늦게 알게 된다. 이렇듯 생각보다 등잔 밑이 어두운 경우가 많다.

9) '초기상담'과 '사정'을 각각 나누어 진행하지 않고, 초기상담부터 사정까지 한 번에 진행한 후(이러한 경우 초기상담지에 사정의 항목이 포함되어 있음), 1회의 사례회의로 사례관리 등록 여부를 판단하는 경우도 일반적이다. 절차를 몇 단계로 나누어 할 것인가는 사례관리 기관의 상황에 맞게 공식화하면 될 것으로 보인다.

 사정을 위한 2차 가정방문의 사전준비

#심층사정의_시작 #사례관리 당사자의_동의받고_외부환경으로부터_사정 #사정_한_만큼_실행의_범위가_결정 #다각도로_사정하기

1차 사례회의를 마친 후 진행된 2차 가정방문은 사회복지사의 계획대로 아들을 중심으로 한 욕구 확인과 심층사정의 첫 단계를 목적으로 진행되었다. 하지만 그보다 앞서 민간영역과 공공영역의 복지서비스부터 안내해 드리는 것이 우선이라고 생각했다. 초기상담 시에 가장 안타까웠던 것은 어머니가 생각보다 장애인복지제도를 너무나 모르고 계신다는 점이었고, 사례회의에서도 복지 당사자 가정의 적절한 중장기계획을 수립하기 전에라도, 권리로서 누릴 수 있는 복지서비스는 즉시 활용할 수 있도록 안내하는 것이 우선시되어야 한다는 슈퍼비전이 있었다.

지난 상담 때 어머니께서는 현재 기초생활수급자 가정인 것을 밝히며, 본인들의 경제적인 상황에 대해서는 동주민센터의 사회복지 담당 주무관이 잘 알고 있을 것이라고 말씀해 주셨다. 그렇게 가정 경제상황에 대해서 주민센터에 확인해 볼 것을 동의해 주셨다. 사실 최초 의뢰를 받았던 통합사례회의에서 동주민센터 사회복지 담당 주무관이 함께 참석했었기 때문에, 장애인복지관에서 복지 당사자 가정을 방문할 예정인 것은 이미 공유가 된 상태였다. 그래서 두 번째 가정방문을 하기 전에, 경제적인 상황과 장애인복지제도를 전혀 모르는 어머니의 태도에 대해서 확인하기 위해 주무관과 통화를 해보았다.

주무관은 '어머니께서 장애인복지제도를 잘 모르시는 것이 맞을 것'이라는 개인적 소견을 주었다. 사실 어머니께서는 그간 경제적인 어려움을 호소하기 위해 동주민센터를 자주 방문하셨다고 하였다. 남편과 큰아들이 소득이 있지만 안정된 직장이 아니고, 월세 납부 등으로 생활이 매우 어렵다며 기초생활수급자 유지와 주거지 지원을 요청하셨다고 했다. 불편한 눈으로 너무 자주 방문하셔서 주민센터로 오시지 말고 궁금한 것은 전화를 주시라고 말씀드려도 계속해서 방문하셨다고 했다. 이처럼 어머니는 '적극성'이라는 강점을 가지고 계셨다. 결국 주무관은 기초생활수급자 유지 기간을 최대한 길게 유지할 수 있도록 애를 썼고, 소수에게만 지원되는 지자체 특별지원인 장애인가정 전세 지원을 혜택을 받을 수 있도록 적극적으로 노력하였다. 이 덕분에 어머니가 곧 인근에 더 안정적인 곳으로 이사하실 예정인 것도 알려주었다. 그러고 보니 초기 상담 때 어머니께서 동주민센터에서 신경을 잘 써줘서 이사를 하게 되었다고 말씀하셨는데, 주무관과 통화를 하고 보니 구체적인 상황을 파악할 수 있었다.

그런데 어머니께서는 경제적인 어려움만 호소를 많이 하셨고, 장애인복지제도에 대해서는 크게 물어보지도 않았고 아들에 대해서도 이야기를 한 적이 없었다고 했다. 행정서류를 통해 둘째 아들이 장애인인 것은 알고 있다고 했다. 그래서 주무관도 통합사례회의를 통해 내부적인 가정상황을 알게 되어 조금 당황스러웠다고 했다. 본인은 그냥 경제적인 어려움을 많이 호소하시는 주민으로만 생각했다는 것이다.

주무관의 이야기를 듣고 사회복지사로서 많은 생각이 들었다. 나 역시도 그간 비슷한 실수를 많이 했던 것 같다. 저 가정을 잘 알고 있다고 생각했는데… 단편적인 모습을 전부라고 생각하고 협소한 시각으로 사례관리를 하진 않았을까? 다각적인 사정을 하지 못했던 것을 반성하게 되었다.

어찌 되었든 처음 이 사례의 출발이 되었던 그 이상한(?) 통합사례회의는 큰 의미가 있었다. 사실 개인정보 보호차원에서 각 기관에서 알고 있는 복지 당사자의 정보를 기관 간에 교류하는 것은 한계가 있다. 그렇지만 사례관리의 효율성 · 효과성을 위해서는 교류가 필요한 부분이 분명히 있다. 그래서 사회복지사들 간에는 '서로 알려줄 수도 없고 안 알려줄 수도 없고….'의 혼란과 고민이 있다. 통합사례회의는 이러한 고민의 시간을 단축시키는 것에 큰 역할을 한다.

5. 사정 및 사례관리에 대한 욕구확인, 사례관리 동의

#사정을_해_나갈수록_새로운_이슈를_발견 #절차대로만_되진_않는다
#사정 후_사례관리 당사자_선정 회의가_진행되기까지

기관 내부 슈퍼비전도 받고 주민센터와 접촉하여 사전준비를 마친 후 사정을 위한 두 번째 가정방문을 하였다. 첫 만남보다는 훨씬 어색함이 없었다. 사회복지사의 상담 기술보다는 어머니의 친화력이 크게 작용했다. 이후 복지 당사자 선정을 위한 사례회의 전까지 몇 차례의 가정방문과 전화상담을 이어갔다.

사실 1회의 가정방문으로도 사례관리 당사자 선정이 결정되기도 하는데 이 가정의 경우는 무엇인가 더디게 진행되었다. 최초 복지관에 의뢰된 사유와 복지 당사자 가정의 욕구가 달랐고, 욕구를 확인하는데 가족구성원 3명을 각각 나누어 만나야 했고, 사정을 해 나갈수록 정리가 되는 것이 아니라 관심을 가져야 할 당면과제들이 새롭게 나타났다. 이렇다 보니 어디까지 사정하고 사례회의를 해야 할지 난감해졌다. 사례회의 전에는 어느 정도 수준까지는 사정을 해야 한다는 구체적인 기준이 정해져 있지 않지만, 이렇게 사회복지사가 정리되지 않은 상태로 사례회의에 부쳐지면 사례회의는 초점 없이 길어지기만 한다. 경력이 쌓여도 사례회의에 사례를 상정하기는 늘 어렵다. 결국, 거꾸로 사례회의 일자에 맞추어 그때까지 사정된 내용으로 회의자료를 준비했다. 대부분 사례회의를 통해 사례관리의 필요 여부를 확정하고, 적합한 사례관리자를 배치하지만, 이 사례는 회의를 거치지 않아도 사례관리의 필요성 인정과 사례관리자 배치도 거의 확정된 바와 다름없었다.

사례관리 방법에서는 정답이 없다는 것이 이럴 때를 두고 말하는 듯하다. 예비 사회복지사, 초년생 사회복지사들은 사례관리 과정과 절차에 관한 질문을 자주 한다. 대부분의 사례관리론이나 매뉴얼에서도 절차들을 많이 설명하고 있어 그 과정을 따라가야 할 것 같은 강박을 갖게 되지만, 절차대로만 되지 않는 것이 사례관리이다. 이 사례를 접하면서, 단지 순서대로 과정을 밟았는지가 중요한 것이 아니라 '각 과정에서 중요한 점들을 놓치지 않으려는 것이 중요하다.' 라는 사실을 깨닫게 되었다. 사실 이 책을 통해 해당 사례를 소개하는 이유는 사회복지사에게 실천적 깨달음과 구체적 배움을 주었기 때문이다. 그리고 그 배움을 전해준 복지 당사자에 대한 고마움 때문이다.[10]

뭔가 더딘 절차였지만 그 순간순간에 충실하며, 2차 가정방문(사정 시작)부터 2차 사례회의가 진행되기까지 이와 같은 과정이 전개되었다.

1) 복지서비스 안내 및 신청

#필요한_복지제도가_없는_경우도_있지만_모르는_경우도_적지_않다

두 번째 가정방문은 우리 복지관 지역연계팀[11] 장범희 사회복지사와 함께 방문했다. 장범희 사회복지사와 함께 방문한 것은 두 가지 목적이 있었다. 첫 번째 목적은 차후 장 사회복지사는 내부 서비스 지원에 함께할 것이기 때문이었고, 두 번째는 상담 시 중요한 이슈들이 많아 혼자서는 놓치는 것이 있을 것 같아 도움이 필요했다.

본격적인 '사정'에 앞서 어머니께 중증장애인 가정을 지원하는 제도들을 안내해 드렸다. 가장 가깝게 체감할 수 있는 시각장애인콜택시 이용에 대해서는 정보제공과 함께 당일 신청까지 진행해 보았다. 우리나라 대부분의 복지제도는 신청주의이다. 아무리 필요한 사람이라도 신청을 하지 않으면 활용할 수가

10) 그 고마움에 보답하는 것도 결국 이 사례를 통해 실천현장에 도움을 주는 것이다.

11) 지역연계팀에서는 지역 내 자원을 개발하고, 이를 통해 취약계층 주민들을 직접적으로 돕는 역할을 한다. 기관에 따라 지역연계팀이 사례관리팀과 하나의 팀으로 구성되어 있기도 하고 분리되어 있기도 하다. 당시에는 사례관리팀과 지역연계팀이 분리되어 있어 각 팀에서 1명씩 투입이 되었다. 차후 팀이 통합되었는데, 통합된 이후 이 사례를 만났다면 1명만 투입되었을 듯하다.

없다. 그동안 불편한 눈으로 대중교통을 타시거나 비싼 택시비를 내셨을 텐데…. '이렇게 신청만 하면 되는 것을….' 사례관리를 하다 보면 이러한 안타까운 생각이 들 때가 많다. 필요한 복지제도 자체가 없는 경우도 있지만, 이처럼 복지제도 및 서비스에 대한 정보를 모르는 경우가 많기 때문이다.

그 외에 어머니께 장애인활동지원서비스를 안내하고, 몇 개월 지나면 둘째 아들이 성인이 되기 때문에 장애인연금도 신청을 해야 한다고 말씀드렸다. 장애인복지제도 중에 비교적 장애인 감면 혜택에 대해서는 잘 알고 계셨다. 연이어 장애인복지관에는 기초생활수급자라면 무료로 이용할 수 있는 프로그램들이 많다는 것도 알려 드리고, 여성장애인을 별도로 지원하는 다양한 민간복지서비스도 있다는 설명을 드렸다. 민간복지 서비스는 내용이 많지만, 현재 어떠한 것이 필요할지 서로 잘 모르기 때문에 차차 알아가면서 활용을 해보면 좋겠다고 설명해 드렸다.

2) 장애수용

이를 안내하면서, 주무관이 알려준 것처럼 어머니께서 경제적 지원서비스는 어느 정도 알고 있지만, 장애인복지서비스를 잘 모르는 것 같은 느낌을 크게 받았다. 관심을 보이는 정도도 달랐다. 추후 어머니와 지속적인 만남을 가지면서 알게 된 것은 어머니는 생각보다 장애수용을 하지 못하고 계셨다. 오히려 장애인으로 1년도 살지 않은 아들보다 더 심하셨다.

3) 고3인 둘째 아들 태현이

#요식업_진출을_꿈꾸는_청소년 #유전에_의한_후천적_시각장애
#1년_전_시각장애_발병 #요식업_진출의_꿈을_접고_대학진학_결심

태현이는 요식업계로 진출하려고 꿈을 키우던 특성화고 3학년 학생으로, 좋았던 시력이 급격히 나빠지면서 고2때 시각장애인이 되었다. 여기저기 큰 병원을 찾아다니며 애를 썼지만, 결과는 좋지 않았다. 18년을 비장애인으로 살다가 장애인이 된 청소년의 심리적인 어려움에 대해서는 말할 것도 없고, 당장 학교생활에 대한 현실적인 문제들에 부딪혔다. 그렇다고 갑자기 시각장애인 학교로 전학을 가는 것도 쉽지 않았고, 결국 가족들은 불편하더라도 현재 학교를 계속 다니기로 결정했다. 학교생활은 당연히 시각장애 발병 전과 달랐지만, 친구들의 도움을 받아 이전과 같은 생활을 유지하려고 노력했다. 학교와 집의 거리가 꽤 되었는데도 대중교통으로 스스로 등하교를 하는 것은 물론, 심지어 이전부터 해왔던 요식업 식당 아르바이트까지 유지하고 있었다. 안타깝게 홀에서 설거지로 밀리기는 했지만 말이다.

태현이는 명랑해서 주변 친구들에게 인기도 많고, 얼마 전에는 도전골든벨[12]에도 나갈 정도로 개성이 넘치는 청소년이었다. 가족 내에서도 중요한 역할을 많이 하는 아들이었다. 어머니는 아들이 나를 몇 번이나 살렸다고 표현하셨다. 삶의 무게가 너무 무거워 극단적인 선택을 결심했던 날, 어린이집에 다니던 그 어린 아들이 엄마를 살렸다고 하셨다. 어머니는 그런 아들이 본인 때문에 시각장애인이 되었다는 것을 인정할 수가 없었다. 본인의 시각장애도 너무 싫었지만, 아들의 장애는 정말 받아들일 수가 없었다. 가족들이 모두 힘든 시간을 보낼 때, 태현이가 먼저 현실을 받아들였고, 시각장애 등록도 결심하였다.

어머니께 아들의 이야기를 전해 듣는데, 부모가 자식을 미화하는 것은 당연

12) 고등학생을 대상으로 하는 KBS 1TV 청소년 인기 퀴즈프로그램.

하기 때문에 태현이의 이런 생활이 '현실적으로 가능할까?' 하는 생각과 '그 녀석 참 궁금하네….' 하는 생각이 교차했다.

어머니는 아들의 대해 이야기를 하면서 학교에 대한 원망이 참 많았다. 그 중에 현재 담임선생님에 대한 원망이 컸다. 아픈 아들이 학교에 결석하거나 지각하게 되면 엄마로서 담임선생님과 연락하게 되는 경우가 많은데, 선생님의 배려가 너무 없다는 것이었다. 안 그래도 태현이의 학교생활이 너무 염려되는데, 선생님의 반응을 보면 그 염려가 커진다는 것이었다. 불만은 쌓여갔지만 그럼에도 불구하고 선생님은 참 어려운 사람이라 불만을 토로할 수 없다고 했다.

어떤 이유인지는 모르겠지만, 태현이는 갑자기 대학진학을 목표로 하게 되었다고 했다. 그래서 얼마 전 K국립대학교에 입학설명회와 입학상담을 받고 왔는데, 그 이후 좌절상태라고 하였다.

'K국립대는 인문계고등학교 학생들도 쉽게 입학할 수 있는 대학이 아닌데, 특성화고등학교라면 내신등급이 매우 좋아야 가능할 테니…. K국립대를 목표로 할 정도면 특성화고등학교에서 공부는 꽤 하는 정도인가?'

이미 어머니께서는 태현이의 대학 입학에 대한 욕구를 강하게 말씀하셨기 때문에 사례관리의 목표설정이 조금 애매하긴 하지만 머릿속에 이를 염두한 사정들을 이어 나갔다. 대략적으로 아들의 성적은 알고 있는지, 아들이 관심있어 하는 학과는 무엇인지, 왜 많고 많은 대학 중 K국립대 입학설명회를 다녀온 것인지 여쭈어 보았는데, 안타깝게도 어머니께서는 알고 계신 것이 거의 없었다. 결국 태현이를 직접 만나야겠구나 싶어, 어떻게 아들을 만날 수 있을지를 어머니와 상의하는 순간, 또다시 난관에 부딪혔다.

태현이가 지금 너무나 예민한 상태이기 때문에 어머니가 사회복지사에게 이런 부탁을 했다는 것을 알게 하면 안 된다는 것이었다. 사실 아르바이트까지 하는 고3 학생은 시간상 만나기도 어려운데, 엄마가 이런 요청을 한 것까지 알리지 말라고 하면… 이건 또 무슨 상황인가? 둘째 아들은 만날 수나 있을까? 지금까지 욕구라고 생각하고 사정한 것이 헛다리를 짚은 것은 아닌지, 도대체 태현이를 만나 보라고 하는 것인지 말라는 것인지도 모르겠고, 왠지 어머니가 불가능한 것을 요청하시는 것 같아 답답함이 커졌다.

태현이가 예민한 상태인 것은 공감할 수 있지만, 현실적으로 불가능한 것을 도와드릴 수가 없었다. 그래서 다소 조심스러웠으나 사회복지사의 답답한 마음을 정중히 말씀드렸다. 어머니도 어떻게 해야 할지 잘 모르겠지만, 그렇다면 큰아들과 상의해 볼 수 있겠냐고 의견을 주셨다. 이렇게 해서 태현이가 아니라 첫째 아들 재현 군을 만나게 되었다.

4) 큰아들 재현 군

#착한_아들 #둘째아들과는_많이_다른_캐릭터

형인 재현 군에 대해서는 사실 어릴 적에 눈이 좋지 않았지만, 현재 일상생활에는 큰 불편함이 없고, 직장에 다니는 스물한 살 청년이란 것 외에는 아무것도 알아보지 않았다. 사실 큰 관심의 대상이 아니었다. 재현 군을 통해 태현이를 어떻게 도와야 할지만 머릿속에 가득했다. 훗날, 사회복지사는 이런 판단이 정말 잘못되었다는 것을 알게 되었다.

재현 군을 만나기 위해 재현 군 퇴근시간에 맞춰 직장 근처로 찾아갔다. 처음 보는 얼굴이었지만 어머니와 많이 닮아 재현 군을 바로 알아볼 수 있었다. 간단히 자기소개를 하고 바로 만남의 목적으로 들어갔다. 재현 군은 어머니를 통해 사회복지사가 왜 찾아온 건지 알고 있었다. 그런데 예상했던 것보다는 재현 군도 태현이의 학교생활에 대해서 잘 모르고 있었다. 딱 어머니가 아시는 정도의 수준이었다. 친구들이 많고, 장애인이 된 이후에도 학교는 열심히 다니고 있고, 최근 들어 갑자기 대학에 간다고 했다는 정도였다. 조금은 속이 탔지만 그래도 재현 군을 통해 태현이가 다니는 정확한 학교명, 학년과 반은 확인할 수 있었다. '그래, 내일 학교로 전화해서 선생님과 통화를 해 보자!'

태현이에 대한 질문만 하고 헤어질 수 없어 카페에서 음료를 마시는 동안, 가족들에 대한 이야기를 나누었다. 아버지의 직장, 곧 이사할 계획과 준비 등의 이야기를 나누면서 자연스럽게 재현 군의 직장과 일상, 가족에 대한 염려도 알 수 있었다.

5) 태현이 학교로 연락

#용기를_내어_무작정_연락하기 #사례관리는_혼자_하는_것이_아니다
#특수교사와_작전짜기

다음날 용기를 내어 무작정 태현이의 학교 교무실로 전화를 했다. 사례관리를 하다 보면 망설임보단 용기가 더 필요했다. 어머니께서 담임선생님은 조금 어렵다고 하셔서 담임선생님을 찾지 않고 학교에 특수교사가 근무하고 있는지를 문의하였다. 다행히 특수교사가 배치되어 있다고 하여, 장애인복지관 사회복지사인데 특수교사와 통화하고 싶다고 이야기하고 특수교사의 전화번호를 알아내었다. 이렇게 알아낸 번호로 특수교사에게 전화를 해 보았다. 특수교사에게 태현이를 아는지 물어보았더니 아는 학생이라며 호의적인 반응을 보여주었다. 이제까지 진행은 조금 답답했는데 기분 좋은 예감이 들었다.

특수교사에게 간단히 전화를 드린 이유를 설명하는 과정에서 태현이가 왜 K국립대 입학상담을 받고 온 것인지 알게 되었다. 특수교사는 태현이에게 도움을 주고자 하는 마음은 크지만 방법을 찾지 못하고 있다고 했다. 특수교사가 지도하는 학생들은 대부분 발달장애인이고, 입학할 때부터 장애인이었기 때문에 3년간 각자의 목표에 따라 취업과 진학지도를 한다고 했다. 그런데 갑자기 2학년 때 장애인이 되었다며 낯선 시각장애인 학생이 찾아왔다는 것이다. 특수교사는 시각장애인이 많이 진출하는 직업을 소개했지만, 태현이에게 와닿는 직업은 아니었다고 했다. 그래서 진학으로 전환하면서 집안 사정을 고려해 국립대학교 중에 특수교육과나 사회복지학과가 있는 K국립대를 권했다고 했다. 그러나 태현이의 성적이 K국립대 수준은 미치지 못한다고 했다. 특수교사와 통화를 하고 나니, 어머니가 해주셨던 이야기의 퍼즐조각이 맞춰지는 것 같았다.

특수교사와 짧지만 진지한 통화를 했다. 그리고 특수교사에게는 어머니께서 사회복지사에게 태현이의 진학지도를 요청하셨는데, 어머니께서 요청대로라면 이 모든 것을 태현이 모르게 해야 한다는 난감한 상황도 말씀드렸다. 그렇게 특수교사와 논의 중에, 현재 특수교사가 학교에서 진학지도를 하고 있으니 K국립대에 입학상담을 다녀오라고 한 것처럼 장애인복지관에 가서 입학상담을 다녀오라고 권하는 것으로 서로 작전을 짰다. 사례관리는 역시 사례관리자 혼자 하는 것이 아니라는 것을 다시 한번 체감하는 순간이었다.

6) 태현이와 만남을 약속

얼마 후 태현이로부터 사회복지사의 직통번호로 전화가 왔다.

"저는 ○○○○고등학교 3학년 학생인데요, 우리 학교 특수반 선생님이 여기 전화해서 진학상담을 받아보라고 해서 전화했는데요…."

순식간에 약속 날짜를 잡았다. 처음 오는 곳인데 찾아올 수 있겠냐고 물어보았더니 친구의 도움을 받아서 갈 수 있을 것 같다고 하였다.

7) 사례관리에 대한 당사자 가족의 의사 확인

#사례관리에_대한_복지 당사자_동의 #사회복지서비스_or_사례관리

여기까지 과정을 거치면서 여러 차례 어머니께 전화를 드려 설명을 해드렸다. 그리고 '사례관리 당사자 선정을 위한 사례회의' 전에 가정방문하여 다시 한번 정리해서 말씀드렸다. 그 가정방문은 사례관리에 대한 명확한 의사를 확인하기 위한 목적이었다. 이미 이 과정까지 오면서 사례관리에 대한 의사도 확인이 되었고 암묵적인 동의가 되었다고 볼 수 있지만 그럼에도 불구하고 명확한 의사확인 과정은 필요했다. 사례관리 계약이 성사되기 전까지는 복지관의 일반 서비스 지원(복지서비스 안내, 정보제공 등)의 차원이었고, 이제는 '사례관리'라는 다른 방식의 지원이 되기 때문이다.

사례관리를 설명하고 의사를 확인하여 동의를 받을 때는 각 사례에 맞게 쉽게 설명하여야 한다. 굳이 사례관리라는 단어를 쓰며 어렵게 설명할 필요는 없다. 어머니는 이해력이 높은 분이지만, 복지기관에 대한 이해가 낮았기 때문에 이와 같은 방법으로 설명을 드려 보았다.

"복지관을 이용하는 방법이 크게 두 가지가 있는데요, 하나는 어머니가 원하시는 복지서비스를 필요할 때마다 직접 찾아오셔서 이용하시는 방법이 있고, 다른 하나는 어머니 가정에 전담직원이 배치되어서 복지서비스를 이용할 수 있도록 도와드리면서 이용하는 방법이 있어요.

복지기관을 잘 이용해 보신 분들이라면, 굳이 전담직원이 필요하지는 않으세요. 복지관에 전화나 방문해 주시면 안내도 받을 수 있고, 각 담당자들이 설명도 잘 해드리기 때문에 전담직원 없이 본인들께서 스스로 하시길 원하세요. 그런데 현재 해결해야 어려움들이 복잡해서 그 어려움들을 해결하는 방법을 찾아가는 것이 가족들 내에서 어려운 경우에는, 전담하는 직원하고 같이 상의해 가면서 해결책을 찾아가는 거예요."

당연히 어머니께서는 후자를 선택하셨다. 복지관을 찾아가 본 적도 없고 당장 무엇을 어떻게 하면 좋을지 혼자서는 어렵다는 의견이셨다.

사회복지사 입장에서 생각해 볼 때는 태현이의 진학지원 같은 경우는 당장 어느 기관에서도 속 시원한 지원을 받을 수 없으므로 사례관리라는 특별한 지원이 필요하다고 보았다.

사회복지서비스를 기성복이라고 한다면, 사례관리는 맞춤복이라는 생각이 든다. 기성복은 참으로 좋은 옷이다. 점점 질은 좋고 값도 싼 기성복도 늘어나고 있어 패션감각과 센스가 있다면 기성복으로도 충분히 패셔니스타가 될 수 있다. 그런데 기성복으로 한계가 있을 때는 맞춤복이 필요하다. 맞춤복은 1명을 위해 특수하게 디자인하고 제작해서, 한 벌을 만드는 데 더 많은 시간과 노력이 필요하다. 그런데 더 중요한 것은 맞춤복의 품질과 만족도를 높이기 위해서는 옷을 입을 사람이 내가 원하는 것을 설명하고, 나의 매력은 돋보이고 한계점은 보완해 나가는 디자인에 참여해야 한다는 것이다. 매력으로 한계점을 보완하면 더 멋지게 제작될 것은 당연하다.

태현이에게는 현재 청소년복지기관에서 다양하게 실시되고 있는 '청소년 진로지도' 프로그램이라는 기성복이 아니라, '중도 시각장애청소년의 진학지도'라는 사례관리 맞춤복이 필요한 상황이었다.

6. 사례관리 복지 당사자 선정을 위한 사례회의, 사례관리 복지 당사자 선정

#사례관리_사례관리 당사자_선정 #사례관리자_배치 #내부지원인력_구성

태현이의 복지관 방문약속까지 잡은 후, 사례관리 당사자 선정을 위한 사례회의를 진행했다. 사례회의를 주최할 때는 필수적으로는 참석해야 하는 사례관리팀 사회복지사와 슈퍼바이저 외 누구에게 회의 참석을 요청할 것인가가 사례관리의 중요한 관건이 된다. 이 사람들이 앞으로 협력해 나갈 사람들이 되기 때문이다.

일단 태현이의 진로지도를 중심으로 사례관리를 해 나갈 것이기 때문에 직업지원팀에 참석을 요청했고 노희균 직업재활사가 참석했다. 그리고 대학진학을 돕기 위해서는 최신 대학진학 정보를 알고 있는 대학생들이 필요했는데 때마침 복지관에 사회복지 현장실습생들이 있어 사례관리팀과 직업지원팀의 실습생들에게도 참석을 요청했다. 그리고 실습생이 참여했기 때문에 실습생을 지도하고 업무배치를 하는 실습담당 사회복지사에게도 참석을 요청했다. 그리고 태현이 가정에 계속해서 함께 가정방문을 해 왔던 지역연계팀 장범희 사회복지사에게도 참석을 요청했다.

사례관리의 필요성 여부는 명확했기 때문에 사례관리 당사자로 선정은 빠르게 진행되었다. 사례관리자도 논의할 것도 없이 초기상담 이후 가정방문을 지속해 오던 사회복지사(필자)가 배치되었다. 그래서 이제부터는 사회복지사가 아닌 사례관리자로 기술하도록 하겠다.

사례관리자 배치 후에는 내부 전문가들이 어떻게 역할분담을 할 것인가를 논의하였다. 사실 장애인복지관의 직업재활사가 사회복지사보다는 장애인 취업과 진학에 대한 정보를 많이 가지고 있는 것은 분명했지만 시각장애인 청소년의 진학지도를 해본 경험은 없었다. 장애인종합복지관에는 그러한 프로그램도 없었고, 직업재활사에게 부여된 본연의 직무와는 다소 차이가 있었다. 이렇게 역할과 직무가 애매할 때는 오히려 외부 기관에 지원을 요청하는 것보다 내부 직원에게 요청하는 것이 더 어려울 수 있었다. 그런데 직업재활사가 사례관리의 의미를 잘 이해하고, 적극적 업무협조를 하겠다고 했다. 향후 태현이가 진학을 하는 데 노희균 직업재활사는 1등 공신이 되었다. 지역연계팀 장범희 사회복지사는 사례회의를 기점으로 더욱 적극적 협조자가 되었다. 사실 노희균 직업재활사와 장범희 사회복지사는 계획된 복지서비스 외 태현이와 진정성 있는 관계를 만들어 나가는 노력을 해주었다. 실습생들은 자발적 참여자로 구성했다. 사례관리는 단순한 애정이나 관심으로 하는 것이 아니라는 것을 강조하였다. 1차로는 실습기간에 협력할 사람과 실습이 종료된 이후에도 태현이의 입시지원을 도울 수 있는 사람들을 구분해서 구성했다. 이렇게 구성된 실습생팀은 대학진학 시 실제로 도움이 되는 자기소개서 작성법과 면접전형 준비를 체계적으로 지도하였다. 그리고 대학시험장까지 함께 동행해 주었다. 대한민국 19살 입시생의 시험장 동행은 단순한 이동지원서비스가 아니다.

사례를 진행해 나갈수록 협력하는 내부인력이 구성되는 것을 통해 사례관리는 사례관리자 혼자서 하는 것이 아니라는 것을 더욱 느낄 수가 있었다. 더불어, 먼 곳을 돌아보기 전에 우리 조직 내 많은 전문가가 있다는 것을 다시 한번 깨달을 수 있었다.

7. 사례관리 계약과 계획

#요구와_욕구 #사례관리 당사자와_우선순위_정하기
#성공의_경험을_통해_미래를_바라보기

공식적으로 사례관리 당사자로 확정이 된 후, 가정방문하여 사례관리 계약 및 동의서 작성, 사례관리 계획을 수립하였다.

그때까지 어머니, 재현 군, 태현이를 만났지만, 아버지를 만나지는 못했었다. 사실 아버지는 여러 가지 이유로 사례관리자의 방문을 좋아하지 않으셨다. 어머니께서는 사례관리자가 태현이의 진학을 돕는다는 것으로 아버지께 사례관리자의 방문을 설명하고 허락을 받고 있었다. 사실 사례관리자의 방문을 좋아하지 않는 경우는 흔한 일이었다. 사례관리자를 가택침입자로 여길 정도의 심각한 거부가 아니라면 이 정도도 충분했다. 아버지가 사례관리자의 방문을 허용하는 것이 태현이의 대학진학을 돕고 있기 때문이라면 사례관리 계획의 1순위 목표는 더더욱 진학지원이 될 수밖에 없었다. 그래서 사례관리자가 더 중요하다고 생각했던 욕구들을 2~3순위로 미뤄두었다.

"요구와 욕구"

그간의 어머니와의 상담 내용을 토대로 사례관리 계획서를 작성하면서 어머니가 요청한 아들 대학진학 지원에 대한 '욕구'는 '욕구'라고 볼 수 있는가에 대해서 고민해 보았다. 사례회의까지 이렇게 마친 상황에서도 이것은 단순한 요구나 바람은 아닐까? 왜 이것을 첫 번째 욕구로 말씀하셨을까? 이 욕구를 해결했을 때 가족 내 어떠한 파급효과가 있을 것인가? 계속해서 고민이 되었다.

아들이 대학에 갈 수 있도록 도와달라는 것은 욕구일까? 요구는 아닐까?

사례관리자 스스로에게 계속 질문해 보았을 때, 요구가 아니라 욕구가 맞다는 결론을 내렸고, 더 나아가 두 가지 욕구로 정리될 수 있었다. 하나는 아들의 '진학에 대한 욕구'였고, 또 하나는 부모로서 현재 아들의 어려움을 해결해 주고 싶은데 본인의 상황과 능력으로는 한계가 있으니 이를 지원해 주었으면 좋겠다는 '부모 역할 수행의 욕구'였던 것이다. 연이어 사례관리자 스스로에게 계속 질문을 해보았다.

왜 이것을 첫 번째 욕구로 말씀하셨을까?

이 부부의 고민과 갈등의 요소에는 자녀에 대한 이유가 적지 않았다. 경제적으로 넉넉하지 않았고 장애도 있었지만, 자녀를 양육하는 데 책임감이 강했고, 이것이 이 부부의 큰 강점이었다. 사례관리자가 만나 보아도 두 아들의 특성은 너무나 달랐다. 그 중 둘째 아들은 집에서 귀염둥이 막내였지만 가족 내 기둥 같은 역할을 하는 아들이었다.

그런 아들이 유전적인 이유로 인해 갑자기 시각장애인이 되었다는 것은 둘째 아들은 물론 온 가족에게 청천병력 같은 일이었다. 둘째 아들은 요식업 진출의 꿈을 갖고 실제로 열심히 준비하던 청소년이었는데, 갑작스러운 장애로 인생의 방향을 바꾸어야만 했다. 그래도 좌절보다는 희망을 찾아 대학진학으로 목표를 바꾼 상황이었다. 여기까지는 정말 좋았는데, 희망대학이 현실적이지 않았다. 용기를 내어 희망대학에 방문하여 진학상담까지 받았는데, 대학에서 고3 학생에게 희망고문을 시킬 리가 없었다. 태현이는 장애에 이어 2차 좌절의 시간을 갖고 있었고 이를 지켜보기만 해야 하는 어머니의 마음은 더 무거웠던 것이다. 형과 아버지 역시 마찬가지였다.

경제적인 어려움, 장애로 인한 어려움 등은 가족들이 어떻게든 해결을 위한 노력들을 해 나가고 있었지만, 대학진학은 가족 내에서 속수무책이었기 때문에 현재 가장 해결의 어려움이 있는 것은 태현이의 '진학의 욕구'였다.

이 욕구를 해결했을 때 가족 내 어떠한 파급효과를 가져올 수 있을까?

둘째 자녀의 대학진학은 가족 내 강점을 활용하고 강화하는 데 기반이 되고, 둘째 아들뿐 아니라 가족 모두에게 성공의 경험을 통해 미래에 가능성을 높여주는 자극이 될 수 있도록 하는 것에 초점을 두어 보았다.

그리고 이러한 것을 가족들에게 수시로 강조하였다. 가족들이 도와주지 않으면 이 욕구를 해결할 수 없다는 것과 둘째 아들에게는 대학에 가는 것이 목표가 아니라 성공의 경험을 통해 앞으로 있을 수많은 난관도 이렇게 넘어 보도록 하는 것이 목표라고 되새겼다. 현재는 대학진학이 큰 어려움처럼 느껴지지만, 가족에게 놓여 있는 수많은 당면과제 중에 어쩌면 대학진학은 가장 쉬운 과제이기 때문에 동산(童山)부터 함께 넘어 보고 연이어 산맥도 넘을 수 있는 힘을 기를 수 있도록 하는 것이 진정한 목표였다.

많은 사례관리론에서 강조하듯이 복지서비스 이용당사자의 욕구는 복합적이고 복잡하게 얽혀 있어 하나의 욕구 충족이 된다고 해서 사례관리가 종결될 만큼 삶이 크게 변하지 않았다. 그렇지만 성공적인 경험은 단순히 한 가지 욕구 충족만으로 그치지 않는다는 것을 기억할 필요가 있다.

8. 실행

1) 태현이와의 첫 만남

#핵심_사례관리 당사자_첫_만남

태현이가 우리 복지관에 찾아오기로 한 날이 되었다. 방문하면 당일에 바로 노희균 재업재활사와 장범희 사회복지사까지 만날 수 있도록 모든 준비를 해 두었는데…. 약속시간이 되어도 소식이 없었다. 청소년 사례관리 당사자에게는 바람맞는 일이 다반사라 언제나 초조했다. 그런데 확인을 해보니, 지하철역에서 멀지 않는 복지관을 한참 찾고 있다는 것이었다. 시각장애인 학생을 좀 더 배려하지 않은 사례관리자의 실수였다. 어렵게 찾아온 복지관에서 태현이는 매우 어리둥절해 하였다. 특수교사의 권유로 오기는 했지만 여기는 어디이고, 얼굴도 보이지 않는 앞에 앉아 있는 사람은 누구이고… 어쩔 줄 몰라 하는 모습이 역력하여, 불편함을 없애기 위해서 오히려 접수상담[13]을 빠르게 진행했다. 접수상담을 사례관리자가 진행했지만, 태현이에게 사례관리가 무엇이고, 내가 너희 가족의 사례관리자라는 것을 굳이 설명하지 않았다. 표정을 보니 사례관리자가 무엇을 하는 사람인지도 이해하지 못할 얼굴이었고, 우리의 관계는 차차 설명할 기회가 있을 것이라 생각했다. 다만, 사례관리자가 장애인들 중에 복지관으로 직접 찾아오기 어려운 분들을 위해서 가정방문하는 업무를 맡고 있고, 그래서 얼마 전 어머니를 뵙고 왔다는 이야기는 하였다. 여기까지 알려주면, 나중에 어머니가 적당한 시점에 태현이에게 상황 설명을 할 것이라고 생

13) 사례관리는 가족단위로 진행이 되지만 한 가족 내에 2인 이상의 장애인이 있을 경우, 각각 등록상담을 진행한다. 가족 간에 개별화된 서비스 진행이 되기 때문에 000-1, 000-2 등으로 접수한다.

각했다.

사례관리자와 빠르고 짧은 상담을 잘 마치고, 바로 노희균 직업재활사와 장범희 사회복지사를 연결하여 주었다. 두 사람까지 만나고 돌아가는 태현이의 얼굴은 좀 더 편안해 보였다. 태현이와 연령차가 많지 않은 두 사람은 때로는 형처럼, 선생님처럼 따뜻한 경계를 유지하면서 관계를 이어 나갔고, 이는 사례관리 과정에 매우 큰 도움이 되었다.

2) 내부 전문가 협력, 외부 전문기관 연계

#협력하는_내부전문가의_기존_직무와의_차이 #이것이_맞는_것일까?
#혼자_할_걸_그랬나

태현이는 약속을 잘 지키는 아이였다. 시력을 잃었지만 눈을 맞추려 애를 썼고, 그래서 시각장애인인 것을 가끔 잊을 정도였다. 그리고 무엇보다 태현이의 강점은 본인을 위해서 애쓰고 있는 사람들의 마음을 읽을 줄 아는 것이었다. 그래서인지 시간이 갈수록 태현이를 중심으로 내부 서비스 직원 간에 관계가 탄탄해졌다. 그렇게 직업재활사는 본격적으로 태현이에게 맞는 진로지도를 시작했다. 구체적으로 태현이의 성적에 맞는 진로지도 상담을 이어가는 동시에 전문직에 종사하는 중도 시각장애인과의 만남도 주선해 주어 태현이가 희망을 품고 진학준비를 할 수 있도록 하였다. 그런데 노희균 직업재활사가 노력해 주는 것만큼, 현재 이러한 노력들이 기존 직업재활사의 기능과 역할과는 차이가 있다는 것이 점점 더 크게 느껴졌다. 사례관리자는 이렇게 하는 것이 맞는 것일지 계속 고민을 할 수밖에 없었는데, 오히려 노희균 직업재활사는 사례회의에서 논의했던 본인의 역할을 성실히 수행해 나갔다.

사례관리자는 장범희 사회복지사와 태현이에게 필요한 것들을 함께 논의해 가기 시작했다. 그 과정에서 태현이를 빨리 시각장애인복지관으로 서비스 연계하는 것이 좋겠다는 생각이 들었다. 장애인종합복지관에서는 태현이에게 맞춤복은 가능했지만, 오히려 적절한 기성복이 너무 없었다. 더구나 대학을 진학하는 것은 더 많은 학문을 쌓기 위한 것인데, 이제부터 수많은 전공서적을 읽어 나가기 위해서는 점자교육을 받을 수 있는 곳이 필요했다. 시각장애인복지관에 가면 점자는 배울 수 있나? 사례관리자는 솔직히 그것도 잘 몰랐다.

시각장애인 학생이 지원할 수 있는 대학들도 생각보다 많지 않았다. 사례관리자는 그간 적지 않은 기간 동안 사례관리를 해 왔다고 생각했는데, 이렇게 기관 내부 서비스를 활용할 만한 것이 없고, 어떤 복지서비스를 연계해야 할지 난감한 경우가 없었던 것 같다. 내가 하고 있는 것이라고는 고작 상담과 간헐적 후원물품 전달 밖에는 없었다. 그간의 경력도 무의미하게 느껴지고, 사례관리자가 아는 것도 너무 없다는 것에 대해 태현이에게 미안함이 커져 갔다. 타 팀의 장범희 사회복지사와 노희균 직업재활사에게는 말할 것도 없었다. 이렇게 될 바에 사례관리자가 노희균 직업재활사와 장범희 사회복지사와 역할을 나누지 않고 혼자서 하는 것이 더 나을 뻔했다는 후회가 자꾸 들었다.[14)]

3) 사례관리 당사자 참여 사례회의

#사례관리자를_일으키는_사람들
#사례관리자는_절대_할_수_없는_것을_당사자는_할_수_있다

그런데 두 사람은 오히려 나보다 과감하고 적극적이었다.

"그냥, 태현이 포함해서 다 같이 모이죠!"

대학입시까지 시간이 많이 남아 있는 것도 아닌데 우리 간에 이렇게 헤매고

14) 뒤돌아 생각해 보면, 사례관리자 혼자 하는 것이 불가능하지는 않았을 듯한데, 태현이와 관계를 쌓는 것이 쉽지 않았을 듯하다. 그만큼 태현이의 적극성과 참여를 유도하는 데 좋은 결과를 낳지 못했을 것이다.

있기보다는 태현이에게 필요한 것들을 직접 물어보고 정리를 하자는 것이었다. 그렇게 "사례관리 당사자 참여 사례회의"가 개최되었다. 엉겁결에 사례회의를 하는 것은 동의하였지만… 태현이가 이 분위기에 적응할 수 있을까? 상처만 받지 않을까? 사례관리자는 걱정이 커졌다.

사례관리자의 염려와는 달리, 태현이는 담담하게 자신의 상황을 스스로 설명하였고 도움이 필요한 이유도 침착하게 설명하였다. 먼 미래보다는 당장 대학 준비를 하면서 어려운 것이 컴퓨터를 활용해 정보를 모으는 것이고, 컴퓨터를 활용해 자기소개서를 쓰는 것이라고 하였다. 나중에 인터넷 사이트에 접속하여 대학에 지원해야 하는데, 그 또한 막막하다고 하였다. 이 이야기를 듣고 회의참여자들이 질문을 하였고, 태현이는 논리적인 언어보다는 19살의 언어로 순수하게 답변을 하였다.

사례회의가 시작되고 끝날 때까지 사례관리자는 노심초사했던 기억이 난다. 그런데 그 회의를 기점으로 태현이가 현재 무엇이 필요하고 무엇을 고민하는지 태현이를 지원하는 사람들에게 매우 잘 전달이 되었고 현실적인 대안들이 나왔다. 실습생들은 좀 더 구체적으로 장애인 특별전형 대학과 학과, 전형방법을 정리하여 주었다. 그리고 태현이의 동의를 얻어 ○○시각장애인복지관을 함께 방문하게 되었다.

이 회의는 사례관리자에게 '사례관리 당사자 참여 사례회의'가 왜 필요한지를 명확하게 알게 해주었다. 그리고 사례관리자는 절대 할 수 없는 것을 사례관리 당사자가 할 수 있다는 것을 알았다. 사실 사례회의를 넘어 사례관리자는 태현이를 통해 사례관리를 다시 배우고 있다는 생각이 많이 들었다.

4) 가족 사례관리, 본격적인 사정

#더_깊이 #더_넓게 #실행_과정에_들어서야_본격적인_사정이_시작
#종합사회복지관에서_사례관리를_했으면_어떠했을까?

태현이를 이렇게 지원하는 동안 사례관리자는 가정방문을 통해 어머니께 진행상황을 빠짐없이 말씀드렸다. 현재 사례관리자는 앞서 언급한 것처럼 단지 태현이의 대학 진학만을 지원하는 것이 아니라, 부모 역할에 대한 욕구까지도 함께 지원하고 있었기 때문이다. 다행히 어머니는 사례관리자에게 모든 것을 맡기지 않고, 어머니로서 많은 관심을 나타내 주셨다. 사실 태현이에게 사례관리가 집중된 듯 했지만, 태현이와는 별도로 어머니에게도 특별한 관심이 필요했다.

사례관리의 계약이 성사된 이후 실행에 접어들면서 본격적인 사정에 들어갔다. 수년간 사례관리를 하면서 사정은 사례관리 당사자 선정 사례회의를 위한 것이라고 생각하고 수행한 것을 반성하게 되었다. 초임 때에는 사정기록지 양식을 써 넣는 것이 중요했고, 사례관리 판정을 받는 것이 중요했고, 그래서 사례관리가 필요한지를 확인받는 것에 집중되어 있었는데 어느 순간 그것이 아니라는 것을 알게 되었다. 사정을 하기 위한 목적은 사례관리 실행을 잘해 나기 위한 것이고, 사정은 사례관리지와 사례관리 당사자가 관계를 형성하고 신뢰감이 쌓였을 때부터 가능하므로 실행 과정에 들어서야 본격적인 사정이 가능하다는 것을 알 수 있었다. 사례회의 때 이미 가계도와 생태도를 다 그려 놓았지만, 어머니를 만나고 돌아올 때마다 가계도와 생태도는 점점 더 커져 갔다. 그러면서 어머니가 가지고 있는 장애의 가족력, 장애수용, 원가족과 현재 가족도 더 이해할 수 있었고, 주변 환경체계도 알 수 있게 되었다. 자연스럽게 과거-현재를 살펴보면서 사례관리 당사자 가족을 더 많이 이해할 수 있게 되었고, 미래를 계획해 볼 수도 있었다.

이렇게 사정을 해 나가다 보니, 어머니가 집에만 계시기보다는 비슷한 연령대 분들과 사회활동을 하셨으면 좋겠다는 생각이 들었다. 어머니는 충분히 새로운 사회적 관계를 만들 수 있는 강점도 가지고 계셨기 때문에 집에서 사례관리자의 가정방문만을 기다리기보다는 어머니 연령대에 맞는 장애인복지관 프로그램들도 충분히 참여가 가능할 듯했다. 그래서 몇 가지를 권해 보았지만, 늘 반응이 좋지 않았다. 어머니에게 장애인복지서비스를 연계해 주는 것이 사례관리자에게는 너무 큰 과제였다.

그러던 중 재현 군이 복지관에 찾아왔다. 어머니와 태현 군을 지원하면서 생각보다 재현 군을 자주 마주쳤다.

"선생님, 저도 선생님을 찾아와도 되는 거죠?" 이 질문의 의미를 생각해 보았다. 태현이나 어머니와 같은 장애인은 아니었지만, 재현 군 나름대로 고민이 참 많았다. 그리고 재현 군의 그 고민들이 부모에게 또 다시 고민과 부담이 되고 있다는 것을 사례관리자는 잘 알고 있었다.

재현 군은 태현이의 형이나 어머니의 아들이 아니라 자신의 고민을 진지하게 논의하고 함께 해결해 줄 사람을 필요로 했다. 장애가 없다는 이유로 그간 좀 더 관심 있게 지켜보지 못한 것이 미안했고, 언제든 찾아와도 된다고 답했다. 그리고 재현 군을 생각한다면, 이 가족의 사례관리를 종합사회복지관에서 하는 것이 더 좋지 않았을까 하는 생각을 하였다.

사실 이전부터 태현이가 매일 장애인복지관에 오가는 것이 마음이 쓰이기도 했었다. 장애인복지관에 드나드는 것이 본인의 장애를 직면하게 되는 것에는 도움이 될 수 있지만, 굳이 장애인이란 것에 너무 꽂혀 있을 필요가 있을까? 청소년들이 자연스럽게 드나들 수 있는 종합사회복지관이었으면 어땠을까? 물론 좋은 점도 있고, 또 아쉬운 점도 있었을 것이다. 실행방법도 차이가 좀 있을 것이다. 그런데 사실 사례관리라는 큰 틀에서 실행되는 본질은 다르지 않았을 것이란 예상을 해본다.

5) 시각장애인복지관 점자교육

#도전 #두려움 #중장년_사이에_19살

사례관리자는 시각장애인복지관에 연락해서 대략적인 상황을 논의하고 서비스 의뢰서를 발송한 후, 태현이와 ○○시각장애인복지관에 초기상담을 다녀왔다. 그리고 가장 눈에 들어온 것은 점자교육이었다. 운이 좋게 곧 시작하는 기초코스가 있었고, 운이 없게도 태현이가 학교 가는 시간에 진행이 되었다. 그리고 더 안타까운 것은 시각장애인복지관에 10대 청소년이 없다는 것이었다. 여러 가지로 난감했지만, 이렇게 결정이 어려울 때는 태현이의 의견이 가장 중요했다. 태현이도 쉽지 않은 결정이었지만 점자교육에 참여해 보고 싶다고 했다. 맞는 것인지 모르겠지만, 태현이의 의사가 분명하다면 모험을 해보기로 했다. 부모님의 동의를 먼저 구해야 할지, 학교상황을 먼저 알아봐야 할지 막막할 때도 태현이가 답을 주었다.

부모님은 자신이 설득할 수 있는데, 학교는 자신이 없다고 했다. 벌써 담임선생님께 상의를 드렸는데도 반응이 없으시고, 직접 교장선생님까지 찾아뵈었다고 했다. 반대로 사례관리자는 공식적으로 학교에 절차를 물어보는 것은 어렵지 않지만, 부모님께 이 상황을 설명해 드리기가 쉽지 않을 것 같았다. 이렇게 자연스럽게 사례관리자와 태현이의 역할이 나누어졌다.

특성화고등학교는 고3 때 실습을 나가는 경우 출석인정이 된다는 것을 확인한 후 담임교사에게 연락을 했고, 이전에 통화했던 특수교사에게도 도움을 요청했다. 학교에서는 이와 같은 선례가 없기 때문에 쉽게 결정하기 어렵다고 했다. 다행히 태현이는 부모님께 허락을 받았고, 부모님의 허락을 받았다는 소식을 듣고 학교에 출석인정을 더욱 적극적으로 요청했다. 사례관리자는 시각장애인복지관에도 협조요청을 했다. 이에 시각장애인복지관에서는 학교로 공문을 보내 태현이에게는 점자교육이 필요하다는 것을 강조해 주었고, 학교 출석이 인정될 수 있도록 시각장애인 복지관에서 출결관리를 철저히 할 것도 약속했다.

그런데도 학교에서는 결정을 하지 못하여, 사례관리자는 담임교사를 통해 복지관 관장이 학교장을 직접 만나 설득 기회를 달라고 요청했다. 얼마 후, 담임선생님을 통해 학교에서 운영위원회를 열기로 결정했다는 연락이 왔고, 다행히도 긍정적인 답변이 왔다. 학교에서 요청한 행정적인 절차에 따라 서류들을 준비하고 그렇게 태현이는 3학년 2학기를 학교가 아닌 시각장애인 복지관에서 보내게 되었다.

본인이 결정한 것이었지만, 태현이는 친구들과 마지막 학기를 보내지 못하는 것을 많이 아쉬워했다. 교내 부회장직에서도 물러나야 했다. 사실 기다리던 답변이긴 했지만 내려놓아야 할 것이 더 많았다. 그렇게 중장년 어르신들과 하루 종일 점자를 배우고 있을 태현이를 생각하면 마음이 무거웠다. 초반에 지루한 일상을 보내고 있다는 어리광이 담긴 메시지를 받았을 때는 염려도 많았는데, 얼마 후 그 어르신들 사이에서 너무나 잘 어울리며 사랑을 독차지하고 있었다.

6) 구체적인 지원대학 결정, 입시 준비

#전지에_매직으로_써온_자기소개서 #희망도_갖고_좌절도_하면서_입시_준비

태현이는 시각장애인복지관의 일정이 끝나면 늦은 오후 정기적으로 복지관에 방문해서 직업재활사와 대학 입학 준비에 박차를 가했다. 긴 협의 끝에 장애인 특별전형으로 지원할 5개 대학과 학과를 결정하였고, 커다란 전지 여러 장에 매직을 사용해서 자기소개서를 완성해 나갔다. 그리고 이렇게 완성된 자기소개서를 직업재활사와 함께 각 학교 전형에 맞도록 컴퓨터로 타이핑하였다. 비장애인 학생보다 더 많은 시간과 노력이 필요했는데 태현이는 잘 인내해 나갔다. 특성화고 특성상 대학입시에 큰 관심과 지지를 받지 못하는 상황이었지만 학교에서 자신을 도와줄 수 있는 교사를 태현이가 직접 찾아 교사추천서도 받아왔다.

5개 대학 중 희망대학 순으로 각 대학의 전형에 따른 구술면접을 준비하고, 사례관리자와 직접 대학에 방문해서 입학상담도 다녀왔다. 그 과정에서 희망도 갖고 좌절도 해가면서 대학진학이 마음만으로는 어렵다는 현실도 깨달아갔다.

7) 시각장애인복지관 협력

#아들이_직접_알아보는_엄마의_복지서비스 #협력
#소속기관은_달라도_사회복지사들은_통한다

현실의 벽을 느낄 때마다 태현이는 좌절만 하고 있지 않았고, 시각장애인복지관 점자교육과 대학입시 준비, 이전부터 해오던 요식업 아르바이트까지 쉬지 않았다.

사례관리자는 태현이를 몇 개월간 지켜보면서 가시적인 삶의 변화가 뚜렷하게 나타난 것은 아니었지만, 시간이 갈수록 태현이가 본인의 장애를 수용해 나가며 삶의 무게를 이겨나가고 있다는 것을 알 수 있었다. 그리고 시각장애인복지관이 태현이에게 매우 중요한 역할을 하고 있다는 것을 깨닫게 되었다. 그래서 어머니를 만날 때마다 이러한 것을 함께 공유하고, 어머니께도 시각장애인복지관 이용을 수시로 권해 보았다. 그런데 어머니는 태현이가 시각장애인복지관을 통해 좋은 변화가 있다는 것은 인정하면서도 본인은 절대 가보고 싶은 마음이 없다고 강조하셨다. 태현이 엄마로서는 시각장애인복지관에 방문할 마음이 있지만, 본인의 참여는 싫다고 하시며 시각장애인복지관의 방문을 권하는 것 자체를 매우 섭섭해하셨다. 어머니는 사회성이 매우 좋으셔서 사실 방문만 하시면 잘 적응하실 수 있을 것 같았는데… 그 한 걸음을 나아가기가 생각보다 어려웠다.

사례관리자는 태현이의 시각장애인복지관 생활도 모니터링하고, 어머니께 시각장애인복지관 이용을 좀 더 적극적으로 권해 보기 위해 시각장애인복지관에 방문해 보았다. 태현이는 사례관리자의 방문을 매우 반가워하며, 점자교육을 함께 받는 분들께 사례관리자를 직접 소개시켜 주기도 하였다. 그리고 점자교육을 담당하는 사회복지사와의 면담도 주선해 주었다. 시각장애인복지관의 사회복지사는 사례관리자가 묻기도 전에 무엇을 궁금해 하는지 알고 있는 듯, 태현이의 일상과 어머니가 참여할 만한 프로그램을 설명해 주셨다. 시각장애인복지관에서도 태현이가 처음 왔을 때 10대 학생이 없어서 걱정을 많이 했었고, 적응을 돕기 위해 많이 고민하였다고 했다. 그런데 염려했던 것보다 태현이가 적응을 너무 잘하고 있었고, 틈틈이 엄마가 참여할 만한 프로그램을 물어본다고 하였다. 그래서 시각장애인복지관에서도 어머니에 대한 관심을 가지고 있었고, 어머니가 오시면 맞이할 준비도 하고 있었다.

사실 그 전까지 태현이는 조금 빠르게 변화가 보였으나, 어머니와는 사례관리자와 관계를 쌓는 것 외에는 모든 것이 멈춰 있는 것 같은 답답함이 있었다. 그런데 그날 이후 사례관리자가 애를 쓰지 않아도 추후 '이 아들을 통해 어머니가 시각장애인복지관을 이용하시겠구나' 하는 희망이 생겨났다. 그리고 오랜 시간이 지난 후,[15] 어머니는 태현이와 함께 시각장애인복지관을 이용하시기 시작했다는 소식을 전해 들었다.

8) 가족들은 서로 연결되어 있다! 가족체계이론 이해하기

#서로에서_영향을_주고받는_것이_가족 #모든_가족이_주인공

어머니와 태현이를 적극적으로 지원하는 동안, 재현 군은 사례관리자와 어머

15) 사례관리자가 퇴사한 이후

니의 메신저 역할을 충실히 했다. 그래서 재현 군이 늘 마음에 더 쓰였다. 그렇다고 장애인이 아닌 재현 군에게 장애인복지관에서 도움을 줄 수 있는 것이 무엇이 있을까 고민하던 중, 장범희 사회복지사는 재현 군에게 장애아동을 돕는 정기 봉사활동을 권하였다. 당시 재현 군은 아침 일찍 출근해서 오후에 퇴근하는 직장에 다니고 있었다. 그래서 정기적으로 장애아동을 돕는 봉사활동을 하면서 사회공헌도 하고, 생활에 활력도 찾아보면 좋겠다는 의미였다.

그 기회로 재현 군은 복지관에 정기적으로 방문하게 되었는데, 오히려 태현이의 형으로 방문할 때보다 복지관 방문이 자연스러워졌다. 재현 군 역시 태현이와 마찬가지로 약속을 꼭 지켜주었다. 자원봉사담당 사회복지사는 재현 군을 성실한 정기봉사자로서 인식하고 늘 고마움을 표시해 주었고, 재현 군은 태현이의 형이 아닌 자신을 바라봐 주는 상황에 매우 만족해했다. 재현 군이 만족해하는 상황을 어머니께 전해드렸는데 더 기뻐하셨다. 어머니께 장애가 있는 태현이나 장애가 없는 재현 군이나 걱정이 되는 것은 똑같았다.

그 즈음 우리 복지관에서 중장년 여성장애인을 대상으로 하는 단기 소집단 프로그램을 기획하고 있었다. 어머니가 참여하면 좋을 것 같아 담당자와 논의하고 어머니께 참여를 적극적으로 권해 보았다. 어머니는 복지관 이용 자체를 해본 경험이 없었기 때문에 우리 복지관 단기프로그램부터 시작해 보면, 향후 시각장애인복지관 프로그램 참여에도 도움이 될 것 같았다. 예상했던 대로 어머니는 싫다고 하셨다. 사례관리자는 두 아들에게 도움을 요청했다. 사례관리자는 어머니를 설득하지 못할 것 같았지만 아들들은 가능할 것 같았다. 역시 아들의 설득은 효과적이었고 예상했던 것보다 어머니는 훨씬 더 즐겁게 프로그램에 참여하셨다. 그러고는 첫 회에 별로 참여하고 싶은 마음은 없었지만 재현 군이 참가비를 내 주어 어쩔 수 없이 왔다(?)는 자랑을 하셨다.

이 가족을 통해서 가족체계이론을 다시금 이해하는 계기가 되었고, 사례관리자가 애를 쓰는 것보다 가족 내부에서 방법을 찾는 것이 더 효과적인 것을 깨닫게 되었다.

9) 외부자원을 활용한 물적자원 확보

#좋아졌지만…_그래도_아쉬워
#사례관리를_하고_있어도_모든_것이_지원되지는_않는다
#외부에서_찾아보기 #통합사례회의 #자원_활용하기
#역시_약속을_잘_지키는_녀석

대학준비 기간 중, 태현이네 가족은 기초생활수급자에서 제외되었다. 어떠한 면에서는 경제적 상황이 좋아졌다는 의미였지만, 대학 준비를 하면서는 아쉬움이 컸다. 장애인 특별전형이 있는 대학이 생각했던 것보다 적어서 기초생활수급자 전형까지 확대해서 대학들을 알아보고 있었는데, 이 또한 불가능해졌고 적지 않은 대학 입학 전형료도 감면 없이 전액 준비해야 하는 상황이 되었다. 그렇지만 기초생활수급자에서 제외된 것은 의존이 아닌 자립의 방향으로 가고 있다는 측면에서 바람직하므로, 긍정적으로 생각하기로 했다.

태현이와 어머니께 기초생활수급자에서 제외된 만큼, 복지관에서도 경제적 지원은 어려울 것 같다는 말씀을 드렸다. 복지관에서는 경제적 어려움을 호소하는 분들이 많이 계시기 때문에 태현이네와 같이 경제적 상황이 호전되어 기초생활수급자에서 제외된 가정은 경제적 지원의 대상에서 논의되기 어려웠다.

사례관리자의 그간의 경험상 사례관리 당사자 중에는 복지관에서 관심을 가져주는 만큼 경제적 지원도 당연하게 기대하는 경우가 많았다. 그런데 실제로 기대만큼 지원이 되지 않을 때 사례관리자를 원망하기 일쑤였다. 초임 때는 사례관리 당사자들의 이러한 반응에 상처도 받았던 것 같다. 하지만 되돌아보았을 때 사례관리자가 사례관리 당사자들에게 불필요한 기대감을 주거나 명확하게 고지하지 않았음을 깨달았다. 그래서 적절한 시기[16]에 서비스 지원의 범위

16) 사례관리계약 및 계획수립 시가 가장 적절하나, 이 시기를 지난 후라면 상황의 변화를 상호 간에 인식하였을 때가 바람직할 것으로 보인다.

를 명확하게 할 필요가 있다는 것을 알게 되었다. 사실 사례관리 당사자의 불필요한 기대는 사례관리자의 원망에 그치면 다행이고, 향후 긴박할 때 해결책을 찾는 데 어려움을 증가시키기 때문이다.

다행히 태현이와 어머니 모두 이해해 주셨다. 그런데 오히려 사례관리자의 마음은 편하지 않았다. 태현이는 10대 남학생의 손이라고 하기에는 거칠고 흠집이 많았다. 누가 봐도 설거지를 하는 손이었다. 아르바이트를 할 때 눈이 보이지 않기 때문에 지문이 닳도록 그릇을 닦아야 한다고 했다. 그렇게 자신의 용돈을 벌어 쓰는 그 녀석이 대견했지만, 안타깝기도 했다.

그러던 중 같은 지역 내 민관사례관리자들 네트워크 모임에서 '사각지대 가정지원 후원금'에 대한 정보를 얻게 되었다. 일시지원이고 큰 금액은 아니지만, 유용하게 활용할 수 있는 가정을 우리 지역 내에서 발굴하면, 네트워크 모임의 사례회의를 통해 지원결정을 한다고 했다. 정확한 지원대상 기준을 알아본 결과, 사각지대 가정으로 명확한 경제적 기준이 있는 것은 아니지만 추천 사유와 사용명목이 명확해야 한다는 것이 중요하였다. 사례관리자는 지원을 못받아도 본전이라는 마음으로 '대학입시지원금' 명목으로 지원신청을 해보았다. 대학입시를 준비하는 동안 필요한 전형료, 시험 보러 갈 때 교통비, 식사비, 기타 준비비 등을 따져 보니 지원되는 후원금과 비슷했다.

사례회의는 네트워크 모임의 민·관 실무자가 참여했다. 공공영역에서 참여한 실무자는 태현이네 경제적 상황을 사례관리자보다 더 구체적으로 확인하여 사례회의에 참석하였다. 반면, 태현이네 가정의 사회적 상황은 잘 알지 못했다. 사례관리자는 현재 태현이가 대학을 준비하는 이유와 태현이의 대학 입학이 단순한 진학이 아닌 이 가정에 미칠 파급효과에 대해서 구체적으로 설득했다.

사례회의에 참석한 사람들이 현 경제적 상황이 호전된 것을 감안하더라도 대학입시를 준비하는 동안에 발생되는 비용은 경제적 부담이 될 수 있고, 이를 단순한 경제적 지원에 초점을 맞추기보다는 향후 이 가정의 변화 가능성에 관심을 두자는 결론을 내렸다. 사례회의를 준비하는 동안 염려가 컸지만 감사하게도 사례관리자들 간에는 비슷한 지향점이 있었고 불필요하게 따져 묻기보다는 지지와 격려를 받았다. 대신 후원금에 대해서는 목적에 맞게 사용하고 명확하게 증명해야 함을 강조하였다. 큰 금액은 아니었지만, 어떤 후원금보다 값지고 귀하게 느껴졌다. 사례관리자에게는 외부자원을 적극 활용하는 것이 얼마나 중요한지에 대해서 다시 한번 생각해 보는 계기가 되었다. 또한 한 공간에 근무하는 사례관리자들은 아니지만, 사례관리자들 간에는 무엇을 중요하게 볼 것이냐를 보는 관점이 통했다는 점에서 쾌감이 느껴졌다.

사례회의를 통해 결정된 것을 태현이와 어머니께 전달하고, 태현이에게 후원금 사용의 주의사항을 숙지시켰다. 지출을 하게 되면 바로 잔액과 영수증도 챙겨두고, 식사비나 간식비, 교통비의 한도도 알려주었다. 사실 후원금을 지원받는 것보다 후원금을 정산하는 것이 늘 숙제인 사회복지사가 10대 청소년에게 후원금 사용을 맡긴다는 것은 거의 모험 수준이었다. 그래서 절차가 길고 늦어지더라도 필요할 때마다 사회복지사를 통해 지출하는 방법을 쓰는 것이 일반적이나, 나중에 사회복지사가 일을 2중으로 하더라도 태현이를 믿고 맡겨 보기로 했다. 감사하게도 태현이는 사례관리자의 믿음을 저버리지 않았고, 후원금을 정산하는 어려움을 크게 덜어주었다. 그리고 그 일을 계기로 태현이에 대한 신뢰감은 더욱 두터워졌다.

10) 입시 시작, 사례관리자의 치명적인 실수

#사례관리자의_실수 #당사자의_욕구를_중심으로
#영웅이_아닌_평범한_19살_청소년으로_다가가기

본격적인 입시 준비 기간이 되고부터는 각기 다른 5개 대학의 지원서 제출일자와 면접일자들을 챙기면서, 좀 더 강도 높은 면접전형 준비를 하였다. 각 학교에서 중점적으로 보는 사항들을 태현이와 함께 조사해 보고, 아르바이트가 없는 날은 시각장애인복지관의 점자교육이 오후 늦게 끝이 나면 바로 우리복지관으로 이동해서 늦게까지 모의 면접을 연습했다. 이렇게 노력하던 중 생각보다 빨리 기쁜 소식이 들려왔다. 가장 안정지원을 한 대학교에서 첫 번째 합격소식이 전해진 것이다. 아무리 안정지원이라고 했지만 시간이 너무 짧았기 때문에 이 합격소식은 태현이와 가족들, 사례관리자와 함께했던 모든 실무자들에게 큰 격려가 되었다.

하지만 그 기쁨이 가시고 난 후, 태현이의 태도에 변화가 나타났다. 면접 준비에도 조금 소홀한 듯했고, 저녁때는 아르바이트 중이라며 연락도 잘 되지 않았다. 늘 엄마를 염려하는 아들이었는데, 집에서도 가족들에게 예민한 상태라고 했다. 목표로 했던 학교들의 면접 일정이 다가오는 만큼, 태현이가 좀 더 집중력을 가져야 하는데 오히려 열정이 떨어진 것 같은 모습을 보여 사례관리자에게는 불안감이 찾아왔다. 지금까지 과정에 태현이가 함께 참여하면서 이루어 나간 것들이 많았는데, 어느 순간 사례관리자만 애가 닳고 있는 것 같았다. 그리고 그간 사례관리를 하면서 이와 비슷한 상황들이 많았던 것 같아서 이 감정이 낯설지 않게 느껴졌다.

무엇이 문제일까? 너무 일찍 좋은 소식이 와서 긴장감이 떨어졌나? 하루 종일 점자교육, 아르바이트, 면접준비로 몸이 너무 고단한가? 여전히 시름 중인 장애수용의 문제일까? 가족 내 문제일까? 그러던 중, 시각장애인복지관의 사회복지사로부터 태현이가 저녁 때 자전거를 타고 다닌다는 염려의 연락을 받았다. 태현이와 같은 시각장애인이 자전거를 타고 다니는 것은 너무나 위험한데, 이 녀석이 요즘 스트레스를 받는다며 자전거를 탄다는 것이다. 그래서 사례관리자에게도 관심을 기울여 달라는 요청이었다.

이 불편한 상황을 그냥 덮어두지 말고 풀어야겠다는 생각이 들어, 날을 잡아 태현이와 대학 면접 준비가 아닌 사례관리자 - 사례관리 당사자로서 진지한 면담을 했다. 그리고 사례관리자의 크나큰 실수를 발견했고, 태현이에게 사과와 부탁을 했다.

태현이는 원래 K대 사회복지학부의 입학을 희망해서 사례관리자와 직접 K대에 방문하여 입학상담을 다녀왔었다. 그런데 그때 사회복지학부는 합격 여부가 매우 불투명하니 안정지원으로 다른 과에 지원할 것을 권유받았었다. 사례관리자, 노희균 직업재활사, 장범희 사회복지사 모두 태현이에게 현실을 택하도록 했고, 결론적으로 본인이 원하는 학과가 아닌 차선의 학과에 지원했는데 이것이 크게 사기를 떨어뜨리는 계기가 된 듯했다. 태현이는 남은 입시 준비보다는 그냥 안정선에서 이미 합격한 대학의 사회복지학과에 가는 것이 더 좋을 것 같다는 이야기를 반복했다. 관심도 없는 학과에 면접 준비를 하려니 의욕이 생기지 않는다고 했다. 다만 도와주시는 분들이 너무 고맙고, 죄송해서 중간에 포기하지는 않겠다고 했다.

태현이의 이야기가 충분히 납득이 되고, 그간의 행동들이 이해가 되었다. 사례관리자는 그간 “사례관리 당사자의 욕구를 중심으로”를 그렇게 강조해서 학습했는데, 그 기본적인 원칙을 지키지 못한 것이 이 어긋남의 시초인 것을 깨달았다. 사례관리자의 실수를 인정하고, 당사자의 의견을 좀 더 경청하는 것을 내재화해야겠다는 다짐을 하였다.

태현이에게 5개 대학 중 4개 대학에 사회복지학과를 지원했으니, 일단 남은 대학입시에 최선을 다하기로 했다. 그리고 최종적으로 어느 대학으로 갈지는 태현이의 선택에 무조건 따르기로 했다. 생각보다 태현이의 반응은 긍정적이었다. 뭔가 막힌 담이 허물어진 느낌이었다. 그러고 보니 사례관리자가 그간 태현이를 너무 ‘영웅’처럼 만들어 버린 건 아닐까 또 반성이 되었다. 고3 학생이 대학입시를 앞두고 하루하루가 초조해서 스트레스도 받고, 그 스트레스를 가족들에게 짜증을 내며 푸는 것이 너무 당연한 것인데 그간 내가 본 태현이는 18살에 시각장애 1급 판정을 받고도 학교를 중퇴하지 않았고, 지문이 닳도록 아르바이트도 계속 하고 있고, 중장년들 사이에서도 씩씩하게 점자교육을 받고 있으며, 엄마의 유전으로 인한 시각장애이지만 원망하기는커녕 엄마를 더 염려하는 그런 아들이었다. 그래서 태현이는 다른 고3처럼 투정도 부리면 안 되고,

약속도 어기면 안 되고, 스트레스를 받는다고 위험한 놀이를 할리가 전혀 없다고만 생각했던 것 같다.

태현이는 강점이 많은 아이인 건 분명했지만, 영웅은 아니었다. 태현이가 영웅이 되기를 원하지도 않았는데 사례관리자가 영웅신화를 쓰다 보니, 이 당연한 상황이 받아들여지지 않았다는 것을 깨달았다. 태현이를 19살 평범한 고3 학생으로 받아들이고 보니 태현이의 혼란, 방황도 오히려 편안하게 다가왔다. 면접준비로도 부족한 시간에 합격도 하지 않은 대학의 이미 대학생이 된 것 같은 모습이라든지, 공부보다 각 대학의 장애학생지원센터, 장학제도, 편의시설 등을 더 열심히 알아보는 모습을 보면서도 불안하지 않았다. 우리에게 남은 시간이 얼마 없다는 생각이 많았는데, 태현이가 재수나 삼수를 한다 해도 허송세월을 하지 않을 것이라는 믿음이 생기고 보니 마음의 여유도 생겼다.

11) 합격의 소식, 1차적 욕구 충족

#완주 #기쁨 #선택은_당사자의_몫

우리에게는 '대학 입학시험 응시 완주'라는 구체적인 목표가 있었다.

빠른 합격소식에 다 뛰어보지도 않고 결승선을 당겨 놓겠다는 해프닝이 있었지만, 재정비를 하고 난 후에는 후회 없이 최선을 다했다.

단순히 대학 입학이 목표가 아니라 성공의 경험이 태현이와 가족들에게 미칠 영향력을 생각하며 이것을 매개로 태현이 가족들과도 좀 더 탄탄한 관계를 쌓아나갔다. 그리고 대학에 합격하고 나면, 등록금 준비기간이 촉박할 수 있으니 이에 대한 대비도 사전에 할 수 있도록 어머니와 수시로 논의해 나갔다. 어려운 살림이지만 부모님께서는 첫 번째 대학등록금을 마련해 놓으셨고, 이 기간만큼은 가족들이 동일한 목표를 위해 협력하는 것이 느껴졌다.

장애인 특별전형이라고 해도 모집인원이 워낙 적다 보니 모든 것이 만만치가 않았다. 모든 입시생과 같이 시험일자와 합격자 발표를 교차해서 확인하는 피 말리는 연말을 보냈고 역시 대학시험 결과는 뚜껑을 열어 봐야 한다는 것도 체감했다. 안정권으로 지원했던 대학에서 불합격 소식이 먼저 오자 낙담을 넘어 충격과 당황을 맛보았고, 오히려 불가능이라 생각했던 상향지원 대학의 기적 같은 합격소식을 통해 짜릿함도 느껴보았다. 그리고 그 문제의 K대는 지원학과를 차선으로 낮췄기에 다행히 합격을 했다. 이 합격과 불합격을 맛보는 시간을 통해 태현이는 현실에 맞춰 학과 지원을 권유한 사례관리자를 이해해 주었다.

약속한 대로 최종의 선택은 태현이와 가족들에게 맡기기로 했다. 태현이의 상황과 현실적인 것을 고려했을 때 사례관리자가 의견을 줄 수는 있었지만, 앞선 실수를 기억하며 각 대학의 정보만 제공하고 결정은 태현이가 하도록 했다.[17)]

9. 평가, 재사정 및 재계획의 준비

#기적 #가시적인_욕구_충족_후_다음_계획은…

이렇게 6개월이란 짧은 시간에 가족들과 함께 세운 목표, 태현이와 세운 완주라는 목표를 달성하며 첫 번째 욕구가 충족되었다. 사실 태현이가 그 짧은 시간에 3개 대학에 합격한 것이 기적이 아니라 사례관리자와 당사자 가족이 모두 가시적으로 느낄 수 있는 욕구 충족이 된 것이 기적이란 생각이 든다.

17) 태현이는 이야기가 있는 현장의 사례관리 1판을 찍었을 때는 K대 공공인재학을 전공하고 사회복지학을 부전공으로 공부하며 장애학우 학생회 회장으로 활동하였다. 그리고 개정판을 내는 현 시점에는 대학을 졸업하고 멋지게 미래를 그려가고 있다.

사실 그간 사례관리를 하면서 긴급지원이나 위기지원이 아닌 경우 6개월 만에 변화를 인지하기가 쉽지 않았다. 오히려 6개월 동안, 혹은 그 이상의 시간 동안 아무것도 변하지 않는 것 같은 답답한 심경일 때가 더 많았고 사례관리 중간평가, 재사정, 재계획은 행정적인 절차로만 이루어진 적도 많았다. 그래서 태현이네 사례는 행정적인 절차가 아니라 본질적인 측면에서 평가도 해보고, 6개월간 실행 과정을 거치면서 자연스럽게 사정된 내용을 정리해서 재사정기록지를 작성하고 그 내용을 공유하면서 재계획을 수립하려는 예정이 있었다.

특별히 사례관리자는 태현이 아버지와의 만남을 기대하고 있었다. 어머니와 두 형제가 사례관리자와 관계를 잘 쌓은 것과는 달리, 아버지는 사례관리자에게 마음을 열어주지 않았다. 아버지가 집에 계신 날은 어머니께서 사례관리자에게 먼저 전화하셔서 오늘은 가정방문을 오지 않았으면 좋겠다고 말씀하실 정도였다. 그래서 태현이의 합격소식이 아버지와의 만남의 계기가 되기를 바랐고, 감사하게도 가족들로부터 아버지께서 사례관리자에 대해 호의적인 마음이 생겼다는 소식을 들었다.

태현이의 대학합격은 태현이에게는 성공의 경험, 가족들에게는 공동의 목표와 성취였다. 그리고 이를 계기로 가족들이 또 다른 과제해결 능력을 갖도록 하는 것이 사례관리 목표 이상의 기대효과였다. 이제 아버지와의 만남을 통해 이 가족이 해결해 나가야 할 과제들을 좀 더 진지하게 고민해 보고 싶었다. 그래서 어머니께 태현이가 대학 합격하면 아버지를 꼭 만나게 해달라고 당부했다.

10. 사례관리자 인계

#사례관리자에_의한_종결 #미안함

보통 사례관리를 학습할 때 종결은 ① 이사, 사망, 거부, 상황 호전 등-당사자로 인한 종결, ② 운영기관 변경, 운영기관 자원의 한계, 서비스 종료 등-기관과 환경에 의한 종결, ③ 사례관리자의 사직·업무변경, 관계형성의 부적합 등-사례관리자에 의한 종결이 있다고 배운다.

그런데 이 세 가지 종결 중에서는 '사례관리자에 의한 종결'이 확연히 많다는 생각이 든다. 사실 사례관리자에 의한 종결은 사례관리자만 계속 교체되기 때문에 바람직하지 않지만, 우리나라 사회복지 현장에서는 불가피한 현상으로 보인다.

이 사례의 경우도 마찬가지였다. 이제부터 해야 할 것들이 많은데 사례관리자에게 변화가 먼저 찾아왔다. 그렇게 사례관리자가 개인적인 사정으로 사직하게 되어 태현이네 가족에게 다소 갑작스럽게 종결의 소식을 전하게 되었다. 업무를 인수인계하는 것 이상으로 사례를 인수인계하기는 정말 쉽지가 않았다. 어머니는 쉽게 받아들이지 못하셨다. 이 또한 예상했던 일이었다. 장기간 사례관리를 받아온 가정은 사례관리자가 변경되는 것을 자주 경험해서인지 섭섭하리만큼 무덤덤해 하기도 했다. 하지만 이 가족처럼 사례관리가 처음이거나 경험이 적을 때는 불안감을 나타내는 경우가 적지 않았다.

다음 사례관리자는 장범희 사례관리자로 정해졌다. 함께 사례관리에 참여하여 이미 이 가정에 대해서 많이 알고 있고, 가족들과 사례관리자 이상으로 좋은 관계를 쌓았기 때문에 다음 사례관리자로서 적합했다. 사례관리자가 인계해야 할 사례 중에는 복지관에 방문해 본 적도 거의 없고 사례관리자만 알고 있는 사례관리 당사자들도 있었는데, 그에 비하면 훨씬 안심이 되었다. 사례관리가 종료되는 것이 아니라 사례관리자만 변경되는 것임을 말씀드려도 어머니는 사례관리자가 떠나는 그날까지 불안감과 섭섭함, 아쉬움을 반복적으로 나타내셨다.

사례관리자와의 이별을 잘 수용했던 태현이와 재현 군에게 어머니를 부탁하고, 사직 이후에는 전 사례관리자와의 연락은 현 사례관리자와의 관계에 혼선과 방해(?)가 될 수 있어서 특별한 사유가 아니면 서로 연락을 할 수 없다는 것도 조심스럽게 설명하였다. 어머니의 특성상 사례관리자 변경 이후에도 계속 연락하실 것 같은 예상이 들었기 때문이었다. 고맙게도 태현이와 재현 군은 사례관리자의 마음을 잘 받아들여 주었다.

그렇게 태현이네 가족은 재계획을 수립할 때 반영되어야 할 내용들을 정리해서 다음 사례관리자에게 인계되었다. 인계받은 사례관리자가 전임자보다 더 잘해 나갈 것이라는 믿음은 충분히 있었지만, 이 가족에게 미안한 마음은 어쩔 수가 없었다. 그렇지만 약속한 대로 종결 이후 어머니의 연락은 받지 않았다.

11. 사례관리 실천을 돌아보며

#너로_인해_너의_가족과_학교와_지역사회가_변화될_것을_기대해!
#사례관리 당사자로_인해_나는_더_좋은_사례관리자가_되어야겠다는_다짐을_하게_되었다

태현이네 가족의 사례관리 실천을 돌아보면, 고맙고 또 고맙다는 생각이 든다.

사랑하는 태현아,
갑자기 이렇게 이별을 전하게 되어 미안해. 네가 멋지게 대학에 입학하는 모습까지 보고 싶었는데…. 아쉽게도 조금 먼 곳에서 너의 소식을 전해 듣게 되었구나.

그래도 태현이가 사회복지학 전공자가 되고, 나는 계속 사회복지사로 일할 테니 지금과는 조금 다른 모습으로 인연은 이어가게 되지 않을까 싶어. 물론 사례관리자와 당사자와의 관계는 종료가 된 상태이겠지.

(중략)

너의 가족과 함께 했던 시간을 돌아보니, 고맙다는 인사를 먼저 꼭 해야 할 것 같구나. 어머니가 나를 처음 만나서 우리 아들 대학 갈 수 있게 도와달라고 했을 때는 나도 참 막막했는데….

너로 인해 사회복지사는 한계가 아닌 가능성을 보고 도전해야 한다는 것을 다시 한 번 알 수 있게 되었고, 또 당사자와 함께 해 나가면 못할 것이 없다는 것도 더 깊이 깨닫게 되었단다.

너의 아픔, 상처, 장애가 너의 한계가 되지 않고, 오히려 너를 더욱 단단하게 만드는 기반이 되어서 정말 멋진 사회복지사가 될 것이라 믿는다.

너의 무한한 잠재력과 강점을 통해서 너 자신뿐 아니라 너의 가족, 학교, 사회가 변화될 거라고 했던 쌤의 말을 기억하며… 앞으로도 더 밝고 건강한 미소를 가지고, 도움이 필요한 사람들의 눈물을 진심으로 닦아 줄 수 있는 사회복지사가 되기를 늘 응원할게!

종결을 며칠 남겨두고, 태현이에게 보낸 메시지이다. 그리고 사례관리자가 복지관을 퇴사하는 날, 눈이 참 많이 내렸다. 태현이는 눈길을 헤치고 꽃다발과 전지에 매직으로 쓴 편지를 가지고 복지관에 찾아왔다.

선생님, 제가 자기소개서가 아닌 쌤께 편지를 이렇게 전지에 쓰게 될 줄을 꿈에도 몰랐네요. 직장을 옮기신다고 하셔서 섭섭한 마음에 이런 특별한 편지를 적어봅니다.

선생님도 알고 계시듯 쌤은 제가 만난 최초의 사회복지사입니다. 그런데 쌤이랑 지내는 동안 사회복지사의 매력을 느껴 대학도 사회복지학과로 선택한 것이 아닌가 싶네요.

솔직히 저를 그렇게 도와주시고 할 때 '귀찮게 뭐 하러 도와주시는 거지?'라는 생각을 여러 번 했어요. 단순히 일의 보람뿐 아니라 저로 인해 주변 사람들이 변하는 걸 보셨을 때 워커인 쌤 그리고 이용자[18]인 저 또한 행복해진다는 걸 알고 저는 굉장히 공감도 하고 나도 사람과 사회를 변하게 하고 싶다라는 꿈을 꾸게 되었습니다.

복지관에 선생님들을 만나지 못했다면 대학은 무슨 여느 시각장애인과 다름없이 안마를 배울 준비를 하고 장애수용 또한 못했을 거예요.

사실 막막하고 힘들 것 같다고 생각이 들면 저는 항상 복지관을 떠올렸던 것 같아요. 제가 장애수용을 해 나갈 수 있도록 좋은 분들도 만나게 해주시고, 엄마를 대신해 입학상담까지 다니시며 늘 제 곁을 지켜주셔서 저는 겁먹지 않고 용기를 가질 수 있었던 것 같아요.

시각장애인복지관에 의뢰도 해주시고, 파견교육도 받을 수 있도록 해 주시고 솔직히 저 혼자서면 좌절하고 포기했을지 모를 일들을 선생님과 함께 헤쳐 나갈 수 있어서 저는 너무 든든하고 행복했어요.

짧은 기간, 제 인생에 터닝포인트의 중심이 되어 저를 이끌어 주신… 아니 제 손을 잡고 같이 뛰어주신 선생님, 앞으로도 어려운 일이 닥쳐도 잘 해결하고 저를 비롯한 엄마 그리고 힘든 사람들을 도와 세상을 바꾸는 멋진 좀, 멋진 사회복지사가 되겠습니다.

선생님 저를 믿고 도와주셔서 너무 감사했습니다. 이용자와 서비스제공자의 관계가 아닌 더 큰 바다에서 선생님과 또 만나게 될 날을 기대해 볼게요!

사회복지학과 면접 준비를 한 만큼 서비스 이용자, 제공자 용어까지 사용할 수 있는 예비사회복지사의 모습이 귀엽고, 기특해서 미소가 지어졌고 마음을 정리하며 떠나야 하는 사례관리자에게 너무나 큰 격려가 되었다. 나도 태현이에게 꼭 멋진 사회복지사가 되라고 격려해 주었고, 그 감동적인 편지는 장애인복지론 책에 끼워 소중히 보관하겠다고 했다. 그리고 기회가 된다면 사회복지사들과 내용을 나누겠다고 약속했다.

18) 태현이에게 사례관리자, 워커, 당사자, 이용자 등의 용어를 직접적으로 알려주지는 않았었다. 그런데 태현이가 사회복지학과 진학을 위한 면접을 준비하고 복지기관을 왕래하면서 이러한 용어들을 익숙하게 사용하게 되었다.

[그림 11-2] 태현이가 눈길을 헤치고 방문하여 직접 전해준 꽃과 편지

우리가 함께 뛰고, 함께 노력했다는 것이 서로 통했다는 것이 너무 기적 같았다. 이 가족은 사례관리자로서 나를 많이 성장하도록 도와주었다. 사례관리자가 아는 것이 없고, 혼자 할 수 있는 것이 없기 때문에 가족들의 도움이 많이 필요했다. 가족들이 노력하는 만큼 사례관리자는 더 노력할 수밖에 없었다.

그리고 전문성이란 잘난 척을 내려놓을수록 사례관리자와 사례관리 당사자가 사람 대 사람으로 더 깊이 만나고, 서로 도움을 주고받는 관계가 되는 것도 알게 되었다.

사회복지 현장에서 짧지 않게 일하면서 다양한 청소년을 만났지만, 태현이와 같은 중도 시각장애청소년을 담당한 것은 처음이었다. 내가 '경력직 사회복지사인데, 사례관리를 몇 년 해왔는데, 청소년 담당을 몇 년 해봤는데, 현재는 장애인복지전문가인데….'라고 생각했으면 오히려 다가가는데 더 부담스럽고 어렵기만 했을 것 같다. 내가 아는 것이 너무 없어서 전문성을 내려놓고 물어보고 실수하면서 조심스럽게 다가갈 수밖에 없었다.

"이제는 일찍 깜깜해지니깐 위험한데 돌아다니지 말고…."

"쌤, 나는 깜깜한 게 더 편해요!"

"아… 미안."

이렇게 무식한 사례관리자가 없었다. 뒤늦게 돌아보면 이 같은 실수를 얼마나 많이 했을까? 내가 태현이에 대해서 아는 것이 너무 없어서 더 경청해야만 했고, 더 많이 물어봐야 했고, 함께 더 고민할 수밖에 없었다. 태현이네를 함께 지원했던 사회복지사, 직업재활사 모두 비슷한 마음이었다. 전문성이 아니라 진정성이 더 필요했고, 관계를 통해 하나씩 해결책을 찾아보았다.

현재 근무하는 복지관에서 몇 년 전부터 집중사례관리로 지원하는 한 청년이 있다. 이 청년을 위해서 사례관리자뿐 아니라 청년의 거주지를 중심으로 마을 내에서 사회복지를 실천하는 사회복지사들, 자원봉사자를 연계하는 사회복지사, 후원담당 사회복지사가 각자의 영역에서 그 청년을 돕고, 그 사례관리 당사자와 보고 듣고 느낀 것을 실천가들 간에 적극적으로 공유해 나가고 있다. 그 모습을 볼 때마다 태현이네 가족이 생각이 난다. 이는 슈퍼바이저의 지시도 아니고, 사례관리자가 여러 사회복지사에게 간절하게 요청한 것도 아니지만 여러 사회복지사가 자발적으로 협력하여 지원하고 있는 것이다. 슈퍼바이저보다 그 청년이 우리 사회복지사들을 성장시킨다는 생각이 든다.

사회복지사들은 복지서비스 이용 당사자를 통해 가장 많이 성장한다. 모든 실천은 경험이 되고, 성찰의 계기가 되고, 이를 통해 다음 사회복지실천에 밑거름이 된다. 결국 사례관리자는 사례관리 당사자를 돕는 것이 아니라 사례관리 당사자에게 큰 도움을 받고 있다는 것을 또다시 깨닫게 되었다. 사례발표회나 사례집을 통해 훈련과 성장을 해보지 않는 사례관리자는 아무도 없을 것이다. 그 사례들의 주인공들이 많은 사례관리자를 성장시켰고 사회복지실천의 질을 향상시킨 것을 사회복지사들이 특별히 기억할 필요가 있다.

태현이가 사회복지를 전공하면서 예상했던 대로 사례관리자와는 다른 인연으로 만남이 간간이 지속되고 있다. 이 책을 집필하면서 태현이에게 도움을 요청했다. 이 내용의 주인공인 만큼 태현이의 도움이 없이 이 책을 완성하는 것은 불가능했다. 태현이는 흔쾌히 도움을 주었다. 물론 전 사례관리자와의 신의가 전혀 영향을 미치지 않은 것은 아니겠지만, 그보다 태현이는 이 책을 통해 다른 사람들에게 도움을 주고 싶은 마음이 있었을 것이다. 태현이가 사회복지사를 꿈꾼 것은 자신을 통해 많은 사람이 긍정적으로 변화하도록 돕기 위한 비전이 있기 때문이었다. 태현이는 사회복지를 공부하면서 그러한 역량을 쌓았을 것이고, 이 글이 그 기회가 될 것이라 기대한다. 필자는 태현이를 통해서 변화될 세상을 꿈꿔 볼 수 있어 너무 기쁘다.

Case Management

사례관리의 행정적 이해를 높이는 실습

tvN 드라마 '응답하라 1988' 성선우 가족의
사례관리파일 구성하기

CHAPTER 12

사례관리의 행정적 이해를 높이는 실습

tvN 드라마 '응답하라 1988' 성선우 가족의 사례관리파일 구성하기

PART Ⅰ에서 설명한 바와 같이, 사례관리는 크게 '사례관리 실천'과 '사례관리 체계'로 구분된다. 여기서 '사례관리 실천'은 사례계획의 수행에 기여하는 직접적인 실천 활동을 의미하며, '사례관리 체계'는 실무 분야의 행정적 구조, 기관 간의 관계망 그리고 공식적·비공식적 지역사회의 자원을 의미한다 (O'Connor, 1988). 이에 사례관리자는 사례관리 체계를 잘 운영하기 위해 문서작성 기술을 포함한 행정적 기술을 필요로 한다.

챕터 12는 사례관리자의 행정기술을 직접적으로 향상시키기 위한 장으로, 사례관리 과정에서 단계별로 작성하게 되는 행정문서 양식들을 제시한다.[1] 해당 예시들을 순차적인 하나의 파일로 연결해 놓으면, 이것이 바로 사회복지현장에서 사용하는 사례관리 개별파일이 된다.

또 해당 양식은 PART Ⅱ의 각 챕터마다 삽입해 놓은 자료로, 각 챕터에서는 양식을 작성하는 방법을 학습했을 것이다. 이에 PART Ⅲ에서는 가상 사례의 예시를 통해서 행정문서를 좀 더 생생하게 이해해 볼 수 있을 것이다. 물론 사례파일을 구성하는 것은 각 기관마다 차이가 있고, 무엇보다 각 사례들 마다 특성이 다르기 때문에 획일화된 방법이 존재하는 것은 아니다.

즉, 이 책의 예시가 정답은 아니며, 기관마다 양식은 상이할 수 있다. 다만,

1) 본 책에서 계속해서 인용한 tvN 드라마 '응답하라 1988'의 성선우 가족의 예시로 작성해 보았다.

개별 사례파일을 구성할 때 필수적으로 구비해야 하는 행정문서와 그 순서를 학습하는 것에는 도움이 될 것이다.

서비스 의뢰서

(개인정보가 기록된 문서입니다. 반드시 비공개 처리 부탁드립니다)

의뢰기관 (수신기관)	광교종합사회복지관 사례관리팀	의뢰일자	20xx. 11. 5.(화)
이름/성별	성선우/남	생년월일	20xx. 9. 17. / 만 17세
주소	서울시 도봉구 쌍문동 응답주택 19번길 88	전화번호	010-1234-5678
사례 요약	▸ 가족사항 동거가족: 어머니, 학생 본인, 여동생(미취학)/한부모가족 부는 2년 전 사고로 사망 ▸ 주거사항 아버지 사망 이후에도 조모 명의의 주택에서 무료임대 ▸ 경제적 사항 아버지의 연금으로 생활하고 있으며, 가족 내 근로소득 없음. ※ 어머니께 확인한 결과, 소득·재산상 저소득가정으로 파악되나 공적부조는 전혀 없음. 명확한 경제상황은 재확인 바람. 어머니가 경제활동을 해 본 경험이 없으나, 아버지 사망 후 연금(약 90만원)만으로는 생계유지가 어려워 어머니가 일용직 근로를 알아보고 있음. ▸ 당사자 당면과제 및 욕구 - 경제적 어려움: 정기적 소득없이 아버지 연금으로는 3인가족 생계를 유지하기 어려움. 어머니는 현재 미취학인 선우 동생의 양육으로 인해 적극적 경제활동에 한계가 있음. 향후 성선우 학생의 대학등록금 마련과 동생의 초등학교 진학을 위해 어머니가 경제적 상황을 염려할 수 밖에 없는 상황임. - 정서적 어려움: 첫째 자녀인 성선우 학생은 자신이 어머니를 위해서 할 수 있는 것이 없다는 것 때문에 정서적인 어려움을 나타 냄(※선우 학생은 자신과 같은 한부모가족이 도움을 받을 수 있는 곳이 있는지 문의하기 위해 학교사회복지사를 직접 찾아왔음). 어머니는 자녀 양육에 대한 책임감이 매우 높으나 남편없이 미성년 자녀 양육하는 것에 대한 심리적 부담을 갖고 있음. - 복지서비스 정보 취약: 어머니와 전화상담한 결과, 현재 근로소득과 재산이 없는 취약계층임에도 불구하고 공공·민간의 복지서비스를 지원받아 본 경험이 전혀 없음(※ 작성 시 주의: 주거지 문제(담보대출로 인한 위기)발생에 대해서는 아직 당사자 학생도 모르는 상황이고, 명확히 파악된 사항이 아님. 정보노출에 대한 당사자 가족의 동의를 받은 사항이 아니기 때문에 기술하지 않음. 사례관리자의 판단 시 위기상황이라고 판단 된 경우는 의뢰서 발송 후 담당자 통화 시 공유하는 것을 고려할 수는 있음)		

<table>
<tr><td>의뢰 서비스
내용 및
담당자
소견</td><td>성선우 학생은 바른 성품과 원만한 대인관계, 우수한 성적으로 타의 모범이 되는 학생입니다. 그러나 최근 가정 내 경제적 어려움으로 인해 고민이 많아 학교사회복지사를 찾아 상담을 요청하였습니다.
학생과 보호자를 상담한 결과, 저소득층 한부모가족으로 복지제도에 대한 정보와 접근성이 낮은 가정으로 사료됩니다.
이에 공공·민간 복지서비스 안내 및 지원을 요청드리며, 특별히 남편 사별 후 미성년 자녀 2명을 홀로 양육하고 있는 가정으로서 사례관리의 필요성 여부도 함께 검토해 주시기 바랍니다.
본 교에서는 학생에게 직접적인 경제적 지원을 제공할 수 없는 상황입니다. 귀 기관에서 성선우 가정을 지원하게 된다면, 본교는 협력기관으로서 적극적으로 협조할 것을 약속드립니다.</td></tr>
<tr><td colspan="2">이용자에게 전문적 복지서비스 제공을 위하여
귀 기관으로 서비스를 의뢰하오니 협조를 부탁드립니다.

쌍문고등학교 학교사회복지실 (02-123-4567)

의뢰자: 학교사회복지사 이학교 (인)</td></tr>
</table>

※ 본 양식의 내용은 가상의 인물로 구성되었습니다.

초기면접지

<table>
<tr><td>상담번호</td><td colspan="4">xx-01</td><td>상담일자</td><td colspan="3">20xx. 10. 7.(월) 16:00~17:00</td></tr>
<tr><td>면접자</td><td colspan="4">이재혁</td><td>소속</td><td colspan="3">광교종합사회복지관</td></tr>
<tr><td>면접장소</td><td colspan="8">쌍문고등학교 상담실(당사자가 재학 중인 학교 방문)</td></tr>
<tr><td>접수경로</td><td colspan="4">□ 본인 또는 가족 요청
□ 기관 내 의뢰
□ 민간기관(복지 이용시설 등)
■ 학교</td><td colspan="4">□ 사례관리자의 발견(캠페인 등)
□ 지역사회 의뢰(통장 및 이웃 주민 등)
□ 공공기관(행정복지센터, 보건소 등)
□ 기타(   )</td></tr>
<tr><td>접수자</td><td colspan="4">이학교</td><td>소속</td><td colspan="3">쌍문고등학교 학교사회복지사</td></tr>
<tr><td>당사자 성명</td><td colspan="4">성선우</td><td>생년월일</td><td>07. 9. 17.</td><td>성별</td><td>남</td></tr>
<tr><td rowspan="2">주소</td><td colspan="4" rowspan="2">서울특별시 도봉구 쌍문동
응답주택 19번지 88</td><td rowspan="2">연락처</td><td>당사자</td><td colspan="2">010-1234-5678</td></tr>
<tr><td>긴급연락처
(관계)</td><td colspan="2">(모)010-1988-1999</td></tr>
<tr><td>가구유형</td><td colspan="2">□ 소년소녀가구
□ 다문화가구
□ 새터민가구
□ 기타(   )</td><td colspan="2">□ 독거노인가구
□ 공동체가구
□ 부부중심가구</td><td colspan="2">□ 조손가구
□ 노인부부가구
□ 청 · 장년1인가구</td><td colspan="2">■ 한부모 가구
□ 장애인가구
□ 미혼모 · 부가구</td></tr>
<tr><td rowspan="4">가족사항</td><td>관계</td><td>성명</td><td>생년월일</td><td>동거 여부</td><td>장애여부</td><td>직업</td><td>건강상태</td><td>비고</td></tr>
<tr><td>모</td><td>김선영</td><td>77.07.03.</td><td>동거</td><td>비장애</td><td>전업주부</td><td>건강</td><td>-</td></tr>
<tr><td>본인</td><td>성선우</td><td>XX.09.17.</td><td>동거</td><td>비장애</td><td>고등학생</td><td>건강</td><td>-</td></tr>
<tr><td>녀</td><td>성진주</td><td>YY.06.09.</td><td>동거</td><td>비장애</td><td>-</td><td>건강</td><td>가정보육</td></tr>
<tr><td>가계도</td><td colspan="4">72
합의금 요청
아들 합의금으로 인해 사망한 작은 아들의 집을 담보로 대출받고 대출금에 대해서는나몰라라함.
48
45
43 김선영
18 성선우
6 성진주</td><td>생태도</td><td colspan="3">김선영
43
18
6
성선우
성진주
쌍문동 친구들
쌍문고등학교 학교 사회복지사
쌍문동 주변 이웃</td></tr>
</table>

<table>
<tr><td>수급여부</td><td colspan="6">□기초생활보장 (□생계급여 □의료급여 □주거급여 □교육급여) □긴급복지
□영유아 □아동수당 □청소년특별지원 ■한부모가족 □노인복지
□고용지원 □사회서비스(바우처) ■기타사회복지서비스(아버지 연금)</td></tr>
<tr><td>경제상황</td><td>재산</td><td>□보증금:
□부채:
□기타:
*총:</td><td>소득</td><td>□공적부조:
□근로소득:
□후원금:
□기타: 약 90만원
(아버지 유족연금)
*총 약 90만원</td><td>지출</td><td>□월세:
□공과금: 20만원 내외
□교육비:
□의료비:
□식비: 50만원 내외
□기타: 10만원 내외
*총 80만원 내</td></tr>
<tr><td rowspan="3">주거상황</td><td>주거형태</td><td>■단독주택
□다세대주택 · 연립
□아파트
□무허가 · 비닐하우스
□여관 · 고시원 · 쪽방
□기타( )</td><td>주거구분</td><td>□자가
□전세(보증금 만원)
□월세(월세 만원)
□임대주택
■무상임대(시모 소유)
□시설/그룹홈( )
□기타( )</td><td>난방방법</td><td>□가스 · 기름보일러
■연탄 · 화목보일러
□전기매트
□없음
□기타( )</td></tr>
<tr><td>주거상태</td><td colspan="5">□양호 ■노후 □폭염취약 □한파취약 □긴급보수필요
□채광부족 □공간협소 □환기부적절 □악취/불결 □미확인</td></tr>
<tr><td>특이사항</td><td colspan="5">사망한 아버지가 남긴 주택(법적 소유자: 시모)에 10년 이상 거주하고 있음. 거주지는 노후되었으나 청결하게 관리되고 있는 것으로 보임. 이사나 리모델링 계획 등은 없음. '이웃들과는 가족보다 더 가까운 사이이고 선우에게도 이 골목 친구들은 친구가 아니라, 모두 가족이나 마찬가지'라고 표현하며 현재 거주 중인 골목에 대한 애착을 드러냄(당사자의 모母를 통해 확인).</td></tr>
<tr><td>면접내용</td><td colspan="6">〈의뢰배경〉
• 의뢰자인 쌍문고등학교 학교사회복지사에 의하면, 당사자는 공부를 매우 잘하고 의사의 꿈이 있는 학생이라고 함. 의대 진학을 고려하고 있으나 학비가 부담되어 학교사회복지사를 찾아와 학비 지원과 관련하여 상담을 진행했다고 함. 경제활동을 하지 않는 전업주부 어머니가 양육하는 한부모 가정으로 경제적 취약계층임을 고려하여 종합사회복지관에 의뢰하게 되었다고 함.

〈당사자의 어머니 상담〉
• 당사자가 미성년자인 관계로 당사자의 어머니와 통화하여 초기상담에 대해 미리 안내하고, 가정으로 방문함.
※본 초기상담의 내담자인 당사자의 母를 중심으로 가족관계 설명함.
• 어머니는 상담 중 현재 가족이 거주하고 있는 주택에 대해 문의함. 현재 시모(사망한 남편의 모)명의의 주택에 무상임대로 거주하고 있음. 그런데 시모가 시숙(남편의 남동생)의 합의금을 조달하기 위해 주택을 담보로 대출받아 집이 경매에 넘어갈 위기에 처해있다고 표현함. 시모는 담보 대출받은 금액에 대해서는 알아서 해결하라는 통보를 했다고 함. 초기면접에서는 해당 내용에 대해 정확한 답변이 어렵고, 현재 상황이나 부채 금액 등 자세한 상황파악이 이루어질 수 있도록 추후 상담을 약속함.
• 당사자의 어머니는 종합사회복지관이나 사례관리에 대해 처음 들었다고 표현하며, 도움을 받을 방법이 있다면 적극적으로 참여하겠다는 의사를 밝힘.</td></tr>
</table>

<table>
<tr>
<td></td>
<td colspan="3">〈당사자(성선우) 상담〉
• 당사자는 사례관리자의 질문에 자기 생각을 논리적으로 잘 표현함. 의과대학 진학을 고려하고 있지만, 가정에서 학비를 마련하기에는 어려울 것으로 판단하여 학비 지원에 대해 알고 싶다고 함. "등록금만 지원받을 수 있어도 좋겠어요. 어머니가 손목이 아파 일하기 어려우시기도 하고…. 저는 어머니가 일하시는 것도 싫고요. 그냥 제가 등록금만 지원받아 의대 입학하고, 이후에는 장학금 받으면서 빨리 학교를 졸업해서 엄마가 경제적으로 걱정 안 하시도록 도와드리고 싶어요."라고 이야기함.
• 당사자는 어머니가 경제활동을 하는 것을 원하지 않으며, '어머니를 돕고 싶다, 어머니가 힘드셔서, 제가 빨리 돈을 벌어서' 등의 표현을 자주 사용함. 이러한 표현으로 미루어 보아 당사자는 가족에 대해서 책임감을 느끼고 있는 것으로 보임.
• 어머니와 학비에 대해 논의해보았는지 묻자, 본인이 알아서 할 수 있으므로 어머니를 걱정시키고 싶지 않다며 어머니에게 자세한 이야기는 하지 않았다고 답변함. 오히려 친구(쌍문동에 거주하는 이웃 친구)와 고민을 자주 이야기하는 편이며 "친구들이 고민도 들어주고, 가족처럼 잘 지내고 있어요."라고 답변함.
• 여동생과의 관계를 묻자, 매우 좋은 편이라고 함. 동생에 대한 질문에 매우 긍정적 반응을 보이며, 여동생이 너무 착하고 귀여워서 주변 사람들에게 사랑을 많이 받는다고 답변함. 가족 3명은 모두 관계가 좋고 매우 화목하다고 표현함.

〈타 기관 복지서비스 현황〉
• 학교사회복지사, 당사자, 당사자의 어머니에 의하면 타 복지기관에서 받는 서비스가 없다고 함. 당사자 가정에 공적지원 및 민간지원이 별도의 없음을 확인함.특별히 복지서비스에 대한 정보가 매우 취약한 편이었음.</td>
</tr>
<tr>
<td>주요욕구
·
당면
과제상황
(당사자)</td>
<td>1. 대학교 등록금 및 학비

※거주지 담보대출의 문제 발생(당사자는 모르는 상태 임)</td>
<td>주요욕구
·
당면
과제상황
(면접자)</td>
<td>1. (당사자 가정)거주지 담보 대출 파악 및 해결
2. (당사자)대학교 등록금 및 학비
3. (당사자)가정에 대한 지나친 책임감</td>
</tr>
<tr>
<td>인적자원</td>
<td>1. 가족응집력이 강함.
2. 이웃과의 사회적 관계망이 안정적으로 형성되어 있음.</td>
<td>강점</td>
<td>1. 이해력이 좋고, 논리적임
2. 스스로 욕구를 해소하고자 하는 의지가 강함.
3. 가족관계가 원만하고 응집력이 높음. 가족으로 인한 긍정적 자극이 많음</td>
</tr>
<tr>
<td>물적자원</td>
<td>1. 사망한 아버지 연금</td>
<td>한계점</td>
<td>1. (등록금 지원받는다는 가정 하에) 구체적인 이후 학비 마련 계획 없음
2. 연금 외 근로소득이 없음
3. 자신의 어려움을 가족에게 공유하지 않음. 선우는 부모화된 자녀의 모습이 강함.
4. 어린 자녀양육으로 모의 양육부담 높음.</td>
</tr>
<tr>
<td>면접자
종합의견</td>
<td colspan="3">■사례관리 (□일반 □집중 ■위기) / □기관 내 서비스연계 / □타 기관 의뢰
□타 기관 서비스연계 / □미진행(정보전달)

• 당사자의 가장 큰 욕구는 '학비 지원'으로 확인됨. 하지만 어머니를 걱정시키지 않기 위해 본인의 대학 진학에 직접적 요인인 학비에 대해서도 소통하지 않고, 스스로 해결하려는 모습을</td>
</tr>
</table>

	보임. 가족에 대한 애정과 책임감이 높은 것은 긍정적으로 보이나 이로 인해 당사자는 보호자가 있음에도 불구하고 본인이 가족을 책임져야 한다는 부모화된 아이의 특성이 관찰 됨. • 어머니와 상담한 결과, 현재 거주지 문제로 염려가 크나 아들과 공유하지 않는 것으로 확인됨. 또한, 현재 거주지 문제를 해결하기 위한 실제적인 방법(공공 및 민간의 복지자원 탐색, 문의 등)을 찾아보지 않았고, 이웃에게 어려움 토로 등의 방법으로 대처하고 있었음. 소극적인 자세라고 보기 보다는 복지자원에 대한 정보가 취약한 것으로 사료됨. • 당사자와 당사자의 어머니가 토로한 당면과제를 고려했을 때 가장 시급한 것은 경제적인 문제해결로, 당사자 거주지 담보 대출 상황과 퇴거 위기에 관한 면밀한 파악과 해결방안 모색이 필요한 상황임. • 따라서 본 가정을 '사례관리 당사자'로 선정하여 당사자가 일정 기간 동안(대학 입학 전) 집중 지원해야 할 필요성이 있다고 판단함. 우선, 거주지 문제 해결이 시급할 수 있어 위기지원 당사자로 검토해 볼 수 있겠음. 또한, 현재 거주지 문제의 심각성을 파악하기 위해 지원 초기에 당사자의 어머니에게 누락된 공공자원이 있는지 여부와 무료법률상담 등을 신속하게 연계하여 거주지에 대한 당면과제를 해결하는 것을 우선순위로 두어야 할 것으로 보임. • 당사자에게는 학비를 지원받을 수 있는 제도나 장학금 지원에 대해 정보를 전달하고, 당사자가 지나친 가족에 대한 책임감이 부정적 스트레스가 되지 않도록 가족구성원 간 원활한 소통을 지원하는 것도 필요해 보임.

※ 본 양식의 내용은 가상의 인물로 구성되었습니다.

사정기록지

사례번호	xx-01	당사자	성선우	사례관리자	이재혁
사정일자	20xx. 10. 8.(화)	구분	☑ 신규 □ 재사정	정보제공자	본인 및 보호자
욕구 영역구분	• 신체 및 정신 건강 • 일상생활 유지 • 안전(학대, 방임, 기타 안전) • 생활환경 • 경제 • 가족 관계(보육, 간병 등)		• 사회적 관계(친인척, 이웃, 동료 관계 등) • 교육 및 학습 • 취 (창)업 및 직무수행 • 법률 및 권익보장 • 돌봄 • 기타		

우선순위 당사자	우선순위 사례관리자	영역	제시된 욕구	강점	공식적/비공식적자원 (이용가능한 자원)	척도점수 1~10점
1	1	생활 환경	안정된 주거생활 유지/퇴거위기상황 극복	• 당사자의 비공식 자원 (이웃) • 취약계층 주거문제 해결을 위한 공공자원	• 쌍문동 주민센터 • 대한법률구조공단 • **종합사회복지관 • 서울금융복지상담센터	10
2	2	경제	공공자원 활용(한부모가족지원법에 의한 지원: 차상위)	• 공공자원연계 필요성에 대한 당사자의 인지 • 당사자 가족의 적극적 태도	• 쌍문동 주민센터	10
			당사자의 대학등록금 지원	• 사례관리기관에서 교육비 후원처 자원 확보	• 한국장학재단 • **종합사회복지관을 통한 교육비 지원 연계	8
3	3	취업 (진로)	당사자의 대학진학과 관련된 진로 상담	• 높은 학업성취도 • 장래희망에 따른 희망 진학 학과 있음.	• 쌍문고등학교 • 커리어넷(진로탐색검사)	5
4	4	가족 관계	각자 고민하는 어려움에 대해서 소통하고 함께 해결방법 모색	• 가족 구성원의 높은 응집력과 신뢰감	• **종합사회복지관	4

척도 이용사정	척도종류	결과
	가족관계척도(IFR)	총 25문항의 검사 결과 30점이 나왔음(점수가 높을수록 가족관계에 대한 어려움과 심각성이 큼). 현재 당사자 가족의 경우 서로의 관계에서는 스트레스가 낮고 긍정적인 관계가 유지되고 있는 것으로 확인됨.
사례관리여부	□ 사례관리 (□일반 □집중 ☑위기) □ 사례관리 미진행	

강점 활용방안	• 당사자 가족은 평소 주변 사람들과 대인관계가 좋아 비공식적 자원을 충분히 확보하고 있음. 향후에도 이 지지체계를 유지·강화해 나갈 수 있도록 할 계획임. • 당사자 가족이 모두 긍정적인 사고방식을 가지고 있음. 모는 경제적인 어려움을 해결해 나가고자 하는 의지가 강함(미성년 자녀들은 주거문제에 대해서는 구제적 상황은 모름). 이러한 태도가 유지될 수 있도록 지지하고자 함. • 가족들 간의 응집력이 매우 좋고, 강한 애착을 가지고 있음. 가족구성원 모두 가족을 위해 더욱 긍정적인 힘을 발휘할 수 있는 강점이 있음. • 거주지 문제에 대해서는 현재 상황을 빠르게 파악하고 공공자원을 통해 지원받을 수 있는 방법을 모색하되, 당사자 모가 주변 인맥들을 동원 해 당면과제를 해결해 나가고자 하는 강점을 발휘할 수 있도록 지지하고자 함. 즉, 공공자원, 민간자원을 총동원하여 위기 과제를 해결해 나가고자 함. • 당사자는 의사라는 장래희망을 가지고 있고, 학업성취도도 높음. 1년간 진로계획을 더욱 구체화하여 목표를 성취해 나갈 수 있도록 지원하고자 함. 또한 이러한 당사자의 가능성을 이해하고 지지할 수 있는 교육비 지원 후원처를 개발해 나가고자 함. 이러한 후원이 당사자의 새로운 지지체계가 될 수 있도록 할 예정임. • 현재 어머니는 근로활동을 하고 있지 않지만, 근로의욕과 적극적인 태도를 관찰 해 보았을 때 일정 기간 교육·훈련을 받는다면 더 안정적인 직장의 취업이 가능 할 것으로 판단 됨. 어머니의 근로 의욕, 근로 능력, 안정적인 자녀의 양육 마련, 어머니의 자아실현을 위해서라도 직업생활은 필요할 것으로 판단 됨. 첫째 자녀도 어머니가 생계를 위한 노동을 하는 것에 부정적 의견이 있는 것이고, 경제활동 자체를 부정적으로 생각하지는 않음. 어머니의 적성 및 상황에 적합한 직업을 탐색해 가는 것부터 가족들이 함께 고민하고 실천해 나갈 수 있도록 할 예정임.

※ 본 양식의 내용은 가상의 인물로 구성되었습니다.

사례관리계획서

사례번호	xx-01	계획일자	20xx. 10. 21.(월)	구분	■신규 □재사정
당사자	성선우	사례관리자	이재혁		

욕구 영역	합의된 목표	실천 계획	대상	기간	빈도	제공자
2	안정된 주거생활 유지	현 거주지 담보대출 관련 문제 해결을 위해 법률지원상담 연계	김선영(母)	~xx. 12.	수시	이재혁
		법률 지원으로 해결이 안 될 시 임대주택 정보 등 공공자원 탐색		~xx. 12.	수시	
		김선영 님의 비공식적 자원(이웃)을 총동원하여 재원 마련		~xx. 12.	수시	김선영
8	진로상담 후 적성에 맞는 대학 입학 및 진로지원	대학 및 학과 선택 관련 진학 상담, 입학 가능 학교 조사	성선우	~xx. 12.	주 1회	이재혁, 학교 사회 복지사
		입학원서 및 자기소개서 작성, 지원서 제출		~xx. 1.	주 1회	
		대학등록금 지원 가능 자원 탐색		~xx. 12.	격주 1회	
5	공공·민간 복지서비스 조사 신청	저소득 한부모가족 신청을 통해 아동양육비, 고교학비지원, 어린이집 보육료 지원 등 신청	성선우, 김선영(母)	~xx. 3.	주 1회 이상	이재혁, 쌍문동 행정복지센터 통합 사례 관리사
사례관리자 책임과 역할	1. 법률지원상담소 연계를 통해 법률 상담 지원 2. 임대주택 정보 등 자원 탐색 3. 대학 진학 및 등록금 마련에 도움이 될 수 있는 자원 탐색 4. 당사자 지지 5. 복지혜택 조사 및 신청 협조					
당사자 책임과 역할	1. 대학 진학을 위한 적극적인 탐색 및 지원서 제출 2. 대학 등록금 마련을 위한 자원 탐색 3. 공공·민간 복지서비스 신청을 위한 자원 탐색 및 적극적인 신청					

① 신체 및 정신 건강 ⑤ 경제 ⑨ 취(창)업 및 직무수행
② 일상생활 유지 ⑥ 가족 관계(보육, 간병 등) ⑩ 법률 및 권익보장
③ 안전(학대, 방임, 기타 안전) ⑦ 사회적 관계(친인척, 이웃, 동료 관계 등) ⑪ 돌봄
④ 생활환경 ⑧ 교육 및 학습 ⑫ 기타

사례관리 참여 동의서
• 귀하의 권익옹호를 최우선의 가치로 삼고 행동함을 전달받았습니다. • 귀하에 대하여 인간으로서의 존엄성을 존중해야 하며, 전문적 기술과 능력을 최대한 발휘하도록 노력하겠습니다. • 귀하의 자기결정권을 최대한 행사할 수 있도록 돕고, 참여자의 이익을 최대한 대변하겠습니다. • 모든 사례관리 내용과 종결 여부는 귀하와 합의하에 진행하도록 하겠습니다. • 귀하의 합의된 내용 이외의 목적으로 개인 정보가 노출되지 않도록 하겠습니다. • 본 복지관은 귀하의 복지욕구를 해결하기 위해 최선의 사례관리 서비스를 제공하도록 노력하겠습니다. 광교종합사회복지관 사례관리자: 이재혁 (인)
• 맞춤형 서비스 과정 및 내용에 대한 설명을 충분히 듣고 이해하였습니다. • 본인은 계획된 목표를 성취하기 위해 적극적으로 참여하고 협력하겠습니다. • 동의서 작성일로부터 복지관에서 제공하는 사례관리 서비스를 제공받는 것에 동의합니다. • 매년 1회 재작성을 원칙으로 하며, 신상의 어려움이나 변동이 있을 경우 복지관에 알리겠습니다. 20xx년 10월 21일 성명: 성선우 (인) 보호자: 김선영 (인) / 관계: 母

※ 본 양식의 내용은 가상의 인물로 구성되었습니다.

20xx년 12월 과정기록서

<table>
<tr><th></th><th>당사자의 합의된 변화목표</th><th>실천계획</th><th>담당자의 역할</th></tr>
<tr><td rowspan="7">20xx년 실천계획</td><td rowspan="3">안정된 주거생활 유지</td><td>거주지 담보 대출 파악 및 해결을 위해 법률지원상담 연계</td><td rowspan="6">1. 법률지원상담 연계, 상담 후 실천과정 지원
2. 임대주택 정보 등 자원 탐색
3. 현재 당사자의 모가 확보하고 있는 비공식적 자원(이웃 및 지인)을 구체적으로 확인. 재원마련의 가능성 구체적으로 확인
4. 대학 진학 및 등록금 마련에 도움이 될 수 있는 자원 탐색
5. 차상위계층 신청관련 주민센터로 의뢰서 발송, 진행과정 모니터
6. 당사자 지지</td></tr>
<tr><td>법률 지원으로 해결이 안 될 시 임대주택 정보 등 자원 탐색</td></tr>
<tr><td>모의 비공식적 자원 적극적 탐색, 재원마련</td></tr>
<tr><td rowspan="3">진로상담 후 적성에 맞는 대학 입학 및 진로지원</td><td>대학 및 학과 선택 관련 진학 상담, 입학 가능 학교 조사</td></tr>
<tr><td>입학원서 및 자기소개서 작성, 지원서 제출</td></tr>
<tr><td>대학등록금 지원 가능 자원 탐색</td></tr>
<tr><td>공공 · 민간 복지서비스 조사 신청</td><td>차상위계층 상담을 위한 행정복지센터 방문</td><td>1. 의뢰서 발송(행정복지센터)
2. 필요한 서류 점검</td></tr>
</table>

일자	서비스구분	실천내용	담당자 평가
12/2 (수)	면담 (학교사회복지사)	[학교사회복지사 면담 - 당사자 대학진학] • 학교사회복지사와 당사자가 갈 수 있는 대학을 함께 찾아보고 입학지원과 관련한 정보를 공유함. • 대학 입학원서와 자기소개서를 작성하기에 앞서 학교 선배들 중에 도움을 줄 만한 사람을 찾아보기로 함. • 당사자는 전교회장으로 학급에서는 친구들과 원만하게 잘 지내고 있음. 학습태도가 좋아 선생님들도 당사자를 잘 알고 챙겨준다고 함. • 최근 시비를 걸어오던 선배 한 명과 다툼이 일어났다고 함. 다행히 큰 싸움으로 번지지 않았음. 이에 대해 내일 상담하기로 함.	• 대학입시와 관련하여 지속적으로 학교와 소통이 필요함. • 학교생활에 대한 상담이 필요함.
12/3 (목)	상담	[방문 - 독서실 앞 패스트푸드점] • 당사자는 학교 선배와 싸웠던 이유에 대해 말함. 돌아가신 아빠가 남겨준 유품인 목걸이를 하고 있자, 이에 대해 시비를 걸어왔다고 함. '아버지 없는 게 자랑이냐, 유세 떠냐' 라고 말하며 조롱했다고 함. 평소 함께 축구를 하면서도 본인의 태도가 맘에 들지 않는다고 말하던 선배였음. 그 말을 듣고 옆에 있던 같은 반 친구가 화가 나서 선배를 때렸다고 함. 이에 선배도 친구를 때렸고 학교에서 이 사실을 알고 모두 혼났다고 함.	• 학교에서 있었던 일에 대해 숨김없이 말하는 모습을 보임. 이에 라포가 충분히 형성되었다고 판단함. • 추후 선배와의 갈등 상황이 반복될 시 대처방법에 대해 함께 고민해 보고자 함.

일자	서비스구분	실천내용	담당자 평가
		• 사례관리자는 선배로 인해 속상했던 마음을 공감하고 위로해 주었음. 그러나 선배와 물리적 폭력이 오간 것은 염려가 된다고 설명함. 비슷한 상황이 왔을 때 지혜롭게 대처하는 방법을 사전에 고민해 보았으면 좋겠다고 덧붙여 의견을 전함. • 당사자는 최근 의대 진학을 목표로 공부하겠다는 생각을 굳히게 됨. 학비지원이나 집과의 거리 등을 고려해서 2곳 정도의 학교를 찾아보려고 함. • 담당자는 졸업까지 남은 1년 동안 당사자가 대학진학이라는 목표에 집중할 수 있도록 당사자 가정을 도울 수 있는 자원을 계속 탐색하고 연계하도록 하겠음.	• 당사자 가정은 활용할 수 있는 복지자원에 대해 정보가 취약함. 복지 정보를 안내하고 자원을 연계하는 것이 중요하겠음.
12/15 (화)	사례회의	[후원물품 전달 당사자 선정 사례회의] • 복지관에 후원물품으로 쌀을 비롯한 식재료가 입고되어 이와 관련한 사례회의를 진행함. • 후원자는 한부모가정에 지원하고 싶다는 의사를 표현하였음. 이에 사례회의를 통해 당사자 가정에게 지원한다는 결정을 내림. * 사례회의 자료 및 사례회의록 첨부	• 최근 차상위계층(한부모) 신청을 하였지만 확정되지 않아 나라미 지원 없음. 성장기 두 자녀로 인해 쌀의 필요성이 높음. • 당사자 가정에 경제적 도움이 됨. • 경제적 지원뿐 아니라 사회적 지지 측면에서도 긍정적이었음.
12/16 (수)	자원연계	[식재료 후원물품 지원] * 인수증 및 사진 첨부	
12/18 (금)	의뢰서 발송 처리과정 확인	[차상위 계층 신청 의뢰서 발송 관련] • 지역 내 취약계층 상담 요청(차상위계층 신청 관련)으로 발송한 의뢰서의 처리과정을 확인 함.	• 처리과정에 있다는 것을 담당 주무관을 통해 확인함.
12/24 (목)	상담	[가정방문 - 당사자 모 상담] • 대출금과 관련해서 택이 아버지에게 도움을 받게 되었다는 소식을 전함. 원래 택이 아버지와는 고향오빠·동생관계(친정 오빠의 친구)인데, 경제적인 도움을 요청하기가 민망해서 이야기하지 못했다고 함. 현재 상황이 친정 오빠를 통해 전달이 되어 도움을 받음. 일단 큰 위기는 넘겼다고 안도함. • 대출금 상환 방법에 대해서는 은행에 다니고 있는 덕선이 아버지(이웃)의 도움을 받게 되었다고 함. • 최근 당사자 방에서 담배가 발견되어 놀라는 일이 있었음. 나중에 알고 봤더니 오해였다고 함. 또, 당사자의 턱에 상처가 나 반창고를 붙이고 있는 모습을 보며 누구와 싸운 줄 알았다고 함. 안 그러던 아이가 이제야 사춘기가 왔나 싶어 속상했었는데 물어보니 면도를 하다가 살짝 베인 것이라고 함. 그 말을 듣고 더 속상했다고 함. 아들 마음을 몰라주었던 것과 아버지 없이 잘 자라준 아들이 고마워서 눈물이 많이 났다고 함. 상담 중에도 눈물을 보임.	• 당사자의 지인을 통해 퇴거의 위기를 넘긴 것으로 확인됨. 그러나 확정이 되기 전까지 수시로 모니터하고자 함. 진행과정에 지원이 필요한 사항이 있는지 수시로 확인하고자 함. • 부의 부재로 인한 심리사회적 공백이 있음. • 당사자에게 일상생활을 자연스럽게 알려줄 멘토가 필요할 수도 있겠다는 생각이 듦. 차후 당사자와 이야기해볼 계획임. • 일단 당사자 가정 주

일자	서비스구분	실천내용	담당자 평가
		• 당사자는 이야기도 들어주고 지난번 식재료 후원물품도 지원해주어 큰 도움이 되었다며 감사하다고 표현함. • 주민센터로부터 차상위계층 선정 과정을 거치고 있다는 것을 연락을 받았다고 함. 현재 소득과 재산을 보았을 때는 선정이 될 것으로 보인다고 함.	위에서 도움을 줄 수 있는 자원이 있는지 탐색하겠음.
■ 월별 재사정: ㅁ종결 ■유지 ㅁ의뢰 - 실천계획에 따라 사례관리 지속하도록 하겠음.			

※ 본 양식의 내용은 가상의 인물로 구성되었습니다.

상담일지

<table>
<tr><td>상담일자</td><td>20xx. 12. 3.(목)</td><td>서비스</td><td colspan="2">상담</td><td>담당자</td><td>이재혁</td></tr>
<tr><td>상담유형</td><td>개별상담</td><td>상담방법</td><td colspan="2">가정방문 상담</td><td>상담시간</td><td>17:00~18:00</td></tr>
<tr><td>상담제목</td><td colspan="6">당사자 상담(학교선배와 다툰 일, 대학진학)</td></tr>
<tr><td colspan="7">상담대상자</td></tr>
<tr><td>구분</td><td>성명</td><td>연락처</td><td colspan="4">조치사항</td></tr>
<tr><td>복지서비스
이용당사자</td><td>성선우</td><td>-</td><td colspan="4">진로상담 지속, 학교사회복지사 연계 검토</td></tr>
<tr><td>상담 내용</td><td colspan="6">• 당사자는 하교 후 독서실에서 대부분의 시간을 보냄. 학원보다는 스스로 공부하는 독서실이 좋다고 함. 학습에 대한 열의를 지지하고 근황을 파악하기 위해 독서실 앞에서 만남을 가짐.
• 당사자는 학교 선배와 싸웠던 이유에 대해 말함. 돌아가신 아빠가 남겨준 유품인 목걸이를 하고 있자, 이에 대해 시비를 걸어왔다고 함. '아버지 없는 게 자랑이냐, 유세 떠냐' 라고 말하며 조롱했다고 함. 평소 함께 축구를 하면서도 본인의 태도가 맘에 들지 않는다고 말하던 선배였음. 그 말을 듣고 옆에 있던 같은 반 친구 정환이가 화가 나서 선배를 때렸다고 함. 이에 선배도 친구를 때렸고 학교에서 이 사실을 알고 모두 혼났다고 함.
• 엄마가 걱정할 것 같아 엄마께는 말씀드리지 않았다고 함. 엄마가 염려되는 상황은 알리고 싶지 않으며, 따라서 사회복지사도 엄마에게 이야기는 하지 않았으면 좋겠다고 부탁함.
• 현재 문제가 해결되었기 때문에 어머니께는 비밀을 지켜주겠다고 약속함. 다만 당사자에게는 기회가 되면 어머니께 이야기했으면 좋겠다는 의견을 줌. 어머니가 염려할까봐 이야기하지 않는 것보다는 자연스럽게 엄마와 어려움도 논의해 나가는 것이 좋겠다고 당부함. 당사자가 노력해 보겠다고 답변함.
• 당사자는 최근 의대 진학을 목표로 공부하겠다는 생각을 굳히게 됨. 학비지원이나 집과의 거리 등을 고려해서 2곳 정도의 대학교를 찾아보려고 함. 장학금을 받고 입학할 수 있는 대학교들을 스스로 알아보고 있음.</td></tr>
<tr><td>상담자의견</td><td colspan="6">• 학교 선배와의 일은 학교에 문의한 결과 원만히 해결되었음을 확인함.
• 담당자는 졸업까지 남은 1년 동안 당사자가 대학진학이라는 목표에 집중할 수 있도록 당사자 가정을 도울 수 있는 자원을 계속 탐색하고 연계하도록 하겠음.</td></tr>
<tr><td>상담결과</td><td colspan="6">• 다음 상담 시에는 당사자가 찾아본 2곳의 대학에 대해 상담 진행하겠음. 필요시 학교사회복지사와 함께 상담하겠음.</td></tr>
<tr><td>비고</td><td colspan="6"></td></tr>
</table>

※ 본 양식의 내용은 가상의 인물로 구성되었습니다.

비밀유지서약서

본인은 사회복지관 통합사례관리 대상자 가정방문, 사례회의 등에 참여함에 있어 아래의 원칙을 준수할 것을 엄숙히 서약합니다.

사생활보호와 비밀보장 · 개인정보보호의 원칙

1. 헌법 제17조 : 모든 국민은 사생활의 비밀과 자유를 침해받지 아니한다.
2. 사회보장기본법 제38조(개인정보 등의 보호)
   ① 사회보장 업무에 종사하거나 종사하였던 자는 사회보장업무 수행과 관련하여 알게 된 개인 · 법인 또는 단체의 정보를 관계 법령에서 정하는 바에 따라 보호하여야 한다.
   ② 국가와 지방자치단체, 공공기관, 법인 · 단체, 개인이 조사하거나 제공받은 개인 · 법인 또는 단체의 정보는 이 법과 관련 법률에 근거하지 아니하고 보유, 이용, 제공되어서는 아니 된다.
3. 사회복지사업법 제47조(비밀누설의 금지) : 사회복지사업 또는 사회복지업무에 종사 하였거나 종사하고 있는 사람은 그 업무수행의 과정에서 알게 된 다른 사람의 비밀을 누설해서는 아니 된다.

20 년 월 일

서약자 소속: 광교종합사회복지관
연락처: 010-0000-0000
성명: 이재혁 (인)

광교종합사회복지관장 귀하

※ 본 양식의 내용은 가상의 인물로 구성되었습니다.

사례회의(■내부 □통합) 안건

<table>
<tr><td colspan="2">사례관리번호</td><td colspan="2">20xx-01</td><td>대상자명</td><td>성선우</td></tr>
<tr><td colspan="2">회의차수</td><td colspan="2">1</td><td>회의일시</td><td>20xx. 6. 7.(금)</td></tr>
<tr><td colspan="2">작성자</td><td colspan="2">이재혁</td><td>소속기관</td><td>광교종합사회복지관</td></tr>
<tr><td colspan="2">회의제목</td><td colspan="4">성선우 당사자 사례관리 당사자 선정회의</td></tr>
<tr><td rowspan="3">사례관리진행내용</td><td rowspan="2">지난 사례 회의결과</td><td>참석자</td><td colspan="3">신빛나 부장, 한종민 과장, 권예솔 과장, 박해원 팀장, 윤수현 팀장, 홍성표 팀장, 이재혁 사회복지사, 이재혁 사회복지사</td></tr>
<tr><td colspan="4">- 해당 사항 없음</td></tr>
<tr><td>현재까지 사례 진행 상황</td><td colspan="4">- 20xx. 5. 30.(목) 학교사회복지사 의뢰
- 20xx. 6. 3.(월) 초기면접 진행</td></tr>
<tr><td colspan="2">회의안건</td><td colspan="4">• 의뢰배경
- 성선우 당사자는 한부모가정의 첫째 자녀로 현재 의대 진학이라는 꿈을 가지고 있으나 가정 내 경제적 어려움으로 진학에 고민이 많은 상황임. 향후 대학 등록금 마련이 어려워 교육비 지원을 받을 수 있는 곳을 문의하기 위해 학교사회복지사를 찾아감. 해당 당면과제 해결을 위해 본 기관에 의뢰됨.

• 당사자의 상황
- 당사자는 미성년자이기 때문에 보호자 동의를 위하여 모와 상담한 결과, 현재 거주지에서 퇴거 위기에 놓여있다는 것도 확인이 됨.
- 경제적인 어려움을 겪고 있는 한부모가족 가정이지만, 복지서비스 활용 경험이 없고 복지정보도 매우 취약함.

• 상담자의 의견
- 성선우 당사자는 현재 한부모가정에서 경제적 어려움 속에 의대 진학을 위한 꿈을 키워가고 있지만, 대학 등록금 마련에 대한 심각한 고민을 안고 있는 상황임. 당사자는 학교사회복지사를 통해 교육비 지원에 관한 정보를 얻고자 스스로 상담을 요청한 점에서 학업에 대한 의지가 매우 강함을 알 수 있음.
- 또한, 해당 가정은 거주지에서 퇴거 위기에 처해 있는 상황으로 판단되며, 복지 서비스에 대한 정보가 부족하고 적절한 지원을 받기 어려운 상황으로 판단됨. 이에 사례관리 당사자로 선정하여 복지 자원을 효과적으로 활용할 수 있도록 지원하고, 퇴거 위기 해결 및 교육비 지원을 통해 당면과제를 해결하고자 함.</td></tr>
<tr><td colspan="2">비고</td><td colspan="4">첨부 : 초기면접지</td></tr>
</table>

사례회의에서 진행되는 당사자현황 자료는 개인정보보호에 의하여 회의종료 후 회수합니다.

※ 본 양식의 내용은 가상의 인물로 구성되었습니다.

사례관리 점검기록지

사례번호	xx-01	점검일자	20xx. 12. 10.(화)	구분	☑ 신규 ☐ 재사정
당 사 자	성선우	사례관리자	이재혁	유형	☐일반 ☐집중 ☑위기

욕구 영역	합의된 목표	실천계획	대상	기간	빈도	제공자	점검내용	목표달성정도 (질적/양적 자율)
2	안정된 주거생활 유지	현 거주지 담보대출 관련 문제 해결을 위해 법률지원상담 연계	성선우, 김선영(母)	3개월	수시	이재혁	- 기존 계획은 거주지 관련 법률상담을 통해 담보대출 문제를 상담받고 취약계층 구제방법에 대해서 고려 중이었으나, 지인을 통해 대출금을 해결 함. - 위기를 넘겼으나, 현 거주지 명의가 시모로 되어 있어, 법률상담(5회)을 통해 명의변경에 절차를 밟아 나가고 있음.	- 퇴거위기 극복 거주지 관련 당면과제의 내용이 다소 변경이 되어 지원방법도 조정 함. 현재 진행 중
		법률 지원으로 해결이 안 될 시 임대주택 정보 등 공공자원 탐색		4개월			미진행	-
		김선영 님의 비공식적 지원을 총동원하여 재원마련		3개월	수시		- 당사자가 지인을 통해 대출금 해결 - 위기극복	목표달성
8	진로 상담 후 적성에 맞는	진학 상담, 입학 가능 학교 조사	성선우	12개월	주 1회	이재혁, 학교 사회복지사	- 관 내 청소년진로 상담 자격을 가진 사회복지사와 연계하여 진학상담과	- 당사자의 만족도가 높게 관찰되며 질 높은 서비스연계가 이루어지고

	대학 입학 및 진로지원						학교 탐색을 진행하고 있음.	있음. - 목표달성 과정 중
		입학지원서 제출		12개월	주 1회		향후 진행 예정	- 입학지원서 및 자기소개서 작성에 대한 자료 제공
		대학등록금 지원 가능 자원 탐색		12개월	격주 1회		- 장학금 정보모음 사이트 정보제공 1회 - 교외장학금 탐색, - 스마트학자금맞춤설계 연계	- 당사자의 학업성취도가 높은 강점을 활용하여 장학금신청을 진행하고자 함.
5	공공·민간복지 서비스 조사 및 신청	저소득 한부모가족 신청을 통해 아동양육비, 고교학비 지원, 어린이집 보육료 지원 등 신청	성선우, 김선영(母)	6개월	수시	김사복	- 주민센터에 방문하여 차상위계층 지원요청, 선정 됨 - 공공서비스 지원 - 가정보육을 하던 둘째 자녀가 어린이집 보육 전환 - 어머니 취업준비를 위한 상담 시작	- 공공복지서비스 지원을 받게 되어 경제적 상황이 호전 됨. - 어머니가 일용직 근로가 아니라 직업훈련을 통한 취업에 대한 준비를 할 수 있게 됨.

사례관리자 의견 (욕구의 변화, 환경의 변화 등을 포함)	- 당사자 가정의 우선순위 과제가 순차적으로 해결 되어지고 있음. - 1순위 목표였던 안정된 주거생활유지에 대해 1차적으로 당사자 모의 지인을 통해 대출금 문제를 해결하여 위기사황을 극복 함. 이제는 거주지의 명의가 조모로 되어 있던 것을 법률상담을 지속하여 명의 이전 전차를 밟아가고 있음. - 진학에 대해서도 당사자와 수립한 목표를 성실하게 수행해 나가고 있으며, 당사자를 비롯한 가족, 학교에서도 만족도가 높음. 현재 장학금으로 입학 할 수 있는 학교와 향후 교육비 지원을 받을 수 있는 후원처도 개발 될 것으로 보임. - 지원 초기에 비하여 현 상황이 많이 호전되어 위기지원대상에서 일반지원대상으로 전환하여 재사정 할 필요가 있다고 판단 됨.
점검결과	□ 유지(☑일반 □집중 □위기) □ 종결 ☑재사정

※ 본 양식의 내용은 가상의 인물로 구성되었습니다.

사례관리 만족도 설문지

문항 내용		전혀 그렇지 않다	별로 그렇지 않다	보통 이다	그런 편이다	매우 그렇다
서비스 내용에 대한 만족도	1. 귀하가 원하거나 필요하다고 생각되는 서비스가 제공되었습니까?					
	2. 서비스를 받은 후 귀하의 생활문제가 해결되었습니까?					
	3. 귀하가 필요로 했던 서비스가 시기적으로 적절히 제공되었습니까?					
	4. 귀하가 제공받은 서비스에 만족하십니까?					
과정에 대한 만족도	5. 귀하는 서비스제공과정 및 절차에 대한 설명을 담당자에게 자세히 들어셨습니까?					
	6. 귀하가 원했던 서비스 관련 정보가 충분히 서비스 제공 되었습니까?					
	7. 귀하가 원했던 서비스가 신속하게 제공되었습니까?					
	8. 귀하는 사례관리자(담당자)의 전문성에 대해 만족하십니까?					
관리자에 대한 만족도	9. 귀하와 사례관리자(담당자)가 친밀한 관계였다고 생각하십니까?					
	10. 귀하의 의견에 대해 사례관리자(담당자)는 사례 친절히 응대하였습니까?					
	11. 사례관리자(담당자)가 귀하를 존중하고 있다는 느낌을 받으셨습니까?					
	12. 귀하는 사례관리자(담당자)와의 의사소통이 원활했다고 생각하십니까?					

출처: 2024년 희망복지지원단 업무 매뉴얼.

※ 본 양식의 내용은 가상의 인물로 구성되었습니다.

사례관리 평가보고서

1. 사례개요

사례번호	xx-01	당사자	성선우	사례관리자	이재혁
평가일자	-	평가기간	20xx. 3. 26. ~ 20xx. 1. 17.	유형	■일반 □집중 ■위기 (위기지원 후 재사정을 통해 일반유형으로 전환)

2. 목표달성 정도

<table>
<tr><td>합의된 목표</td><td>1. 안정된 생활 유지</td><td>달성여부</td><td>■ 달성 □ 미달성</td><td>척도점수 변화정도</td><td>① ② ③ ④ ⑤</td></tr>
<tr><td colspan="2">실천계획</td><td colspan="4">변화내용</td></tr>
<tr><td colspan="2">거주지 담보 대출 파악 및 해결을 위해 법률지원상담소를 통해 법률 상담 지원</td><td colspan="4" rowspan="3">어머니의 지인으로부터 도움을 받아 주택담보 대출금을 마련하여 과제 해결
현 거주지가 시모 명의로 되어있는 문제를 해결하기 위해 법률상담을 지속적으로 연계하여 명의 변경 절차를 밟음.
거주지 퇴거의 위기는 해결되었으나, 지인의 부채를 갚아 나가기 위한 경제활동 노력이 필요함.</td></tr>
<tr><td colspan="2">법률 지원으로 해결이 안 될 시 임대주택 정보 등 자원 탐색</td></tr>
<tr><td colspan="2">김선영(당사자 모)님의 비공식적 자원을 총 동원하여 재원 마련</td></tr>
<tr><td>합의된 목표</td><td>2. 진로상담 후 적성에 맞는 대학 입학 및 진로지원</td><td>달성여부</td><td>■ 달성 □ 미달성</td><td>척도점수 변화정도</td><td>① ② ③ ④ ⑤</td></tr>
<tr><td colspan="2">실천계획</td><td colspan="4">변화내용</td></tr>
<tr><td colspan="2">대학 및 학과 선택 관련 진학 상담, 입학 가능 학교 조사</td><td colspan="4">1. 진로탐색 검사를 통해 구체적인 진로상담을 실시함. 상담 결과, 장래희망인 의사가 당사자의 적성과 잘 맞는 것으로 판단됨. 이에 당사자 및 모와 지속적 상담을 진행하여 진로계획을 수립함.
2. 인근 대학생 봉사자(의대생)를 멘토로 연결하여 대학 진학에 실질적인 도움을 주도록 하였음. 담임교사 및 대학생 봉사자, 사례관리자가 성적 장학금을 토대로 입학 가능한 학교를 조사하며 대학 진학을 할 수 있도록 지원함.</td></tr>
<tr><td colspan="2">입학원서 및 자기소개서 작성, 지원서 제출</td><td colspan="4">입학 가능한 대학교를 5곳 정도로 추려 멘토, 사례관리자와 함께 입학원서 및 자기소개서를 작성함. 멘토가 지속적으로 피드백을 주며 지원서를 제출할 때까지 도움을 줌.</td></tr>
<tr><td colspan="2">대학등록금 지원 가능 자원 탐색</td><td colspan="4">1. 국가장학금(한국장학재단) 제도 중 소득연계형 국가장학금, 학자금 대출 등을 안내함. 더불어, 당사자의 강점인 높은 성적에 맞는 국가우수장학금에 대해서도 공유함.
2. 소득연계형 국가장학금은 신청 후 선정되어, 1차례 받았음. 국가우수장학금(이공계)도 신청하여 1차례 받았음. 최대 8학기 받을 수 있다고 하여 지속적으로 높은 성적을 유지한다면 꾸준히 받을 수 있을 것으로 사료됨.</td></tr>
</table>

<table>
<tr><td>합의된 목표</td><td>3. 공공/민간 복지서비스 조사 및 신청</td><td>달성여부</td><td>■ 달성 □ 미달성</td><td>척도점수 변화정도</td><td>① ② ③ ④ ⑤</td></tr>
<tr><td colspan="2">실천계획</td><td colspan="4">변화내용</td></tr>
<tr><td colspan="2">저소득 한부모가족 신청을 통해 아동양육비, 고교학비지원, 어린이집 보육료 지원 등 신청</td><td colspan="4">공공복지서비스에 대한 이해가 낮고, 활용하지 못했던 점이 개선됨.
차상위계층으로 선정되어 한부모가족지원법에 의한 복지서비스 지원을 받음. 선우와 진주의 교육지원에 실제적인 도움이 되었음.
경제적인 변화 외 당사자 가정에 필요한 복지서비스를 알아보고 화용할 수 있는 적극성이 나타남.</td></tr>
<tr><td>합의된 목표</td><td>4. 경제활동 준비 (계획서 작성 후 실행과정 중 신규목표 수립)</td><td>달성여부</td><td>■ 달성 □ 미달성</td><td>척도점수 변화정도</td><td>① ② ③ ④ ⑤</td></tr>
<tr><td colspan="2">실천계획</td><td colspan="4">변화내용</td></tr>
<tr><td colspan="2">어머니의 취업과 관련하여 가사 분담</td><td colspan="4">당사자는 어머니의 경제활동 자체를 부정적으로 생각하고 있었음. 그러나 지속적인 상담을 통해 어머니의 경제활동이 단순한 생계유지가 아닌 미래설계를 위한 적극적인 노력이라는 점을 수용함.
어머니가 직업훈련을 받을 수 있도록 가사를 분담하고, 동생의 양육을 돕는 이웃에 대해서도 긍정적인 마음을 갖게 됨.</td></tr>
<tr><td colspan="2">구체적인 취업준비</td><td colspan="4">재사정 과정에서 거주지 문제가 다소 해결되자, 어머니가 취업에 대한 욕구가 더욱 명확해진 것이 확인됨.
향후 진주(둘째자녀)까지 양육하기 위해서는 모의 정기적인 소득이 필요하다고 인식함.
고용노동부 취업성공패키지에 대한 정보를 제공하였고, 어머니가 직접 고용노동부 고용센터에 방문하여 국민취업지원제도에 신청함.</td></tr>
<tr><td colspan="2">진주의 돌봄과제 해결</td><td colspan="4">모의 취업을 위해서는 진주의 돌봄문제를 해결해야 함. 어린이집 보육과 함께 양육을 지원할 수 있는 비공식적 자원(이웃주민)을 확보해 나감.</td></tr>
</table>

<table>
<tr><td rowspan="2">사례관리를 통한 생활의 변화 정도 평가</td><td>척도종류</td><td colspan="3">사전사후 결과 비교</td></tr>
<tr><td>5점 척도
목표달성정도가
① ② ③ ④ ⑤
낮음 ↔ 높음</td><td>1. 안정된 생활 유지
2. 진로상담 후 적성에 맞는 대학 입학 및 진로지원
3. 공공/민간 복지서비스 조사 및 신청
4. 경제활동 준비</td><td>1. ① → ④
2. ① → ⑤
3. ② → ④
4. ① → ④</td><td>5점 척도 검사를 통해 평가 진행함.</td></tr>
</table>

3. 제공된 서비스 및 자원

<table>
<tr><th>합의된 목표</th><th colspan="2">제공기간 및 횟수</th><th>제공된 서비스</th><th>서비스 명</th></tr>
<tr><td rowspan="2">안정된 주거생활 유지</td><td>제공기간</td><td>xx. 4. ~ xx. 12.</td><td>공공서비스</td><td>1) 대한법률구조공단 상담연계
2) 서울금융복지상담센터 연계
3) 동 주민센터 의뢰</td></tr>
<tr><td>횟수</td><td>필요 시, 수시 방문</td><td>민간서비스</td><td>1) 어머니 주변 지인 확인
2) 지역 내 민간자원 확인</td></tr>
<tr><td rowspan="2">진로상담 후 적성에 맞는 대학 입학 및 진로지원</td><td>제공기간</td><td>xx. 4. ~xx. 12.</td><td>공공서비스</td><td>1) 한국장학재단 정보 제공</td></tr>
<tr><td>횟수</td><td>주 1회</td><td>민간서비스</td><td>1) 본 기관 청소년복지서비스 연계
2) 대학지원을 위한 멘토링 연계</td></tr>
<tr><td rowspan="2">공공/민간 복지서비스 조사 및 신청</td><td>제공기간</td><td>xx. 4. ~xx. 12.</td><td>공공서비스</td><td>1) 차상위계층 신청, 선정
2) 공공복지서비스 연계</td></tr>
<tr><td>횟수</td><td>격주 1회</td><td>민간서비스</td><td>1) 경제적 지원: 후원금품 지원
2) 교육비 지원 후원자 개발
3) 교육서비스 연계
4) 가족상담지원</td></tr>
<tr><td rowspan="2">경제활동 준비</td><td>제공기간</td><td>xx. 4. ~xx. 12.</td><td>공공서비스</td><td>1) 고용노동부 교육복지센터 국민취업지원제도 정보 제공</td></tr>
<tr><td>횟수</td><td>수시/주1회/격주1회</td><td>민간서비스</td><td>1) 선우가 어머니의 취업에 긍정적인 사고를 할 수 있도록 유도
2) 모와 함께 진주의 양육지원을 할 수 있는 비공식적 자원 확보</td></tr>
</table>

4. 가계도·생태도 개입 전/후 비교

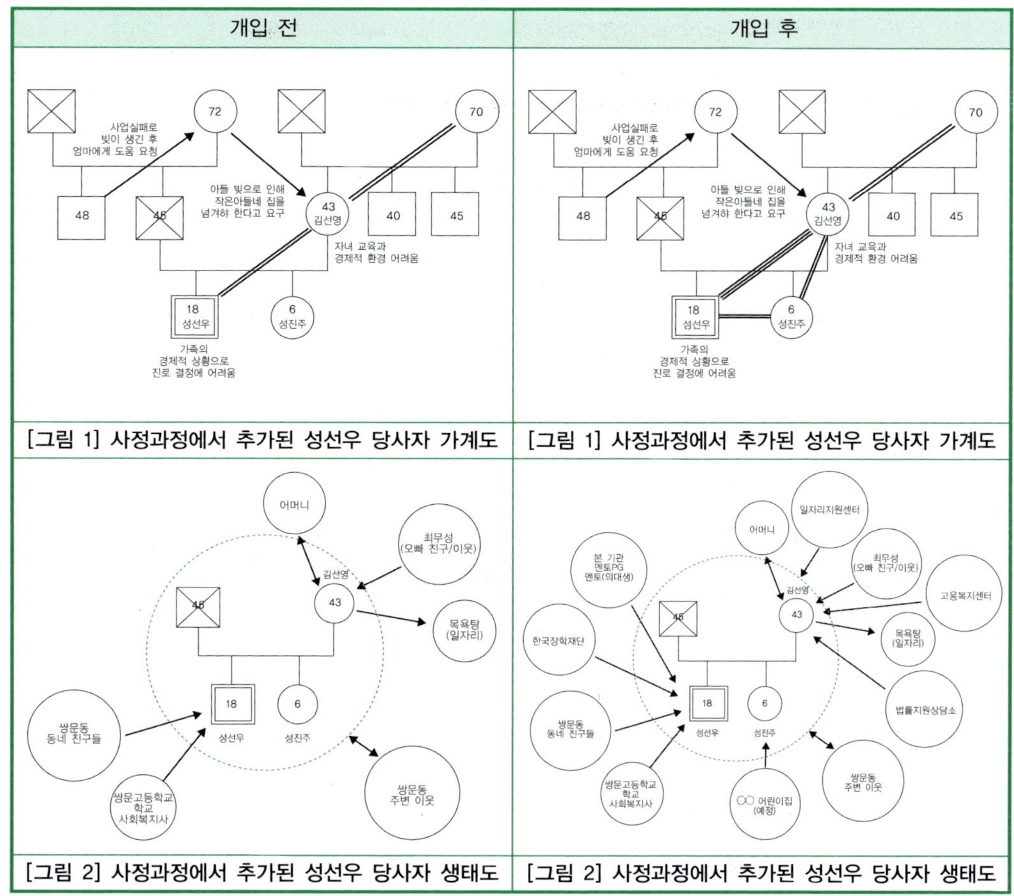

[그림 1] 사정과정에서 추가된 성선우 당사자 가계도

[그림 1] 사정과정에서 추가된 성선우 당사자 가계도

[그림 2] 사정과정에서 추가된 성선우 당사자 생태도

[그림 2] 사정과정에서 추가된 성선우 당사자 생태도

5. 클라이언트 만족도 평가

항 목	매우 그렇다	그렇다	보통이다	그렇지 않다	매우 그렇지 않다
1. 연계된 자원과 서비스의 양에 대해 만족하는가?		○			
2. 연계된 자원과 서비스의 질에 대해 만족하는가?		○			
3. 사회복지사가 사례관리 전반적인 과정에 대해 충분히 안내하였는가?	○				
4. 사회복지사가 나의 상황을 해결하기 위해 책임을 다했는가?	○				
5. 사례관리 모든 과정에 나의 의견이 충분히 반영되었고, 주체적으로 참여할 수 있었는가?	○				

6. 사례관리 평가결과 및 사유

사례판정(회의) 결과	■ 종결 □ 사례관리 유지(□ 재사정 □ 해당없음) □ 의뢰
	1. 사례관리 평가 내용을 종합해 보았을 때, 당사자 가족이 스스로 복지서비스 및 복지자원을 활용하여 지역 내 자립적으로 생활할 수 있는 역량을 갖추었다고 판단함. 사례회의에 참석한 사회복지사 전원 동의함(사례회의록 참조). 2. 종결 후 3개월 간 사후관리 실시

※ 본 양식의 내용은 가상의 인물로 구성되었습니다.

사례관리 종결 보고서

<table>
<tr><td>사례번호</td><td>xx-01</td><td>사례관리자</td><td>이재혁</td></tr>
<tr><td>당사자</td><td>성선우</td><td>연락처</td><td>(집) 010-1234-5678
(모) 010-1988-1999</td></tr>
<tr><td>주 소</td><td colspan="3">서울특별시 도봉구 쌍문동 응답주택 19번지 88</td></tr>
<tr><td>사례관리 기간</td><td colspan="3">20xx. 3. ~ 20xx. 1.</td></tr>
<tr><td>종결 유형</td><td colspan="3">■ 상황호전(목표달성)
□ 사망
□ 시설입소
□ 타 지역 이전
□ 거절이나 포기
□ 연락두절
□ 불성실한 참여
□ 타 기관으로 의뢰
(기관명: / 의뢰일:)
※의뢰 사유:
□ 기타( )</td></tr>
<tr><td>담당자 의견</td><td colspan="3">*자세한 내용은 평가보고서 및 사례회의록 참고

합의된 목표를 대부분 수행한 점, 당사자 및 당사자 가정의 강점으로 충분히 경제적 · 정서적 · 사회적 · 심리적 자립이 가능하다고 판단함.
당사자 가족들의 의견도 동일함에 따라 종결평가 사례회의를 거친 후 최종적으로 종결을 결정함.</td></tr>
</table>

※ 본 양식의 내용은 가상의 인물로 구성되었습니다.

사례관리 사후관리 보고서

<table>
<tr><td>당사자</td><td colspan="2">성선우</td><td>생년월일</td><td>20xx. 9. 17.</td></tr>
<tr><td>등록일</td><td colspan="2">20xx. 3.</td><td>종결일</td><td>xx. 1.</td></tr>
<tr><td>주소</td><td colspan="2">서울특별시 도봉구 쌍문동
응답주택 19번지 88</td><td>전화번호</td><td>010-1234-5678</td></tr>
<tr><td rowspan="3">1차
사후관리</td><td>날짜</td><td>xx. 2. 7.</td><td>방법</td><td>■전화상담 □내방상담
□가정/방문상담 □기타</td></tr>
<tr><td>접촉대상</td><td colspan="3">■본인 ■가족( ) □기타</td></tr>
<tr><td>현상황
요약</td><td colspan="3">1) 당사자: 대학 입학 준비
- 대학 입학이 확정되어 정서적으로 안정되어 있고, 대학생활에 대한 큰 기대감을 갖고 있음.

2) 모: 직업훈련에 참여하고 있음
- 국민취업지원제도에 참여하여 현재는 직업훈련을 받고 있음. 또한 한식조리사 자격증에 도전할 예정임.</td></tr>
<tr><td rowspan="3">2차
사후관리</td><td>날짜</td><td>xx. 3. 24.</td><td>방법</td><td>■전화상담 □내방상담
□가정/방문상담 □기타</td></tr>
<tr><td>접촉
대상</td><td colspan="3">□본인 ■가족( ) □기타</td></tr>
<tr><td>현상황
요약</td><td colspan="3">1) 당사자: 대학생활 시작
- 대학생활이 시작되어 매우 바쁘게 지내고 있음. 원하는 대학에 입학하여 매우 만족스러움.

2) 친모: 재혼합의
- 별도의 결혼식을 올리진 않았지만, 가족들 간에 재혼을 합의하였음. 재혼으로 인해 고민해야 할 것들이 많아 취업주납를 다소 미룰 것도 고려중임. 경제적인 문제가 해소되었어도 자기개발에 대한 관심이 생김에 가족들과 상의하고 있음.</td></tr>
<tr><td>담당자
종합의견</td><td colspan="4">사후관리 진행결과 사례관리 종결 이후에도 당사자의 강점을 기반으로 안정적으로 생활하고 있는 것이 확인됨. 최종적인 종결을 확정함.</td></tr>
<tr><td>추후계획</td><td colspan="4">□재개입 □타 기관 의뢰( )
■종결확정 □기타</td></tr>
<tr><td>사례관리자</td><td colspan="2">이재혁</td><td>작성날짜</td><td>20xx. 2. 7.
20xx. 3. 24.</td></tr>
</table>

※ 본 양식의 내용은 가상의 인물로 구성되었습니다.

에필로그

신빛나

“이야기가 있는 현장의 사례관리”를 집필하는 것은 우리가 ‘이상’을 ‘상상’하고, 그것이 ‘현상’이 되는 3상을 경험하는 과정이었습니다. 이렇게 에필로그를 작성하며 “사회복지사는 삼상(三想)을 품으라”는 스승님의 말씀이 생각났습니다.

직원들과 함께 사례집도 아닌 전공서적을 집필하는 이 모험에 가까운 도전이 시작되고, 고생끝에 책이 완성…. 그리고 그 책이 판매가 되고 있다는 것은 우리가 상상했던 것들이 현상이 되는 기적 같은 일이었습니다.

이것이 가능했던 것은, 우리가 어렵기만 한 사례관리의 배움에서 연구자들의 이론적 지식이 중심이 되는 것이 아니라 사례관리자들의 지혜가 담긴, 즉 현장의 이야기 담긴 사례관리 전공서적이 있었으면 좋겠다는 이상을 꿈꾸어 보았기 때문입니다. 우리의 이러한 이상을 아셨던 이준우 교수님께서는 저희에게 현장에서 있었던 이야기들을 각자의 컴퓨터에만 쳐 박아두지 말고, 현장을 위해서 다시 사용하면 좋겠다고 설득하셨고 그렇게 지식과 지혜가 결합 된 “이야기가 있는 현장의 사례관리”가 태어났습니다.

그리고 그렇게 몇 년이 흘러 신정출판사로 부터 개정판 작업도 제안을 받았습니다. 사실 저희가 개정판까지는 욕심내지 않았기에 이 또한 기적 같은 제안이었지만, 당장 눈앞에 닥친 업무들로 인해 직원들에게 그 고생길(?)을 또 가자는 말이 쉽게 나오지 않았습니다. 망설이는 부장에게 일부 사회복지사들이 함께 집필 할 사람들을 자발적으로 모아오면서 초판도 시작이 되었는데, 개정판도 부장을 설득한 것은 사회복지사들이었습니다.

처음에는 초판의 수정·보완으로 진행 할 계획이었지만, 정기적인 스터디를 지속하면서 집단지성의 힘을 다시 한번 느끼며 전면 개정판이 되었습니다. 수정· 보완만으로는 현장의 이야기를 전할 수 없었기 때문이었습니다. 완성도로 따지자면 시중에 이미 좋은 사례관리 서적이 많이 있지만, "이야기가 있는 현장의 사례관리"에는 이렇게 시작부터 책이 나오기까지 그 모든 과정에 사회복지사들의 소중한 이야기가 담겨져 있습니다. 이 이야기가 단지 우리들만의 이야기가 아니라, 이 이야기들이 많은 사회복지사들에게 공감되는 이야기가 되고, 그것이 다시 전문성으로 승화되어 복지 당사자와 변화를 꿈꾸는 데 활용되기를 진심으로 소망해 봅니다.

개정판 에필로그의 마지막으로 첫 번째 이야기에 함께 한 김상은, 김수정, 김다슬, 안하은, 최요섭, 고현수 사회복지사에게 깊은 감사의 마음을 전합니다.

한종민

"이야기가 있는 현장의 사례관리"개정작업에 참여하며 몇 년 전 담당했던 사례관리 당사자들과의 기억이 수없이 떠올랐습니다. 함께 고민했던 기억, 함께 노력했던 기억, 함께 울고 함께 웃었던 기억까지, 정말 많은 일이 있었습니다. 그 끝엔 당사자의 더 나은 삶을 위했던 나날들이 당사자의 변화와 성장뿐만 아니라 저에게도 사회복지사로서 성장하게 한 날들이라는 생각이 들었습니다.

사회복지현장은 새로운 욕구, 문제, 도전 등에 따라 언제나 변화합니다. 사례관리에 대한 관점과 실천의 방식 또한 함께 변화하며 당사자의 지원을 위한 노력을 지속해야 합니다. 이 책 또한 이러한 변화의 한 발자국이 되길 바라는 마음으로 참여했습니다.

사례관리는 단순히 문제를 해결하는 것이 아닌, 당사자의 삶의 맥락을 이해하고 그에 맞는 최선의 방법을 모색하는 과정이라고 생각합니다. 그 최선의 방법을 찾아감에, 우리복지관의 사례관리 경험이 이 책을 접하는 사람들이 사례관리의 중요성을 느끼고, 각자의 현장에서 실천할 수 있는 힘이 되길 바랍니다.

권예솔

"이야기가 있는 현장의 사례관리" 개정판 작업을 시작하며, 처음 이 과정을 시작했던 동료들이 떠올랐습니다. 사회복지사로서 가치와 이상을 현장의 목소리로 담아내기 위해 함께 고민하고 노력했던 그 시간이 얼마나 소중하고 특별했는지 느낄 수 있었습니다. 한 권의 책으로 담아내기에는 더 많은 이야기와 노력이 있었을 것입니다. 다시 한번 도전하고 노력해 준 동료들에게 감사한 마음을 전합니다.

이번 개정판 작업을 통해, 저 또한 동료들과 경험을 나누고 가치를 찾아가는 귀한 시간을 보낼 수 있었습니다. 단순히 책을 다듬는 것이 아닌 제가 경험한 사례관리와 함께했던 당사자들을 떠올리며, 바쁘다는 이유로 잊고 있었던 사회복지사로서의 가치를 돌아보는 계기가 되었습니다. 사례관리는 단순히 당사자를 지원하고 자원을 연결하는 기술이 아닌, 당사자의 이야기에 진심으로 귀 기울이고, 강점을 발견하여 스스로 변화의 주체가 될 수 있도록 함께하는 동행입니다. 그 과정에서 무엇보다 중요한 것은 당사자를 향한 진심, 그리고 신뢰와 협력이라 생각됩니다.

이 책이 사회복지사로서 가치를 고민하는 누군가에게는 작은 도움으로, 아직 그런 고민을 시작하지 않은 누군가에게는 새로운 질문으로 다가가기를 바랍니다. 또한, 이 책을 읽는 모든분들이 사회복지사로서 사례관리를 어떻게 해야 하는지에 대해 깊이 고민하며, 자신만의 진솔한 답을 찾아갈 수 있기를 소망합니다.

끝으로, 제가 걸어온 사회복지사의 길 속에서 늘 함께해준 당사자분들, 함께 고민하며 힘이 되어준 동료들, 그리고 아낌없는 조언을 주신 선배 사회복지사들께 깊은 감사의 마음을 전합니다.

윤수현

"이야기가 있는 현장의 사례관리"는 2년 동안 사례관리 업무를 하며 당사자를 마주하는 모든 과정에서 저에게 큰 힘이 되어준 책입니다. 사례관리자로서 어려움을 느낄 때마다 펼쳐보며 많은 가르침을 얻었던 기억이 납니다. 또한, 동료들과 함께한 스터디, 대학생 예비사회복사를 교육하는 과정에서 사용하며, 사례관리에 대한 저만의 정의를 내리고 틀을 세우는 일에 큰 도움 받았습니다.

이 책은 사례관리의 근본 원칙은 충실히 담아내면서도, 현장에서 마주하는 다양한 상황에 유연한 대처법을 제시한다는 점에 있어 사례관리 비법서라고 말하고 싶습니다. 이번 개정판 작업에 참여하면서, 저의 사례관리 경험을 되돌아보고 긍정적으로 변화된 당사자와 다시 한번 연락하는 귀한 시간도 가질 수 있었습니다. 또 선배 사회복지사들의 경험에 제 경험과 관점을 더할 수 있어 뜻깊었습니다. 이 개정판을 통해 더 많은 예비사회복지사들이 사례관리 현장을 꿈꾸고, 동료들이 사례관리에 대한 해답을 얻을 수 있길 희망합니다.

끝으로, 이 책에 담긴 모든 이야기의 주인공들, 그들의 삶을 우리와 공유해주신 당사자들에게 깊은 감사를 전합니다. 또한, 이 책의 탄생과 성장에 기여해주신 모든 동료와 선배 사회복지사 분들께도 진심으로 감사의 인사를 드립니다. 사례관리는 정답이 없다고 생각합니다. 그러므로 현장에서 사례관리를 실천하고 계신 모든 분들이 더욱 풍성한 경험과 새로운 사례관리 이야기를 써 내려가시길 응원하겠습니다.

박해원

이번 개정 작업은 사회복지사로서 사례관리에 대해 다시 한 번 마음을 다잡고 깊이 생각해 볼 수 있었던 소중한 시간이었습니다. 저는 사례관리 사업을 담당하지 않았지만, 마을중심 사회복지 실천을 하며 마을 안의 다양한 사례들을 직간접적으로 접해오고 있습니다. 이러한 과정에서 항상 느꼈던 점은, 사례관리는 언제나 어렵고 많은 고민을 동반한다는 점이었습니다.

이러한 고민들을 안고 이번 책 개정 작업에 참여하게 되었습니다. 무엇보다 이 책이 단순히 이론을 전달하는 데 그치지 않고, 현장의 사회복지사들에게 실질적인 도움과 위로가 되기를 바라는 마음으로 작업했습니다. 직접 사례관리를 담당하는 사회복지사들에게는 큰 공감과 지지를, 간접적으로 사례관리를 접하는 사회복지사들에게는 앞으로의 길잡이가 되어줄 수 있기를 바랍니다. 사례관리는 각기 다른 상황 속에서 고유한 어려움을 가진 당사자들을 만나며, 늘 고민하고 길을 찾아가는 과정이라는 것을 다시금 깨닫게 됩니다.

책을 준비하며 가장 많이 떠올렸던 것은 바로 현장에서 묵묵히 자신의 역할을 다하는 사회복지사분들이었습니다. 복잡하고 어려운 사례 속에서도 포기하지 않고 해답을 찾아가는 노력과 헌신이 있었기에, 이 책도 한 걸음 더 나아갈 수 있었다고 생각합니다.

현장은 언제나 새로운 과제와 도전을 안겨줍니다. 하지만 그 속에서 고민하고 애쓰며 나아가는 모든 사회복지사분들이야말로 진정한 변화의 주체라고 생각합니다. 이 책이 그 여정에 작은 힘이 되기를, 함께 걸어가는 동료로서 서로에게 용기와 응원이 되기를 진심으로 바랍니다.

홍성표

"이야기가 있는 현장의 사례관리" 개정판 집필을 마무리하며, 2020년에 처음 사회복지현장에 발을 내딛었을 때가 생각이 났습니다. 2020년 광교종합사회복지관에서 첫 걸음을 시작하게 되었고, 선배 사회복지사님들이 집필한 "이야기가 있는 현장의 사례관리" 초판을 읽으며 사례관리에 대한 개념을 정리할 수 있었습니다. 특히, 현장의 선배 사회복지사님들의 실천 이야기가 담긴 책으로 더욱 이해도를 높일 수 있었습니다.

이후, 5년의 시간이 지났습니다. 시간이 지나며 저는 어엿한 사례관리 실천가로 성장할 수 있었고, 그 과정 속에 "이야기가 있는 현장의 사례관리" 책과 항상 함께였습니다.

책 발간 5주년을 맞이하여 개정판 발간 작업에 참여하였습니다. 개정판 발간 작업을 진행하며, 5년 간 진행한 사례관리실천을 돌아볼 수 있었으며, 현장의 이야기를 담을 수 있었습니다.

마무리하며, 이 책이 사회복지현장에서 활동하시는 분들에게 유용한 길잡이가 되기를 희망합니다. 감사합니다.

이건욱

처음 사례관리자가 되었을 때, 저는 기대와 설렘만큼이나 많은 걱정을 안고 있었습니다. "과연 내가 이 역할을 잘 해낼 수 있을까?"라는 생각이 머릿속을 떠나지 않았습니다. 각기 다른 상황과 어려움을 가진 당사자를 만나 그분들의 이야기에 귀 기울이고, 당사자 개개인별에 맞는 사례관리 계획을 수립하는 것이 결코 쉽지 않다는 것을 실감하며, 자주 막막함을 느끼곤 했습니다. 당사자의 상황을 파악하고 사례관리를 진행하는 과정은 항상 새로운 도전으로 생각되었습니다. 무엇보다도, 제가 전하는 작은 조언이나 행동이 과연 그분들의 삶에 긍정적인 변화를 만들어낼 수 있을지 스스로 확신하지 못할 때, 두려움과 부담감이 더 커지기도 했습니다.

이런 상황에서 이 책의 개정 작업에 참여하게 되었을 때, 과연 제가 그런 역할을 맡을 만큼 충분한 역량을 갖추었는지에 대한 걱정이 많았습니다. 사례관리를 시작한지 얼마 되지 않은 제가 이런 중요한 작업을 맡게 되었을 때, 기대감과 함께 큰 부담으로 다가왔습니다. 처음에는 제 자신이 부족하다고 느꼈기에 부담스러웠지만, 이 작업을 통해 저는 사례관리자로서 한 단계 더 성장할 수 있는 기회로 작용했습니다. 개정 작업을 진행하며 책의 각 챕터를 다시 읽고 다듬는 과정에서, 사례관리에 대한 지식과 이해를 더욱 깊이 있게 학습할 수 있었습니다. 이를 통해 사례관리 과정별로 중요한 사항들을 다시 한 번 확인하고, 실무 현장에서 놓치기 쉬운 부분들을 되돌아볼 수 있는 좋은 시간이 되었습니다. 이번 개정작업을 통해 제가 현장에서 느꼈던 고민들이 단지 저만의 어려움이 아니었으며, 많은 사회복지사들도 비슷한 고민을 마주하고 있다는 사실도 알 수 있는 시간이 되었습니다.

끝으로, 이번 개정 작업은 제게 단순한 업무를 넘어 사례관리자로서 스스로를 돌아보고 성찰할 수 있는 소중한 기회였습니다. 처음 사례관리자가 되었을 때 느꼈던 막막함과 고민들은 저 혼자만의 어려움이 아니었으며, 많은 사회복지사들이 비슷한 도전과 성장을 경험하고 있음을 깨달을 수 있었습니다. 개정 작업을 통해 사례관리의 과정별로 중요한 요소를 다시 한번 점검하며, 제 역할에 대한 책임감을 더욱 깊이 새길 수 있었습니다. 앞으로도 사례관리자로서 더 배우고, 성장하며, 현장에서 실천을 이어나가도록 하겠습니다.

이재혁

지역팀에서 마을을 중심으로 사회복지사업을 실천하는 사회복지사로서, 사례관리 책의 개정 작업에 참여하면서 많은 깨달음을 얻었습니다. 처음에는 지역팀인 제가 이 작업에 어떻게 도움이 될 수 있을지, 또 어떤 도움을 받을 수 있을지 고민이었습니다. 그러나 사례관리 실천 과정에서, 제 업무 현장인 '마을'이 가진 특성에 대해 새롭게 실감할 수 있었습니다. 사례관리 과정에서 사례관리자는 여러 방법을 고민하게 되는데, 마을에는 이미 많은 방법들이 존재하고 있다는 사실을 알게 되었습니다. 마을은 다양한 방법론적 시도를 가능케 하는 자원들의 보물창고이자, 사례관리 후에도 당사자의 삶에 지속적인 변화를 이끌어 낼 수 있는 동력원입니다. 이렇듯 마을이 가진 역할과 중요성을 다시 한 번 느낄 수 있었습니다. 또 지역팀이 관계했던 자원과 현재 관계를 맺고 있는 자원 모두가 사례관리 과정에 기여할 수 있다는 점에서, 마을 중심의 사업 실천을 통한 자원 발굴 및 인적 네트워크 형성의 중요성을 깊이 인식하게 되었습니다.

이 책의 개정 작업과 집필에 참여한 여러 사회복지사들이 있습니다. 우리는 서로를 '공동집필자'로 부르며, 작성한 이야기를 공유하고, 다시 논의하며 결말을 완성하기 위해 노력했습니다. 문득, "당사자와 사례관리자가 이런 공동집필자의 관계가 아닐까?" 하는 생각이 들었습니다. 현장에서 사례관리자는 '당사자'라는 복합적인 장르가 담긴 이야기를 읽습니다. 그 이야기는 감동과 교훈을 주기도 하고, 수수께끼 같은 전개로 고민을 안겨주기도 하며, 때로는 큰 긴장감을 유발하기도 합니다. 중요한 것은, 이러한 당사자의 이야기가 아직 결말을 맺지 않았다는 점입니다. 그래서 당사자와 사례관리자는 공동집필자로서 남은 이야기를 함께 써 내려갈 수 있습니다. 이처럼 사례관리 실천은 당사자와 서로의 생각을 공유하고, 다시 논의하며, 하나의 작은 에피소드를 함께 만들어 가는 과정이라고 느끼게 되었습니다.

이러한 에피소드는 당사자의 삶 전체에 비하면 짧은 분량일 것입니다. 그러나 그 짧은 순간이 당사자의 남은 삶에 지속적인 영향을 미치는 전환점이었기를 바랍니다. 본 기관을 거쳐 간 당사자 분들의 삶이 앞으로도 이러한 이야기들로 가득 차기를 기도합니다. 이 책을 읽는 분들이 사례관리에 대한 기초적인 이론은 물론, 현장이 들려주는 이야기 속 실천적 가치와 그 중요성을 깊이 인식하는 데에 도움이 되셨으면 좋겠습니다.

여지숙

벌써 현장 31년차입니다. 수년간 현장에 있으면서 사례관리는 항상 어려운 숙제 같은 느낌이었습니다. 사례관리가 사회복지실천 현장에 등장한 것은 30년이 넘었고, 지금은 민간영역뿐 아니라 공공영역에서도 실천의 주요 방법으로 강조되고 있습니다.

그러나 현장의 사례관리자들은 여전히 사례관리 실천을 어려워하고 있으며, 사회복지를 전공하는 학생들 또한 사례관리의 지식과 기술을 습득하고 구체화하는 것을 어려워하고 있습니다.

이에 사회복지실천의 경험을 살려 광교종합사회복지관 직원들과 함께 좀 더 쉽게 현장의 사례관리 과정을 이해할 수 있도록 엮었습니다. 부디 이 책이 사회복지를 전공하는 학생뿐 아니라 현장의 실천가에게도 유용한 참고 교재가 될 수 있을 것으로 기대합니다.

이 책이 나오기까지 직원들을 독려하고 일정을 지키면서 수많은 밤을 새워가며 원고를 쓴 신빛나 부장께 감사한 마음을 전하고 그 외 자신의 업무가 있음에도 불구하고 자신에게 맡겨진 원고를 쓰느라 고생한 참여 직원들에게도 감사의 마음을 전합니다. 이러한 과정이 분명히 소중한 경험이 되었으리라 확신합니다. 또한, 아낌없는 자문을 주시고, 책다운 책으로 만들어주신 이준우 교수님께도 무한 감사를 드립니다.

앞으로 광교종합사회복지관은 지역구성원들이 가진 가능성에 대한 믿음을 바탕으로 그들의 동반자로서 역할을 충실히 해나가고, 지역사회 행복을 구현하도록 최선을 다하고 노력하겠습니다.

이준우

책의 마지막을 모두 다 정리하고 출판사로 제2판 원고를 넘기려고 보니 초판의 저자들 중 몇몇이 빠지고 새롭게 함께 한 신진 필진들이 있음을 보았습니다. 초판 작업을 하면서 성장했던 사회복지사들이 한 차원 더 높고 넓은 업무를 맡기 위해 승진하여 타 시설들로 옮겨 갔습니다. 이번 제2판 작업에서 큰 역할을 한 공동 저자들 가운데서 초판 때, 신참에 속했다가 어느 덧 부서의 핵심 지도자로 성장하여 집필의 과정에서 든든하기도 했습니다. 이 책이 사람들을 성장시키는 촉매제가 되는 것 같아 기쁨을 느꼈습니다.

문득 박노해(2021)가 찍고 쓴 사진 에세이 〈길〉이라는 책에 있는 몇 문장의 글이 생각났습니다.

“우리 모두는 길 위의 사람들. 길은, 인간의 길이다. 인생이란 끝없이 갈라지는 두 갈래 길에서 고뇌하고 결단하는 선택의 연속이다. 그리하여 내가 걷는 그 길을 따라 하루하루 달라져 가는 쉬임 없는 생성의 존재가 나, 인간이다. … 중략 … 세상에서 가장 괴롭고 비참한 자는 길을 잃어버린 자다. 길을 잃고 나를 잃고 희망이 없는 자다. 우리가 길을 잃어버린 것은 길이 사라져 버려서가 아니다. 너무 많은 길이 나 있기 때문이다. 우리가 앞이 보이지 않는 것은 어둠이 깊어져서가 아니다. 너무 현란한 빛에 눈이 멀어서이다. 우리가 희망이 없다는 것은 희망을 찾지 못해서가 아니다. 너무 헛된 희망을 놓지 못해서이다.”

사례관리 실천이라는 길을 찾아 나름 열심히 책을 집필하였습니다. 정말 고마운 것은 길이 필요한 사람들에게 길을 찾아 줄 수 있는 하나의 방편을 ‘사례관리’라는 명목으로 제시할 수 있었다는 것입니다. 물론 앞으로도 길 찾기는 계속될 수밖에 없을 것입니다.

끝으로 가슴에 무거운 짐으로 남겨진 과제를 독자들에게 말씀드립니다. 그건 '필요에 기반을 둔 사정을 사례관리 실천과정의 핵심'으로 설명했던 이 책의 사례관리가 아직도 완전하지 못한 부분이 있다는 것입니다. '필요의 사정'이란 무엇보다도 자칫 전문가적 권력의 행사가 될 가능성이 크기 때문입니다. 사례관리를 수행하는 사회복지사가 복지당사자와 이야기를 할 때, 사용하는 언어에서조차 그러한 권력의 행사가 드러날 수 있는 것입니다. '서비스이용자' 또는 '클라이언트'라고 불리는 사람들을 만나게 되면서, 사회복지사들은 이들의 필요를 사정합니다. 바로 이때, 사회복지사는 복지당사자의 필요를 왜곡하거나 서비스공급 중심으로 규정할 가능성이 크다는 것입니다.

'필요의 엮음'에서 '사람의 엮음'으로 확장하는, 그래서 진정한 사회적 지지체계 형성을 지향하는 '복지당사자 권리 중심의 사례관리'를 시도는 하였으나, 여전히 보다 구체적이면서도 분명하게 구현해내지 못한 아쉬움이 있습니다. 향후 이 부분을 중점적으로 고민하며 보완을 준비해갈 것을 독자들에게 약속드립니다. 또한 초판 작업 때와 마찬가지로 여지숙 관장과 신빛나 부장의 적극적인 노력이 있었기에 이 책이 세상에 나올 수 있었음을 밝히며, 거듭 고마운 마음을 전합니다.

저자들을 대신하여 독자 여러분께 감사한 마음으로 엎드려 이 책을 드립니다.

참고문헌

[문헌자료]

교남소망의집 (2004). **정신지체인의 사례관리와 사정도구**. 서울: EM실천.

권지성, 염태산 (2019). **사회복지실천가와 연구자를 위한 사회복지 실천 질적 평가방법론**. 고양: 공동체.

권진숙, 김성천, 유명이, 이기연, 조현순, 함철호 (2019). **사례관리 전문가 교육 실무자 기초과정**. 서울: 한국사례관리학회.

권진숙, 박지영 (2009). **사례관리의 이론과 실제**. 서울: 학지사.

경기복지재단 (2024). 2024년도 경기도형 사회복지시설 평가 사회복지관 평가지표.

김상곤, 김연수, 김진경, 김혜성, 민소영, 박용수, 박지영, 박호준, 백은령, 안희정, 유서구, 윤철수, 전석균, 조현순, 황미경, 황미영, 황재경 (2016). **사례관리 전문가 심화과정교육**. 한국사례관리학회. 서울: 학지사.

김용득 (2017). 장애인서비스기관, 혁신과 성장을 論하다. **한국장애인복지학**, 37, 33- 56.

김통원, 김용득, 강종식, 김미옥, 김종범, 장정은, 이근희, 백형의 (1998). **사회복지실천 사례관리**. 서울: 지샘.

민소영 (2012). 사회복지사가 경험한 강점 관점 사례관리 실천: 영유아 빈곤가정을 대상으로. **사회복지연구**, 43(1), 275-304.

박미은 (2015). **사회복지사를 위한 사례관리**. 파주: 양서원.

박용억, 황성하, 최연희, 김현미, 김현실, 전은영, 민애경, 서부덕, 이계희, 이혜경 (2005). 노인요양보장제도에 있어서 케어매니저 양성을 위한 교과과정개발. **대한케어복지학**, 1(2), 89-117.

보건복지부 (2014). 희망복지지원단 통합사례관리 실천 가이드. 희망복지지원단 중앙지원센터. 세종: 복건복지부.

보건복지부 (2018a). 2018년 희망복지지원단 업무 안내. 세종: 보건복지부.

보건복지부 (2024) 2024년도 사회복지시설 평가 사회복지관 평가지침.

보건복지부, 중앙사회서비스원(2024). 2024년 사회복지시설평가 사회복지관 평가지침.

보건복지부 (2024). 찾아가는 보건복지서서비스 업무 안내. 세종: 보건복지부.

보건복지부 (2024). 희망복지지원단 업무 안내. 세종: 보건복지부.

배유진·오현성·김정수·김성우(2024). 정신건강사례관리시스템(MHIS) 현황분석 및 데이터 활용방안. 한국사회보장정보원.

사회복지교육연구센터 (2013). **사회복지실천론**. 서울: 나눔의집.

서울시복지재단 (2024). 서울시 사회복지관 평가안내 자료집.

서울시장애인복지관협회 (2017). 서울시 장애인복지관 경력직원 사람중심서비스계획 교육자료.

서진환, 이선혜, 정수경 (2001). **현대사회복지실천이론**. 파주: 나남출판.

설진화 (2009). **사례관리론**. 파주: 양서원.

신재은, 김수영, 강미경, 이선숙, 김주연 (2019). **공공통합사례관리** 면접가이드 개발Ⅱ: 계획부터 종결까지. 수원: 경기복지재단.

수원시사회복지관사례관리자네트워크 (2020). 수원시 사회복지관 사례관리자를 위한 실천 지침서 Ver.3.0 '현장에서 배우는 사례관리'.

양옥경, 김정진, 서미경, 김미옥, 김소희 (2002). **사회복지실천론**. 파주: 나남출판.

양정남, 권구영, 김화선, 최은정, 한혜경 (2009). **사례관리**. 파주: 양서원.

엄명용, 김성천, 오혜경, 윤혜미 (2014). **사회복지실천의 이해**. 서울: 학지사.

엄명용, 노충래, 김용석 (2008). **사회복지실천 기술의 이해 2판**. 서울: 학지사.

우수명 (2024). **사회복지 프로그램개발과 평가**. 서울: 공동체.

원석조 (2001). **사회복지정책학원론**. 파주: 양서원.

윤재영 (2017). 성공적인 사람중심지원을 위한 객관적인 조건들-서비스의 質을 담아내는 핵심 성공 지표. 장애인자립생활모델연구개발 지원사업 자료집.

윤재영 (2019). 사람중심계획핸드북: 희망으로 여는 새로운 계획. 한국장애인복지학회·한국장애인자립생활센터청연합회.

윤철수, 김연수 (2014). 사례관리 표준안에 관한 탐색적 연구. **사례관리연구**, 5(1), 17-44.

윤철수, 김연수 (2016). 사회복지 사례관리 표준실천지침에 대한 제안. 2016 한국사례관리학회 춘계학술대회 자료집.

윤현숙, 김기환, 김성천, 이영분, 이은주, 최현미, 홍금자 (2001). **사회복지실천 기술론**. 서울: 동인.

이광재 (2003). **의료사회사업론**. 서울: 인간과복지.

이근홍 (1998). **케이스 매니지먼트**. 서울: 대학출판사.

이근홍 (2006). **사회복지실천 개별관리**. 고양: 공동체.

이애련, 이권일, 전남련, 김미자, 이은화, 정현숙, 김덕일 (2009). **지역사회복지론**. 파주: 학현사.

이영분, 김유순, 신영화, 최선령, 최현미 (2015). **가족상담과 가족치료**. 서울: 학지사.

이원숙 (1995). **사회적망과 사회적 지지이론**. 서울: 홍익제.

이원숙 (2014). **사회복지실천론**, 서울: 학지사.

이종복, 이권일, 김화순, 오은경 (2007). **사례관리의 이론과 실천**. 서울: 창지사.

이준영 (2007). 사회복지 네트워크의 이론과 과제. 한국사회복지행정학회 춘계학술대회 자료집, 3-34.

이준우 (2009). **사회복지실천 기술론**. 서울: 파란마음.

이준우 (2012). **장애인복지정책과 실천**. 파주: 나남출판.

이준우, 이화옥, 임원선 (2006). **사회복지실천론**. 서울: 인간과복지.

이준우, 임원선 (2011). **전문사회복지실천론**. 서울: 인간과복지.

이준우, 최희철 (2020). **사례관리론**. 서울: 신정.

이준우, 홍유미, 김연신, 신빛나, 이현아, 임수정 (2011). **전문 사회복지사를 위한 사회복지 용어사전**. 고양: 서현사.

장수미, 이선민, 문용준 (2006). 성폭력이 의심되는 여아의 위기개입. **정신보건과 사회사업, 22**(4), 287-303.

장인협, 우국희 (2001). **케어 · 케이스매니지먼트**. 서울: 서울대학교출판부.

장재웅, 김경민, 장순욱 (2020). 장애인복지관의 사람중심계획에 대한 제도적 문화기술지: 서울시립남부장애인종합복지관 사례를 기반으로. **한국사회복지질적연구학회, 14**(2), 33-61.

전남련, 신재명, 이권일, 김상조 (2010). **사회복지실천 기술론**, 파주: 학현사.

전지혜 (2018). 일본 니시노미야시의 지역기반 장애인복지 실천 사례연구: 장애인의 일상적 삶은 어떻게 가능한가? **한국장애인복지학회, 40**, 20-235.

정기원, 황창순, 강철희 (2000). **민간복지자원 총량 파악체계 구축방안**. 서울: 보건복지부.

정순둘 (2005). **사례관리실천의 이해**. 서울: 학지사.

최소연 (2019). **사례관리론**. 파주: 양성원.

최희철, 김형모, 문영희, 홍선미, 조승철, 성은미 (2009). **무한돌봄센터 운영매뉴얼**. 수원: 경기복지재단.

한국사례관리학회 (2016). **사례관리론**. 서울: 학지사.

한덕연 (2015). **복지요결 사회사업 원론**. 사회복지 정보원.

행정안전부 (2018). 개인 정보 수집 · 제공 동의서 작성 가이드라인(2018. 3. 개정). 개인 정보보호 포털 홈페이지. 지침자료.

행정안전부·보건복지부 (2020). 2020년 주민자치형 공공서비스 구축사업 찾아가는 보건복지서비스 매뉴얼. 서울: 행정안전부 주민복지서비스 개편 추진단.

홍선미 (2019). 사례관리 정책변화와 과제에 대한 토론문. 한국사회복지학회 학술대회, 2019, 97-100.

홍선미, 민소영, 한소정, 성은미 (2010). **무한돌봄센터 사례관리 매뉴얼**. 수원: 경기복지재단.

홍선미, 이연, 안태숙, 전재현 (2010). **무한돌봄센터 자원 개발 매뉴얼**. 수원: 경기복지재단.

홍선미, 하경희 (2009). 지역사회네트워크 중심 통합사례관리에 대한 탐색적 연구. **한국사회복지행정학**, 11(1), 29-61.

홍현미라 (2006). 지역사회관계망을 활용한 자원 개발경험의 유형에 관한 근거이론 연구. **한국사회복지학**, **58**, 65-69.

홍현미라, 김가율, 민소영, 이은정, 심선경, 이민영, 윤민화 (2010). **지역사회복지론**. 서울: 학지사.

황인매 (2019). 영국 자산접근의 맥락과 동향. 2019 한국장애인복지학회 추계학술대회 자료집.

Bachrach, L. L. (1981). Continuity of care for chronic mental patients: A conceptual analysis. *The American Journal of Psychiatry, 138*(11), 1449-1456.

Ballew, J. R., & Mink, G. (1996). Case management in social work: Developing the professional skills needed for work with multiproblem clients (2nd ed.). Springfield, Ill., USA: Thomas.

Bertsche, A. V., & Horejsi, C. R. (1980). Coordination of client services. *Social Work, 25*(2), 94-98.

Biestek, F. P. (1957). *The Casework Relationship*. Chicago: University of North Carolina Press.

Biestek, F. P. (1957). **케이스워 관계론**. 김만두 역(1992). 서울: 홍익제.

Blau, P. M. (1964). *Exchange and Power in Social Life*. NY: Wiley.

Caplan, G. (1964). *Principles of Preventative* psychiatry. NY: Basic Books.

Coleman, J. S. (1988). Social capital in the creation of human capital. *American Journal of*

Sociology, 94, 95-120.

Compton, B. R. & Galaway, B. (1994). *Social work processes*. Pacific Grove, California.: Brooks/Cole.

Emerson, R. M. (1962). Power-Dependence Relations. *American Sociological Review, 27*(1), 31-41.

Frankel, A. J., & Gelman, S. R. (2003). **사례관리: 개념과 기술**. 권진숙 역 (2004). 서울: 학지사.

Gilliland, B., & James, R. K. (1993). **위기개입**. 한인영, 김연미, 장수미, 최정숙, 박형원, 이소래 공역 (2001). 서울: 나눔의집.

Gronbjerg, K. A. (1992). Nonprofit human service organizations: Funding strategies and patterns of adaptation, In Y. Hasenfeld, Human Services as Complex Organizations, Newbury Park, CA: Sage.

Hardcastle, D., Powers, P., & Wenocur, S. (2004). *Community Practice: Theories and skills for* social workers. Oxford: Oxford University Press.

Helgesen. Ø., & Nesset. E. (2007). Images, Satisfaction and Antecedents: Drivers of Student Loyalty? A Case Study of a Norwegian University College. *Corporate Reputation Review, 10*, 38–59.

Holt, B. (2000). *The Practice of Generalist Case Management*. Boston: Allyn and Bacon.

Intagliata, J. (1982). Improving the quality of community care for the chronically mentally disabled: The role of case management. *Schizophrenia Bulletin, 8*, 655-674.

Jacobs, D. (1974). Dependency and vulnerability. An exchange approach to the control of organizations. *Administrative Science Quarterly, 19*(1), 45-59.

James, R.K., & Gilliand, B. E.. (2005). Crisis Intervention Strategies(8th ed.). Belmount, CA: Thomson.

Johnson, P. J., & Rubin, A. (1983). Case management in mental health: A social work domain. *Social work, 28*(1), 1-12.

Kadushin, A. & Kadushin, G. (2014). *The Social Work Interview*. Fifth Edition. NY: Columbia University Press.

Kagle, J. (1991). *Social work records* (2nd ed.). prespect heights: waveland press.

Keysy, M. W., Owens-Johnson. (2003). Developin person-centered IEPs. *Intervention in School and Clinic, 38*(3), 145-152.

Kirst-Ashman, K. K., & Hull, G. H. (1993). *Understanding Generalist Practice*. Chicago: Nelson-Hall, Publishers.

Kooiman, J. (1994). Modern Governance: *New Government-Society Interactions*. London: Sage.

Kumar, S. (2000). Multidisciplinary Approach to Rehabilitation. Butterworth Heinemann.

Lamb, H. R. (1980). Therapist-case managers: more than brokers of services. *Hospital and Community Psychiatry, 31*(11), 762-764.

Leavitt, S. S. (1982). Case management: A remedy for problems of community care. In C. Sanborn, Case management in mental health services, 17-41. NY: The Haworth Press.

Lindemann, E. (1944). Symptomatology and management of acute grief. *The American Journal of Psychiatry, 101*, 141-148.

Loewenberg, F., & Dolgoff, R. (1996). Ethical Decisions for Social Work Practice (3rd ed.).

Marie W., James M. K.s, & Associates. (1985). *Case Management in Human Service* Practice. San Francisco: Jossey-Bass.

Maslow. A. H. (1943). A Theory of Human Motivation: Originally Published in Psychological Review, 50, 370-396.

Mattaini, M. A., Lowery, C. T., & Meyer, C. H. (1998). **사회복지실천이론의 토대**. 이팔환 외 공역 (1999). 서울: 나눔의집.

McGoldrick, M., Randy, G., & Sylvia, S. (1999). **가계도: 사정과 개입**. 이영분, 김유숙, 정혜정 (2005). 서울: 학지사.

Michael, W. S. (2019). **사람중심계획과 의미있는 삶**. 윤재영, 문영민(2019) 공역. 서울: SDA Korea.

Miley, K. K., O' Media, M., & Dubois, B. (2007). Generalist social work practice, An empowering, approach(5th eds.). Boston: Allyn & Bason.

Mishra, R. (1984). **복지국가위기론: 사회사상과 사회변동**. 김한주, 최경구 공역 (1992). 서울: 법문사.

Moore, S. T. (1990). A social work practice model of case management: The case man-agement grid. *Social Work, 35*(5), 444-448.

Moore, S. T. (1992). Case management and the integration of services: How service delivery systems shape case management. *Social Work, 37*(5), 418-423.

Moxley, D. P. (1989). *The practice of case management*. CA: Sage Publications Inc.

Moxley, D. P. (1989). **효과적인 복지서비스를 위한 사례관리실천론**. 김만두 역 (1993). 서울: 홍익제.

Murer, C. G., & Brick, L. L. (1997). *The case manager's source book: A guide to designing and implementing a centralized case management system*. NY: McGraw-Hill.

NASW. (2013). *NASW Standards for Social Work Case Management*. Washington, DC: National Association of Social Workers Press.

Netting, F. E. (1992). Case Management: Service or Symptom? *Social Work, 37*(2), 160-164.

O'Connor, G. G. (1988). Case management systems and practice. *Social Casework, 69*(2), 97-106.

Pincus, A., & Minahan, A. (1973). *Social work practice: Model and method*. IL: F.E. Peacock Publishers, Inc.

Putnam, R. D. (2000). *Bowling Alone: The Collapse and Revival of American Community*. NY: Simon & Schuster.

Rapp, C. A. (1993). Theory, Principles, and Methods of the Strengths Model of Case Management. In Harris, M. and Bergman, H. C. *Case Management for Mentally Ill Patiets: Theory and Practice*. Langhome, PA: Harwood Academic Publishers, 143-164.

Rapp, C. A., & Goscha, R. J. (2004). The principles of effective case management of mental health services. *Psychiatric Rehabilitation Journal, 27*(4), 319-333.

Rhodes, R. A. W. (1997). Understanding Governance: Policy Network, *Governance and Accountability*. Bucking: Open University Press.

Rothman, J. (1991). A model of case management: Toward empirically based practice. *Social Work, 36*(6), 520-528.

Rothman, J., & Sager, J. S. (1998). *Case management: Integrating individual and community practice*. Boston, MA: Allyn and Bacon.

Rubin, A. (1987). *Case Management, In Encyclopedia of Social Work* (18th ed.), Silver Spring, MD: NASW.

Saleebey, D. (1997). *The Strengths Perspective in Social Work Practice* (2nd ed.). NY: Longman.

Saleebey, D. (2002). *The Strengths Perspective in Social Work Practice* (3rd ed.). Boston, MA: Allyn & Bacon.

Siporin, M. (1987). *Resources Development and Service Provision, Encyclopedia of Social*

Work (18th ed.). Silver Spring, MD: NASW.

smull, M. W. (2019). *Person-Centered Planning And A More Meaningful Life.* 서울: SDA Korea.

Summers, N. (2009). *Case management practice: skills for the human services* (3rd ed.). Brooks/Cole.

Toseland, R. (1981). Increasing access: Outreach methods in social work practice. *Social Casework, 62*, 227-234.

Vourlekis, B. S., & Greene, R. R. (1992). *Social Work Case Management.* Aldine Transaction.

Wilson, S. J. (1976). *recording: guideline for social works.* New York: the free press.

Wolcott, H. (1992). Posturing in Qualitative Inquiry. In M. LeCompte, W. Milroy, and J. Preisle Eds., *The Handbook of Qualitative Research in Education*, pp.3-52, New York: Academic Press.

白澤政和 (1992). ケースマネジメントの理論と實際-生活を支える援助システム-. 東京: 中央法規出版.

[인터넷 자료]

경기도 무한돌봄센터. https://www.gg.go.kr/gg_care

네이버 어학사전. http://dict.naver.com

법제처 국가법령정보센터. http://www.law.go.kr

보건복지부 홈페이지 정책 안내. https://www.mohw.go.kr/menu.es?mid=a10708010100

보건복지부. http://www.mohw.go.kr

한국사례관리학회. http://www.kacm.net

한국사회복지관협회. http://www.kaswc.or.kr

한국사회복지사협회. http://www.welfare.net

한국사회복지협의회. http://kncsw.bokji.net

행정안전부 개인 정보보호포털. https://www.privacy.go.kr

Case Management Society UK. http://cmsuk.org

National Association of Social Workers. http://www.socialworkers.org

찾아보기

(ㅊ)

(ㅋ)

(ㅌ)

(ㅍ)

(ㅎ)

집필에 함께한 분들

김상은(전 광교종합사회복지관 사례관리팀장 / 현 광교종합사회복지관 인지치료사)

개정판 소식을 접하며, 광교종합사회복지관과 함께 한 시간들을 되새겼습니다. 사례관리 현장에 있었던 나날들을 떠올리게 됐습니다. 사례관리에 정답이 없다고 하지만, '어떻게 하면 당사자가 원하는 삶을 살아갈 수 있도록 도울까?'에 대한 답을 찾기 위해 수없이 고민하고 노력했었습니다. 소중한 우리의 경험들이 누군가에게 공감되고, 누군가에게는 더 좋은 사례관리자가 되길 꿈꿀 수 있는 계기가 되길 바랍니다.

사례관리사업을 맡게 되면서 사람들의 '삶'에 대한 생각을 더 많이 하게 되었던 것 같습니다. 삶을 살아가는 것 또한 정답은 없습니다. 각자의 앞에 수많은 갈림길이 있을 뿐입니다. 그래서 사례관리는 매력적입니다. 이 책을 읽는 분들도 그렇게 생각한다면 좋겠습니다.

김수정(전 광교종합사회복지관 지역3팀장: 마을중심사례관리실천 / 현 파라다이스복지재단 과장)

광교종합사회복지관에서 이 책을 함께 집필하며 머리를 맞대었던 것이 엊그제 같은데 벌써 개정판이 나온다는 소식에 기분이 새롭습니다.

사례관리는 사람과 사람 사이의 관계를 통해 이루어지는 섬세한 작업입니다. 개인이 가진 고유한 삶의 이야기를 존중하며 서로 파트너가 되어 더 나은 선택들을 만들어 나가는 과정이라고 생각합니다.

이야기가 있는 현장의 사례관리는 단순히 이론을 나열한 책이 아닙니다. 광교종합사회복지관뿐만 아니라 당사자, 이웃, 여러 기관 등의 협력과 경험을 담아낸 살아있는 이야기입니다. 이 책에는 현장의 생생한 목소리와 당사자들의 이야기가 녹아 있기에 가치 있다고 생각합니다.

이 책이 앞으로도 많은 사람들의 실천에 작은 영감이 되고, 더 나아가 사회복지 현장에서 따뜻한 변화를 만들어가는 데 기여할 수 있기를 진심으로 바랍니다. 감사합니다.

안하은(전 광교종합사회복지관 지역1팀장: 마을중심사례관리실천)

사례관리의 실제 이야기에 많은 관심을 가져주셔서 개정판이 출판된다는 소식에 기쁘고 감회가 새롭습니다. 이 기록이 예비사회복지사와 현장의 사회복지사들에게 성장의 발판이 되기를 기대합니다.

김다슬(전 광교종합사회복지관 사례관리자 / 현 sk주식회사 매니저)

이 책은 단순한 사례관리 지침서가 아닙니다. 사회복지사들이 현장에서 마주하는 수많은 사례 속에서, 사람들과 함께 걸어가는 여정에 대한 깊은 이해와 통찰을 담고 있습니다. 글 속에서 느껴지는 진심 어린 관심과 실천적인 접근은 많은 이들에게 큰 힘이 될 것 같습니다. 또한 사회복지 사례관리의 본질과 중요성에 더욱 깊이 이해할 수 있는 귀중한 자료가 될 것이라 확신합니다. 예비 사회복지사들 또한 관련 분야에 대한 흥미와 지식을 얻을 수 있는 시간이 될 것입니다.

고현수(전 광교종합사회복지관 사회복지사)

"이야기가 있는 현장의 사례관리" 개정판 출간을 진심으로 축하드립니다. 이 책은 실무 현장에서의 실제 사례를 바탕으로, 실질적이고 구체적인 사례관리 방법을 제시하고 있어 많은 사회복지사에게 큰 도움이 될 것입니다. 특히, 현장에서 경험한 사례와 당사자의 삶을 바탕으로 작성하여 이론적 접근을 넘어 실무에서 활용할 수 있는 지침서와 같은 책입니다.

사례관리라는 이론이나 매뉴얼에 그치지 않고, 실제 현장에서 어떻게 적용할 수 있는지를 고민하고 풀어냈습니다. 책을 통해 값진 경험이 잘 전달되기를 바라며, 독자에게 좋은 가이드가 되어 실무에서 더 나은 변화를 만들어낼 수 있기를 바랍니다.

책 개정판 출간을 기념하며, 앞으로도 계속해서 현장에서의 깊이 있는 연구와 고민을 통해 더 많은 이들에게 영감을 주시길 응원하겠습니다. 다시 한번 진심으로 축하드리며, 이 책이 독자들에게 긍정적인 영향을 미치기를 기원합니다. 감사합니다.

이외에도 이야기가 있는 현장의 사례관리 출판에 도움을 주신 곽혜지, 국지희, 김명환, 김종민, 나지현, 노희균, 박상훈, 박송이, 박진관, 박찬홍, 서민호, 백소영, 신호철, 양인모, 유명운 유성은, 임다혜, 장범희, 전재일, 차영연, 최요섭, 최진수 님, 경기대학교 사회복지학과 아름다온 봉사단을 포함하여 이 책이 나오기까지 격려해 주신 여러 사회복지사 동료 여러분께 진심으로 감사드립니다.

이야기가 있는 현장의 사례관리(2판)

1판발행 2021년 3월 25일 **1판 1쇄 발행** | 2021년 9월 10일 **1판 2쇄 발행**
2022년 9월 10일 **1판 3쇄 발행** | 2023년 3월 10일 **1판 4쇄 발행**
2024년 3월 10일 **1판 5쇄 발행**
2판발행 2025년 3월 10일 **2판 1쇄 발행** | 2025년 9월 10일 **2판 2쇄 발행**

지은이 이준우 여지숙 신빛나 한종민 권예솔 윤수현 박해원 홍성표 이건욱 이재혁
펴낸이 최용구 | **펴낸곳** 도서출판 **신정**
주소 (04316) 서울시 용산구 원효로 89길 19(원효로1가)
전화 02)3211-4782, 0266(영업부), 3211-4783(편집부), 3211-4784(팩스)
이메일 shinjeong72@naver.com | **홈페이지** www.sjbook.co.kr
등록 2001년 5월 11일 제13-702호
기획마케팅 최용구 장만동 최충구 송대용 | **책임편집** 석기은 황가연

ISBN 978-89-5912-940-9 93330
정가 27,000원